9787101115567
U0709717

# 趙少咸文集

趙少咸 著

# 經典釋文集說附箋殘卷

一

中華書局

**圖書在版編目(CIP)數據**

經典釋文集説附箋殘卷/趙少咸著. —北京:中華書局,2016.4
(趙少咸文集)
ISBN 978-7-101-11556-7

Ⅰ.經… Ⅱ.趙… Ⅲ.①古漢語-詞匯-研究②《經典釋文》-研究 Ⅳ.H131.6

中國版本圖書館 CIP 數據核字(2016)第 040658 號

趙少咸文集
經典釋文集説附箋殘卷
(全四册)
趙少咸 著
*
中 華 書 局 出 版 發 行
(北京市豐臺區太平橋西里 38 號 100073)
http://www.zhbc.com.cn
E-mail:zhbc@ zhbc.com.cn
北京市白帆印務有限公司印刷
*
700×1000 毫米 1/16 · 128¾印張 · 8 插頁
2016 年 4 月北京第 1 版 2016 年 4 月北京第 1 次印刷
印數:1-1000 册 定價:518.00 元

ISBN 978-7-101-11556-7

# 出版説明

趙少咸（一八八四——一九六六），字世忠，我國傑出的語言學家。

趙少咸先生雖然著述豐富，但因爲戰亂和「文革」，其公開發表的作品並不多。上世紀八十年代，趙先生家屬和學生開始搜集、整理其遺稿，得《廣韻疏證》《經典釋文集説附箋殘卷》《詩韻譜》《手批古書疑義舉例》《增修互注禮部韻略校記》《唐寫本切韻殘卷校記》《唐寫本王仁昫刊謬補缺切韻校記》《敦煌掇瑣本切韻校記》《故宫博物院王仁昫切韻校記》《唐寫本唐韻校記》《趙少咸論文集》等。我們則自行訪得《古今切語表》的刊本。

這些書稿有的爲先生及學生手稿，有的爲先生哲嗣趙吕甫整理稿，水平不一，除論文集進行了加工整理外，其他的我們采取影印的辦法，將趙先生的作品共十一種一次推出，《廣韻疏證》前不久已由巴蜀書社出版，此次不納入文集。

此次出版，得趙振鐸、趙振錕先生的大力支持，在此謹致以誠摯的謝意！

中華書局編輯部

二〇一五年十二月

# 總目


序……一

**趙少咸生平簡介**……一

目次……一

卷一　序録……一

卷五　毛詩上……一四七

卷十上　儀禮……三八二

卷十下　儀禮……五三九

卷十一　禮記之一……六三三

卷十四　禮記之四……八三九

卷二十　左傳之六……九八七

卷二十一　公羊傳……一一三一

卷二十二　穀梁傳……一二九六

卷二十三　孝經……一四一〇

卷二十四　論語……一四七三

卷二十五　老子……一六三五

卷三十　爾雅下……一六八七

# 序

成都趙少咸先生者，近世小學之大師也。一九三五年秋，中央大學教授蘄春黄季剛卒于位，吴汪公旭初方主中國語言文學系，夙知先生殫精潛研，妙達神旨，以爲繼黄公而以音韻文字訓詁之學授諸生者，惟先生其選，遂禮聘焉。清寂翁詩云：「趙君別我東南行，南雍博士來相迎。垂帷著述不炫世，蜀學沈冥人自惊。」即詠其事也。余與先生女夫郫殷石臞同門相友善，及先生至金陵，因肅謁。中日戰起，先生返鄉。余亦轉徙數年後流寓成都，以先生紹介，得承乏四川大學講席。蜀中名德勝流，以其遠來，每樂與接，而先生尤善遇之，所以飲食教誨之者甚至。犹憶余偶舉揚子《方言》代語之義，質其所疑。先生爲反復陳説，娓娓數百言；犹恐其未了也，翌日別作箋諭之。蓋其誨人不倦，出自天性有如是者。抗戰云終，余出峽東歸，其後屢經世變，踪迹漸疏，然數十年前侍坐請益之樂，固時往來于胸臆。

先生平時著述凡數百萬言，于《經典釋文》《廣韻》二書，用力尤劬，詳校博考，各爲疏證，下逮段懋堂，周春兮之纂述，亦皆辯以公心，評其得失。蓋自乾嘉以來三百年中，爲斯學既精且專，先生一人而已。

先生既返道山，哲嗣幼文、吕甫及文孙振鐸諸君，护持遺著，兢兢恐有失墜，故中歷浩劫而大體完好。今者將次第印行。吕甫來告，命序其端。余于小學懵无所知，虽間讀先生之書，而如翹首以瞻石廩祝融，但嗟峻極，不敢贊辭。然亦幸先生之學，由子姓門人整齊傳布，終得光大于天下後世。因略陳所懷，以復于君，殊不敢言爲先生遺著序也。

一九九〇年六月，門下士程千帆敬題

# 趙少咸生平簡介

趙先生諱少咸（一八八四——一九六六），字世忠，成都人，祖籍安徽休寧。先生四歲發蒙，習《孝經》《爾雅》等，八歲入私塾習四書五經，後就學于成都名儒祝念和。

祝念和是貴州獨山莫友芝的學生，具反清復明思想。在祝念和的指導下，先生「閱讀的書籍由四書五經逐漸轉移到明末的遺民文學作品」（先生語[一]）。

一九〇四年，先生考入四川高等學堂就讀。期間，隨着社會接觸面的增大，接受了當時的新思想，尤其是「孫中山、章炳麟的革命理論」，「于是初步對于滿清王朝有了一些認識，同時也開始培養起反清復漢的狹隘民族主義的思想」（先生語）。

一九〇五年，先生與謝慧生、盧師諦、張培爵、黄復生、徐可亭、饒炎、蕭參、祝同曾、李植、許先甲、劉泳闓等人組成「乙辛社」，「以推倒滿清政府爲目的」，外人謂之「小團體」。先生在成都會府東街的住宅也成爲了團體成員集會的地點。該團體後成爲孫中山先生領導的同盟會的一部分。

「一九一一年十月初二，重慶獨立，即由張培爵等號召成立軍政府。當時川東、川南軍政内外大小職務用團體内的人爲多」（先生語）。

袁世凱篡位後，先生等乙辛社成員旋即加入討袁的鬥爭中。一九一三年，討袁軍敗，團體成員多亡命上

---

（一）文中所引先生語皆摘自上世紀五十年代初先生寫于四川大學中文系的《自傳》中。

海、南洋諸地，先生留于成都家中。一九一四年，團體成員薛仁珊從上海返回重慶，爲軍警逮捕，軍警在其日記裏發現先生在成都的住處。是年中秋，成都將軍胡文瀾下令逮捕先生。是日，先生被捕并被关押于陆軍監獄。兩个多月後，終因灌罪無據加之街鄰親友具保而獲釋。

先生早年受章太炎學術思想影響很深，在獄中時，朝夕僅得《説文解字》一書，默誦心識，暫忘痛苦。「我早年便很敬佩章太炎的學問文章和革命精神，平時也就喜歡翻閱他的著述，到了此時，便開始文字音韻學的專研了」。這是先生從一个民主革命者轉向語言文字學者、教育工作者之始。

一九一八年，先生在成都聯合中學、省立第一師範教授《説文解字》。繼而又執教于第一女子師範、華陽縣中學、成都縣中學、省立第一中學。一九二二年，執教于成都高等師範。一九二八年，執教于公立四川大學。一九三七年，執教于中央大學。一九四三年，執教于四川大學，兼任中文系主任、文科研究所導師。解放後，繼續執教于四川大學直至去世。

先生教書育人，作爲一个教育工作者，他把自己一生的心血都傾注在學生身上，殷切希望更多的學生能爲傳播祖國文化而打下堅實的基礎。先生的學生余行達生前曾回憶道：「一九四三年先生兼四川大學中文系主任時，我是他指導的研究生兼助教，常常要我通知中文系同學，把他規定閱讀的四史帶來系主任辦公室，親自檢查斷句情况，解析疑難。至于他指導的研究生，必須按月交呈作业，連寒暑假也不例外。」先生尤其注重培養英才，從上世紀二十年代起，李一氓、徐仁甫、殷孟倫、殷焕先、李孝定、周法高、余行達、易雲秋等都深受先生教導和器重。據殷孟倫、余行達等生前回憶：先生曾在自己住宅裏專闢一間小教室，備有黑板、桌几，開办免費講習班，經常利用星期天在此對他们專施教誨。這一批人以後都成爲了漢語言文字學界的佼佼者。時爲四川大學講師的余行達、易雲秋二人，因曾參加过國民党三青團，解放後被開除公職遣返回原籍。先生因愛其才，惜其才無用武之地，甘願冒着一定的政治風險，于一九五三、一九五四年分别將二人邀至家中協助他編撰《廣韻疏證》《經典釋文集説附箋》二書，直至一九六二年二書編撰完成。并每月從自己的工資中拿出七十餘元付與二人作爲他们的生活費，時間长達二年之久，爾後改由四川大學支付二人工資。

先生治學勤奮，數十年如一日。及至垂暮之年，尚未有絲毫懈怠。他在上世紀五十年代所作的《如何讀〈經典釋文〉》一文中寫道：「我以垂暮餘年，精力智慧，素不如人，今更衰退，還想整理經籍舊音，會粹前人所説，審别其是非，似近輕妄。昔賢曾説『一息尚存，此志不容少懈』。我敢不竭盡自己一點淺薄技能，寫出素來積蓄，請教于當代治斯學者，得到批評，實所至願。」《廣韻疏證》《經典釋文集説附箋》這兩部各近三百萬字的巨著即先生經數十年的潛心研究，而在耄耋之年編撰完成的。

先生生平著述甚多，除上述《廣韻疏證》《經典釋文集説附箋》兩部代表作外，尚有著述近二十餘种。然一九六六年「文革」開始，十月，先生的家被紅衛兵所抄，所有書籍、手稿被洗劫盡淨，頓時「玄亭論字淪牛鬼，廣韻成疏没草蕪」〔一〕。十二月二十日，先生飲恨辭世。

「文革」結束後，先生的書籍、手稿得以部分退還，但皆殘破不堪，少有完整者。若《廣韻疏證》《經典釋文

〔一〕引自先生學生鍾樹梁《過將軍街趙少咸師故宅》詩：「趙公故宅盡泥塗，來弔先生立巷隅。道上競馳公子馬，牆頭不見丈人烏。玄亭論字淪牛鬼，廣韻成疏没草蕪。手捧雪冰當酒醴，高天厚地胡爲乎。」

子附考證》《校刻四聲切韻表》等手稿則已全部遺失（後二种爲自刻本）。

集説附箋》，原一爲二十八本，一爲三十本，而幸存者各不及十本。其他如《説文解字集注》、四十卷《校刻荀

爲避免先生的畢生心血付之東流，上世紀八十年代末，學生余行達、易雲秋、趙吕甫等人著手整理先生遺著。費時數年，整理完成《廣韻疏證》。先生嗣子趙吕甫更以十載之力，整理完成《趙少咸論文集》。遺憾的是，先生的另一巨著《經典釋文集説附箋》終未能整理復原。

此次蒙中華書局厚愛，《趙少咸文集》得以出版，了却了先生的遺願，先生的在天之靈聊得以告慰。

趙振錕　趙振銑

二〇一三年十月

# 經典釋文集説附箋目次

第一本　卷一　序錄
第二本　卷二　周易
第三本　卷三、四　尚書
第四本　卷五　毛詩上
第五本　卷六　毛詩中
第六本　卷七　毛詩下
第七本　卷八　周礼上
第八本　卷九　周礼下
第九本　卷十　儀礼
第十本　卷十一　礼記之一
第十一本　卷十二　礼記之二
第十二本　卷十三　礼記之三
第十三本　卷十四　礼記之四

第十四本　卷十五、十六　左傳之一、之二
第十五本　卷十七　左傳之三
第十六本　卷十八　左傳之四
第十七本　卷十九　左傳之五
第十八本　卷廿　左傳之六
第十九本　卷廿一、廿二　公羊　穀梁
第廿本　卷廿三、廿四、廿五　孝經　論語　老子
第廿一本　卷廿六、廿七　莊子上、中
第廿二本　卷廿八　莊子下
第廿三本　卷廿九　尒雅上
第廿四本　卷卅　尒雅下
坿一本　周易殘卷
坿二本　尚書、礼記、論語殘卷

# 經典釋文集說坿箋卷一

成都趙少咸

經典釋文卷第一

序錄

唐國子博士兼太子中允贈齊州刺史吴縣開國男陸德明撰

## 序

夫書音之作，作者多矣，前儒撰著，光乎篇籍，其來既久，誠無閒然，但降聖已還，不免偏尚，質文詳略，互有不同，漢魏迄今，遺文可見，或專出己意，或祖述舊音，各師成心，製作如面，加以楚夏聲異，南北語殊，是非信其所聞，輕重因其所習，後學鑽仰，罕逢指要，夫筌蹄所寄，唯在文言，差若毫釐，謬便千里，夫子有言，必也正名乎。盧文弨考證云、鄭康成論語注云、正名、謂正書字也、古者曰名、今世曰字、儀礼記曰、百名已上則書之於策、隋書經籍志小學類有正名一卷、皆謂字也、名不正則言不順、言不順則事不成、故君子名之必可言也、言之必可行也、斯富哉言乎、大矣盛矣、無得而稱矣、然人稟二儀之淳和、含五行之秀氣、雖復挺生天縱、必資學以知道、故唐堯師於許由、周文學於虢叔、上聖且猶有學、而況其餘乎、至於處鮑居蘭、翫所先入、染絲斲梓、功在初變、器成采定、難復改移、一薰一蕕、十年有臭、豈可易哉、豈可易哉、余少愛墳典、留意藝文、雖志懷物外、而情存著述、粤以癸卯之歲、承乏上庠、吴承仕疏證云、舊唐書陸德明傳、貞觀初、拜國子博士、封吴縣男、尋卒、本書自序云、粤以癸卯之歲、承乏上庠、李燾以癸卯爲貞觀十七年、錢大昕丁杰等則以爲至德元年、按錢丁說是、許周生云、釋文不獨創始於陳後主元年，其成書亦在未入隋以前，故序錄中於王曉周礼音注云，江南無此書，不詳何人，於論語云，北學有杜弼注，世頗行之。又其書中引北音止一再見，似書成後，入隋唐亦不增加也。（見梁玉繩瞥記卷二）其言足與錢說相扶接。褚亮秦府十八學士贊作於武德九年，稱德明官太學博士，（見法要錄）書證知武德九年以前已由秦府學士遷太學博士，至貞觀初，乃拜國子博士。德明久爲學官，不應至貞觀十七年始云承乏。玉海四十二引舊書別本云：貞觀十六年四月甲辰，太宗閱德明經典音義，美其弘益學者，賜其家布帛百匹。蓋貞觀十六年德明已前卒，故賜其家。以是相證，則承乏上庠之歲，爲至德紀元之年，可謂章明昭著矣。今本釋文卷首，列其卒官，則後人追題之，非德明所自署。

循省舊音，苦其太簡，況微言久絶，大義愈乖，攻乎異端，競生穿鑿，不在其位，不謀其政，既職司其憂，寧可視成而已。遂因暇景，救其不逮，研精六籍，采摭九流，搜訪異同，校之蒼雅，輒撰集五典、孝經、論語及老、莊、爾雅等音，合爲三袟，三十卷，号曰經典釋文，古今並錄，括其樞要，經注畢詳，訓義兼辯質而不野繁而非蕪示傳一家之學用貽後嗣令奉以周旋不敢墜失與我同志亦無隱焉但代匠指南固取誚於博識既述而不作言其所用復何傷乎云爾

## 條例

先儒舊音多不音注然注既釋經經由注顯若讀注不曉則經義難明混而音之尋討未易今以墨書經本朱字辯注用相分別使較然可求舊音皆錄經文全句徒煩翰墨今則各標篇章於上摘字爲音慮有相亂方復具錄唯孝經童蒙始學老子衆本多乖是以二書特紀全句。疏證云此明本書与舊作不同一經注兼明二摘字爲音唯慮有相亂及孝經老子二書乃錄全句

五經人所常習理有大宗義行於世無煩覶

縷、至於莊老讀學者稀、故于此書微爲詳悉、又爾雅之作、本釋五經、既解者不同、故亦略存其異。疏證云、此明五經大義、世有常宗、不須具說、唯老莊習讀者稀、爾雅注解多異、故微爲詳悉、文字音訓、今古不同、前儒作音、多不依注、注者自讀、亦未兼通、今之所撰、微加斟酌、若典籍常用、會理合時、便即遵承、標之於首、其音堪互用、義可竝行、或字有多音、衆家別讀、苟有所取、靡不畢書、各題氏姓、以相甄識、義乖於經、亦不悉記、其或音一音者、蓋出於淺近、示傳聞見、覽者察其衷焉。疏證云、此明經注相承、作者者須互相依隱、乃爲有益、又一字而有多音、則首標勝義、次列衆家、其或音一音、則聊博異聞、不爲典要、然、古人音書、止爲譬況之說。考證云、顏氏家訓音辭云、逮鄭玄注六經、高誘解呂覽淮南許慎造說文、劉熹製釋名、始有譬況假借以證音字耳、孫炎始爲反語。魏朝以降、蔓衍寔

繁。考證云、家訓又云、孫叔言創爾雅音義、是漢末人獨知反語、至於魏世、此事大行、高貴鄉公不解反語、以爲怪異、自兹
厥後、音韻鋒出、之推所言、与陸氏正同、反音蔓衍寔繁、舊但作漸繁二字、今從佩觿改補、翻、世變人移、音訛
字替。如徐仙民反易爲神石。疏證云、左傳襄四年貴貨易土、釋文以豉反、徐神豉反、別無神石
之音、疑陸氏所欲辨者、反語上字之異、不關去入相轉、郭景純反餤爲羽鹽。疏證云今本爾雅釋文
作郭音持鹽反、以類篇證之、持爲羽字之譌、劉昌宗用承音乘。疏證云、周礼夏官乘石釋文云、如字、劉
音常烝反、常烝即承字音也、顏氏音辭篇亦云劉昌宗周官音讀乘若承、許叔重讀皿爲猛。箋曰、說文五
皿讀若猛、若斯之儔、今亦存之音内、既不敢遺舊、且欲俟之來哲。疏
證云、此明作音先用譬況、次有反語、曼衍譌變、遂多異音、今亦過而存之、以俟來哲書音之用、本示童蒙、
前儒或用假借字爲音、更令學者疑昧、余今所撰、務從易識、援
引衆訓、讀者但取其意義、亦不全寫舊文、。疏證云、此言作音欲令讀者易曉、引書

但取大意、亦不全寫舊文典籍之文、雖夫子刪定、子思讀詩、師資已別、而況其餘乎。○疏證云、周頌維天之命、於穆不已、正義曰、譜云、子思論詩於穆不已、孟仲子云、於穆不似、孟仲子与孟子共事子思、後又學於孟子者、鄭康成云、其始書之也、倉卒無其字、或以音類比方假借爲之、趣於近之而已、受之者非一邦之人、人用其鄉同言異字、同字異言、於茲遂生矣。○疏證云、張守節亦用其說、戰國交爭、儒術用息、秦皇滅學、加以坑焚、先聖之風、埽地盡矣、漢興、改秦之弊廣收篇籍、孝武之後、經術大隆、然承秦焚書、口相傳授、一經之學、數家競爽、章句既異、踳駮非一。○箋曰、疏證本作駁踳、後漢黨人既誅儒者多坐流廢、後遂私行金貨、定蘭臺漆書經字、以合其私文、靈帝乃詔諸儒、正定五經於石碑之上、爲古文篆隸三體書法

以相參檢樹之學門、使天下取則、○疏證云、後漢黨人既誅至天下取則云云、本范書儒林
傳、熹平石經、本爲一體、范說自謂、陸氏亦沿其失、未盈一紀、尋復廢焉、班固云、後世經
傳既已乖離、傳學者又不思多聞闕疑之義、而務碎義逃難、便
詞巧說、安其所習、毀所不見、終以自弊、此學者之大患也、誠哉
是言、余既撰音、須定紕繆、若兩本俱用、二理兼通、今並出之、以
明同異、其涇渭相亂、朱紫可分、亦悉書之、隨加刊正、復有他經
別本、詞反義乖、而又存之者、示博異聞耳、○疏證云、此明經文異讀、自昔已然、古字
假借、尤多同異、加之秦燔典籍、漢分古今、作音書須從一是、間存別本、聊廣異聞云爾、今經籍文字相承已
久、至如悅字作說、閑字爲閒、智但作知、汝止爲女、若此之類、今
並依舊音之然、音書之體、本在假借、或經中過多、或尋文易了、

則翻音正字、以辯借音、各於經內求之、自然可見、其兩音之者、恐人惑故也。○疏證云、此明經籍相承、當辨正借作音者、自爲消息、務使學者易知、尚書之字、本爲隸古、既是隸寫古文、則不全爲古字、今宋齊舊本及徐李等音、所有古字、蓋亦無幾、穿鑿之徒、務欲立異、依傍字部、改變經文、疑惑後生、不可承用、今皆依舊爲音、其字有別體、則見之音內、然亦兼采說文字詁、以示同異者也。○疏證云、此明隸古定尚書舊本古字無幾、後人妄作、多不可從、今宜去泰取甚、並采字書以相檢校、春秋人名字氏族及地名、或前後互出、或經傳更見、如此之類、不可具舉、若國異名同及假借之字、兼相去遼遠、不容疎略、皆斟酌折衷、務使得宜。○疏證云、此明春秋人地名物前後錯見作音不容疏略、宜有折衷、爾雅本釋墳典、字讀須逐五經、而近代學徒、好生異見、改音易字、皆采雜書、唯止信其所聞、不復考其本末、且六文八體、各有其義、形聲會意、寧拘一揆、豈必飛禽即須安鳥、水族便應著魚、蟲屬要作虫旁、草類皆從兩中、如此之類、實不可依、今並校量、不從流俗、○疏證云、此明爾雅本以釋經妄人乃采雜書以校爾雅改易音字、不可悉從、今並校量以別於俗學、方言差別、固自不同、河北江南、最爲鉅異、或失在浮清、或滯於沈濁、今之去取、冀袪茲弊、亦恐還是鷇音更成無辯、○考證云莊子齊物論釋文、鷇若豆反、李音㲉、司馬云、鳥子欲出者也、案當從李音㲉、箋曰案駢拇天地釋文鷇俱口豆反、釋鳥謝若候反、郭音同、方言八鷇恪遘反、俱無㲉音、則李音爲僻、盧說未審夫質有精麤、謂之好惡、並如字、心有愛憎、稱爲好惡、上呼報反、下烏路反、當體即云名譽、音預論情則曰毀譽、音餘、及夫自敗、薄邁反、敗他、補邁反、之殊、○疏證云、舊本自敗蒲邁

（反，敗他蒲敗反。盧文弨改上字爲蒲邁反，改下字爲補邁反。尋音辭篇稱江南學士讀左傳，口相傳述，自爲凡例，軍自敗曰敗，打敗人軍曰敗（補敗反），諸傳記未見補敗反，徐仙民讀左傳，唯一處有此音，又不言自敗、敗人之别，此爲穿鑿耳。顔云口相傳述，陸云近代相仍，正以補敗之音傳自近代，故著其穿鑿之失。廣韻自敗薄邁切，敗他北邁切，舊以敗爲切語下字，正謂聲異而韻則同。今據顔氏家訓作補敗反，盧校近是，不必輒從。）自壞（呼怪反）壞撤（音怪）之異，此等或近代始分，或古已爲別，相仍積習，有自來矣。余承師説，皆辯析之。比人言者，多爲一例，如而靡異，邪（不定之詞）也（助句之詞）弗殊，莫辯復（扶又反也）重復（音服反也），寧論過（古禾反，經過）過（古臥反，超過）。又以登升共爲一韻，攻公分作兩音，如此之儔，恐非爲得。○（疏證云：登升共爲一韻，攻公分作兩音者，謂當時韻書分所不當分也。音辭篇云：韻集以成仍宏登合成兩韻，爲奇益石分作四章。按今廣韻宏在耕，成在清，升仍同在蒸，登在登，爲奇同在支，益石同在昔，攻公在東部同紐，分合並異，顔氏与法言同定切韻，元朗意亦相近，故以舊音爲不可遵用。）將來君子幸留心焉。疏證云：此明方言殊異，宜有折衷，一字數音，自當辯析。近人有應分而誤合者，應合而誤分者，積習相沿，皆不中理。五經字體乖替者多。至如黿鼉從龜，亂辭從舌，席下為帶，惡上安西，析旁著片，離邊作禹，直是字譌，不亂餘讀。如寵丑隴反字為竈力孔反，錫思歷反字為鍚音陽，用攴普卜反字代文武云反，將无音無混旡音既，若。○箋曰：通志堂本作其口。斯之流，便成兩失。又來旁作力，俗以為約勑字，說文以為勞倈之字。水旁作曷，俗以為飢渴字，字書以為水竭之字。○考證云：書泰誓中孔傳言吉人渴日以為善，凶人亦渴日以行惡，釋文及足利古本皆作渴，陸氏音渴為苦曷、苦蓋二反，是仍誤讀作飢渴字矣。箋曰：苦曷始讀作飢渴之渴，依形之本音也；苦蓋為公羊渴葬之渴，即不足日之義矣。如此之類，改便驚俗。○疏證云：顏氏書證篇云：文章著述，猶擇微相景嚮者行之，官曹文書，世間尺牘，幸不違俗也。此云改便驚俗，亦与之同意。止不可不知耳。○疏證云：此明經字多乖不亂，餘讀者易知。形聲相近者，難憭。學者所當深辨，若積非來久，改便驚俗者，亦隨事用之，不得悉改也。

## 次第

五經六籍。疏證云：莊子天運篇稱孔子謂老聃曰：丘治詩書礼樂易春秋六經。六經，漢人通稱六藝，或云六籍。周衰俱壞，樂尤微眇，以音律爲節，又爲鄭衛所亂，已無遺法，復遭焚坑之禍，樂經遂亡，故後世通稱五經。聖人設教，訓誘機要，寧有短長，然時有澆淯，隨病投藥。疏證云：記經解曰：孔子曰：入其國，其教可知也云云。疏云：言人君以六經之道，各隨其民教之，民從上教，各從六經之性，觀民風俗，則知其教。又樂記稱師乙答子贛曰：愛者宜歌商，温良而能斷者宜歌齊，寛而靜、柔而正者宜歌頌，廣大而靜、疏達而信者宜歌大雅，恭儉而好礼者宜歌小雅，正直而靜、廉而謙者宜歌風。謂聲歌各有所宜也。序錄因病投藥之說，略本諸此。不相沿襲，豈無先後。箋曰：疏證本作後先。所以次第互有不同。如禮記經解之說，以詩爲首；七略藝文志所記，周。原作用，誤。易居前；阮孝緒七錄亦同此次。

○疏證云、阮孝緒七録、經典録分九部、序次与班志正同、唯出史書於春秋家、別爲記傳録爲異、而王儉七志孝經爲初、原其後前、義各有旨、○疏證云、鄭玄六藝論、孝經鉤命決、皆以孝經爲六藝之本、王儉七志經典志、獨以孝經居首、猶漢儒之遺意也、箋曰、旨疏證本作當、今欲以著述早晚、經義揔別、以成次第、出之如左、○疏證云、經解以詩書樂易礼春秋爲次、其先後之序、舊無明説、漢書藝文志删七略之要、以備篇籍、其六藝略首易、次書、次詩、次礼、樂、春秋、次論語、次孝經、次小學、實爲向歆舊第、其六藝揔論云、樂仁、詩義、礼礼、書知、春秋信、蓋五常之道、相須而備、而易爲之原、序録云、今以著述早晚、經義總別、以成次第、其次第適与録畧同、或劉班亦以著述早晚爲次、未可知也、

周易、

雖文起周代、○疏證云、文起周代者、謂文王繫辭、繫辭曰、易之興也、其當殷之末世、周之盛德邪、當文王与紂之事邪、而卦肇伏犧、既處名教之初、○疏證云、易繫辭曰、古者包犧氏之王天下也、仰則觀象於天

俯則觀法於地、觀鳥獸之文与地之宜、近取諸身、遠取諸物、於是始作八卦、以通神明之德、以類萬物之情、此卦肇伏義之義也、以畫卦爲名敎之初、蓋含三義。易序卦曰、有天地然後有萬物、有萬物然後有男女、有男女然後有夫婦、有夫婦然後有父子、有父子然後有君臣、有君臣然後有上下、有上下然後礼義有所錯、因物付名、因名定分、以是設敎、則紛爭息而政化行。故六藝論云、易者、陰陽之象、天地之所變化、政敎之所生、是其義也、許愼説文字起源、而推本於伏義畫卦以垂憲象、近人亦言八卦乃象形文字之最朔者、古曰名、今曰字、名敎即語言文字之敎、又一義也、左傳正義稱伏義立十言之敎、言亦名也、此又一義也、

故易爲七經之首。

○疏證云、三國志秦宓傳稱文翁遣相如東受七經、後漢書趙典傳注引謝承書稱典學孔子七經、蓋五經加孝經論語。

周禮有三易、連山久亡、歸藏不行於世、故不詳録。

○疏證云、周礼太卜掌三易之法、一曰連山、二曰歸藏、三曰周易、注云、名曰連山、似山出内氣也、歸藏、萬物莫不歸而藏於其中也、杜子春云、連山宓戲、歸藏黃帝、周易正義又引鄭玄易贊及易論云、夏曰連山、殷曰歸藏、周曰周易、又趙商問連山伏戲、歸藏黃帝、今當從此説、以不敢問杜子春何由知之、鄭答曰、此數者非無明文、改之無據、故著子春説而已、近

師皆以爲夏殷周、據此則舊説新義皆無文證、鄭亦不能質定也、桓譚新論云、連山藏於蘭臺、歸藏藏於太卜、又云、連山八萬言、歸藏四千三百言、似漢時實有此二書、然藝文志既不著錄鄭氏以爲夏殷易、乃據近師之言、其注礼運云、其書存者有歸藏、疑漢末歸藏尚存、而連山或絕於中興之際歟、隋書經籍志首錄晉太尉參軍薛貞注歸藏十三卷、又云歸藏漢初已亡、案中經有之、唯載卜筮、不似聖人之旨、左傳正義亦斥爲僞妄之書、序錄所謂不行於世者、當即薛貞注本、蓋出於漢後人僞託已与鄭氏所稱者異實、今猶可窺其梗概、若連山則久無傳本

## 古文尚書

既起五帝之末、理後三皇之經、故次於易。○疏證云、史記正義曰、太史公依世本大戴礼以黃帝顓頊帝嚳唐堯虞舜爲五帝、譙周應劭宋均皆同、而孔安國皇甫謐孫氏注世本、並以伏羲神農黃帝爲三皇、少昊顓頊高辛唐虞爲五帝、序錄所述、蓋以僞孔爲依、伏生所誦是曰今文、闕謬處多、故不別記、馬鄭所有同異、今亦附之音後。○疏證云、僞孔尚書序曰、濟南伏生年過九十、失其

本經口以傳授裁二十餘篇又曰古文增多伏生二十五篇伏生又以舜典合於堯典益稷合於臯陶謨盤庚三篇合爲一康王之誥合於顧命陸氏生當陳隋之際故以孔書爲眞古文尚書而謂伏生今文多闕謬闕者謂其裁二十餘篇謬者謂其誤合舜典益稷康王之誥也陸氏既以伏書爲不足用故不別爲音義乃以孔書爲主而附馬鄭異義於孔書之後焉箋曰同異疏證本作異同

## 毛詩

既起周文又兼商頌故在堯舜之後次於湯書。疏證云詩大序曰四始詩之至也孔子世家曰關雎之亂以爲風始鹿鳴爲小雅始文王爲大雅始清廟爲頌始皆文王之詩也商頌譜曰正考父校商之名頌十二篇於周太師以那爲首子錄詩之時則得五篇而已乃列之以備三頌明孔子刪定純取周詩旁錄商頌著爲後王之義夏詩泯棄故以商頌中而上接堯舜序錄之意如是

一詩雖有四家齊魯韓世所不用今亦□不取。疏證云序錄云毛詩馬融作注鄭玄作箋申明毛義難三家三家遂廢又云齊詩久亡魯詩不過

江東韓詩雖在、人無傳者、故言世所不用。

## 三禮

周儀二禮並周公所制、宜次文王。疏證云、左傳文十八年史克曰、先君周公制周礼、昭二年、晉韓宣子曰、周礼盡在魯矣、此皆渾言不別、非指斥周官經儀礼、正義云、周礼儀礼、同是周公攝政六年所制、礼記正義云、周公攝政六年、致太平、述文武之德而制礼、故洛誥云、考朕昭子刑、乃單文祖德、所制之礼、則周官儀礼也、此謂二礼皆文王創制、而周公述而成之。禮記雖有戴聖所錄、然忘名已久、又記二禮闕遺、口相從次於詩下。疏證云、漢元成間、礼有大小戴氏、戴聖所錄、即見行礼記是也、藝文志自注云、七十子後學者所記也、其中奔喪投壺二篇、爲逸礼之正篇、冠義以下皆爲十七篇而作、其於別錄屬制度、喪服諸篇雖不悉應正經周二礼之支流餘裔、此序錄所稱記二礼闕遺之說也、陸氏又謂撰錄礼記雖出自小戴、而漢末以還、學人服習、實与二經同比、幾忘其爲後儒所編、書雖晚出、而尊信者衆、又多七十子後學者之緒論、足以羽翼聖經、故仍從二礼之後、而列諸毛詩之次三禮次第周爲本、儀爲末。箋曰、疏證本周儀二字下俱有礼字。先後可見。疏證云、礼器曰、經礼三百、曲礼三千、注以經礼爲周礼、曲礼爲事礼、謂今礼也。鄭氏既以周礼儀礼相對、而爲經曲、故鄭序云、礼者體也、履也、統之於心曰體、踐而行之曰履、正義申之云、周官爲體、儀礼爲履、鄭序又云、體之謂聖、履之爲賢、正義申之云、周礼爲本、聖人體之、儀礼爲末、賢人履之、是陸孔之徒以周礼爲本、儀礼爲末、皆本之鄭義也。又云、自周訖漢蓋以十七篇爲礼之正經、周礼本名周官、二戴自爲傳記、並非正經之比、鄭玄作周官及礼注、又注小戴所傳礼記四十九篇、通爲三礼、是三礼之目實始於鄭君、而後儒從之、稽之舊常蓋無斯號。然、古有樂經、謂之六籍、滅亡既久、今亦闕焉。疏證云、樂經滅亡已於五經六籍句疏訖。

春秋、

既是孔子所作、理當後於周公、故次於禮。疏證云、孟子曰、孔子成春秋而亂臣賊子懼、孔子世家曰、魯哀公十四年春狩大野獲麟、孔子因史記作春秋、上至隱公、下訖哀公十四年、筆則筆、削則削、子夏之徒不能贊一辭、左丘明受經於仲尼。箋曰、疏證本經作之、公羊高受之於子夏穀梁赤乃後代傳聞三傳次第自顯。疏證云、左傳疏引嚴氏春秋觀周篇云、孔子將修春秋、与左丘明乘如周觀書於周史、歸而修春秋之經、丘明爲之傳、共爲表裏、杜預經傳集解序、始言丘明受經於孔子、然則左氏身爲魯史、又在仲尼弟子之列者也、晉書荀崧傳崧上疏曰、孔子作春秋、時左丘明子夏造膝親受、孔子既沒、丘明退撰所聞、而爲之傳、公羊高親受子夏、穀梁赤師徒相傳、此三傳後先之次、而桓譚鄭玄皆以公羊在穀梁後、疑就著竹帛時言之、

孝經

雖與春秋俱是夫子述作、然春秋周公垂訓、史書舊章。疏證云、春秋周公垂訓史書舊章者、本之杜預經傳集解序、孝經專是夫子之意、故宜在春秋之後、七志以孝經居緆之首、今所不同。疏證云、仲尼弟子傳曰、孔子以曾參爲能通孝道、故授之業、作孝經、藝文志曰、孝經者孔子爲曾子陳孝道也、陸意以春秋大例本於周公、而孝經則前無所因、故以孝經次春秋後

## 論語

此是門徒所記故次孝經。○疏證云藝文志曰論語者孔子應答弟子時人及弟子相与言而接聞於夫子之語也當時弟子各有所記夫子既卒門人相与輯而論纂故謂之論語既是門人所撰又在夫子没後故次孝經

藝文志及七録以論語在孝經前今不同此次○疏證云此以撰述先後爲定故先孝經而後論語隋志以下悉從此次

## 老子

雖人不在末而衆家皆以爲子書在經典之後故次於論語。○疏證云史記列傳稱老子者周守藏室之史也孔子適周問礼於老子曾子問每稱吾聞諸老聃注云老聃古壽考者之號与孔子同時是老子輩行尊於仲尼而自録略以下皆列老子於諸子道家故退居論語之後

## 莊子

雖是子書、人又最後、故次老子。○疏證云、盧文弨考證曰、雖當作既、近之、史記列傳曰、莊子与梁惠王齊宣王同時、在七經及老子之後、故云最後、

爾雅

爾雅周公復爲後人所益、既釋於經、又非口次、故殿末焉。衆家皆以爾雅居經典之後、在諸子之前、今微爲異。○疏證云、盧曰、周公下脫所作二字、按釋詁一篇、蓋周公所作、釋言以下、或言仲尼所增、子夏所足、叔孫通所益、梁文所補、張揖之論詳矣、是舊說爲周公作者、僅釋詁一篇、則盧校亦未能定也、自錄略以說四部、或附之孝經、或合諸論語、或以爲小學之首、要在經藝之末、諸子之前也、陸氏當六朝末季、崇尚玄言、老易時復並稱、小學自非其比、且有漢人增益之文、故以殿於七經二子之末焉、

注解傳述人

宓犧氏之王天下、仰則觀於天文、俯則察於地理、觀鳥獸之文

與地之宜近取諸身遠取諸物始畫八卦或云因河圖而畫八卦○疏證云自伏犧氏至畫八卦約下繫九事章文藝文志易類亦引之按上繫云河出圖洛出書聖人則之鄭注引春秋緯說之云云要皆本於祕緯非經典之正文故陸氏出於注中以備一義因而重之爲六十四○疏證云按易正義云重卦之人凡有四說王弼以爲伏羲鄭玄以爲神農孫盛以爲夏禹史遷以爲文王今依王說伏羲既畫八卦卽自重爲六十四爲得其實陸氏之意蓋与孔同案淮南要略云八卦所以識吉凶知禍福然而伏羲爲之六十四變虞翻說同王氏亦因成舊義耳文王拘於羑里作卦辭周公作爻辭○疏證云此用馬融陸績等說前已具疏孔子作彖辭象辭文言繫辭說卦序卦雜卦是爲十翼○箋曰劉履芬記是宋本作共班固曰孔子晚而好易○疏證云漢書儒林傳文本之孔子世家讀之韋編三絕而爲之傳傳卽十翼也先儒說重卦及爻辭爲十翼不同解見余所撰口口○疏證云藝文志曰孔氏爲之彖象繫辭文言序卦之屬十篇漢人通謂之傳晉以來謂之十翼釋道安二教論曰伏羲作八卦文王重六爻孔子弘十

翼十翼之稱始見於此謂之翼者左傳正義曰易有六十四卦分爲上下篇及孔子又作易傳十篇以翼成之是也周易正義曰十翼爲孔子所作先儒更無異論箋曰劉履芬記所撰說內宋本如是自魯商瞿子木受易於孔子以授魯橋庇子庸子庸授江東馯戶旦反徐廣音寒臂子弓子弓授燕周醜子家子家授東武孫虞子乘子乘授齊田何子莊高士傳云字莊漢書儒林傳云臨淄人及秦燔書易爲卜筮之書獨不禁故傳授者不絶漢興田何以齊田徙杜陵號杜田生授東武王同子中及洛陽周王孫梁人丁寬字子襄事田何復從周王孫受古義作易說三萬言訓故舉大誼而已藝文志云易說八篇爲梁孝王將軍齊服生劉向別錄云齊人號服先○箋曰按服光宋本作服先盧本從之但師古注漢志引別錄仍作服光皆著易傳漢初言易者本之田生○疏證云此約漢書儒林傳文略明商瞿訖漢初授受源流也史記仲尼弟子列傳曰商瞿少孔子二十九歲孔子傳易於瞿藝文志六藝畧有易傳周氏二篇服氏二

篇王氏二篇丁氏八篇此八篇者當卽班書所稱易說三萬言訓故舉大誼者也同授淄川楊何字叔一本作字叔元太中大夫寬授同郡碭田王孫王孫授施讎及孟喜梁丘賀由是有施孟梁丘之學焉。疏證云此約儒林傳文明三家之所自出三家遺說今可見者唯唐人正義據五經異義引三家說及釋文引三家音數事而已玉函山房輯本皆展轉采獲不盡可依信施讎字長卿沛人爲博士傳易授張禹字子文河內軹人徙家蓮勺箋曰漢書本傳師古曰左馮翊縣名也音輦酌以論語授成帝官至丞相安昌侯及琅邪魯伯會稽太守禹授淮陽彭宣字子佩大司空長平侯作易傳及沛戴崇字子平少府作易傳伯授太山毛莫如字少路常山太守及琅邪邴丹字曼容。箋曰漢書儒林丁寬傳琅邪邴丹曼容阮元校勘記云葉本丹誤甘後漢劉昆字桓公陳留東昏人侍中弘農太守光祿勳受施氏易於沛人戴賓其子軼字君文官至宗正。疏證云此約漢書儒林傳張禹傳彭宣傳及後漢書儒林傳文畧明施易傳授源流昆傳云子軼傳昆業門徒亦盛序錄其子軼上疑奪傳授等字孟喜字長卿東海蘭陵人曲臺署長丞相掾父孟卿善爲禮春秋孟卿以禮經多春秋繁雜乃使喜從田王孫受易喜爲易章句授同郡白光字少子及沛翟牧字子況。箋曰漢書儒林孟喜傳況作兄師古曰兄讀曰況釋文校勘記云兄況古今字後漢洼丹字子玉南陽育陽人世傳孟氏易作易通論七篇官至大鴻臚觟陽鴻字孟孫中山人少府。箋曰惠校觟作鮭案後漢書儒林洼丹傳集解惠棟曰觟孫愐音圭從魚圭任安字定祖廣漢緜竹人皆傳孟氏易。疏證云此約前後漢書儒林傳文略明孟易傳授源流按漢初言易者本之田何何授丁將軍作小章句訓故舉大義而已以陰陽災變說易則始於孟喜其授受本暗昧不可質而漢世易家終不出於陰陽災變之域固由博士曲學阿世亦因齊學大行多與巫道相糅故田楊丁寬之學再傳而遂失其真矣梁丘賀字長翁琅邪諸人少府本從太中大夫京房受易房淄川楊何弟子後更事田王孫傳子臨黃門郎少府臨傳五鹿充宗字君孟代郡人少府玄菟太守及琅邪王駿王吉子御史大夫充宗授平陵士孫張字仲方博士揚州牧光祿大夫給事中家世傳業及沛鄧彭祖字長夏眞定太守齊衡咸字長賓王莽講學大夫後漢范升代郡人博士傳梁丘易一本作傳孟氏易以授京兆楊政字子行左中郎將又潁川張興字君上太子少傅傳梁丘易弟子著錄且萬人子魴傳其業魴官至張掖屬國都尉。疏證云此約前後漢書儒林傳及後漢書范升傳文略明梁丘易授受源流也藝文志有章句二篇序錄稱施梁丘之易永嘉之亂亡今唯釋文引三家音一事而已本傳云賀從京房受易又以筮有應得幸傳其子臨乃專行京房法明賀易猶田生丁將軍之遺教也再傳爲五鹿充宗藝志列其略說三篇於京孟之次亦可以窺其流變矣京房字君明東郡頓丘人本姓李推律自定爲京至魏郡太守受易梁人焦延壽字延壽名贛延壽云嘗從孟喜問易會喜死房以延壽易即孟氏學翟牧白生不肯曰非也延壽嘗曰得我術以亡身者京生也房爲易章句說長於災異以授東海段嘉漢書儒林傳作殷嘉及河東姚平河南乘弘一本作桑弘皆爲郎博士由是前漢多京氏學後漢戴馮字次仲汝南平輿人侍中兼領虎賁中郎將。考證云馮范書作憑輿宋本作與孫期字仲奇濟陰成武人兼治古文尚書不仕。考證云范書字仲或此或別有所據魏滿字叔牙南陽人弘農太守竝傳之。疏證云此約前後漢書儒林傳及京房傳文略明京易授受源流也儒林傳曰成帝時劉向考易說以爲諸易家說皆祖田何楊叔丁將軍大義略同唯京氏爲異黨焦延壽獨得隱士之說託之孟氏不与相同案孟喜自託於田生梁丘證明其僞焦贛自託於孟喜翟白皆以爲非然則災變之書隱士之說要非田生楊丁之舊可知也費直字長翁東萊人單父令傳易授琅邪王璜字平仲又傳古文尚書爲費氏學本以古文號古文易無章句徒以彖象繫辭文言解說上下經七錄云費易章句四卷殘缺漢成帝時劉向典校書考易說以爲諸易家說皆祖田何楊叔元。箋曰漢書儒林傳漢興雒陽周王孫丁寬齊服生皆著易傳數篇同授淄川楊何字叔元案葉本亦有元字盧氏據宋本謂漢書無元字阮氏從之俱非也丁將軍大義略同唯京氏爲異向又以中古文易經校施孟梁丘三家之易經或脱去無咎悔亡唯費氏經與古文同范曄後漢書云京兆陳元字長孫司空南閣祭酒兼傳左氏春秋扶風馬融字季長茂陵人箋曰後漢書本傳馬融字季長扶風茂陵人也注融集云茂陵成懽里人也南郡太守議郎爲易傳又注尚書毛詩礼記論語河南鄭衆字仲師大司農兼傳毛詩周礼左傳春秋北海鄭玄字康成高密人師事馬融大司農徵不至還家凡所注易尚書三礼論語尚書大傳五經中候箋毛氏作毛詩譜駁許慎五經異義鍼何休左氏膏肓去公羊墨守起穀梁廢疾休見大慚。考證云宋本五經中候作緯候案鄭注五經緯及尚書中候宋本是也校勘記云案葉本去作發是也潁川荀爽字慈明官至司空爲易言並傳費氏易。疏證云此約漢書藝文志儒林傳後漢書儒林傳及陳元等本傳文略述費易授受源流兼明費氏殊異之故沛人高相治易與費直同時其易亦無章句專說陰陽災異自言出丁將軍傳至相相授子康康以明易爲郎及蘭陵毋將永豫章都尉爲高氏學。疏證云此約漢書儒林傳文略明高易授受源流漢初立易楊氏博士宣帝復立施孟梁丘之易元帝又立京氏易費高二家不得立民間傳之後漢費氏興而高氏遂微永嘉之亂施氏梁丘之易亡孟京費之易人無傳者唯鄭康成王輔嗣所注行於世江左中興易唯置王氏博士太常荀崧奏請置鄭易博士詔許值王敦亂不果立。疏證云晉書荀崧傳崧上疏請置鄭易博士一人議者多請從之會王敦之難不行此爲序錄所本者也而王氏爲世所重。疏證云此明漢魏以來易家興廢之迹又云序錄云孟京之易人無傳者鄭志所謂有書無師是也蓋孟京易行而施梁丘衰鄭王易行而孟京衰王氏大行而鄭氏衰術數之學絀於玄言於此可以觀世變矣又云序錄初據范書謂陳元鄭衆馬融鄭玄並傳費氏易次言費易人無傳者唯鄭王所注行於世自相違伐似爲疏外今以王爲主其繫辭以下王不注相承以韓康伯注續之今亦用韓本。疏證云韓伯蓋卒於晉孝武初元以其繫辭注續王易始於何時雖不可知尋陸澄与王儉書曰顏延之黜鄭置王意在貴玄事成敗儒謂宜並存且弼於注經中已舉繫辭故不復別注今若專取弼易則繫說無注是齊永明初尚未以韓注續王也隋志本於阮錄則已合王韓爲一書矣

## 子夏易傳三卷

卜商字子夏衛人孔子弟子魏文侯師七畧云漢興韓嬰傳中經簿錄云丁寬所作張璠云或馯臂子弓所作薛虞記虞不詳何許人○疏證云隋志云周易二卷魏文侯師卜子夏傳殘闕梁六卷是阮錄六卷序錄三卷隋志二卷則代有闕遺也案班志本於劉略上載韓嬰易傳二篇或即用七略之說題其本名而不別言子夏邪隋唐志著錄子夏易傳二卷其佚文見於陸孔李氏及一行等所引者已非韓氏之眞清儒多有輯本至宋世崇文總目所載子夏易傳十卷則爲唐末人張弧所僞作晁以道故明言之矣若今世所行子夏易傳十一卷者即王應麟所引亦不可見是又出於宋末以來不獨非隋志之舊亦非張弧之僞書矣

## 孟喜章句十卷

無上經七錄云又下經無旅至節無上繫○疏證云藝文志章句孟氏二篇孟氏京房十一篇災異孟氏京房六十六篇序錄云云隋志章句八卷殘闕唐志十卷尋漢志止有章句二篇訖梁陳間已多散逸而唐志十卷反盈於前疑後世述孟易者綴緝爲之非漢志之舊

## 京房章句十

二卷 七錄云十卷錄一卷目。疏證云漢今文易四家唯京氏遺說傳世稍遠隋志周易十卷京房章句亡佚來久其誠僞固難質言矣今世所傳三卷中有太卜三易之語疑亦非京氏本文

費直章句四卷 殘缺。疏證云費易無章句而自有本經故劉向得而校之七錄云章句四卷殘闕隋志云梁有費注周易四卷亡疑即指殘闕之章句言之

馬融傳十卷 七錄云九卷。疏證云張惠言曰傳費易者前漢王璜後漢陳元鄭衆皆無書有書自馬融始馬融爲易傳授鄭玄玄爲易注今馬傳既亡所見僅訓詁碎義就其一隅而反之大抵以乾坤十二爻論消息以人道政治議卦爻此鄭所本於馬也馬於象疏鄭合之以爻辰馬於人事雜鄭約之以周禮此鄭所以精於馬也又云亭錄及唐志皆云十卷隋志云馬注一卷亡疑隋志誤或隋時佚之而唐世復行邪清儒有輯本

荀爽注十卷 七錄云十一卷。疏證云荀爽傳費氏易事見後儒林傳荀悅漢紀曰叔父故司空爽著易傳據爻象承應陰陽變化之義以十篇之文解說經意由是兖豫之言易者咸傳荀氏學隋志十一卷唐志十卷清儒有輯本

鄭玄注十卷 錄一卷七錄云十二卷。疏證云鄭亦傳費氏學而合之以爻辰約之以周礼此其少異於諸家者也魏晉之際玄學大行江左中興唯置王易歷宋齊梁陳間陸澄王

儉等皆謂玄儒不可偏廢請置鄭氏二家亦互為消長大抵北朝用鄭南學宗王至隋則王注盛行鄭學浸微唐初撰正義定用王韓而鄭學益衰矣

劉表章句五卷字景升山陽高平人後漢鎮南將軍荊州牧南城侯中經簿錄云注易十卷七錄云九卷錄一卷○疏證云三國志注劉表為荊州牧開立學官博求儒士使綦毋闓宋忠等撰五經章句謂之後定即此是也案其義於鄭為近大要兩家皆費氏易

宋衷注九卷字仲子南陽章陵人後漢荊州五等從事七志七錄云十卷○疏證云五等字隋志作五業按三國志注引魏略云樂詳少好學五業並受五業謂五經之業也等為業字形近之譌

虞翻注十卷字仲翔會稽餘姚人後漢侍御史○疏證云吳志注引翻別傳曰翻初立易注奏上曰臣高祖父故零陵太守光少治孟氏易曾祖父故平輿令成纘述其業至臣祖父鳳為之最密臣先考故日南太守歆受本於鳳最有舊書世傳其業至臣五世前人通講多玩章句雖有祕說於經疏闊臣蒙先師之說依經立注所覽諸家解不離流俗義有不當實輒悉改定以就其正

陸績述十三卷字公紀吳郡吳人後漢偏將軍鬱林太守七志云錄一卷○疏證云吳志本傳曰虞翻舊齒成名与績友善意存儒雅雖有軍事著述不廢作渾天圖注易釋玄皆傳於世績既述易十三卷

更注京氏易現存三卷則陸爲京氏學也又与虞翻撰日月變例一卷隋志云梁有七則又兼治孟氏學者也

董遇章句十二卷

字季直弘農華陰人魏侍中大司農七志七錄並云十卷○疏證云張惠言曰遇著書在王肅前故無与肅合者於鄭荀則多同義雖不可考要之爲費氏易也今以並注老子一事證之或与輔嗣爲近

王肅注十卷

字子邕東海蘭陵人魏衛將軍太常蘭陵景侯又注尚書礼容服論語孔子家語述毛詩注作聖證論難鄭玄○疏證云魏志本傳云年十八從宋忠讀太玄而更爲之解初肅善賈馬之學而不好鄭氏采會同異爲尚書詩論語三礼左氏解及撰定父朗所作易傳皆列於學官案漢儒説經各守師法至鄭君徧治經緯兼通古今擇善而從不執一説蔚爲大師其學足以易天下子雍繼起遠紹賈馬近傳父業乃專与鄭學爲難其言心之精神是謂聖又爲玄學之宗然則偏孔之傳清言之緒亦自子雍啟之其關於學術升降者蓋亦大矣張惠言曰肅注書務排鄭氏故於易義馬鄭不同者則從馬馬与鄭同者則並背馬然其訓詁大義則出於馬鄭者十七蓋易注本其父朗所爲肅更撰定疑其出於馬鄭者朗之學也其掊擊馬鄭者肅之學也王氏父子竊取馬鄭而棄其言礼言卦氣爻辰之精切者王弼祖述王肅而棄其比附爻象者於是空虛不根而道士之圖書作矣愚謂漢

師拘虚迂闊之義已爲世人所厭勢激而還則去滯著而上襄玄遠二王之易因世則然張氏所談誠所謂拘牽漢學不知魏晉諸師有刊綴異言之迹者也因說王易而附著學術流變之故於此王應麟曰今不傳清儒有輯本

**王弼注七卷**字輔嗣山陽高平人魏尚書郎年二十四卒注易上下經六卷作易略一卷又注老子七志云注易十卷○疏證云魏志云弼好論儒道辭才逸辯注易及老子建陳隋以來乃益爲世所重故正義序云魏世王注獨冠古今所以江左諸儒並傳其學河北學者罕能及之亦足覘當時風氣矣

**姚信注十卷**字德祐七錄云字元直吴興人吴太常卿七錄云十卷○疏證云姚信事狀略見吴志陸績陸遜孫和傳中張惠言曰姚氏言乾坤致用卦變旁通九六上下与虞氏之注若應規矩豈仲翔之徒歟抑孟氏之傳在吴姚氏亦得其舊聞歟虞翻之易三百年而亡其略可見者姚信而已耳翟子玄蜀才而已耳

**王廙注十二卷**字世將瑯邪臨沂人東晉荆州刺史贈驃騎將軍武陵康侯七志七錄云十卷○疏證云王廙晉書有傳按王氏遺說見存者鮮不可審知

**張璠集解十二卷**安定人東晉秘書郎參著作集二十二家解序云依向秀本鍾會字士季潁川人魏鎮西將軍爲易無互體向秀字子期河内人晉散騎常侍爲易義庾運字玄度新野

人官至尚書爲易義此原有一云易注四字依疏證本删應貞字吉甫汝南人晉散騎常侍爲明易論荀煇字景文潁川潁陰人晉太子中庶子爲易義七志云注易十卷張煇字義元梁國人晉侍中平陵亭侯爲易義王宏字正宗弼之兄晉大司農贈太常爲易義阮咸字仲容陳留人籍之兄子晉散騎常侍始平太守爲易義阮渾字長成籍之子晉太子中庶子馮翊太守爲易義揚乂字玄舒汝南人晉司徒左長史爲易卦序論王濟字武子太原人晉河南尹爲易義衛瓘字伯玉河東人晉太保蘭陵成侯爲易義欒肇字永初太山人晉太保掾尚書郎爲易論鄒湛字潤甫南陽新野人晉國子祭酒爲易統略杜育字方叔襄城人國子祭酒爲易義楊瓚不知何許人晉司徒右長史爲易義張軌字士彦安定人涼州刺史謚武公爲易義宣舒字幼驥陳郡人晉宣城令爲通知來藏往論邢融裴藻許適楊藻四人不詳何人竝爲易義七錄云集二十八家七志云十卷○疏證云張璠事迹無考唯魏志三少帝紀注云張璠晉之令史撰後漢紀雖似未成辭藻可觀集解十卷隋志八卷殘闕唐志十卷其所采獲二十有二家七錄云二十八家者疑其不出主名或名字不具故序錄闕之歟蓋以玄言爲宗鍾向王阮衛欒之倫文采風流訖今未沫觀厥取舍則集解之臭尚可知也今略出二十二家鍾會見魏志荀煇魏志荀彧傳注引向秀与應貞俱見晉書王宏見晉書良吏傳阮渾見晉書阮籍

傳阮咸王濟衛瓘鄒湛張軌晉書俱有傳楊乂隋志唐志並列周易卦序論一卷欒肇隋志有周易象論三卷宣舒唐志有通易象論一卷庾運張輝杜育楊瓚未詳邢融裴藻許適楊藻今亦無可考

干寶注十卷字令升新蔡人東晉散騎常侍領著作。疏證云晉書本傳稱寶性好陰陽術數留思京房夏侯勝等傳爲左氏春秋義注周易周官凡數十篇中興書目云寶之易學以卦爻配月或配日時傳諸人事以前世已然之迹證之訓義頗有據詹曾曰干注僅存三十卦唯乾備六爻餘止一象一爻而已

黄穎注十卷南海人晉廣州儒林從事。疏證云隋志注四卷梁有十卷今殘缺唐志仍列十卷釋文僅引音訓數事不能窺其流别

蜀才注十卷七錄云不詳何人七志云是王弼後人案蜀李書云姓范名長生一名賢隱居青城山自號蜀才李雄以爲丞相。疏證云顏氏家訓曰易有蜀才注張惠言曰蜀才之易大抵用鄭虞之義爲多卦變全取虞氏

尹濤注六卷不詳何人

費元珪注九卷蜀人齊安西參軍。疏證云隋志云梁有亡

荀爽九家集注十卷不知何人所集稱荀爽者以爲主故也其序有荀爽京房馬融鄭玄宋衷虞翻陸績姚信翟子玄子玄不詳何人爲易義注内又有張氏朱氏並不詳何人。疏證云惠棟曰九家易魏晉以後人

所撰其說以荀爽爲宗爲得其實按此集注亦昔人隱括京馬鄭虞等九家說而以荀義爲依如用拯馬作承其刑渥凶作剭本於鄭日中見昧爲小星本於馬此類尚多不能具說則九家即序錄所稱之九人故集解引九家處即不別引馬鄭等明九家中亟有馬鄭義也陸云其序有荀爽等云云其序即集注作者所自序以荀爲宗故以荀爽稱首後人據其名第遂冒題荀爽集注矣張朱自在九家外朱彝尊疑爲張倫朱仰之

謝万字万石陳郡人東晉豫州刺史

韓伯字康伯潁川人東晉太常卿

袁悅之字元礼陳郡人東晉驃騎諮議參軍

桓玄字敬道譙國龍亢人僞楚皇帝

卞伯玉濟陰人宋東陽太守黄門郎

荀柔之潁川潁陰人宋奉朝請

徐爰字季玉琅邪人宋太中大夫

顧懽字景怡或云字玄平吳郡人齊太學博士徵不起

齊明僧紹字承烈平原人國子博士徵不起

劉瓛字子珪沛國人齊步兵校尉不拜謚貞簡先生七錄云作繫辭義疏○疏證云謝萬韓伯袁悅之桓玄並見晉書徐爰見宋書劉瓛顧懽明僧紹見南齊書卞伯玉荀柔之事狀無考梁書儒林傳卞華濟陰冤句人壼六世孫通周易疑伯玉其先人也自元嘉以來王易盛行獨闕繫辭以下不注故自謝訖劉專注繫辭皆繼輔嗣而作其同以玄遠爲宗可知也自韓氏專行而各家並廢

自謝

万以下十人並注繫辭。疏證云隋志桓謝韓荀劉並注繫辭二卷下徐二家梁有亡唐志唯存桓謝劉三家

爲易音者三人。王肅已見前李軌字弘範江夏人東晉祠部郎中都亭侯徐邈字仙民東莞人東晉中書侍郎太子前衛率。疏證云徐邈晉書有傳李軌亦見世說劉注引中興書昔人書音之作每与傳注別行王肅之卒略先於孫叔炎反音方始萌芽或承用比況直音之法至李徐二家則多作反語上自五經論語下訖莊子漢賦皆爲作音

右易近代梁褚仲都陳周弘正弘正作老莊義疏官至尚書僕射謚簡子並作易義此其知名者。疏證云梁書孝行傳褚修吴郡錢塘人父仲都善周易爲當時最周弘正陳書有傳略謂弘正博物知玄象善占候特善玄言兼明釋典雖碩學名僧莫不請質疑滯著周易講疏十六卷唐書稱德明受學周弘正則周易釋文所引師說或爲弘正義也

書者本王之号令右史所記。疏證云藝文志曰書者古之號令號令於衆其言不立具則聽受施行者弗曉記玉藻曰言則右史書之注曰其書春秋尚書其存者藝文志以左史記言右史記行說正相反蓋傳聞之異

孔子删錄斷自唐虞下訖秦穆典謨訓誥誓命之文凡百篇而爲之序○疏證云藝文志曰書之所起遠矣至孔子纂焉上斷於堯下訖於秦凡百篇而爲之序言其作意及秦禁學孔子之末孫惠壁藏之家語云孔騰字子襄畏秦法峻急藏尚書孝經論語於夫子舊堂壁中漢紀尹敏傳以爲孔鮒藏之○疏證云漢記尹敏傳以爲孔鮒所藏孔叢獨治篇說与漢記同序錄作漢紀尹敏傳云云顏注漢書引作漢記按漢紀不得有傳師古引作漢記者蓋謂東觀漢記也序錄作漢紀疑傳寫之譌朱彝尊輒作袁悅漢紀益爲疏失序錄以爲孔惠所藏隋書經籍志史通古今正史正史篇說同不知本何注記亦不審惠之世次也毛奇齡云史記子襄之子名忠忠与惠字形相近而誤此不敢輒定按家語孔叢皆王肅所私定難可保信漢記所言或得其實序錄以爲孔惠當别有所據漢興欲立尚書無能通者聞濟南伏生名勝故秦博士傳之文帝欲徵時年已九十餘不能行於是詔太常使掌故晁錯受焉古文官書云伏生年老不能正言言不可曉使其女傳言教錯伏生失其本經口誦二十九篇傳授漢書云伏生爲秦禁書壁藏之漢定伏生求其書亡數十篇獨得二十九篇以教齊魯之間○疏證云自

漢興訖王良傳小夏侯尚書止據史記前後漢書略明今文尚書授受源流也按秦始禁學伏生壁藏尚書史漢並有明文漢興求之亡失大半其獨得之二十八篇自有簡畢可知也衛弘稱使其傳言敎錯者蓋漢師授經簡策雖存而句讀音義必須口授所謂授讀者是也王鳴盛劉台拱說以意屬讀稍有譌失或事所宜有僞孔尚書序乃謂伏生年過九十失其本經口以傳授裁二十餘篇云云此由作僞者必妄自張大以視伏書之不足邵遂謂失其本經推校文證殊不爾也陸氏當陳隋之交孔書大行世所崇信故用僞序失其本經之說而退漢書於注中序錄述尚書古今文原委胥視此矣以其上古之書謂之尚書鄭玄以爲孔子撰書尊而命之曰尚書尚者上也蓋言若天書然王肅云上所言下爲史所書故曰尚書○疏證云此據僞孔序文釋尚書立名之故按論衡正說篇曰尚書者以爲上古帝王之書或以爲上所爲下所書則馬王僞孔所說皆漢儒舊義也尚字誰所加今難質言要之周秦傳記無稱尚書者太史公自序曰余聞之先人曰堯舜之盛尚書載之太史談年輩略与張生歐陽生等尚書連言蓋以此爲朔伏生授濟南張生千乘歐陽生字和伯千乘人生授同郡兒寬御史大夫○箋曰漢書儒林傳歐陽生授倪寬補注先謙曰宋官本倪作兒愚

案本書正作兒寬寬又從孔安國受業以授歐陽生之子歐陽大小夏侯尚書皆出於寬歐陽氏世傳業至曾孫高作尚書章句爲歐陽氏學高孫地餘字長賓侍中少府以書授元帝傳至歐歙字正思後漢大司徒歙以上八世皆爲博士濟南林尊字長賓爲博士論石渠官至少府太子太傅受尚書於歐陽高以授平當字子思王莽作息校下邑人徙平陵官至丞相封侯子晏亦明經至大司徒及陳翁生梁人信都太傅家世傳業翁生授殷崇琅邪人爲博士及龔勝字君賓楚人右扶風當授朱普字公文九江人爲博士及鮑宣字子都勃海人官至司隸後漢濟陰曹曾字伯山諫大夫受業於歐陽歙傳其子祉河南尹又陳留陳弇字叔明受業於丁鴻樂安牟長字君高河内太守中散大夫竝傳歐陽尚書沛國桓榮字春卿太子太傅太常五更關内侯受尚書於朱普東觀漢紀云榮事九江朱文文即普字以授漢明帝遂世相傳東京最盛漢紀云門

生爲公卿者甚衆，學者慕之以爲法。榮子郁以書授章帝而官至侍中太常，郁子焉復以書授安帝，官至太子太傅太尉。○疏證云：漢世歐陽大小夏侯三家今文尚書皆立於學官，此據前後漢儒林傳文略述歐陽尚書授受源流也。蓋漢世博士章句之學，作始也簡，而將畢也鉅，師資相襲，代有增益。故兒寬說尚書一篇，武帝說之，以爲可觀，又以古法義決疑獄，爲上所重（前儒林傳及寬本傳）。平當以經明禹貢使行河（平當傳）。夏侯始昌以齊詩尚書敎授，明於陰陽，豫克柏梁臺災（夏侯始昌傳）。夏侯勝以洪範五行說災異，天久陰不雨，知臣下有謀上者（夏侯勝傳）。李尋、張儒、鄭寬中、秦恭、假倉等同師張山拊，張、鄭守師法敎授，尋獨好洪範災異，以對非常輒中（儒林傳及尋本傳）。此漢儒通經致用之術，遠於樸學者也。夏侯建師事勝及歐陽高，左右采獲，具文飾說，牽引以次章句（夏侯建傳）。秦恭增師法至百萬言（儒林傳）。桓榮受朱普章句四十萬言，浮詞過實，及榮入授顯宗，減爲二十三萬言，郁復删省定成十二萬言，由是有桓君大小太常章句（後漢書桓榮傳）。張奐師事朱寵，學歐陽尚書，初牟氏章句浮辭繁多，有四十五萬餘言，奐減爲九萬言（張奐傳。文牟長著尚書章句，皆本之歐陽氏，見本傳）。此漢儒繁文飾說，以次章句，違其本眞者也。五經家多有此比，弗復悉記。故推其本始，則以章句爲歐陽生所爲，及其末流，則後師所補苴牽飾者多矣。漢師章句之學，大略視此。

張生（濟南人，爲博士）授夏侯

都尉魯人都尉傳族子始昌始昌通五經以齊詩尚書教授爲昌邑太傅始昌傳族子勝字長公後屬東平長信少府太子太傅勝從始昌受尚書及洪範五行傳說災異又事同郡簡卿卿者兒寬門人又從歐陽氏問爲學精熟所問非一師善說禮服受詔撰尚書論語說藝文志夏侯勝尚書章句二十九卷号爲大夏侯氏學傳齊人周堪堪字少卿太子少傅光祿勳及魯國孔霸字次孺孔子十三世孫爲博士以書授元帝官至太中大夫關內侯号褒成君霸傳子光字子夏丞相博山侯光又事牟卿堪授魯國牟卿爲博士及長安許商字伯長四至九卿善筭著五行論商授沛唐林字子高王莽時爲九卿及平陵吳章字偉君王莽時博士重泉王吉字少音王莽時爲九卿齊炔欽字幼卿王莽時博士後漢北海牟融亦傳大夏侯尚書夏侯建字長卿勝從父兄子爲博士議郎太子少傅師事夏侯勝及歐陽高左右采獲又從五

經諸儒問與尚書相出入者牽引以次章句爲小夏侯氏學傳平陵張山拊字長賓爲博士論石渠至少府山拊授同縣李尋字子長騎都尉及鄭寬中字少君爲博士授成帝官至光祿大夫領尚書事關內侯山陽張無故字子儒廣陵太傅信都秦恭字延君城陽內史增師法至百萬言陳留假倉字子驕以謁者論石渠至膠東相寬中授東郡趙玄御史大夫無故授沛唐尊王莽太傅恭授魯馮賓爲博士後漢東海王良亦傳小夏侯尚書○疏證云此約漢書儒林傳夏侯始昌以下各本傳後漢書儒林傳文略明大小夏侯二家授受源流也今文尚書之傳始於伏生盛於三家歇於永嘉之亂今欲明其師法流別著述存佚故略依史傳分別說之今文尚書二十八篇出於伏生伏生有大傳四十一篇見於藝文志爲張生歐陽生所述鄭君所注今猶得窺其大略一也伏書傳爲三家歐陽氏有平陳之學大夏侯有孔許之學小夏侯有鄭張秦假李氏之家俱見前儒林傳歐陽大小夏侯有本經有章句歐陽有說義二篇大小夏侯有解故二十九篇俱見於藝文志者平陳孔許鄭張秦假李等皆傳歐陽夏侯之業以名其家

亦宜有章句傳說之等，而藝志殊無著錄，二也。歐陽高孫地餘爲博士論石渠，林尊爲博士論石渠，孔霸爲博士，周堪譯官令論於石渠，張山拊爲博士論石渠，假倉以謁者論石渠（俱見前儒林傳），藝文志尚書類有議奏四十二篇，注云宣帝時石渠論，即最錄地餘等尚書說，三也。三家章句既見錄略，外此小夏侯氏有張無故善修章句，秦恭增師法至百萬言（俱見前儒林傳）。歐陽氏有朱普章句四十萬言，桓榮減爲二十三萬言，郁復刪省定成十二萬言，由是有桓君大小太常章句（後漢書桓郁傳）。牟長著尚書章句，本之歐陽氏，俗號爲牟氏章句（牟長傳）。牟氏章句四十五萬餘言，張奐減爲九萬言，奐又著尚書記難三十餘萬言（張奐傳），今並不可得見，四也。自夏侯始昌、夏侯勝、劉向父子（見本傳）、平當、假倉、許商、李尋等（俱見前儒林傳）俱以洪範五行推驗災異，今藝文志有劉向五行傳記十一卷、許商五行傳記一篇，劉知幾以班志五行出於劉向洪範，餘並不見著錄，五也。今文書之列於錄畧者唯三家，及永嘉而漸滅，以盡自阮錄、陸錄、隋志以來，遂無一有。清初發明孔傳之僞，乃有輯錄三家遺說者，始自陳壽祺父子，訖於近儒蒐集補苴，蔚爲盛業，雖未盡精審，固治尚書者所宜取資也。

漢宣帝本始中，河內女子得泰誓一篇獻之，與伏生所誦合三十篇，漢世行之。然泰誓年月不與序相應又不與左傳國語孟子冢書所引泰誓同馬鄭王肅諸儒皆疑之。疏證云泰誓有三一眞泰誓左傳國語孟子墨子諸書所引者是也二漢泰誓卽漢人所謂後得泰誓是也三僞泰誓卽孔傳泰誓見行梅本是也序錄此節蓋據漢儒成說以明漢泰誓發見始末語本無病唯陸氏生當陳世知漢泰誓之不足恃不知孔傳泰誓尤爲僞中之僞旣不憭此遂謂孔傳泰誓爲眞泰誓此陸氏之失學者所宜知也案劉歆移讓太常博士書曰泰誓後得博士集而讚之文選李注引七略曰孝武末有人得泰誓書於壁中者獻之與博士使讚說之因傳以敎別錄略同尚書正義引論衡正說篇曰宣帝時河內女子發老屋得逸礼尚書各一篇而尚書二十九篇始定矣書疏引論衡及後漢史獻帝建安十四年黃門侍郎房宏等說云宣帝本始元年河內女子有壞老屋得泰誓三篇據此諸文泰誓出時蓋有二說一爲武末一爲宣初序錄所述則王房之說也蓋當武宣之際出於民間其出自河內女子以不恐難質定其以泰誓爲後得則劉歆王充馬融鄭玄房宏王肅等俱有明說事在不疑此其大較也伏生傳二十八篇後加泰誓則爲二十九故今文三家及古文馬鄭之傳泰誓皆同此本其書有白魚赤烏之文事涉神怪又舊書所引泰誓此悉無有故諸儒多疑之馬融書序曰泰誓後得案其文似若淺露文云八百諸侯不召自來不期同時不謀同辭及火復於上至於王屋流爲雕至五以穀俱來舉火神怪得無在子所不語中乎又春秋引泰誓曰民之所欲天必從之國語引泰誓曰朕夢協朕卜襲于休祥戎商必克孟子引泰誓曰我武惟揚侵于之疆取彼凶殘我伐用張于湯有光孫卿引泰誓曰獨夫受礼記引泰誓曰予克受非予武惟朕文考無罪受克予非朕文考有罪惟予小子無良今文泰誓皆無此語吾見書傳多矣所引泰誓而不在泰誓者甚多弗復悉記略舉五事以明之亦可知矣王肅亦云泰誓近得非其本經僞孔遂乘此瑕隙別作泰誓三篇舉內外諸子書所引舊文悉采摭之無有遺失適足以解馬王之疑起當時之信至于近世始發其覆故尚書有眞僞之分而泰誓獨有三本此尤學者所宜存意者

漢書儒林傳云百兩篇者出東萊張霸分析合二十九篇以爲數十又采左傳書序爲作首尾凡百二篇篇或數簡文意淺陋成帝時劉向校之非是後遂黜其書。疏證云此據儒林傳文略明僞百兩篇始末也陸氏本以張霸所造者爲別一僞書至唐初孔穎達等乃謂逸書二十四篇及後得泰誓三篇皆張霸所僞

作其言尤謬後儒鄭樵李治等皆以二十四篇爲張霸僞書

古文尚書者孔惠之所藏也魯恭王壞孔子舊宅漢景帝程姬之子名餘封於魯謚恭王於壁中得之並禮論語孝經皆科斗文字博士孔安國字子國魯人孔子十二世孫受詩於魯申公官至諫大夫臨淮太守以校伏生所誦爲隸古寫之增多伏生二十五篇藝文志云多十六篇又伏生誤合五篇凡五十九篇爲四十六卷藝文志云尚書古文經四十六卷五十七篇安國又受詔爲古文尚書傳値武帝末巫蠱事起經籍道息不獲奏上藏之私家安國並作古文論語古文孝經傳藝文志云安國獻尚書傳遭巫蠱事未列於學官○疏證云自此訖遂不行用略述古文尚書廢興始末陸氏當六朝之季孔書盛行不明其僞所言多違情實茲首明本文出處次疏通證明之藝文志曰古文尚書者出孔子壁中武帝末魯恭王壞孔子宅欲以廣其宮而得古文尚書及礼記論語孝經凡數十篇皆古字也共王往入其宅聞鼓琴瑟鐘磬之音於是懼乃止不壞孔安國者孔子後也悉得其書以考二十九篇得多十六篇安國獻

之遭巫蠱事未列於學官按恭王卒於元光四年不得至武帝末藝文志說与劉歆移讓太常博士書同皆傳聞之誤論衡以爲景帝時近之又孔子世家稱安國早卒其卒年宜在太初以前若巫蠱事乃征和二年距安國歿久矣志云安國獻之遭巫蠱事未列於學官亦傳聞之誤也閻若璩朱彝尊等據袁悅漢以爲獻書者乃安國家人其說較善得多十六篇者即漢世所謂逸十六篇是也志文於發壁獻書二事既不相應僞孔書序乃承其謬又復以私意彌縫之故其言曰魯共王好治宮室壞孔子舊宅以廣其居於壁中得先人所藏古文虞夏商周之書及傳論語孝經皆科斗文字悉以書還孔氏科斗書廢已久時人無能知者以所聞伏生之書考論文義定其可知者爲隸古定更以竹簡寫之增多伏生二十五篇伏生又以舜典合於堯典益稷合於皐陶謨盤庚三篇合爲一康王之誥合於顧命復出此篇並序凡五十九篇爲四十六卷其餘錯亂摩滅弗可悉知悉上送官藏之書府以待能者承詔爲五十九篇作傳既畢會國有巫蠱事經籍道息用不復以聞傳之子孫以貽後代按史漢多言古文此言科斗文字科斗者蝦蟆子字形頭粗尾細有似水蟲故名科斗盧植上書云古文科斗近於爲實而壓抑流俗降在小學班固賈逵鄭與父子並敦說之毛詩左傳周官宜置博士明科斗之稱不違於雅素唯謂科斗廢久人無能知則非也此一事也隸古定者謂

就古文體而從隸定之存古爲可慕以隸爲可識故曰隸古書疏說隸古之名前此所無僞孔既以隸寫古文則不全爲古字至范寧初改爲今文當唐明皇開元天寶間又悉革隸古之舊是故見行尚書雖出僞孔而久非古本唯日本劣有隸古殘卷及敦煌所出残本釋文尚得窺見大概此又一事也藝文志尚書古文經四十六卷爲五十七篇謂伏生所傳二十八篇於中分盤庚爲三分康王之誥於顧命加後得泰誓三篇爲三十四篇此与漢世見行今文經同者也孔壁得多十六篇九共分九則爲二十四篇三十四加二十四凡五十八篇逸篇中有武成建武之際亡故班注云五十七篇也同序者同卷今文二十八篇爲二十八卷出康王之誥於顧命爲一卷泰誓三篇爲一卷逸書十六篇除武成爲十五卷於百篇之序總爲一卷故云四十六也此藝文志古文尚書篇卷之說也僞孔書於今文二十八篇中分堯典慎徽五典以下爲舜典分皐陶謨帝曰來禹以下爲益稷分盤庚爲三分康王之誥於顧命爲三十三篇此爲伏生今文所有者加僞書二十五篇並序凡五十九篇也其云四十六卷者正義云不見安國明說蓋以同序者同卷異序者異卷故四十六卷云此僞孔本尚書篇卷之說也蓋僞孔傳所造二十五篇本不与逸書之目相應規欲附會藝志篇卷之數故定爲五十九篇四十六卷此又一事也馬鄭以前無就經作傳之

倒安國承詔作傳史漢並無其文且孔果有傳漢魏諸儒豈得置諸不論承詔作傳之云全由作僞者創意爲之此又一事也藝志止云安國獻書僞孔序乃言先獻本經作傳既畢會遭巫蠱不獲奏上又与實錄相遠此又一事也孔序既依漢志以造僞文陸氏又據僞序以會漢志皆不足保信者也綜覈舊文合之事實竊謂景武之際魯共王壞壁發書孔安國得之以今文讀之因以起其家得多十六篇獻之而未得立私家相傳而已亦無作傳之事以授都尉朝司馬遷亦從安國問故遷書多古文說劉向以中古文校歐陽大小夏侯三家經文脫誤甚衆藝文志云酒誥脫簡一召誥脫簡二文異者七百有餘脫字數十都尉朝授膠東庸生名譚亦傳論語庸生授清河胡常字少子以明穀梁春秋爲博士至部刺史又傳左氏春秋常授虢徐敖右扶風掾又傳毛詩敖授琅邪王璜及平陵塗惲字子眞○箋曰塗疏證本作涂惲授河南乘欽字君長一本作桑欽○箋曰漢書儒林傳平陵塗惲子眞子眞授河南桑欽君長則一本与漢書合王莽時諸學皆立惲璜等貴顯范曄後漢書云中

興扶風杜林傳古文尚書賈逵字景伯扶風人左中郎將侍中爲之作訓馬融作傳鄭玄注解由是古文尚書遂顯於世。疏證云此約前後儒林傳文略明古文尚書授受源流後書杜林傳曰林從外氏張竦受學博洽多聞時稱通儒河南鄭興東海衛宏等皆長于古學興嘗師事劉歆林既遇之欣然言曰林得興等固諧矣使宏得林且有以益之及宏見林闇然而服濟南徐巡始師事宏後皆更受林學林前于西州得漆書古文尚書一卷常寶愛之雖遭艱困握持不離身出以示宏等曰林流離兵亂常恐斯經將絶何意東海衛子濟南徐生復能傳之古文雖不合時務然願諸生無悔所學于是古文遂行又賈逵傳曰父徽從劉歆受左氏春秋兼通國語周官又受古文尚書于塗惲學毛詩于謝曼卿逵悉傳父業又衛宏傳曰少与河南鄭興俱好古學從杜林林受古文尚書作訓旨時濟南徐巡師事宏後從林學由是古學大興以是相證則賈逵受自塗惲杜林傳之衛徐皆与劉歆相涉賈馬鄭諸君雖皆别有師承又皆与杜林漆書相涉故鄭君書贊以古文尚書之學遠師棘下近承衛賈馬二三君子之業其原委亦至顯白矣然馬鄭等雖傳孔氏古文而於逸十六篇皆無訓説其所注釋亦唯二十八篇及後得太誓一篇而已馬融云逸十六篇絶無師説師説之絶自何時始今不可知漢儒無無師之學故馬鄭等不爲逸書作注此其約略可言者案今馬鄭所注並伏生所誦非古文也孔氏之本絶是以馬鄭杜預之徒皆謂之逸書王肅亦注今文而解大與古文相類或肅私見孔傳而祕之乎。疏證云馬鄭尚書遠承孔氏所注止二十九篇與今文篇目同而實非伏生三家本蓋師承異也陸氏不知僞孔古文非馬鄭所得見遂謂馬鄭所傳爲今文而非古文則誤甚矣王肅注書務與鄭異亦有本之賈馬者其説往往與孔傳略同愚謂此乃孔傳采摭王義非王氏竊自僞書也陸氏以孔書爲眞故云王私見而祕之書正義亦言王似竊見孔傳故注亂其紀綱爲夏太康時正與序錄同意即實非也江左中興元帝時豫章內史枚賾字仲眞汝南人。校勘記云葉本賾作頤段玉裁云葉本頤是也此枚頤字仲眞後莊子注李頤字景眞考證説同奏上孔傳古文尚書亡舜典一篇購不能得乃取王肅注堯典從昚徽五典以下分爲舜典篇以續之孔序謂伏生以舜典合於堯典孔傳堯典止於帝曰往欽哉而馬鄭王之本同爲堯典故取爲舜典○今書昚作慎考證云案說文慎古文作昚下从日此从目非學徒遂盛後范寧字武子順陽人東晉豫章太守兼注穀梁變爲今文集注俗間或取舜典篇以續孔氏齊明帝建武中吳興姚方興采馬王之注造孔傳舜典一篇云於大航頭買得上之梁武時爲博士議曰孔序稱伏生誤合五篇皆文相承接所以致誤舜典首有曰若稽古伏生雖昏耄何容合之遂不行用○疏證云蓋梅氏獻書時本闕舜典時以王肅注頗類孔氏故取王注從慎徽五典以下爲舜典以續孔傳徐仙民作音陸氏尚書釋文皆用此本舜典釋文說此一時也孔傳既闕舜典故范寧既爲今文集注而俗間又有取范注舜典以補孔書之闕者隋志云范寧注古文舜典一篇梁有范注十卷亡蓋范注已亡而舜典注一篇附於孔傳以行故猶完具此又一時也齊建武中姚方興采馬王之注僞造古文舜典孔傳一篇又於慎徽五典文前輒補曰若稽古數語以爲舜典篇首釋文云一本十二字一本凡二十八字是姚本亦自不同梁武時爲博士駁而釋之訖於陳亡終未行用此又一時

也隋開皇初購求遺典始以姚本合於孔傳當時不知其非唐撰正義遂承用不廢此又一時也陸用王注自与正義不符宋改釋文乃刪節陸本以合正義此又一時也此中繳繞本自難明自隋訖清學人多未分了至臧琳段玉裁出始克明徵其故近世發見唐寫釋文殘卷事益顯白（唐寫隸古定本釋文殘卷舜典一篇完具無闕与陳鄂改本絶異仕永爲作箋釋於經學頗有補益）蓋釋文作於陳至德間故隋用姚本之事非陸氏所能豫言耳

漢始立歐陽尚書宣帝復立大小夏侯博士平帝立古文永嘉喪亂衆家之書並滅亡而古文孔傳始興置博士鄭氏亦置博士一人近唯崇古文馬鄭王注遂廢今以孔氏爲正其舜典一篇仍用王肅本。

疏證云此節略敘博士廢興及當世崇尚孔書之事儒林傳贊曰初書唯有歐陽孝宣世復立大小夏侯尚書平帝時又立古文尚書隋志亦云永嘉之亂三家並亡梁陳所講有孔鄭二家齊代唯傳鄭義至隋孔鄭並行而鄭氏甚微北史儒林傳云河北尚書並鄭注非古文也下里諸生不見孔氏注解武平末二劉始得費甝義疏乃留意焉要之尚書之業河北獨崇鄭學至江南則兼行孔鄭而鄭學漸微隋唐以來鄭學幾於廢閣矣考證

云臧琳曰舜典經傳一篇陸氏釋文用王肅本孔氏正義用姚方興本本自不同今舜典音義所標注中字皆与正義本同無一字出姚本之外者書釋文之被後人竄改此篇最甚

孔安國古文尚書傳十三卷。疏證云案作僞傳者大抵爲魏晉閒人舊聞多有存者足以資其攈拾又采獲賈馬鄭王各家說義總紕成文時有善言亦因其所六朝隋唐閒人以爲西京舊傳謂其辭富而備義弘而雅復而不厭久而愈亮尊尚過當事誠有之清儒既明其僞則一切冀除或有陰用其義而乾沒其名者皆非折衷之論也清儒如王鳴盛江聲孫星衍之倫皆以僞書不足邵乃別爲集解其術誠是然魏晉傳注行世者希此本雖僞尚完具無闕固學者所不能廢

馬融注十一卷字季長

鄭玄注九卷。疏證云馬氏承衛賈之學爲古文之正傳鄭氏受之於張恭祖以山東無可問者乃西入關因盧植以事馬融二氏並爲尚書作注鄭君晚出集厥大成馬注隋志十一卷鄭注隋唐志同九卷

王肅注十卷。疏證云王肅好賈馬之學務与鄭異清儒多斥之案王義多用賈馬亦閒有同鄭者不得一概斥之也王注隋志十一卷唐志十卷

謝沈注十五卷字行思會稽人東晉尚書祠部郎領

著作錄一卷。疏證云謝沈著後漢書百卷及毛詩漢書外傳事見晉書本傳不言注尚書隋志同十五卷唐志十三卷其遺說不可考

李顒注十卷 字長林江夏人東晉本郡太守。疏證云晉書李充傳子顒亦有文義多所述作郡舉孝廉注十卷書正義曰李顒集注尚書於僞泰誓篇每引孔安國曰計安國必不爲彼僞書作傳不知顒何由爲此言案正義所云僞泰誓者指白魚赤烏之漢泰誓言之孔安國本無作傳之事僞孔自作僞泰誓傳不得爲漢泰誓作傳事理甚明李顒當東晉之世何緣得引漢泰誓孔傳邪愚意僞書初行二十九篇中之泰誓亦用後得之本而見行之僞泰誓則又爲後人僞作非出一手正与舜典首之二十八字同比此亦揣度之詞終難質定

范甯集解十卷 書。疏證云晉有列傳隋志云梁有亡其遺說無考今舜典僞傳中或有范義然已不可識別矣

姜道盛集解十卷 天水人宋給事中字道盛。疏證云隋志十一卷遺說無考

尚書大傳三卷 伏生作。疏證云藝文志大傳四十一篇至玄銓次爲八十三篇自序錄隋志以說郡齋讀書志並著錄三卷其闕佚久矣葉夢得晁公武皆言今本首尾不倫是宋世已無善本說明遂亡清儒編輯頗有多家要以陳壽祺本爲最完備是書雖綴拾於蠹蝕之餘而稽譔大義訓詞深厚最近大小戴

記除詩傳外爲漢世經說之近古者其說洪範五行則爲夏侯始昌劉氏父子之傳所自出尤漢學之先河也爲尚書音者四人孔安國鄭玄李軌徐邈案漢人不作音後人所託。疏證云隋志梁有孔安國鄭玄李軌徐邈等撰尚書音五卷陸氏所列即其鄰類案建安以前不行反語孔安國更不得有作音之事此皆後人依義作之非孔等自作若李徐以下固嘗專撰音書矣說詳經籍舊音序錄

右尚書梁國子助教江夏費甝作義疏行於世。疏證云書正義序曰其爲正義者蔡大寶巢猗費甝顧彪劉焯劉炫等諸公旨趣多或因循詁釋注文義皆淺略惟劉焯劉炫最爲詳雅炫嫌焯之煩雜就而刪焉今考定是非非敢臆說必據舊聞據此是孔疏本於二劉而二劉又因費巢之等北史儒林傳稱二劉始得費甝疏明費氏最爲老師也隋唐志有費甝義疏十卷

詩者所以言志吟咏性情以諷其上者也古有采詩之官王者巡守則陳詩以觀民風知得失自考正也動天地感鬼神厚人

倫美敎化移風俗莫近乎詩。疏證云書堯典云詩言志歌永言詩大序云詩者志之所之也在心爲志發言爲詩又曰吟詠性情以諷其上記王制云王者巡守命太師陳詩以觀民風藝文志云古有采詩之官王者所以觀風俗知得失自考正也詩大序曰正得失動天地感鬼神莫近乎詩先王以是經夫婦成孝敬厚人倫美敎化移風俗是以孔子最先刪錄既取周詩上兼商頌凡三百一十一篇毛公爲故訓時已亡六篇故藝文志云三百五篇。疏證云史記孔子世家云古詩三千餘篇孔子去其重取可施於礼義三百五篇孔子皆弦歌之藝文志則云孔子純取周詩上采殷下取魯凡三百五篇陸氏似不信古詩三千之說故不用世家語又不從史記三百五篇之說故云三百十一篇以授子夏子夏遂作序焉或曰毛公作序解見口口。校勘記云影宋本解見下鈌通志堂本盧本同案此解見關雎或所鈌是關雎字也口以相傳未有章句。疏證云口以相傳未有章句者蓋據錄略所著章句起自漢初覈而論之則樂正四術設敎之常經離經辨志始學所有事且孟仲子以不已爲不似亦古有章句訓讀之明驗也陸氏所言蓋謂周秦之際經無異義漢時五經家章句之學非當時所有也戰國之世專任武力雅頌之聲爲鄭衛所亂其廢絶亦可知矣遭秦焚書而得全者以其人所諷誦不專在竹帛故也○疏證云此節首明孔子刪詩次明子夏作序次明詩經秦火得全之故又云藝文志云詩遭秦而全者以其諷誦不獨在竹帛故也又云樂爲鄭衛所亂故無遺法蓋傳之口耳故諷誦不忘播之宮商而節族易失詩樂相依故陸氏推言之謂廢絶者聲容之盛得全者四詩之文也漢興傳者有四家魯人申公亦謂申培公楚王太傅武帝以安車蒲輪徵之時申公年八十餘以爲太中大夫受詩於浮丘伯以詩經爲訓故以敎無傳疑者則闕不傳号曰魯詩○箋曰通志堂本号作號校勘記云案以後多作号當是釋文如此作弟子爲博士者十餘人郎中令王臧蘭陵人御史大夫趙綰代人臨淮太守孔安國膠西內史周霸城陽內史夏寬東海太守魯賜碭人長沙內史繆生蘭陵人膠西中尉徐偃膠東內史闕門慶忌鄒人皆申

公弟子也申公本以詩春秋授瑕丘江公盡能傳之徒衆最盛魯許生免中徐公免中縣名○箋曰漢書儒林申公傳免中徐公注蘇林曰免中縣名也李奇曰邑名也師古曰李說是也皆守學教授丞相韋賢受詩於江公及許生傳子玄成賢字長孺玄成字少翁父子並爲丞相封扶陽侯又治禮論語玄成兄子賞以詩授哀帝大司馬車騎將軍又王式字翁思東平新桃人昌邑王師○箋曰漢書儒林傳王式字翁思東平新桃人也案通志堂本亦有新字則盧所補是也受詩於免中徐公及許生以授張生長安名長安字幼君山陽人爲博士論石渠至淮陽中尉○箋曰漢書儒林傳張生論石渠至淮陽中尉案通志堂本亦作淮陽則舊作山陽誤及唐長賓東平人爲博士楚王太傅褚少孫沛人爲博士褚氏家傳云即續史記褚先生張生兄子游卿諫大夫以詩授元帝傳王扶琅邪人泗水中尉扶授許晏陳留人爲博士又薛廣德字長卿沛國相人御史大夫○疏證云漢書薛廣德傳云沛郡相人也此作沛國國爲郡字之譌受詩于王式授龔

舍字君倩楚國人太山太守。疏證云此約史記儒林傳文略明魯詩授受源流也陳喬樅魯詩遺說考叙曰藝文志詩經二十八卷齊魯韓三家魯故二十五卷魯說二十八卷案魯詩授受源流漢書可考申公受詩於浮丘伯伯乃荀卿門人則荀子書中詩說大都爲魯說所本也孔安國申公弟子太史公從孔安國問故劉向世習魯詩白虎觀會議諸儒如魯恭魏應皆習魯詩爾雅亦魯詩之學石經以魯詩爲主互證參觀固可以考見家法矣按陳氏所述頗爲詳審略其綱要蓋有數端魯詩之學出自荀卿遠承雅訓一也三家之學魯最先出二也終漢之世傳業爲盛三也永嘉以後不過江東隋志遂無著録四也采擷佚文始自王氏猶尚麤疏清儒踵事轉益精密五也尋申公傳稱爲訓故以教疑者闕不傳王式傳稱聞之於師具是也不肯復授又唐生褚生試誦説有法疑者丘蓋不言其謹嚴有如是者故藝文志云齊韓咸非本義魯最爲近之也魯詩近古故多与雅訓應漢興以前詩無别派近人以爾雅爲魯學其立文殆未善也

齊人轅固生漢景帝時爲博士至清河太傅作詩傳号齊詩。疏證云據荀紀云作内外傳漢志既不著録疑荀悦推言之耳

漢傳夏侯始昌始昌授后蒼字近君東海郯人通詩礼爲博士至少府蒼授翼奉字少君東海下邳人爲博

士諫大夫及蕭望之字長倩東海蘭陵人御史大夫前將軍兼傳論語匡衡字稚圭東海承人丞相樂安侯子咸亦明經歷九卿家世多爲博士衡授師丹字公仲琅邪人大司空及伏理字游君高密太傅家世傳業滿昌字君都潁川人詹事昌授張邯九江人及皮容琅邪人。箋曰皮容舊作波容案漢書儒林后蒼傳琅邪皮容通志堂本亦作皮容則盧改是也皆至大官徒衆尤盛後漢陳元方亦傳齊詩。考證云案後漢儒林傳治齊詩者有伏恭任末景鸞不言陳元方疏證云此約漢書儒林傳及各本傳文略明齊詩授受源流唯陳紀傳齊詩今後漢書無文序錄蓋別有所據也陳喬樅齊詩遺說考叙云藝文志載詩經齊二十八卷范后氏故二十卷孫氏故二十七卷齊后氏傳三十九卷孫氏傳二十八卷齊雜記十八卷隋書經籍志云齊詩魏已亡是三家詩之失傳齊爲最早魏晉以來學者尟有肄業及之者王厚甫所撰詩考寥寥數事近世余蕭客范家相盧文弨王謩馮登府諸君皆續有采擷究未能尋其端緒也竊考漢世經師以齊魯爲兩大宗文景之際言詩者魯有申培公齊有轅固生春秋論語亦皆有齊魯之學其大較也漢儒治經最重家法學官所立經師遞傳專門命氏咸自名家三百年來雖詩分爲四春秋分爲五文字或異訓義固殊要皆各守師法持之弗失寧固而不肯少變也喬樅補輯齊詩於經徵之儀礼戴記於史徵之班書荀記於諸子徵之繁露易林鹽鐵論申鑒諸書皆實事求是而已夫轅生以治詩爲博士諸齊以詩貴顯者皆固之弟子而夏侯始昌最明始昌通五經后蒼事始昌亦通詩礼爲博士訖孝宣世礼學后蒼最明戴德戴聖慶普皆其弟子三家立於學官詩礼師傳既同出自后氏則儀礼及二戴礼記中所引佚詩皆當爲齊詩之文矣鄭君本治小戴礼注礼在箋詩之前未得毛傳礼家詩說專用齊詩鄭君據以爲解知其所述多本齊詩之義齊詩有翼匡師伏之學班伯少受於師丹故彪固世傳家學地理志所引並據齊詩之文荀爽詩學太丘所授紀傳齊詩見於釋文足證荀氏家學皆治齊詩至於公羊氏本齊學治公羊春秋者其於詩皆稱齊猶之穀梁氏爲魯學治穀梁春秋者其於詩亦稱魯也董仲舒通五經治公羊春秋与齊人胡毋生同業則習齊可知易有孟京卦氣之候詩有翼奉五際之要尚書有夏侯洪範之說春秋有公羊災異之條皆明於象數善推禍福以著天人之應淵源所自同一師承確然無疑孟喜從田王孫受易得易家候陰陽災變書喜即東海孟卿子焦延壽所從問易者是亦齊學也故焦氏易林皆主齊詩說豈僅甲戊己庚達情任性之語与翼氏言五性六情合亥午相錯敗亂

緒業之辭与詩汎歷樞言午亥之際爲革命合已哉若夫桓寬鹽鐵論以周南之兎罝爲刺義与魯韓毛迥異以鄉風之鳴雁爲雅文与魯韓毛並殊又其顯然易見者耳按陳說齊學原委是也竊謂漢儒說經之法有故故者體宗爾雅有傳傳者體宗春秋傳傳體至廣博毛詩故訓傳合二事爲一仍以詁訓爲主而翼奉傳注引齊詩內傳論四始五際文選江賦李注引韓詩內傳述鄭交甫遇二女事皆非經指此所謂齊韓爲傳或取春秋采雜說咸非本義者也此義本黄以周五際六情之義始於翼奉奉說本之於師然轅固生嘗以曲學阿世諷公孫弘矣則占候災變之學雖或託始於轅要不如後師所言之具可知也推而論之故者明其字訓傳者舉其大義咸依經爲說若齊詩內傳之倫蓋与易家之雜災異相鄰類志在占候非以說經名爲內傳實猶後來之稱內學內事云爾是故異文殊詁故之事也關雎一篇或以爲美或以爲刺傳之事也推始終之傳著天人之應今文家致用之事也明乎三者之分庶可与言五經家之異同矣

燕人韓嬰漢文帝時爲博士至常山太傅推詩之意作內外傳數萬言號曰韓詩淮南賁生受之武帝時嬰與董仲舒論於上前仲舒不能難嬰又爲易傳燕趙間好詩故其易微唯韓氏自傳之其

孫商爲博士孝宣時涿韓生其後也河内趙子事燕韓生授同郡蔡誼誼以詩授昭帝至丞相封侯誼授同郡食子公爲博士及琅邪王吉字子陽王駿父昌邑中尉諫大夫吉兼五經能爲鄒氏春秋以詩論教授○疏證云兼五經當云兼通五經子公授太山栗豐部刺史吉授淄川長孫順爲博士豐授山陽張就順授東海髮福並至大官○疏證云此約漢書儒林傳文略明韓詩授受源流也陳喬樅韓詩遺説考叙云自魏晉改代毛鄭詩行而三家之學始微韓詩雖最後亡持其業者蓋寡稽之藝文志韓詩經二十八卷韓故三十六卷内傳四卷外傳六卷韓説四十一卷而隋書經籍志祇載韓詩二十二卷薛氏章句唐書藝文志則載韓詩卜商序韓嬰注二十二卷又外傳十卷太史公儒林傳稱韓生推詩人之意而爲内外傳數萬言其語頗与齊魯閒殊然其歸一也今觀外傳之文記夫子之緒論与春秋雜説或引詩以證事或引事以明詩使爲法者彰顯爲戒者著明雖非專於解經之作要其觸類引申斷章取義皆有合於聖門商賜言詩之意也棻陳説是也三家之傳韓詩稍遠至南宋後章句故訓之書亦亡唯外傳十卷孤行於世然見行

十卷亦非舊本蓋昔人所引間有出於今本外者以是明之藝文志云齊韓詩或取春秋采雜說咸非其本義魯最爲近之。疏證云序錄述三家授受已了故引班說以結之也毛詩者出自毛公河閒獻王好之徐整字文操豫章人吳太常卿云子夏授高行子高行子授薛倉子薛倉子授帛妙子帛妙子授河閒人大毛公毛公爲詩故訓傳於家以授趙人小毛公一云名萇。宋本萇作長校勘記云案萇字誤改也關雎正義亦作長此不与今本後漢書同盧文弨云宋本萇作長意以爲非失之不考小毛公爲河閒獻王博士以不在漢朝故不列於學一云子夏傳曾申字子西魯人曾參之子申傳魏人李克克傳魯人孟仲子鄭玄詩譜云子思之弟子孟仲子傳根牟子根牟子傳趙人孫卿子孫卿子傳魯人大毛公。疏證云藝文志云詩有毛公之學自謂子夏所傳此爲存疑之詞与儒林傳稱高易自言出丁將軍同意此後鄭學之徒並謂子夏作序而毛公足成之南陔白華華黍有其義而亡其辭鄭注云孔子論詩雅頌各得其所時俱在耳篇第當在於此遭戰國及秦之世而亡之其義則與衆篇之義合編故存至毛公爲詁訓傳乃分衆篇之義各置於其篇端云又闕其亡者以見在爲數故推改什首遂通耳而下非孔子之舊小雅譜云漢興之初師移其第推校鄭意子夏作三百十一篇之序總爲一編至戰國以來亡其六篇毛公爲詁訓傳時乃以見在爲數而推改什首然則毛公作傳正當秦漢之際毛公爲孫卿弟子孫卿卒於秦始之世時適相應以上明毛公作傳之時述毛詩傳授者一爲徐整一爲陸璣序錄所引一說蓋本於陸疏也徐以子夏四傳而及毛公世次疏闊又謂大毛公爲河間人似不如陸疏之諦高行子即高子與孟仲俱見於孟子書詩緜衣序引高子維天之命及閟宮傳引孟仲子是也孫卿並爲毛魯二家先師此皆確有文據者又詩譜及六藝論於大小毛公孟仲子解延年輩並能舉其行義爵里則鄭君於毛詩授受當有詳說惜舊文散佚難可甄明近人乃謂毛詩原委不可知其言恐不足據以上明毛萇以上受授源流

漢書儒林傳云毛公趙人治詩爲河間獻王博士授同國貫長卿徐整作長公長卿授解延年爲阿武令詩譜云齊人延年授號徐敖敖

授九江陳俠王莽講學大夫○疏證云陸璣疏云毛亨作詁訓傳以授趙國毛萇時人謂亨大毛公萇小毛公據此則號稱大毛公者魯人名亨作詁訓傳猶無毛詩之名至河間人小毛公名萇者爲獻王博士立於學官（河間國學）始題爲毛詩隋唐以來並以作傳者爲毛萇蓋考之不審耳（以上明大毛公作傳小毛公爲博士）

或云陳俠傳謝曼卿元始五年公車徵說詩○疏證云尋平帝紀元始五年徵天下通知逸經古記天文歷算鍾律小學史篇方術本草及以五經論語孝經爾雅教授者在所爲駕一封軺車即其事也後漢儒林傳九江謝曼卿善毛詩乃爲其訓衞弘從曼卿受學因作毛詩序善得風雅之旨於今傳於世（衞弘自作序耳後人以見行詩序爲衞弘所作非也前已具說）不言曼卿受之陳俠序錄蓋別有所本（以上明陳俠傳毛詩）

後漢鄭衆賈逵傳毛詩馬融作毛詩注鄭玄作毛詩箋○疏證云文与後漢書儒林傳同鄭賈本傳稱衆從父受左氏春秋兼通詩易逵撰齊魯詩与毛氏異同隋志云梁有毛詩雜議難十卷侍中賈逵撰亡賈書不見於叙錄疑其亡於陳隋之間（以上明鄭賈傳毛詩）

申明毛義難三家於是三家遂廢矣魏太常王肅更述毛非鄭荆州刺史王基（字伯輿東萊人）駁王肅

申鄭義晉豫州刺史孫毓字休朗北海平昌人長沙太守為詩評評毛鄭王肅三家同異朋於王徐州從事陳統字元方難孫申鄭宋徵士鴈門周續之字道祖及雷次宗俱事廬山惠遠法師豫章雷次宗字仲倫宋通直郎徵不起齊沛國劉瓛並為詩序義。疏證云鄭君初從張恭祖受韓詩晚得毛公傳為之作箋六藝論云注詩宗毛為主其義若隱略則更表明如有不同即下己意使可識別也自鄭倡古學而三家浸微王肅故與鄭抗亦託毛以難鄭非據三家以駮毛也王基陳統馬昭之徒朋於鄭孫毓孔晁之徒朋於王所持亦互有得失自周續之雷次宗以下則均以鄭學為宗矣以上明毛鄭詩原委

前漢魯齊韓三家詩列於學官平帝世毛詩始立齊詩久亡魯詩不過江東韓詩雖在人無傳者唯毛詩鄭箋獨立國學今所遵用。疏證云藝文志云三家皆立於學官據儒林傳及楚元王傳申公韓嬰均於孝文時為博士轅固於孝景時為博士則文景之際三家皆立而宣帝仍之耳隋志云齊詩魏代已亡魯詩亡於西晉韓詩雖存無傳之者唯毛詩鄭箋

至今獨立此説与序錄略同今案三國志王肅傳注引魏略云隗禧説齊魯韓詩四家詩不復執文有如諷誦蓋老師宿儒兼通今學者未嘗無人唯以古文大興傳習三家者寡迹近於亡故云爾也自唐修正義專用毛詩鄭箋定於一尊不獨鄭學單行即諸家義疏今亦不可得見矣

毛詩故訓傳二十卷鄭氏箋。疏證云藝文志稱毛詩故訓傳三十卷者毛公作傳本与經別行唯以序文分置篇首今本題周南詁訓傳第一至那詁訓傳第三十即毛詩傳之舊次也鄭氏作箋則以箋文附於經傳之下正義云未審此詩引經附傳是誰爲之其鄭之箋當元在經傳之下矣又約卷爲二十而毛公卷次尚仍其舊至唐修正義附以詩譜仍以鄭箋二十卷爲大目而別爲子卷

馬融注十卷無下帙。疏證云隋志梁有馬注毛詩十卷亡

王肅注二十卷

謝沈注二十卷。疏證云隋志梁有謝沈注毛詩二十卷毛詩釋義十卷毛詩義疏十卷亡

江熙注二十卷字太和濟陽人東晉兗州別駕。疏證云隋志梁有江熙注毛詩二十卷亡

鄭玄詩譜二卷徐整暢太叔裘隱。疏證云隋志毛詩譜三卷吳太常卿徐整撰撰謂爲鄭氏撰注也又毛詩譜二卷太叔求及劉炫注王應麟曰序錄所稱

徐整暢太叔裘隱者蓋整既暢演而裘隱栝之按王說是也求裘文同孫毓詩同異評十卷陸璣毛詩草木鳥獸蟲魚疏二卷字元恪吳郡人吳太子中庶子烏程令○校勘記云案璣字誤改也盧文弨云隋志璣作機不云影宋本失校也正義所引亦皆作機誤改作璣者始於李濟翁資暇集爲詩音者九人鄭玄徐邈蔡氏孔氏阮侃王肅江惇干寶李軌阮侃字德恕陳留人河內太守江惇字思俊河內人東晉徵士蔡氏孔氏不詳何人○疏證云阮侃未詳江惇見晉書江統傳隋志梁有毛詩音十六卷徐邈等撰毛詩音二卷徐邈撰毛詩音隱一卷干氏撰亡案干當爲干之譌箋曰俊王筠校作悛是案晉書五十六江統傳惇字思悛正同

右詩梁有桂州刺史清河崔靈恩集衆解爲毛詩集注二十四卷俗閒又有徐爰詩音近吳興沈重亦撰詩音義○疏證云詩正義序曰近代爲義疏者有全緩何胤舒瑗劉軌思劉醜劉焯劉炫等焯炫並聰穎特達文而又儒特爲殊

絶今據以爲本案詩疏所引上采鄭王同異下及南北諸儒而以二劉爲本陸撰釋文時居南土北方儒士非彼所知沈重初仕蕭巋時相比近故特著之

安上治民莫善於禮鄭子太叔云夫禮天之經地之義民之行也左傳云禮所以經國家定社稷序民人利後嗣者也禮教之設其源遠哉○疏證云此汎説礼之義用也首二句孝經文子太叔語左氏昭公二十五年傳文礼所以經國家云云隱公十一年傳文傳記典言類此者多矣案礼運稱礼必本於太一本其所起在天地未分之前其言玄遠荀子礼論則云人生而有欲欲而不得則不能無求求而無度量分界則不能不爭爭則亂亂則窮先王惡其亂也故爲礼義以分之以養人之欲給人之求使欲必不窮乎物物不必屈於欲兩者相持而長是礼之所起也此誠摶本之論賢於礼運遠矣帝王質文世有損益至於周公代時轉浮周公居攝曲爲之制故曰經禮三百威儀三千及周之衰諸侯始僭將踰法度惡其害己

皆滅去其籍自孔子時而不具矣孔子反魯乃始删定值戰國交争秦氏焚坑惟故禮經崩壞爲甚。

疏證云此據史漢諸文略明漢興以前礼經沿革之略藝文志云帝王質文世有損益至周曲爲之防事爲之制故曰礼經三百威儀三千及周之衰諸侯將踰法度惡其害己皆滅去其籍此本孟子文自孔子時而不具此本史記儒林傳文至秦大壞此序錄所本也史記孔子世家云書傳礼記自孔氏又云礼樂自此可得而述儒林傳云孔子閔王路廢而邪道興於是論次詩書修起礼樂故趙咨敎子曰仲尼重明周礼亦謂礼皆成周舊制而孔子修起之也俗人據雜記言哀公使孺悲學士喪礼於孔子士喪礼於是乎書疑礼爲孔子所制章太炎先生釋之曰三百三千制自周室不下庶人其後礼崩樂壞儒者不得篇篇誦習自孔子觀書柱下從師問礼删定六籍布之民間士喪于是乎書者謂自此復著竹帛故言書不言作晚世尊公旦者黜孔子以爲先師訟孔子者又云周監二代實無其礼不悟著之版法姬氏之功下之庶人後聖之績成功盛德各有所施不得一概以論也

漢興有魯高堂生傳士禮十七篇卽今之儀禮也而魯徐生善爲容孝文時爲禮官大

夫景帝時河間獻王好古得古禮獻之鄭六藝論云後得孔氏壁中河間獻王古文礼五十六篇記百三十一篇周礼六篇其十七篇与高堂生所傳同而字多異劉向別錄云古文記二百四篇藝文志曰礼古經五十六篇出於魯淹中蘇林云淹中里名。校勘記云依隋書經籍志則二百下當有十字疏證云十七篇之次據大戴目錄以冠昏相見士喪既夕士虞特牲鄉飲鄉射九篇居首故漢人通稱爲士礼黄以周説以經曲相對曲猶事也則謂之曲礼十七篇者周之正經六藝之一目也則單稱爲礼亦曰礼經或曰礼記阮元説名十七篇爲儀礼蓋始見於晉書荀崧傳然儀与礼之辨左氏昭五年及二十五年傳已極言之張淳曰漢後學者覩十七篇中有儀有礼遂合而名之其言近是至於篇弟前後大小戴別錄三家並異鄭以劉向爲據賈疏以爲由賤而貴由冠昏而仕由吉而凶凶盡乃行祭祀邵懿辰則據大戴目錄謂与王制六礼合而仍有改字以就自説之失恐亦非諦以上明儀礼爲後起之名或曰河間獻王開獻書之路時有李氏上周官五篇失事官一篇乃購千金不得取考工記以補之。疏證云序錄引或說云云其言自有所本而与鄭義不悉相應今試辨之以明其端委尋鄭目錄云司空之篇亡漢興購求千金不得此前世識其事者記錄以備大數古周礼六篇畢矣（考工記疏引）又六藝論云周官壁中所得六篇（礼記大題孔疏引）據此則鄭意蓋謂考工記亦先秦故書（賈疏謂冬官六國時亡以考工記備其數即依鄭義爲說）同出於壁中漢興求冬官不得不待河間獻書時方求之不得也序錄謂河間王始求書異一矣又以爲李氏所上異二矣陸氏所述与隋志同而實非鄭說一也礼記大題疏曰漢書說河間獻王得周官五篇失其冬官一篇乃購千金不得取考工記以補其闕此与序錄隋志略同唯不言李氏所上爲異然見行漢書實無此文竟不審其何據二也隋志及左傳孔疏以爲河間獻王獻周官孫詒讓謂祕府之本即獻王所奏案馬傳既無明說古文出處非一祕府本上自河間以不恐難質言三也後漢書儒林傳稱孔安國獻礼古經五十六篇及周官經六篇其言無據四也礼器孔疏又謂孝文帝時求得周官不見冬官一篇乃使博士作考工記補之尤乖謬不足信五也古事難明傳聞多異要以馬鄭所述爲近（以上明周官隱顯原流）瑕丘蕭奮以禮至淮陽太守授東海孟卿（孟喜父）卿授同郡后蒼及魯閭丘卿其古禮經五十六篇蒼傳十七篇所餘三十九篇以付書館名爲逸禮蒼說禮數萬言號

曰后蒼曲臺記在曲臺校書著記因以爲名孝宣之世蒼爲最明蒼授沛聞
人通漢字子方以太子舍人論石渠至中山中尉及梁戴德字延君號大戴信都太傅戴聖字次君號
小戴以博士論石渠至九江太守沛普慶字孝公東平太傅由是禮有大小戴慶氏之
學普授魯夏侯敬又傳族子咸豫章太守大戴授琅邪徐良字斿卿爲博士
州牧郡守家世傳業小戴授梁人橋仁字季卿大鴻臚家世傳業及楊榮字子孫琅邪太守○疏證
云此節略明礼經授受源流旁及周官出處叙次少近疏闊又云礼之正經本數不可知陵夷衰微訖於漢興魯高堂生所傳
十七篇而已史記儒林傳云於今獨有士礼高堂生能言之漢書藝文志云漢興魯高堂生傳士礼十七篇儒林傳文同史記索隱引謝承云秦氏季氏有高堂伯則伯是其字今案六藝論稱漢書藝文志儒
林傳云傳礼者十三家唯高堂生及五傳弟子戴德戴聖名在也五傳弟子謂高堂生之學傳之蕭奮孟卿后倉戴德戴聖也
則鄭君故以蕭奮爲高堂弟子矣王莽時劉歆爲國師始建立周官經以爲周
禮河南緱氏杜子春受業於歆還家以教門徒好學之士鄭興

父子等興字少贛，河南人，後漢太中大夫，子衆已見前，並作周礼解詁多往師之賈景伯亦作周礼解詁○疏證云：此節略明周礼建立及傳受源流也。史漢並稱周官，隋志云周官蓋周公所建官政之法是也。藝文志本於七略，對傳記言之則曰周官經。荀悅漢紀云：劉歆以周官經六篇爲周礼，王莽時歆奏以爲礼經，置博士。是立周礼博士蓋在莽居攝歆爲義和以前，序錄謂在爲國師以後，未得其實。畧本孫詒讓正義馬序云：歆末年乃知其周公致太平之迹，奈遭天下倉卒，兵革並起，疾疫喪荒，弟子死喪，徒有河南緱氏杜子春尚在。永平之初，年且十九，家於南山，能通其讀，頗識其說。鄭衆、賈逵往受業焉。衆、逵洪雅博聞，又以經書記轉相證明爲解，逵解行於世，衆解不行。鄭玄序云：世祖以來，通人達士鄭少贛及子仲師、衛次仲、賈景伯、馬季長皆作周礼解詁。二鄭同宗之大儒，發疑正讀，亦信多善，徒寡且約，用不顯傳於世，今贊而辨之，庶成此家世所傳也。今鄭注所述杜子春、二鄭之說爲多，賈義則唯韗人注一事。禮記者，本孔子門徒共撰所聞，以爲此記，後人通儒各有損益，故中庸是子思伋所作，緇衣是公孫尼子所制，鄭玄云月令是呂不韋所撰，盧植字子幹涿郡人後漢北郎中將九江太守云王制是漢時博士所爲陳邵字節良下邳人晉司空長史周禮論序云戴德删古禮二百四篇爲八十五篇謂之大戴禮戴聖删大戴禮爲四十九篇是爲小戴禮漢劉向别録有四十九篇其篇次与今礼記同名爲他家書拾撰所取不可謂之小戴礼後漢馬融盧植考諸家同異附戴聖篇章去其繁重及所叙略而行於世即今之禮記是也鄭玄依盧馬之本而注焉。疏證云此節略述礼記緣起義有隱略亦又不諦茲疏證如左方藝文志礼家記百三十一篇注七十子後學者所記也明堂陰陽記三十三篇注古明堂之遺書王史氏二十一篇注七十子後學者師古曰劉向别録云六國時人樂家樂記二十三篇論語家孔子三朝七篇此録略之舊目也據河間獻王景十三王傳及説文序則孔壁河間二處所得皆有古文記六藝論云後得孔氏壁中河間獻王古文礼五十六篇記百三十一篇周礼六篇是百三十一篇之記其出處与周官礼經同也六藝論云戴德傳記八十五篇則大戴礼是也戴聖傳四十九篇則此礼記是也二戴撰記各不相謀孰先孰後亦無明據今綜衆家説斷以己意二戴記所采一爲礼家之記即古文記百三十一篇及明堂陰陽三十三篇等是劉台拱曰今小戴月令明堂位大戴盛德實記古明堂之遺事此三篇其僅存者按劉説是也礼家尚有王史氏二十一篇二戴摭録以不無文可知二爲樂家之樂記小戴樂記疏云此於別録屬樂記盇十一篇合爲一篇至劉向爲別録時更載所入樂記十一篇又戴餘十二篇總爲二十三篇也三爲論語家之孔子三朝記藝文類聚引別録曰孔子三見哀公作三朝記七篇今在大戴礼後儒以大戴記中千乘四代虞戴德誥志小辨用兵少間當三朝七篇四爲尚書家之周書大戴文王官人即周書官人解五爲九流之儒家小戴之坊記中庸表記緇衣沈約云皆取子思子劉瓛則以緇衣爲公孫尼子作沈約張守節又以樂記爲公孫尼子作三年問文本荀子礼論大戴之哀公問五義本荀子哀公篇礼三本文本荀子礼論勸學本荀子勸學宥坐曾子立事本孝立孝大孝事父母制言上中下疾病天圓本之曾子六爲九流之道家大戴武王踐阼本之太公陰謀七爲九流之雜家小戴月令鄭目録云本呂氏春秋十二月紀之首章也以礼家好事鈔合之案呂氏亦有所本八爲近代之作小戴王制爲漢文博士所作大戴公冠篇録孝昭冠辭皆是九爲逸禮小戴奔喪投壺鄭目録云實逸礼之正篇大戴諸侯遷廟釁廟亦其類小戴聘義与大戴朝事文同本之周礼典命大行人小行人司儀掌客諸職文其時周礼未行則亦逸礼之次此其可知者二戴各自撰記本不相謀故不嫌纏複如大戴哀公問於孔子与小戴哀公問同大戴礼察与小戴經解略同大戴曾子大孝与小戴祭義同大戴諸侯釁廟与小戴雜記同投壺二記俱有文亦畧同而大戴亡篇中尚有礼器祭法佚文以此推之則相同者蓋不止此數又云戴震曰後漢書橋玄傳云七世祖仁著礼記章句四十九篇仁成帝時嘗官大鴻臚其時已稱四十九篇無四十六篇之説又鄭目録之

末必云此於劉向別錄屬某門月令明堂位樂記三篇皆別錄所有安得以爲馬融所增孔疏又引六藝論云戴德傳記八十五篇戴聖傳礼四十九篇鄭爲馬融弟子使三篇果融所增鄭不容不知豈有以四十九篇屬於戴聖之理隋志誤也錢大昕曰記本七十子之徒所作後之通儒各有損益河間獻王得之大小戴各傳其學六藝論言之當矣謂大戴刪古礼小戴又刪大戴礼其說始於陳邵而陸德明引之隋志又附益之然漢書無其事不足信也陳壽祺曰後漢書曹襃傳父充持慶氏礼襃又傳礼記四十九篇慶氏學遂行於世則襃所受於慶普之礼記亦四十九篇二戴慶氏皆后倉弟子惡得謂小戴刪大戴之書邪（以上引清儒之說以明隋志之誤）序錄前引別錄云古文記二百四篇此引陳邵序稱古礼二百四篇即本之別錄者也陳壽祺曰記百三十一篇合明堂陰陽王史氏樂記孔子三朝記凡二百十五篇而別錄言二百四篇疑樂記二十三篇其十一篇已具百三十一篇記除之故爲二百四篇孔子三朝記亦重出不除者篇名不同也黄以周駁之曰漢志樂記二十三篇全入樂家礼家之記斷不重出此十一篇一除一不除亦任意言之錢大昕曰記百三十一篇合大小戴而言小戴礼記四十九篇曲礼檀弓雜記皆以簡策重多分爲上下實止四十六篇合大戴之八十五篇正協百三十一之數黄以周駁之曰今大戴所存之記已

多同於小戴則小戴所取未必盡是大戴所棄且大小戴之記亦非盡取諸百三十一篇之中案黄說是也加之王制漢人之作孝昭冠辭文出近世絶非古記所宜有錢說雖巧終不足據以上引黄說以明錢陳附會篇目之非范曄後漢書云中興鄭衆傳周官經後馬融作周官傳授鄭玄玄作周官注鄭注引杜子春鄭大夫鄭司農之義鄭玄三禮目錄云二鄭信同宗之大儒今贊而辯之玄本治小戴禮後以古經校之取其於義長者順者故爲鄭氏學玄又注小戴所傳禮記四十九篇通爲三禮焉。疏證云鄭氏先從張恭祖受周官礼記後事扶風馬融亦受其周官傳今羣書援引馬融佚文与鄭義往往符合而今注內絕無楬櫫馬說者葢稱述師說不嫌蹈襲故不復別白也此據孫詒讓說鄭氏本治小戴礼十七篇後以古經校之取其義長者順者故爲鄭氏學鄭氏作注參用二本從今文者即今文在經古文出注從古文者則古文在經今文出注周礼注者則有多門儀礼所注後鄭而已其注小戴礼則在箋詩之前承用馬盧之本檀弓注嘗用盧說是也鄭氏治礼既答臨孝存難以御外侮復著三礼目錄以明樞要蓋三礼之名上承盧植而三礼之學自鄭氏集其大成遂爲百世不祧之祖唐人所謂礼是鄭學良不誣也漢初立高堂生禮博士後又立大小戴慶氏三家王莽又立周禮後漢三禮皆立博士今慶氏曲臺久亡大戴無傳學者唯鄭注周禮儀禮禮記並列學官而喪服一篇又别行於世今三禮俱以鄭爲主。疏證云此明礼家立學始末也三礼之名漢末始作序錄云後漢三礼皆立博士似謂礼記亦立學官矣說誤曹元弼云三礼當爲三家似近之後漢書曹褒傳父充持慶氏篇作章句辨難於是有慶氏學褒傳礼記四十九篇慶氏學遂行於世則慶氏殆与小戴同流也此云慶氏曲臺蓋專以后記屬之恐爲微誤慶礼衰歇之時不可審知序錄言慶氏久亡或别有文據毛詩正義云大戴礼遺逸之書文多假託不立學官世無傳者謂之遺逸失傳足与序錄相證斥爲假託則非也近世戴震孔廣森汪照王聘珍等皆有校釋

馬融注周官十二卷。疏證云融自序云著易尚書詩礼傳皆訖惟念前業未畢者唯周官年六十有六目瞑意倦自力補之謂之周官傳也賈序周礼廢興又云欲省學者兩讀故具載本文而就經爲注詩疏引自馬氏始後儒因之遂無經

傳別行之本矣

鄭玄注十二卷。疏證云隋唐志同見行有賈公彥正義本孫詒讓正義本

王肅注十二卷。疏證云隋唐志同案王肅遺說甚多唯周礼注無攷

干寶注十三卷。疏證云隋唐志皆十二卷案釋文於宮正下云此以下鄭總列六十職干注則各於職前列之此与鄭本異也今有輯本孫詒讓曰馬傳干注羣書間有徵引孤文碎義無關指要

右周禮

鄭玄注儀禮十七卷。疏證云隋唐志同賈疏序云儀礼所注後鄭而已其爲章疏則有二家信都黃慶者齊之盛德李孟悊者隋日碩儒二家之疏互有脩短時之所尚李則爲先擇善而從兼增己義是唐疏略本於黃李也清儒胡培翬撰正義未成而卒其弟子楊大堉補撰士昏鄉飲鄉射燕大射五篇遠不逮胡氏

馬融

王肅

孔倫字敬序會稽人東晉廬陵太守集衆家注

陳銓不詳何人

裴松之字世期河東人宋太中大夫西鄉侯

雷次宗

蔡超字希遠濟陽人宋丞相諮議參軍

田儁之字僧紹馮翊人齊東平太守

劉道拔彭城人宋海豐

今周續之自馬融以下並注喪服○疏證云喪服一篇總包天子以下五服差降六術精麤變除之數既繁出入正殤交互研精甚難故有專治此篇者蕭望之嘗以論語礼服授皇太子戴德撰喪服變除其最朔也魏晉以下訖於陳隋其著錄於阮錄隋志者七十餘家序錄所出十家蓋其尤切要者也馬王以下注文釋文正義通典皆有徵引要以杜氏所錄爲多唯田劉之說不少概見

右儀禮

盧植注禮記二十卷○疏證云後漢書本傳云植作尚書章句三礼解詁時立太學石經以正五經文字乃上書曰臣少從通儒馬融受古學頗知今之礼記特多回穴臣前以周礼諸經發起粃謬敢率愚淺爲之解詁願合尚書章句考礼記得失庶裁定聖典刊正碑文明盧氏之學蓋參伍古今以定中失少与鄭氏同師故學術亦相近也

鄭玄注二十卷○疏證云案小戴四十九篇雜有古今文說自鄭氏作注條例滋繁南北章疏義有多門甘其臭尚畢生無厭孔氏略本熊皇博采衆說今欲上窺魏晉六朝舊義惟恃此編誠鄭學之喉襟礼家之淵藪也清儒於各經皆有新疏唯礼記

獨闕，將由孔疏翔實，後儒無以加。

王肅注三十卷。疏證云：王氏之學，好与鄭異，於說礼尤著，如郊丘禘祫廟祧祥禫諸事，攻難無已，此聖證論所爲作也。今據釋文正義所引王注，則文字詁訓亦稍有出入，蓋師讀異也。隋唐志卷同。今有輯本。

孫炎注二十九卷 字叔然，樂安人，魏祕書監徵不就。疏證云：魏志王肅傳：樂安孫叔然受學鄭玄之門人，稱東州大儒，徵爲祕書監不就。肅集聖證論以譏短玄，叔然駁而釋之，及作周易春秋例毛詩礼記春秋三傳國語爾雅諸注，又著書十餘篇。據張說駁奏，孫氏亦与鄭本異，今不可考。隋志云三十卷。今有輯本。

業遵注十二卷 字長儒，燕人，宋奉朝請。疏證云：隋志云梁有十二卷，亡。唐志仍列其目。業作葉。案隋志又云有業詩，奉朝請業遵所注，立義多異，世所不行。業遵事狀唯此而已。

庾蔚之略解十卷 字季隨，潁川人，宋員外常侍。疏證云：隋志略解十卷。釋文正義略有徵引。

右禮記。疏證云：二記諸篇頗多後師之說，其述制度，固容有異代法，亦有去古甚遠，不聞其審而妄爲說，致不与正經相應者。鄭荅趙商云「礼記後人所定，故難據」是也。及其通注三礼，多以經記相明，此紛錯所由起也。又云劉向校書既列傳記之相傳舊本如記百三十一篇及樂記二十三篇之等繼復解散舊本除去複重別撰目錄自爲部居使篇義相從各有分序即鄭目錄所稱別錄屬某者是也以近世書部相況則記百三十一篇者猶稍古之叢書其中篇目容与他單行書他叢書有複重者二戴之記則猶晚出之叢書其所采會即本之稍古之叢書並刪取各家單行之書以自成一部而二家所錄自不嫌互有異同也劉向之撰別錄正猶今人之爲書目提要別爲凡最分攝各家二戴記既皆有所本今爲總目不煩兩見故錄略不著二戴之名而班志因之以其足以相攝故也聊作此通庶幾与事狀相應乎

鄭玄三礼音各一卷

王肅三礼音各一卷七錄唯云撰礼記音

李軌周礼儀礼音各一卷礼記音三卷

劉昌宗周礼儀礼音各一卷礼記音五卷

徐邈周礼音一卷七錄無礼記音三卷

射慈字孝宗彭城人吳中書侍郎齊王傅礼記音一卷

謝楨不詳何人礼記音一卷

孫毓礼記音一卷

繆炳礼記音一卷

曹耽字愛道譙國人東晉安北諮議參軍礼記音二卷

尹毅天水人東晉國子助教礼記音二卷

蔡謨字道明濟

陽考城人晉司徒文穆公礼記音二卷范宣字宣子濟陰人東晉員外郎不就礼記音二卷徐爰礼記音三卷

王曉作周礼音一卷云定鄭氏音北土江南無此書不詳何人○疏證云蔡謨博學於礼儀宗廟制度多所論議有集行世范宣博綜衆書尤善三礼著礼易論難皆行於世俱見晉書本傳曹耽永和中太學博士升平中尚書郎見通典引射慈撰喪服圖及變除見吳志孫礼孫奮傳通典數引其喪服義劉昌宗謝楨繆炳尹毅王曉未詳案經典音切漢後始有專書後儒頗有依先師之義而爲之音即題先師之名者亦有撰集各家而爲一編者題署岐互顯隱不常故阮陸所列各家隋志已亡而唐志尚存其目也除謝楨繆炳曹耽尹毅王曉等今無可徵其餘各家釋文所引爲多今並有輯本

右作音人近有戚衮作周禮音○疏證云陳書本傳衮字公文吳郡鹽官人於梁代撰三礼義記逢亂亡失礼記義四十卷行於世周礼音唯見於序錄隋唐志並無其目則亡佚久矣今有輯本沈重撰周禮禮記音梁國子助教皇侃撰禮記義疏五十卷又傳喪服義疏並行於世○疏證云梁書本傳皇侃吳郡人少好學師事賀瑒尤明三礼

孝經論語撰礼記講疏五十卷論語義十卷並見重於世學者傳焉隋唐志並列喪服文句義疏十卷案孔氏正義本於皇疏除所駮正大抵皆皇義也今日本藏舊寫喪服小記殘卷中有灼案之文陳有鄭灼皇氏之徒此之寫本葢鄭氏敷衍師説以爲講疏者也孔疏引皇疏三鑿之説正与此同可知二書之同出一原矣

古之王者必有史官君舉則書所以慎言行昭法式也諸侯亦有國史春秋即魯之史記也○疏證云藝文志云古之王者世有史官君舉則書所以慎言行昭法式也左史記言右史記事（當云右史記言左史記事互詳尚書疏中）事爲春秋言爲尚書帝王靡不同之莊公二十三年夏公如齊觀社非礼也曹劌諫曰君舉必書書而不法後嗣何觀即慎言行昭法式之一事也杜預春秋左傳集解序曰周礼有史官掌邦國四方之事達四方之志諸侯亦各有國史大事書之於策小事簡牘而已孟子曰楚謂之檮杌晉謂之乘而魯謂之春秋其實一也又曰春秋者魯史記之名案汲冢瑣語記夏殷時事目爲夏殷春秋墨子明鬼下引燕之春秋宋之春秋齊之春秋周之春秋左氏昭二年傳晉韓起聘魯觀書於太史氏見易象与魯春秋曰周礼盡在魯矣可知時無間於古今國無分於內外史書皆名

春秋蓋以史之所記必表年以首事年有四時則錯舉以爲所記之名故檮杌晉乘表義之别稱春秋則記事之通號也以上明春秋緣起及春秋名義

孔子應聘不遇自衛而歸西狩獲麟傷其虛應。

疏證云哀公十一年冬孔子自衛反魯十四年春西狩獲麟乃因史記作春秋上起隱公下訖哀公十四年勸成十二公之經杜序云仲尼曰文王既没文不在茲乎此制作之本意也歎曰鳳鳥不至河不出圖吾已矣夫蓋傷時王之政也麟鳳五靈王者之嘉瑞也麟出非其時虛其應而失其歸此聖人所以爲感也絶筆於獲麟之一句者所感而起故所以爲終也序録不信公羊家言乃采杜説以明感麟而作之義故云傷其虛應也以上明感麟而作春秋

乃與魯君子左丘明觀書於太史氏因魯史記而作春秋上遵周公遺制下明將來之法褒善黜惡勸成十二公之經以授弟子。

疏證云嚴氏春秋引觀周篇曰孔子將修春秋与左丘明乘如周觀書於周史歸而修春秋之經丘明爲之傳共爲表裏左傳疏引沈氏説史記十二諸侯年表序云孔子西觀周室論史記舊聞興於魯而次春秋杜序云仲尼因魯史册書成文考其眞僞而志其典礼上以遵周公之遺制下以明將來之法蓋史書記注

周官舊典魯國雖衰猶秉周礼故孔子因魯史遵周制明褒貶起新舊是非二百四十二年之中以爲天下儀表猶懼聞見或未周浹故与左氏觀書周室以博異同而正得失此孔子筆削之志序錄所述蓋亦略本杜義者也以上明孔子觀周室據魯史遵周制而修春秋弟子退而異言丘明恐弟子各安其意以失其眞故論本事而爲之傳明夫子不以空言說經也春秋所貶損人當世君臣其事實皆形於傳故隱其書而不宣所以免時難也及末世口說流行故有公羊名高齊人子夏弟子受經於子夏穀梁名赤魯人糜信云与秦孝公同時七錄云名淑字元始風俗通云子夏門人。疏證云穀梁子之名桓譚新論蔡邕正交應劭風俗通並云名赤論衡作寘七錄云名俶楊士勛疏作淑顏師古云名喜案尗与赤聲相近寂寞之寂前歷反赤音昌石反是其比尗又与喜聲近饎昌志反字亦作餼与饎同音寘即置之異文置喜同部赤淑俶寘喜五文聲轉通鄒氏作故字異而人同漢書顏注本或作嘉則喜形之譌也鄒氏王吉善鄒氏春秋夾氏之傳鄒氏無師夾氏有錄無書。疏證云自弟子退而異言至此約藝文志文以明三家作傳之指藝文志略本於史記十二諸侯年表序故不顯於世桓譚新論云左氏傳遭戰國寢藏後百餘年魯人穀梁赤作春秋殘略多有遺文又有齊人公羊高緣經文作傳彌失本事○疏證云此節首明春秋緣起次述仲尼筆削及弟子作傳之事案杜序云左丘明受經於仲尼以爲經者不刊之書也故傳或先經以始事或後經以終義或依經以辨理或錯經以合異身爲國史躬覽載籍必廣記而備言之將令學者原始要終桓譚所謂左傳於經猶衣之表裏相得而成有經而無傳使聖人閉戶十年思之不能得是也公穀爲口說流行箸竹帛皆在其後三傳先後前已疏訖鄒夾二氏蓋亦公穀之次當班氏述志時鄒氏有書無師夾氏有錄無書然據王吉傳及後書范升傳所說其授受亦非絕無徵驗也以上明五傳緣起漢興齊人胡母生字子都景帝時爲博士年老歸敎于齊齊之言春秋者宗事之公孫弘亦頗受焉趙人董仲舒官至江都膠西相竝治公羊春秋蘭陵褚大梁相東平嬴公諫大夫廣川段仲溫呂步舒步舒丞相長史○箋曰段仲史記作殷忠皆仲舒弟子嬴公守學不失師法授東海孟卿及魯眭弘字孟符節令弘授嚴彭祖字公子東海下

邳人爲博士至左馮翊太子太傅及顏安樂字翁孫魯國薛人也孟姊子也爲齊郡太守丞○箋曰漢書儒林傳顏安樂字公孫補注宋祁曰一作翁孫由是公羊有嚴顏之學弘弟子百餘人常曰春秋之意在二子矣彭祖授琅邪王中少府家世傳業中授同郡公孫文東平太傅徒衆甚盛及東門雲荊州刺史安樂授淮陽泠豐字次君菑川太守○箋曰漢書儒林傳安樂授淮陽泠豐次君師古曰泠音零葉抄本作泠非也及淄川任翁少府○箋曰漢書儒林傳任翁作任公豐授大司徒馬宮字游卿東海戚人封扶德侯及琅邪左咸郡守九卿徒衆甚盛始貢禹字少翁琅邪人御史大夫事嬴公而成於眭孟以授潁川堂谿惠惠授泰山冥都丞相史○疏證云冥都有冥氏春秋見周礼先鄭注又疎廣字仲翁東海蘭陵人太子太傅事孟卿以授琅邪筦路筦路及冥都又事顏安樂路授大司農孫寶字子嚴潁川鄢陵人○疏證云此約史漢儒林傳文略明公羊授受源流也案舊說公羊高子夏弟子四傳至

壽當景帝時而著竹帛其時公羊大師爲董仲舒胡毋生史記稱漢興至于五世之間唯仲舒名爲明於公羊春秋齊人言春秋者多受胡毋生不言董胡受之何師唯公羊疏以子都爲公羊壽弟子仲舒爲子都弟子其説不見於惇史疑莫能質也藝文志公羊董仲舒治獄十六篇春秋家董仲舒百二十三篇儒家本傳稱仲舒説春秋事得失聞舉玉杯蕃露清明竹林之屬復數十篇是蕃露當在百二十三篇中見行春秋繁露十七卷八十二篇是其存者子都之書今不可見而何休所隱括使就繩墨者實略依胡毋生條例則五始三科九旨七等六輔二類七闕之義蓋本之胡毋生而尋其歸趣往往与繁露相參竊意董胡創通大義科旨之條已有倫脊後師轉有附益至春秋説文謚例之倫作而集其大成此約略可知者也嚴顔爲仲舒再傳弟子後漢皆立博士徒衆甚盛鍾興從丁恭受嚴氏春秋詔令定春秋章句去其復重樊儵亦事丁恭嘗以讖記正五經異説删定公羊嚴氏章句世號樊侯學張霸以樊儵所删猶多繁辭乃減定爲二十萬言更名張氏學並見後漢書本傳又有馮氏章句八萬言亦嚴氏學也楊終著春秋外傳十二篇改定章句十五萬言北海敬王睦作春秋旨義終始論皆不知本何師今檢漢志所錄有公羊外傳五十篇章句三十八篇顔氏記十一篇而嚴彭祖之公羊傳春秋圖欵爾間見於阮錄隋志蓋後史所錄有爲

後人所作而題其本師之名者迄六朝隋唐間顔嚴之書尚在故沈文阿徐彥孔穎達猶得援以爲説也各家章句今亦不傳近人以何氏解詁蓋兼采嚴顔二本而徐疏頗引二家遺説以申何氏學是故原其始於董生繁露要其終於何解徐疏漢世公羊家言大略具是矣夫漢世五經家致用之學易有卦氣書有洪範詩有五際六情春秋有災異所謂天人之應消復之術陰陽五行之變皆當時經國之要道儒林之秘典也而春秋之學則以仲舒爲不祧之宗故劉歆之頌之曰承秦滅學六經離析下帷發憤潛心大業令後學者有所統一爲羣儒首誠哉其爲羣儒首也仲舒既以推驗火災救旱止雨與步君文成五利之徒校勝復以春秋爲決事比呂步舒持斧鉞治淮南獄卒以弄口見戮眭孟以大石自立枯木復生謂漢家有傳國之運亦以祆言惑衆誅故終漢一代其政事學術多以巫道相糅夫呂步舒以親聞弟子猶不知其師書以爲大愚去之二千年乃云春秋爲萬世制法其愚亦不可及哉

瑕丘江公受穀梁春秋及詩於魯申公武帝時爲博士傳子至孫皆爲博士使與董仲舒論江公吶於口而丞相公孫弘本爲公羊學比輯其義○箋曰比輯史記作集比義漢書作議卒用董生於是

上因尊公羊家詔太子受衛太子復私問穀梁而善之其後浸微唯魯榮廣字王孫皓星公二人受焉廣盡能傳其詩春秋○箋曰漢書儒林傳唯魯榮廣王孫皓星公二人受焉補注錢大昭曰皓星姓也亦作浩星趙充國傳有浩星賜蔡千秋字少君諫大夫郎中戶將○疏證云按據文例蔡千秋上應補沛字梁周慶字幼君丁姓字子孫至中山太傅皆從廣受千秋又事浩星公爲學最篤宣帝即位聞衛太子好穀梁乃詔千秋與公羊家竝說上善穀梁說後又選郎十人從千秋受會千秋病死徵江公孫爲博士詔劉向受穀梁欲令助之江博士復死乃徵周慶丁姓待詔使卒授十人十餘歲皆明習乃召五經名儒太子太傅蕭望之等大議殿中平公羊穀梁同異時公羊博士嚴彭祖侍郎申輓伊推宋顯穀梁議郎尹更始待詔劉向周慶丁姓竝論望之等多從穀

梁由是大盛慶姓皆爲博士姓授楚申章昌曼君爲博士至長沙太傅初尹更始字翁君汝南邵陵人議郎諫大夫長樂戶將事蔡千秋又受左氏傳取其變理合者以爲章句傳子咸大司農及翟方進字子威汝南上蔡人丞相封侯房鳳字子元琅邪不其人光祿大夫五官中郎將青州牧始江博士授胡常常授梁蕭秉字君房王莽時爲講學大夫○疏證云此約漢書儒林傳文述穀梁授受源流也案穀梁之學江公受於申公史不言申公師唯楊士勛疏稱穀梁赤受經於子夏爲經作傳傳孫卿孫卿傳魯人申公然麋信稱穀梁子与秦孝公同時申公之年又不得逮事孫子授受疏闊如此蓋已難質言矣儒林傳又云宣帝即位聞衛太子好穀梁春秋以問韋賢夏侯勝史高皆魯人也言穀梁子本魯學公羊氏乃齊學也宜興穀梁案穀梁文辭淡泊又無非常異義可怪之論足以譁世取寵故授受不如二家之盛中興之初行世者五家賈逵傳云逵雖爲古學兼通五家春秋之說注以尹更始劉向周慶丁姓王亥等當之是也藝文志有外傳二十篇章句三十三篇

左丘明作傳以授曾申申傳衛人吴起魏文侯相起傳其子期期傳楚人鐸椒楚太傅椒傳趙人虞卿趙相卿傳同郡荀卿名況○疏證云案左氏再傳而得吴起起説元年之義見於説苑鐸椒有鐸氏微三篇虞卿有虞氏微傳二篇別錄所謂鈔撮者也況傳武威張蒼漢丞相北平侯蒼傳洛陽賈誼長沙梁王太傅誼傳至其孫嘉嘉傳趙人貫公漢書云賈誼授貫公爲河間獻王博士貫公傳其少子長卿蕩陰令長卿傳京兆尹張敞字子高河東平陽人徙杜陵及侍御史張禹字長子清河人禹數爲御史大夫蕭望之言左氏望之善之薦禹徵待詔未及問會病死禹傳尹更始更始傳其子咸及翟方進胡常常授黎陽賈護字季君哀帝時待詔爲郎護授蒼梧陳欽字子佚以左氏授王莽至將軍○疏證云自左丘明作傳授曾申至荀卿授張蒼本於劉向別錄見左傳疏引自蒼傳賈誼至賈護授蒼梧陳欽与漢書儒林傳文稍有異同而序錄首詳左丘明至陳欽師

弟相傳之序次引儒林傳文以足之者明上述之文亦有所本也漢書儒林傳云漢興北平侯張蒼及梁太傅賈誼京兆尹張敞大中大夫劉公子皆修春秋左氏傳始劉歆字子駿向之子王莽國師從尹咸及翟方進受左氏哀帝時歆与房鳳王龔欲立左氏爲師丹所奏不果平帝時始得立由是言左氏者本之賈護劉歆歆授扶風賈徽字元伯後漢潁陰令作春秋條例二十一卷徽傳子逵逵受詔列公羊穀梁不如左氏四十事奏之名曰左氏長義章帝善之逵又作左氏訓詁司空南閣祭酒陳元作左氏同異大司農鄭衆作左氏條例章句南郡太守馬融爲三家同異之說京兆尹延篤字叔堅南陽人受左氏於賈逵之孫伯升因而注之汝南彭汪字仲博記先師奇說及舊注太中大夫許淑字惠卿魏郡人九江太守服虔字子慎河南人侍

中孔嘉字山甫扶風人魏司徒王朗字景興肅之父荊州刺史王基大司農董遇徵士燉煌周生烈竝注解左氏傳梓潼李仲欽著左氏指歸陳郡潁容字子嚴後漢公車徵不就作春秋條例又何休字卲公任城人後漢諫大夫作左氏膏肓公羊墨守穀梁廢疾鄭康成鍼膏肓發墨守起廢疾

自是左氏大興○疏證云此節略據舊文以明左氏授受之事張蒼受自荀卿志有張氏微十篇沈欽韓疑張蒼作漢興而獻春秋左氏傳此西京中秘有春秋古經及左傳之始蓋當高帝之時故漢廷謨誥皆引其文其行於民間者則張蒼作曆譜五德見史記十二諸侯年表賈誼作訓故見漢書儒林傳賈氏世傳其業叙錄言誼傳至其孫嘉史記賈生傳亦曰孫嘉最好學世其家即世傳左氏也誼兼授貫公貫公爲獻王左氏博士及太史公紬金匱石室之藏讀春秋古文又問故於通人故史記述左氏特詳蓋秘府所藏之書賈孔所傳之說惟史遷能綜貫之也貫公傳子長卿授張禹禹傳尹更始更始通穀梁又受左氏取其變理合爲章句以傳子咸及翟方進胡常房鳳方進授田終術常授賈護護授陳欽欽授賈嚴王莽又長卿授張敞敞傳子吉吉傳杜鄴杜竦大抵尹更始以下以左氏通穀梁自

張竦以下以左氏通公羊不雜穀梁之説其傳左氏學而授受不詳及異家而兼通左氏義者尚多有之此左氏學大行於西漢之明驗即歆莽以前亦班班可考如是也逮成帝陳發祕藏校理舊文以考學官所傳經或脱簡傳或間編而俗儒懷嫉妬挾恐見破之私意謂左氏爲不傳春秋劉歆爭之雖爲衆儒所絀而成哀以降若王龔王舜崔發等均通左氏傳濡染已久故迄平帝之世遂立學官而桓譚杜林賈徽孔奮之徒通習左氏經傳均當西漢季年遂啟東漢古文之學此西漢左氏廢興大略也（以上畧本劉師培説）鄭興少學公羊春秋晚善左氏傳積精深思通達其旨天鳳中將門人從劉歆講正大義歆美興才使撰條例章句訓詁及校三統曆子衆從父受作春秋難記條例後又受詔作春秋删十九篇陳元少傳父業爲之訓詁鋭精覃思建武初元与桓譚杜林鄭興俱爲學者所宗時議欲立左氏范升以爲淺末不宜立元上疏爭之辨難十餘上帝卒立之太常選博士四人元爲第一帝以元新忿爭乃用其次李封諸儒以左氏之立論議讙譁會封病卒左氏復廢賈徽從劉歆受左氏春秋逵傳父業尤明氏左傳國語爲解詁五十一篇（左氏三十篇國語二十一篇也）肅宗使出左氏大義長於二傳者逵條奏之曰摘出左氏三十事尤著明者其餘同公羊者十有七八云馬融嘗欲訓左氏春秋及見賈逵鄭衆注乃曰賈君精而不博鄭君博而不精既精

既博吾何加焉但著三傳異同說延篤少從潁川唐溪典受左氏傳又從馬融受業論解經傳多所駁正後儒服虔等以爲折中（序録稱篤受賈逵孫未詳所據）何休作春秋公羊解詁又以春秋駁漢事六百餘條妙得公羊本意与其師博士羊弼追述李育意以難二傳作公羊墨守左氏膏肓穀梁廢疾鄭玄後乃發墨守鍼膏肓起廢疾休見而歎曰康成入吾室操吾戈以伐我乎（此據御覽引玄別傳）服虔作左氏傳解又以左傳駁何休之所駁漢事六十條潁容著春秋左氏條例五萬餘言（以上俱約後漢書各本傳文）王朗師太尉楊賜著易春秋孝經周官傳周生烈董遇亦歷注經傳頗傳於世遇又善左氏傳爲作朱墨別異王基據持鄭義常与王肅抗衡李譔著古文易尚書毛詩三禮左氏傳皆依準賈馬異於鄭玄与王氏殊隔而意歸多同（以上俱約三國志文）此後漢魏初左氏漸興之狀且據叙錄所舉者疏之餘未能具也覈而論之鄭賈當古學始興之時冀幸立學以与公羊家相抗又漸染俗說弗能棄捐鄭衆雖作長義十九條十七事專論公羊之短左氏之長賈逵亦作長義四十一條以爲公羊可奪左氏可興猶謂左氏同公羊者什有七八服鄭之倫頗同此比迄於魏晉則以劉賈許潁最爲名家至杜預撰集解簡二傳去異端舉四家之失違明姬孔之條貫於是漢師怪迂之談亦庶幾少息矣

漢初立公羊博士宣帝又立穀梁平帝

始立左氏後漢建武中以魏郡李封爲左氏博士羣儒蔽固者數廷爭之及封卒因不復補和帝元興十一年鄭興父子奏上左氏。疏證云此稱和帝元興十一年鄭興父子奏上左氏云云左傳正義略同案鄭衆卒於章帝建初八年興卒猶在其前和帝元興元年崩亦無十一年錯繆已甚竟不審其何據錢大昕以正義爲傳寫之譌乃立於學官仍行於世迄今遂盛行二傳漸微江左中興立左氏傳杜氏服氏博士太常荀崧奏請立二傳博士詔許立公羊云穀梁膚淺不足立博士王敦亂竟不果行左氏今用杜預注公羊用何休注穀梁用范寧注二傳近代無講者恐其學遂絶故爲音以示將來。疏證云此明三傳立學興衰之迹漢書儒林傳贊初春秋公羊而已孝宣世立穀梁平帝時又立左氏劉歆移讓太常博士書同後漢十四博士春秋公羊有嚴顔二家後漢儒林傳及續漢百官志復立春秋左氏及穀梁博士未幾而廢左氏博士李封見陳元傳敘錄本之前已具疏光武皇帝亦立穀梁博士見賈逵上疏蓋終漢之世古文竟不久立也魏文帝時立穀梁文帝紀自王肅注行則以王注与服注並立自杜預注行則以杜注与王注並立皆左氏傳也江左中興荀崧請置公穀博士因難未果見晉書荀崧傳北史儒林傳序曰河北諸儒能通春秋者並服子慎所注河外儒生俱服膺杜氏其公羊穀梁二傳儒者多不厝懷蓋漢世唯立今文而公羊尤盛左氏暫立旋罷而大盛於民間魏晉之際左氏孤行江左以還南則多用杜義而間習服書北則盛講服書而旁及杜義至隋唐專用集解而一切都廢矣序錄云二傳近代無講者隋志亦言晉時公羊穀梁但試讀文而不能達其義今殆無師說

士爕注春秋經十一卷字彥威蒼梧人吳衛將軍龍編侯。疏證云吳志本傳爕師事交州劉子奇治左氏春秋爲之注解袁徽與荀彧書曰士府君耽玩書傳春秋左氏傳尤簡練精微吾數以咨問傳中諸疑皆有師說又尚書兼通古今大義詳備聞京師古今之學是非忿爭欲條左氏尚書長義上之其見稱如此隋志十三卷唐志十一卷

賈逵左氏解詁三十卷。疏證云隋唐志同賈服遺說史記集解索隱諸經正義文選李注等稱引頗多王應麟始輯之清儒采摭尤備洪亮吉李貽義等並爲之疏釋賈氏又有長義隋唐志並著錄今皆有輯本

服虔解誼三十卷。疏證云後漢書本傳祇言作左氏傳解世說新語則謂鄭玄欲注未了盡以與之似服說多本鄭義也隋志三十

一卷唐志三十卷

王肅注三十卷。隋唐志同今有輯本左氏哀六年傳夏書曰今失其行亂其紀綱正義曰賈服孫杜皆不見古文解爲夏桀之時唯王肅云太康時也王注尚書多是孔傳疑肅見古文匿之而不言也尚書大題疏說同案孔疏以王見古文非也然王義多異於此可見一斑

董遇章句三十卷

杜預經傳集解三十卷字元凱京兆杜陵人晉鎮南大將軍開府儀同三司當陽穆侯。疏證云晉書本傳預耽思經籍爲春秋左氏經傳集解又參考衆譜第爲之釋例又作盟會圖春秋長曆備成一家之學比老乃成當時論者謂預文義質直世人未之重唯摯虞賞之曰左丘明本爲春秋作傳而左傳遂自孤行釋例本爲傳設而所發明何但左傳故亦孤行名爲集解者分經之年与傳相附各隨而解之故名經傳集解与何晏論語集解異撰見行孔穎達正義六十卷單疏三十六卷其自序曰爲義疏者有沈文何蘇寬劉炫沈氏於義例粗可於經傳極疏蘇氏不體本文唯旁攻賈服劉炫於數君之內實爲翹楚今據以爲本其有疏漏以沈氏補焉若兩義俱違則特申短見是沈劉爲孔疏所本也清儒好言復古每攻難杜義而上申賈服唯餘杭章君以漢儒猶依違二家橫爲穿鑿而魏晉諸師則有刊剟異言之績此守文者所不達也清中葉儀徵劉文淇擬輯舊注采近說下己意以爲新

疏草創四十年長編已具其子毓崧思卒父業未果孫壽曾發憤繼述竟絕筆於襄公四年今草稿尤存其家孫毓注

二十八卷杜預春秋釋例十五卷四十篇○疏證云是書自隋志而後並著於錄至明而軼唯永樂大典中尚存三十篇並有唐劉蕡原序其六篇有釋例而無經傳餘亦多有脱文清人編錄四庫書始據大典爲本並取正義及諸書所引以補之釐爲四十六篇仍分十五卷以還其舊云

服虔音一卷魏高貴鄉公音三卷曹髦字士彦魏廢帝

嵇康音三卷字叔夜譙國人晉中散大夫

杜預音三卷

李軌音三卷

荀訥音四卷字世言新蔡人東晉尚書左民郎

徐邈音三卷○疏證云隋志列嵇康李軌徐邈三家音服虔高貴鄉公曹髦荀訥四家則云梁有亡而唐志猶列曹荀服杜李徐王元規音今唯曹髦荀訥不見稱引顏氏家訓曰孫叔炎創爾雅音義是漢末人獨知反語至於魏世此事大行高貴鄉公不解反語以爲怪異今案左傳釋文引高貴鄉公反音一事或本爲比況之音而後人依聲類作之舊音類此者多矣又云魏廢帝及嵇康有紀傳荀訥爲庾亮征西掾穆帝時爲太常博士領國子祭酒通典多引其議禮之文

右左氏梁東宮學士沈文何撰春秋義疏闕下袟陳東宮學士王元規續成之元規又撰春秋音○疏證云陳書儒林傳文阿字國衛阿衡名字相應序錄正義並作文何誤峻之子少習父業研精章句通三禮三傳所撰禮儀八十餘條春秋禮記孝經論語義記七十餘卷經典大義十八卷並行於時王元規字正範少從文阿受業自梁代諸儒相傳爲左氏學者皆以賈服駁杜凡一百八十條元規引證通析無復疑滯著春秋發題辭及義記十一卷續經典大義十四卷孝經義記兩卷左傳音三卷禮記音三卷據此則沈王二子皆杜氏禦侮之臣也隋志沈氏經傳義略二十五卷王續四卷唐志唯錄沈氏二十七卷蓋通王續者計之也今有輯本

何休注公羊十二卷○疏證云本傳稱休坐陳蕃廢錮乃作春秋公羊解詁覃思不闚門者十有七年其銳精墨守如此又公羊徐疏云何氏作墨守廢疾膏肓在注傳之前猶鄭君先作六藝論迄然後注書也見行徐彥疏二十八卷徐爲唐以前人公羊疏崇文總目始著錄董逌云世傳徐彥所作承仕別有詳說清儒陳立作新疏

王愆期注十二卷字門子河東人

東晉散騎常侍長陽伯。疏證云晉書王接傳接常謂左氏辭義贍富自是一家書不主爲經發公羊附經立傳於文爲儉通經爲長何休黜周王魯大體乖硋乃更注公羊春秋多有新義子愆期緣父本意更注公羊按愆期以傳稱文王者斥孔子非周昌是与何異而恠迂則同也

高龍注十二卷字文范陽人東晉河南太守。疏證云隋志云梁有亡唐志十二卷龍作襲

孔衍集解十四卷字舒元魯人東晉廣陵相。疏證云晉書本傳衍經學深博博覽過於賀循凡所撰著百餘萬言左傳正義引孔本公羊傳文与何本異其佚文可見者止此隋志云梁有亡唐志十四卷云孔氏注

李軌音一卷江惇音一卷

右公羊

尹更始穀梁章句十五卷者。疏證云漢志章句三十三篇無作主名隋志云梁有亡唐志十五卷今有輯本按西京章句之學傳世者蓋寡尹氏之書不應訖唐猶完好無闕也疑後儒間有附益非其本眞

唐固注十二卷字子正丹陽人吳尚書僕射。疏證云吳志闞澤傳固修身積學稱爲儒者著國語公羊穀梁傳注講授常數

十人韋昭國語解所稱爲唐尚書者也隋志十三卷唐志十二卷

糜信注十二卷字南山東海人魏樂平太守○疏證引姚振宗曰糜信不見於史似即糜竺糜芳之同族東海朐人也

孔衍集解十四卷

徐邈注十二卷○疏證云晉書本傳稱邈所注穀梁傳見重於時隋志有傳注十二卷唐志同傳義十卷唐志同答義三卷唐志無唐志有音一卷馬國翰輯本序曰范爲集解引述獨多則以其書辭理典據實有可觀亦以爲豫章時采問風敎邈與寧書極論諸曹心折有素序所謂二三學士者徐其選也案據范寧本傳徐邈注穀梁在范氏之後范所引者蓋其口義耳馬說未諦

徐乾注十三卷字文祚東莞人東晉給事中○疏證云隋志云梁有亡唐志十三卷乾太元中太學博士安帝時進給事中見通典引

范寧集注十二卷○疏證云晉書本傳寧以春秋穀梁氏未有善釋遂沈思積年爲之集解其義精審爲世所重既而徐邈復爲之注世亦稱之其自序曰左氏有服杜之注公羊有何嚴之訓釋穀梁傳者雖近十家皆膚淺末學不經師匠辭理典據既無可觀又引左氏公羊以解此傳文義違反斯害也已於是商略名例敷陳疑滯乃与二三學士及諸子弟各記所識並言其意各記姓名名曰集解注中所稱泰曰邵曰雍曰凱曰者皆其諸子也見行

楊士勛疏二十卷

段肅注十二卷不詳何人〇疏證云隋志十四卷注云疑漢人唐志有段氏注十三卷惠棟曰班固奏記東平王云弘農功曹殷肅達學洽聞才能絕倫章懷注云固集殷作段然則殷肅即段肅也史通言肅與晉馮嘗撰史記以續史遷之書攷證云隋志疑爲漢人是矣

胡訥集解十卷〇疏證云梁有春秋集三傳經解十卷今亡唐志三傳經解十一卷冊府元龜云字子言爲尚書左侍郎

右穀梁

孝經者孔子爲弟子曾參說孝道因明天子庶人五等之孝事親之法〇疏證云史記仲尼弟子傳孔子以曾參爲能通孝道故授之業作孝經藝文志云孝經者孔子爲曾子陳孝道此敘錄所本也漢儒皆以孝經爲孔子作故緯書稱孔子曰吾志在春秋行在孝經又云丘以春秋屬商孝經屬參而鄭氏且以孝經爲六藝之總會矣後儒數其文製謂与大學中庸孔子閒居仲尼燕居坊記表記諸篇同流爲七十子後學者之遺書其出稍後於論語而制作本意自孔子則謂孔子作亦可也經有天子諸侯卿大夫士庶人五章故云明五等之孝亦

遭焚燼河間人顏芝爲秦禁藏之漢氏尊學芝子貞出之是爲今文長孫氏博士江翁少府后蒼諫大夫翼奉安昌侯張禹傳之各自名家凡十八章又有古文出於孔氏壁中別有閨門一章自餘分析十八章總爲二十二章孔安國作傳劉向校書定爲十八後漢馬融亦作古文孝經傳而世不傳。疏證云此節略述孝經古今文出處及受授源流也序錄謂今文傳自顏芝与隋志同邢疏亦用其說古文孝經与古文尚書同出於孔壁則漢志有明文又許沖上書曰古文孝經者孝昭帝時魯國三老所獻是謂文出孔壁而獻自三老此古今文出處不同一也志列古孔氏一篇二十二章劉向云庶人章分爲二曾子敢問章爲三凡二十二章又列孝經一篇十八章長孫氏江氏后氏翼氏四家此今文經所云庶人章与今本同曾子敢問即今聖治章又多一章後儒謂所多者即閨門章疑莫能明也桓譚云古孝經千八百七十二字今異者四百餘字志云父母生之續莫大焉故親生之膝下諸家說不安處古文字讀皆異此古今文章句文字之異二也劉向校書以顔本比古文除其繁惑以十八章爲定鄭衆馬融並爲之注又有鄭氏注相承以爲鄭玄此隋志所述与序録同竊意鄭馬爲古文家而注本皆從劉校十八章爲定則二十二章之本世所不行三也孔安國雖悉得古文書而自始無作傳之事家語後序云孔安國爲孝經傳二篇王肅說不足信隋志列古文孝經一卷云孔安國傳梁末亡逸今疑非古本所云梁末亡逸者當是魏晉間之僞書云今疑非古本者當即劉炫得本於王孝逸王劭而自作閨門章之僞書清乾隆間汪翼滄得自日本者則又本於劉炫而略有變易之僞書是古文孔傳有三其出益晚者其僞益甚四也邢疏云劉向以十八章爲定而不列名而顔注漢書引劉云庶人章曾子敢問章者蓋劉向摘取章中文句以便稱說非別作章名如開宗明義聖治感應之等也然則章名何自昉乎丁晏疑漢末人爲之歸有光呂維祺謂章名乃皇侃所標陳漢章從其說案抱朴子仁明篇曰唐堯以欽明冠典仲尼以明義首篇是晉時已有章名之證不待皇侃作之五也至劉炫定僞孔傳在開皇十四年後詳見隋志邢疏及司馬貞駁議陸氏撰釋文時不得豫知其事故不世所行鄭注相承以爲鄭玄案鄭志及中經簿無唯中朝穆帝集講孝經云以鄭玄爲主檢孝經注与康成注五經不

同未詳是非江左中興孝經論語共立鄭氏博士一人

古文孝經世既不行今隨俗用鄭注十八章本。疏證云後漢書本傳雖有鄭注孝經之文自晉中經簿以下有孝經鄭氏注而不題玄名晉永和及太元中再聚羣臣共論經義有荀昶者撰集孝經諸說始以鄭氏爲宗晉末以來多有異端陸澄以爲非玄所注請從黜廢王儉不依其請遂得見傳至魏齊雖立學官而世儒每加非議隋開皇中僞孔行世唐開元七年敕議之際劉子玄立十二證以明鄭注非玄其言甚辨司馬貞昌言排擊始得与僞孔並行至十年後明皇自注孝經頒於天下以十八章爲定宋時作疏又用唐注於是鄭孔二家皆不行用訖於宋末而鄭注亦佚不完矣鄭注南宋尚存見景定建康志三十三清儒臧庸陳鱣始裒輯之而以嚴可均所撰錄爲尤備近人皮錫瑞依據嚴輯爲之作疏扶微輔弱亦足多云

孔安國。孜證云隋志古文孝經一卷孔安國傳梁末亾逸今疑非古本案隋初所得乃劉炫僞作亦亾近得於日本國者与諸書所引孔傳同者未知即劉炫本否

有馬融鄭衆鄭玄王肅。疏證云王肅注孝經本傳無文劉子玄議稱肅孝經傳首有司馬宣王之奏云奉詔令諸儒注述孝經以肅說爲長隋唐志並一卷今有輯本

蘇林

字孝友陳留人魏散騎常侍。疏證云蘇林博學多通古今字指凡諸書傳文閒危疑林皆釋之黄初中爲博士給事中景初

中詔撰科郎吏高才解經義者從林等分授四經三礼見高堂隆傳注及劉邵傳何晏字平叔南陽人魏吏部尚書駙馬都尉關内侯

劉邵字孔才廣平人魏光祿勳一云劉熙韋昭字弘嗣吴郡人吴侍中領左國史高陵亭侯爲晉諱改爲曜徐

整。疏證云何晏敏慧博學精練名理劉邵正始中執經講學又撰皇覽法論人物志諸書韋昭作洞紀辨釋名解國語注

漢書与徐整俱爲吴國名儒何劉韋俱見國志徐整詳前疏謝万。疏證云謝萬晉書有傳孫氏不詳何人。疏證云隋志云梁

有孫氏注一卷亡唐志有孫熙注一卷或以熙爲孫氏之名揚泓天水人東晉給事中袁宏字彥伯陳郡人東晉

東陽太守。疏證云袁宏晉書有傳無注孝經之文隋唐志亦不著錄邢疏五行章引之虞槃佑字弘猷高平人東晉

處士。疏證云隋志作槃佐是庾氏不詳何人殷仲文。陳郡人東晉東陽太守。疏證云晉書有傳車胤

字武子南平人東晉丹陽尹。攷證云舊丹字空闕隋志作丹楊尹今據補正荀昶字茂祖潁川人宋中書郎。疏證云

宋書荀伯子傳族弟昶元嘉初以文義至中書郎劉議稱永和十一年及太元元年再聚羣臣集論經義荀昶撰集孝經諸說

始以鄭氏爲宗按永和十一年即序錄所云穆帝集講以鄭爲主是也至宋元嘉元年凡七十三年荀昶恐不相及蓋昶仕於晉孝武之世太元元年集議孝經當身与其事宋初爲中書郎則年在六十左右矣隋志有集議孝經一卷晉中書郎荀昶撰勗爲晉室佐命之臣開府封侯卒於武帝之末嘗撰中經簿初無集議孝經之事然則隋志荀勗爲荀昶之誤居然可知姚振宗說

同 孔光字文泰東莞人 何承天東海人 釋慧琳秦郡人宋世沙門 王玄戴字彥運下邳人齊光祿大夫○考證云舊下字誤爲大邳字空闕今補明正隋志戴作載老子有王玄載注釋文亦作載此戴字誤也 僧紹

右並注孝經皇侃撰義疏先儒無爲音者○疏證云孝經文句簡易亦無難字讀之易過故先儒不爲作音

論語者孔子應答弟子及時人所言或弟子相與言而接聞於夫子之語也當時弟子各有所記夫子既終微言已絕弟子恐

離居已後各生異見而聖言永滅故相與論撰因輯時賢及古明王之語合成一法。考證云法疑袟字之譌謂之論語鄭康成云仲弓子夏等所撰定。疏證云此略本藝文志義以明論語緣起志又云門人相与輯而論纂故謂之論語似論語所記專述言辭實則兼記行事故王充曰論語者弟子共紀孔子之言行皇侃發題亦云門人痛微言一絶景行莫書於是僉陳往訓各記舊聞撰爲此書成而實錄上以尊仰聖師下以垂軌萬代劉知幾以論語記言家語記行非通論也撰論語者鄭玄以爲仲弓游夏之倫釋文又引鄭玄云仲弓子游子夏等撰論語緯以爲子夏等六十四人傳子亦云仲弓之徒追論唐宋諸儒間有揣測之説要以班志所述爲得其實　漢興傳者則有三家魯論語者魯人所傳即今所行篇次是也常山都尉龔奮長信少府夏侯勝丞相韋賢及子玄成魯扶卿鄭云扶先或説先生　太子少傅夏侯建前將軍蕭望之並傳之各自名家齊論語者齊人所傳别有問王知道二篇凡二十二篇其二十篇中章句頗多於魯論昌邑中尉王吉少府宋畸琅邪王卿御史大夫貢禹尚書令五鹿充宗膠東庸生並傳之唯王陽名家古論語者出自孔氏壁中凡二十一篇有兩子張如淳曰分堯曰篇後子張問何如可以從政以下爲篇名曰從政篇次不與齊魯論同新論云文異者四百餘字孔安國爲傳後漢馬融亦注之○疏證云此節略據藝文志及舊說以明三家傳授之事按坊記引論語曰三年無改於父之道則論語之稱古而有之然其所包甚廣如三朝記仲尼閒居孔子燕居及家語孔子徒人圖法之倫悉得名爲論語故王充言論語有數十百篇也漢興魯人所傳二十篇謂之魯論齊人所傳二十二篇謂之齊論魯最先行而齊論次之至景武之際魯共王壞孔壁而得古文論語二十一篇孔安國受之以授扶卿自是論語之名始有限局論語之學始有專師故王充曰孔教扶卿始曰論語也魯論二十篇即今所行篇次是也古論文字異者四百有奇又分今堯曰篇子張問從政以下爲一篇則爲二十一篇齊論二十二篇其二十篇與魯同而章句頗多於魯何晏集解序說所多

問王知道二篇則二家所無也魯夏侯安昌侯說並爲二十一篇蓋猶存古論舊目唯王駿說爲二十篇頗似兩子張之合自駿始駿父吉本傳齊論而駿爲魯說安昌侯受魯論亦兼講齊說蓋齊多二篇斯爲巨異此外章句訓詁則三家師說錯互實多殆所謂左右采獲牽引以次章句者也略參餘杭章先生說孔安國爲古論作傳史漢無文何晏集解序始言安國爲之訓說而世不傳而集解頗引孔傳文未詳其所自出也劉台拱陳鱣臧庸等始疑之沈濤又專爲一書以明其僞愚意孔傳雖未足恃然魏初已有其書沈氏謂何晏所自爲蓋考之未諦耳安昌侯張禹受魯論於夏侯建又從庸生王吉受齊論擇善而從號曰張侯論最後而行於漢世禹以論授成帝後漢包咸字子長吴人大鴻臚。考證云後漢儒林本傳字子良皇侃同此容誤周氏不詳何人並爲章句列於學官。疏證云趙岐孟子題辭云孝文皇帝論語孝經爾雅孟子皆置博士後罷傳記博士獨立五經蓋孝經論語漢人所通習有受孝經論語而不受一經者無受一經而不先受孝經論語者故五經既立不須爲二書別立博士也序錄稱列於學官謂當鄭玄時行用者爲張侯論及包周之章句耳與五經博士異撰鄭玄就魯論張包周之篇章考之齊古爲之注焉○疏證云論語釋文又云鄭校周之本以齊古正讀凡五十事今以釋文及舊寫鄭注殘卷校之得二十七事釋文二十四寫本三皆以古校魯而以古爲㝷未見有齊論与張侯魯古異讀者或齊論初無異本非同於魯則同於古耳蓋張侯據魯爲本而擇齊古之善者而從之鄭玄又據張本而復以齊古校之則謂之張論鄭論可也三家之辨於是益微矣

魏吏部尚書何晏集孔安國包咸周氏馬融鄭玄陳羣字長文潁川人魏司空王肅周生烈燉煌人七錄云字文逢本姓唐魏博士侍中之說並下己意爲集解正始中上之盛行於世今以爲主○疏證云何晏集解序云近故司空陳羣太常王肅博士周生烈皆爲之義說前世傳受師說雖有異同不爲之訓解中間爲之訓解至于今多矣所見不同互有得失今集諸家之善說記其姓名有不安者頗爲改易名曰論語集解孫邕鄭沖曹羲荀顗何晏等上晉書鄭沖傳云沖与孫何曹荀等共集皇侃云何晏集季長等七家謂与鄭包周陳王周生爲七家又採古論孔注又自下己意即今所重者今日所講即是魯論爲張侯所學何晏所集者也張侯參用三家以魯爲本鄭玄更爲校注至何晏采獲師說爲之集解正始

中上之邢昺疏同即今所行皇邢疏本是也

鄭玄注十卷。疏證云隋志同唐志釋義作宋志不著錄其亡逸久矣惠棟陳鱣王謨馬國翰孔廣林臧庸丁杰宋翔鳳等並有輯本近來敦煌及日本唐寫殘卷日有發見皆爲清儒所不見友人孫人和嘗錄爲一書鄭注全文蓋已十得六七矣

王肅注十卷

虞翻注十卷。疏證云吳志本傳云翻爲老子論語國語訓注傳於世隋志云梁有亡

何晏集解十卷

譙周注十卷字允南巴西人晉散騎常侍不拜陽城亭侯。疏證云譙周耽古篤學誦讀典籍研精六經事狀見蜀志本傳隋志云梁有論語注十卷亡續漢志劉昭注及釋文一引之今有輯本

衛瓘注八卷少二卷宋明帝補闕。疏證云宋明帝紀帝愛好文義在藩時續衛瓘所注論語二卷行於世隋志云梁有亡今有輯本

崔豹注十卷字正熊燕國人晉尚書左中兵郎。疏證云世說新語注引晉百官名曰惠帝時官至太府丞冊府元龜云豹爲尚書左丞疑其歷官如此敘錄所署与隋志同或其卒官也隋志作集義十卷唐志作大義十卷

李充集注十卷東晉人。疏證云李充字弘度分典籍爲四部甚有條貫注尚書及周易旨六篇釋莊論二篇

行於世事狀見晋書本傳隋唐志俱十卷与序錄同孫綽集注十卷字興公太原人東晋廷尉丞長樂亭侯。疏證云孫綽晋書有傳隋唐志並作集解皇疏釋文皆引之今有輯本盈氏注十卷不詳何人孟整注十卷一云孟陋陋字少孤江夏人東晋撫軍參軍不就。疏證云孟陋博學多通長於三礼注論語行於世見晋書隱逸傳隋志作孟釐云梁有亡唐志九卷梁覬注十卷天水人東晋國子博士。疏證云隋志云梁有亡唐志十卷皇疏引梁冀說二事馬國翰曰冀覬音義相近故通用非漢之跋扈將軍也今有輯本袁喬注十卷字彥叔陳國人東晋益州刺史湘西簡侯。晋書袁瓌傳子喬字彥叔博學有文才注論語行於世隋志云梁有亡唐志十卷今有輯本尹毅注十卷江熙集解十二卷。疏證云隋唐志並十卷江氏所集各家姓氏皇疏具列之晋太保河東衛瓘字伯玉晋中書令蘭陵繆播字宣則晋廣陵太守高平欒肇字永初晋黄門侍郎郭象字子玄晋司徒濟陽蔡謨字道明晋江夏太守陳國袁弘字叔度序錄有袁喬注十卷隋志云梁有亡而皇氏所列十三家有弘無僑馬國翰曰喬晋書有傳稱其博學有文才注論語及詩弘字彥伯爲東郡太守亦見晋書不言注論語則弘必爲喬字之誤蓋喬字彥叔彥度形似後又倒作叔度又弘字彥伯喬字彥叔同爲陳郡人傳者不察因而誤喬作弘又考喬嘗爲江夏相此云江夏太守人亦因喬官江夏而失之初於袁弘無与也案皇氏引諸家說多稱名號無單言氏者唯引袁說獨稱氏疑皇氏述江熙集注時已不審知且以彥伯當之非後人傳寫之譌又爲政篇人而無信疏云江熙稱彥升云云案升即叔字隸體之譌彥叔爲袁喬字然則江氏集注所引正袁喬義也江熙引之或稱袁氏或稱彥叔皇氏不知其爲一人所以致誤晉著作郎濟陽江淳字思俊晉撫軍長史蔡系字子叔系蔡謨少子有才學位至撫軍長史見晉書蔡謨傳玉海引中興書目作蔡奚晉中書郎江夏李充字弘度晉廷尉太原孫綽字興公晉散騎常侍陳留周懷字道夷晉中書令潁陽范寧字武子晉中書令瑯邪王珉字季瑛王珉見晉書王導傳其論語義不見著錄亦無稱引者季瑛皇疏本或作琰法苑珠林引亦作琰是也

張憑注十卷字長宗吳人東晉司徒左長史○疏證云張憑見晉書劉惔傳簡文帝歎爲勃窣理窟者也隋志云梁有亡唐志十卷今有輯本

孔澄之注十卷字仲淵會稽人宋新安太守○疏證云宋有孔淳之魯人居會稽剡縣澄之或其族人也隋志云梁有亡

虞遐注十卷會稽人齊員外郎

王弼釋疑三卷

欒肇釋疑十卷

徐

邈音一卷。考證云隋志論語音二卷徐邈等撰亡

右論語皇侃撰義疏行於世。疏證云皇疏校理自序云皇侃論語義疏十卷自釋文隋志後猶著錄于宋國史志中興書目及晁公武讀書志尤袤遂初堂書目逮陳振孫書錄解題而闕然不載自此訖清中葉蓋五百有餘歲華夏學士莫得見焉日本僻居海外頗存佚書舊鈔珍本往往出於山巖屋壁彼土寬延庚午之歲清乾隆十五年根本伯修氏據足利學校舊鈔皇疏武内義雄審其紙墨蓋大永天文間所鈔按大永天文當明弘治嘉靖之際畧依明監本毛氏本邢疏體製刋版行世流行差廣而唐宋以來傳寫舊式遂澌滅以盡適錢唐商人汪翼滄時往來長崎間得本以歸吾歙鮑氏收入知不足齋叢書版式字樣一準根本氏書時海内亦無第二本可資對治雖欲發正其道無由會清廷輯修四庫書浙江巡撫以獻以夷狄有君章疏觸犯忌諱遂奮筆删革一字不遺潰夷夏之防圖藏身之固矯誣背誕振古所無有也偏本既行鮑氏又削改原文以就之而皇氏本眞遂不可復覩矣民國十二年日本大正十二年日本人武内義雄雜取舊鈔本十種十本中最古者爲文明本文明當明成化間詳爲比勘排印行世余以此土所行唯鮑氏本爲盛其所據

根本氏書既不可盡信，又猥從清廷僞定以避時患，皆足以疑誤後生，故就武內氏所爲校勘記比度文義，爲之發正，以存皇疏之眞；若諸本並誤無可審正，及助詞緐省小小異同不關弘指者，亦不具出也。後有治定皇疏重付剞劂者，其取正于斯。

老子者，姓李，名耳，河上公云名重耳。字伯陽，史記云字聃，又云曲里人，一云陳國相人。陳國苦縣厲鄉人也。史記云字聃又云曲里人一云陳國相人生而皓首，劉向列仙傳云受學於容成，生於殷時。爲周柱下史，史記云爲周守藏史，或言是老萊子，蓋百六十餘歲，或言二百餘歲。衆家皆云先爲柱下史，轉爲守藏史。葛洪云文王時爲主藏史，武王時爲柱下史。或云老子在黃帝時爲廣成子，一云爲天老，在堯時爲務光子，在殷時爲彭祖，在周爲柱下史。覩周之衰，乃西出關，周敬王時。爲關令尹喜說道德二篇，尚虛無無爲。劉向云西過流沙，莫知所終。班固曰：道家者，清虛以自守，卑弱以自持，此人君南面之術也。○疏證云：此節畧明老子行實及道家旨趣。史記列傳云：老子者，楚苦縣厲鄉曲仁里人也，姓李氏，名耳字伯陽謚曰聃周守藏室之史也孔子適周問礼於老子居周久之見周之衰迺遂去至關關令尹喜曰子將隱矣強爲我著書於是迺著書上下篇言道德之意五千餘言而去莫知其所終子名宗宗子注注子宮宮玄孫假仕於漢孝文帝李耳無爲自化清靜自正此實錄也老子爲周室史官身又老壽稱守藏史莊子謂之徵藏史張湯傳謂之柱下史蓋記言行藏年掌三皇五帝四方邦國之志皆史官之事守云守藏徵藏史記正柱下所從言之異其實一也博覽書傳精練典章識人事善敗之故爲學術宗故孔子問礼於老聃今觀於曾子問者凡四事乃能述礼樂而修春秋老子既深觀有得乃著道德五千言執環中斯能應無窮故云當其無有車之用強梁者不得其死故云勿爲權首禍福無門唯人所召故云其鬼不神飄風暴雨不終日故云道法自然弱之勝強柔之勝剛故云知其白守其黑此道家之歸趣漢人以爲南面之術者也漢文帝竇皇后好黄老言有河上公者居河之湄結草爲菴以老子教授文帝徵之不至自詣河上責之河上公乃踊身空中文帝改容謝之於是作老子章句四篇以授文帝言治身治國之要○疏證云史記樂毅傳樂氏之族有樂瑕公樂臣公樂臣公學黄帝老子其本師號曰河上丈人不

知其所出河上丈人教安期生安期生教毛翕公毛翕公教樂瑕公樂瑕公教樂臣公樂臣公教蓋公蓋公教於齊高密膠西爲曹相國師故參爲漢相清静合道太史談習道論於黄子故先黄老而後六經文景之際大氏以黄老爲治竇后好老子書故黜儒術不用其說義著於流略者有鄰氏傳氏徐氏劉向四家此漢世老學隱顯之跡史遷言戰國時有河上丈人不謂文帝時有河上公注老子也序録述河上公事本之葛玄劉子玄所謂不經之鄙言流俗之虚語是也今所傳章句有詮發王弼義者蓋晉以後人爲之唯文字異同足資考證古書異義傳世者希故爲學者所不廢耳隋志老子二卷漢文帝時河上公注又云梁有戰國時河上丈人注二卷亡其云梁亡者亦爲相承之僞書可知

其後談論者莫不宗尚玄言唯王輔嗣妙得虚無之旨今依王本博采衆家以明同異

○疏證云韓非有解老喻老次有淮南道應若漢志所録四家及馬鄭之注今已不可見及其季世三張之倫作雖以五千文爲宗其實与甘可忠于吉相比又横爲誣詞以相涂傳如張道陵說道可道之類其尤足駭怪者也玄言盛行之世或以老易並稱或以般若爲比其以道引爐火爲說者又其敝也三國之際漢五經家法漸就衰息時人惡礼法厭苛碎王肅鍾會何晏

劉陶丁謐王黎荀融王濟嵇康阮籍之倫淳爾俱作弼幼而察
惠辭才逸辯尋極幽微注易及老子又作指略致有理統三玄
之書王注其二並爲斯世所宗其所注悉中老
子意以不固不敢知然古今作者莫之或先也

河上公章句四卷 不詳名氏。考證云段云此非西漢人所著書内有詮發王弼義者是王弼以後人作疏
證云案彭耜集注雜説引謝守灝曰安丘望之本魏太和道士
寇謙之得之河上大人本齊處士仇嶽傳之河上毋丘之書蓋
皆晚世道家所假託

毋丘望之章句二卷 字仲都京兆人漢長陵三老。疏證云後漢書耿弇傳父況与
王莽從弟伋共學老子於安丘先生章懷注引嵇康高士傳曰
安丘望之字仲都京兆長陵人少持老子經恬淨不求進官號
曰安丘丈人成帝欲見之辭不肯見爲巫醫於人間皇甫謐高
士傳曰望之著老子章句故老子有安丘之學案毋丘安丘本
非一族鄭樵氏族略亦系望之於安丘下隋
志梁有注二卷亡唐志章句二卷指趣三卷唐志四卷

嚴遵注二卷 字君平蜀
郡人漢徵士又作老子指歸十四卷。疏證云漢書王吉傳稱
蜀有嚴君平修身自保卜筮於成都市得百錢足自養則閉肆
下簾而授老子博覽無不通依老子嚴周之旨著書十餘萬言
楊雄少時從游學君平九十餘遂以其業終道藏本道德指歸

說目注云君平生西漢中葉王莽篡漢遂隱遁楊子雲所謂沈冥者也隋志云梁有注二卷亡指歸十一卷唐志十四卷見行指歸六卷本爲後人綴輯而成唯道藏本自七卷起至十三卷止較通行本多一卷

**虞翻注二卷**。疏證云虞翻注老子見吳志本傳隋志云梁有亡

**王弼注二卷**又作老子指略一卷。疏證云三國志注引弼傳曰弼注老子爲之指略又注道略論亦猶注易之有略例也隋志不著錄唐宋志仍有其目或作道德略歸或作老子略歸今已亡佚不可審知

**鍾會注二卷**。疏證云魏志會父繇著易說及老子訓裴注引會爲其母傳曰涉歷衆書特好老易會既承家學嘗論易無互體才性同異又述何晏聖人無喜怒哀樂論以校練爲家是合道德形名爲一者也隋唐志注二卷嚴可均嘗輯之

**羊祜解釋四卷**字叔子泰山平陽人晉太傅鉅平成侯。疏證云晉書本傳稱祜博學能屬文善談論著老子傳行於世隋志云梁有解釋二卷亡唐志注二卷解釋四卷

**范望州注訓二卷**字叔文會稽人吳尚書。疏證云隋唐志並不著錄州注訓三字疑有譌衍

**王尚述二卷**字君曾瑯邪人東晉江州刺史封杜忠侯。疏證云隋志云梁有王尚述注二卷亡唐志王尚注二卷案述者著作之稱猶言贊矣則隋志以尚述爲二名實誤

程韶集解二卷鉅鹿人東晉郎中關内侯邯鄲氏注二卷不詳何人常氏注二卷不詳何人盈氏注二卷。疏證云隋志並云梁有亡唐志有程韶集解二卷文廷式以盈氏与注論語者爲一人孟子注二卷或云孟康康字公休安平廣宗人魏中書監廣陵亭侯。疏證云案魏晉之際訓説老子者多或以此孟子爲孟康當有所據其書隋志已亡則杜光庭所云梁道士孟安排者别是一人非序錄所稱孟子可知巨生内解二卷不詳何人。疏證云文廷式曰眞誥握眞輔篇張生頓首注云又見系師注老子内解皆稱臣生稽首此巨生或即臣生之誤其人姓張也案道藏玄都律文以張陵爲聖師衡爲嗣師魯爲系師然則系師即張魯矣張魯自稱臣生義不可憭疑米道妄誣之尤私立名字不可究詰今難質言要爲道士所爲梁以前書也袁眞注二卷字彦仁陳郡人東晉西中郎將豫州刺史張嗣注二卷張憑注二卷字仲山太原中都人東晉尚書郎蜀才注二卷釋慧琳注二卷釋慧嚴注二卷陳留人本姓范宋世沙門。考證云嚴字舊闕據隋志補王玄載注一卷。疏證云隋志有孫登注二卷音一卷其餘八卷并云梁有亡唐志有孫袁慧琳慧嚴四家書孫登爲統之弟少善名理注老子行於世見晉書王玄載雅好玄言修士操見南齊書二慧皆宋世沙門綜貫儒玄者

顧懽堂誥四卷一作老子義疏○疏證云南齊書本傳懽年二十餘從雷次宗諮玄儒大義上表稱謹刪撰老氏獻治綱一卷著夷夏論稱孔老爲佛以黜梵典又著三名論甚工鍾會四本之流也又著王弼易二繫學者傳之序錄堂誥四卷疑爲顧氏談玄之書中有說老子者隋志有老子義綱一卷義疏一卷義綱即所獻之治綱或爲堂誥中之一篇也唐志義疏四卷序錄注云一作老子義疏堂是後人校語

節解二卷不詳作者或云老子所作一云河上公作○疏證云隋唐志同成玄英疏張君相集解所引節解不下百六七十事殆即此書大抵以守一行氣還精補腦爲說誠米賊之遺法其語近誕而其來則甚古盧文弨曰注稱或云老子所作老子二字必非陸氏本文案道藏本玄宗御注疏外傳及杜光庭老子廣聖義序列老子注六十餘家並有節解上下篇云老子爲尹喜解是道家舊題如是蓋六朝間已然矣故陸氏引或說以存舊義又以野言不足保信故云不詳作者悉陸氏本文也盧說未諦

劉遺民玄譜一卷字遺民彭城人東晉柴桑令○疏證云隋志云梁有亡唐志一卷劉遺民見宋書周續之傳

想余注二卷不詳何人一云張魯

或云劉表魯字公旗沛國豐人漢鎮南將軍關內侯。疏證云隋志不著録唐玄宗注疏外傳作想爾与杜光庭序目並以爲三天師張道陵所注案弘明集引張陵老子注云道可道朝食美非常道莫成屎二者同出而異名人根出溺溺出精語殊誕誕張陵者五斗米道之先師魯承其緒業或祖父作而子孫述之也觀其立名頗不可解知非三張莫能爲李日華曰老子有元師楊真人手書張鎮南本鎮南即天師三代系師魯也集此以出依託不可據信

戴逵音一卷字安道譙國人東晉散騎常侍太子中庶子徵不就。疏證云戴逵晉書有列傳隋志云梁有亡

右老子近代有梁武帝父子及周弘正講疏北學有杜弼注世頗行之。疏證云梁武父子及周杜撰義疏各見紀傳唐玄宗注疏外傳云蕭衍注以因果爲義是以內典説老子也隋志唯列梁二帝書而張君相集解尚引杜弼説

莊子者姓莊名周太史公云字子休梁國蒙縣人也六國時爲梁漆園吏與魏惠王齊宣王楚威王同時李頤云与齊愍王同時齊楚嘗聘以爲

相不應時人皆尚遊説莊生獨高尚其事優遊自得依老氏之旨著書十餘萬言以逍遥自然無爲齊物而已大抵皆寓言歸之於理不可案文責也。疏證云此述莊子爵里事狀大抵以史記列傳爲據列傳稱莊子与梁惠王齊宣王同時釋文引司馬云莊子与魏惠王齊威王同時在哀公後百六十年李頤云与齊愍王同時則在哀公後百七十年大抵當烈王顯王間其年輩蓋較先於孟子也列傳又稱楚威王聞莊周賢厚幣迎之許以爲相莊周以犧牛孤豚爲喻無爲有國者所羈云云案莊生對楚使謂死而留骨不如生而曳尾文見至樂篇而犧牛孤犢之喻乃所以辭或國之聘事異而辭指大同故史公並爲一談要之皆寓言也又云注引太史公云字子休今史記無文正統道藏本莊子字休成玄英疏亦云字子休可知此爲六朝以來之通説然莊生弘才命世辭趣華深正言若反故莫能暢其弘致後人增足漸失其眞故郭子玄云一曲之才妄竄奇説若閼奕意修之首危言遊鳧子胥之篇凡諸巧雜十分有三漢書藝文志莊子五十二篇即司馬彪孟氏所注是也言多詭誕或似山海經或類占夢書故注者以意去取其內篇衆家並同自餘或有外而無雜唯子玄所注特會莊生之旨故爲世所貴徐仙民李弘範作音皆依郭本今以郭爲主○考證云今字舊脫依前例補疏證云藝文志著錄莊子五十二篇無內篇外篇雜篇之殊齊物論夫道未始有封章釋文曰崔云齊物七章此章連上章而班固說在外篇釋文所據今雖未聞然莊子書分內外篇則爲劉班舊次可知也司馬彪孟氏所注即依漢志之本郭子玄斥爲凡諸巧雜十分有三或類山海經或類占夢書者蓋古書行世依託坿益事所常有不獨莊子書爲然也司馬孟氏注本內篇七外篇二十八雜篇十四解說三爲五十二見行郭氏注本內篇七外篇十五雜篇十一爲三十三內篇爲衆家所同而外篇雜篇則以注者所見有殊而意爲取舍故自崔譔以下或有外而無雜或外雜並有而篇數不同然今本定著三十三篇亦非郭氏創意爲之尋高誘淮南脩務篇注云莊周作書三十三篇爲道家之言是漢末已有三十三篇之本矣又成玄英

疏序云内篇理深故於篇外別立篇目外篇以去即取篇首二字爲題故陳景元曰内七篇目漆園所命名也今案以内篇爲莊生自署誠難質言然消搖齊物之稱其來已久則可決也

崔譔注十卷二十七篇清河人晉議郎内篇七外篇二十〇疏證云劉注世説云向秀託遊數賢蕭屑卒歲都無注述唯好莊子聊應崔譔所注以備遺忘是崔之注莊先於向秀則亦晉初人也隋志云梁有莊子十卷東晉議郎崔譔注亡說爲東晉似誤舊唐志十卷 向秀注二十卷二十六篇一作二十七篇一作二十八篇亦無雜篇爲音三卷〇疏證云晉書列傳秀字子期河内懷人也清悟有遠識雅好老莊之學莊周著内外數十篇歷世方士雖有觀者莫適論其旨統也秀乃爲之隱解發明奇趣振起玄風讀之者超然心悟莫不自足一時也惠帝之世郭象又述而廣之儒墨之迹見鄙道家之言遂盛焉郭傳云竊此稱述而廣之爲得其實隋志向注本二十卷今闕舊唐志仍作二十卷據陳振孫解題是書蓋亡於宋 司馬彪注二十一卷五十二篇字紹統河内人晉秘書監内篇七外篇二十八雜篇十四解說三爲音三卷〇疏證云晉書列傳稱彪少篤學不倦不交人事故得博覽羣籍終其綴集之業

注莊子作九州春秋續漢書校正古史考隋志云二郭象注三十一卷今闕舊唐志仍作二十一卷通志十六卷十三卷三十三篇字子玄河內人晉太傅主簿內篇七外篇十五雜篇十一爲音三卷○疏證云晉書列傳云郭象字子玄少有材理好老莊能清言先是注莊子者數十家莫能究其旨統向秀於舊注外而爲解義妙演奇致大暢玄風惟秋水至樂二篇未竟而秀卒秀子幼其義零落然頗有別本遷流象爲人行薄以秀義不傳於世遂竊以爲己注乃自注秋水至樂二篇又易馬蹄一篇其餘衆篇或點定文句而已其後秀義別本出故今有向郭二莊其義一也按此文本之世說文學篇後來無復異論唯讀書敏求記云釋文引向注非一疑秀有別本行世時代遼遠傳聞異詞晉書云云恐未必信然也清四庫提要曰今以釋文所載校之如逍遙遊有蓬之心句釋文郭向並引絕不相同胠篋引向注二處郭本皆無其餘皆互相出入又張湛列子注中凡文與莊子同者亦兼引向郭二注有二家一字不異者有向有而郭無者有大同小異者是則所謂郭竊向書點定文句者殆非無證又秋水篇釋文引向音則此篇向亦有注併世說所云象自注秋水至樂二篇尚未必實錄矣錢曾乃曲爲之解何哉劉孝標世說新語注引逍遙遊向郭義各一條今本無之云云案世說亦稱王丞相持聲無哀樂

本之嵇康養生本之阮籍言盡意本之歐陽堅石蓋獨標新義則辭旨未亢因成舊文而玄風益暢郭向之事宜与同比非劉竊之科也又案先民訓釋典籍説義之外別撰音書提要以秋水篇釋文引向音爲秋水有注之驗亦非也世説又稱莊子逍遥篇舊是難處諸名賢所可鑽味而不能拔理於郭向之外支道林卓然標新理二家之表皆是諸賢尋味之所不得故劉注引郭向逍遥義更不分別二家可證向立義而郭因之要其定箸篇目既不盡同文句少多自難一揆則爲事理之常無足多怪

**李頤集解三十卷三十篇**字景真潁川襄城人晉丞相參軍自號玄道子一作三十五篇爲音一卷○疏證云李頤爵里行實未聞釋文多引其音訓隋志云梁有亡舊唐志有集解二十卷

**孟氏注十八卷五十二篇**不詳何人

**王叔之義疏三卷**字穆□琅邪人宋處士亦作注○疏證云大宗師篇釋文及成疏序録並引王穆夜説即此王叔之義疏中語也隋志云梁有義疏三卷李叔之撰亡舊唐志有王穆撰疏十卷撰音一卷作李者王字之譌作穆者二名而省其一尋宋人陳舜俞廬山記述佛影臺事引遠公匡山集云以晉義熙十八年罽賓禪師因南國義學道士共立此臺至於歲在星紀赤奮若九月三日乃詳驗別記銘之於石孟江州懷玉王別駕喬之張常侍野

殷晉安隱毛黄門修之宋隱士炳孟散騎孟司馬二人名闕殷主簿蔚范孝廉悅之王參軍穆夜咸賦銘讚遠公銘文見廣弘明集及高僧傳同時讚頌之人則唯見於此記耳義熙十八年應作八年明年癸丑即銘文所稱歲在星紀赤奮若者也此則穆夜晉末曾任參軍入宋隱居故稱宋處士云據李軌音一卷徐邈音三卷○考證云隋志更有莊子集音三卷亦徐撰

右莊子

爾雅者所以訓釋五經辨章同異實九流之通路百氏之指南多識鳥獸草木之名博覽而不惑者也爾近也雅正也言可近而取正也釋詁一篇蓋周公所作釋言以下或言仲尼所增子夏所足叔孫通所益梁文所補張揖論之詳矣○疏證云禮三朝記孔子曰爾雅以觀於古足以辨言矣爾雅之名比爲最朔藝文志云書者古之號令號令於衆其言不立具則聽受施行者弗曉古文讀應爾雅故解古今語而可知也是故劉熙張晏俱以爾雅爲近正謂五方殊音古今異語以此爲會通之路則庶幾乎正是也

張揖上廣雅表曰：昔在周公，六年制礼以道天下，著爾雅一篇以釋其意義。爰暨帝劉，魯人叔孫通撰置礼記，文不違古。今俗所傳三篇爾雅，或言仲尼所增，或言子夏所益，或言叔孫通所補，或言沛郡梁文所考，皆解家所說，先師口傳，既無正驗，聖人所言，是故疑不能明也。蓋周公制作礼樂，而爾雅者礼記之流。史佚教其子以爾雅，孔子以爾雅告哀公，又答子夏，明仲尼以前有爾雅，故以爲周公作。孔子修訂六籍，子夏發明章句，叔孫撰定漢儀，故以爲三人所增益。梁文無考。鄭駁五經異義云：玄之聞也，爾雅者孔子門人所作，以釋六藝之言，蓋不誣也。是則爾雅者，始於周公，成於孔子門人，補苴於漢儒，蓋故訓之書，因時方之變易而世有增益。或偏據始終歸之一姓，皆非通人之論。以上明爾雅名義及其作者。

前漢終軍始受豹鼠之賜，自茲迄今，斯文甚矣。先儒多爲億必之說，乖蓋闕之義。唯郭景純洽聞強識，詳悉古今，作爾雅注，爲世所重，今依郭本爲正。

○考證云：此光武時竇攸事，郭璞誤屬之終軍，而陸氏亦沿其誤。爾雅音義考證載臧氏說甚詳。疏證云：晉書郭璞傳：璞好經術，博學有高才，好古文奇字，妙於陰陽歷算。注釋爾雅，别爲音義、圖譜，又注三倉、方言、穆天子傳、山海經及楚辭、子虛、上林賦數十萬言皆傳於世其自序云綴集異聞會粹舊說考方國之語采謠俗之志錯綜樊孫博關羣言事有隱滯援據徵之其所易了闕而不論別爲音圖用祛未寤邢昺疏序云其爲注者則爲犍爲文學劉歆樊光李巡孫炎雖各名家猶未詳備惟郭景純用心幾二十年郭序云沈研鑽極二九載矣注解方畢甚得六經之旨頗詳百物之形學者祖焉最爲稱首蓋漢魏舊注今多散亡郭義既行更無繼者故自晉到今治爾雅者皆以郭注爲本邢疏陋略蓋未足邵清世邵晉涵郝懿行並作正義皆勝舊疏以上明郭注爾雅

犍爲文學注三卷一云犍爲郡文學卒史臣舍人漢武帝時待詔闕中卷○疏證云諸書多引作犍文舍人或以爲即東方朔傳中之郭舍人也然左傳正義中舍人文學並見則又似二人矣隋志云梁有三卷亡清儒采擷舊義疏釋轉精自犍文至孫炎各家皆有輯本

劉歆注三卷与李巡注正同疑非歆注○疏證云此謂劉李注同今散見諸書則不悉相應疑舊題劉注者乃後人綴集劉義以釋爾雅非子駿自有注本也隋志云梁有亡陸璣詩疏釋文玉燭寶典原本玉篇皆徵引之

樊光注六卷○京兆人後漢中散大夫沈旋疑非光注疏證云邵晉涵曰詩疏所引有某氏

注左傳疏引樊光注與某氏同則某氏疑即樊光然詩疏引樊光注与某氏互見其爲一人与否疑未能定也臧庸則以某氏爲樊光盧文弨謂因沈旋之疑故不質言樊光而稱某氏也案爾雅本三卷樊光漢人經傳猶當别行而作注乃及六卷草創之世不應詳備若此沈旋疑之是也隋志三卷唐志六卷与序録同

李巡注三卷 汝南人後漢中黄門○疏證云後漢書宦者呂强傳巡以爲諸博士試甲乙科爭弟高下更相告言至有行賄定蘭臺漆書經字以合其私文者乃白帝与諸儒共刻五經文於石於是詔蔡邕等正其文字爭者用息則熹平立石自巡發之巡有意於正文字校異同故能説爾雅隋志云梁有亡唐志三卷

孫炎注三卷 音一卷

郭璞注三卷 字景純河東人東晉弘農太守著作郎音一卷圖贊二卷

右爾雅梁有沈旋約之子集衆家之注。○疏證云沈旋字士規約子集注邇言行於世此語見南史小學考引作集注爾雅行於世黄奭曰其父隱侯著邇言十卷梁書南史皆載之子注父書情理之常既集衆家參以己意用其父四聲譜以求爾雅形聲假借之原士規能讀父書計必出此按南史邇言二字當爲爾雅之譌蓋舊來所稱集注不出二途一集衆家之義如何注論語一坿合經傳如杜解春秋左氏使沈旋爲邇言作解子贊父業固情理之常若爲作集注則事所無有蓋隱侯非姬孔之聖邇言無經藝之尊本是筆語何待訓説既不立學何有徒衆其子又安所得衆家之義而集之也況旋注爾雅明見著録諸書所引文義甚顯則邇言爲爾雅之誤事在不疑此誤殆非始於近世黄氏曲爲之説而猶不可通也謝啟昆誤引書非有碻見梁隋志十卷唐志同今有輯本 陳博

士施乾國子祭酒謝嶠舍人顧野王並撰音既是名家今亦采之附於先儒之末○疏證云施乾事狀無考謝嶠篤學爲世通儒顧野王以儒術知名撰著甚富其玉篇三十卷今猶可窺其大畧謝顧俱見陳書三家之音隋志皆不著録而釋文多徵引之今有輯本

# 目録

經典釋文卷第一 序録

經典釋文卷第二 周易音義

經典釋文卷第三古文尚書音義上　起第一盡第五

經典釋文卷第四古文尚書音義下　起第六盡第十三

經典釋文卷第五毛詩音義上　起第一盡第六

經典釋文卷第六毛詩音義中　起第七盡第十五

經典釋文卷第七毛詩音義下　起第十六盡第二十

經典釋文卷第八周礼音義上　起天官盡春官下

經典釋文卷第九周礼音義下　起夏官盡考工記下

經典釋文卷第十儀礼音義

右上帙十卷

經典釋文卷第十一礼記音義之一　起第一盡第五

經典釋文卷第十二 礼記音義之二起第六盡第十

經典釋文卷第十三 礼記音義之三起第十一盡第十五

經典釋文卷第十四 礼記音義之四起第十六盡第二十

經典釋文卷第十五 春秋左氏音義之一起第一盡第五

經典釋文卷第十六 春秋左氏音義之二起第六盡第十

經典釋文卷第十七 春秋左氏音義之三起第十一盡第十五

經典釋文卷第十八 春秋左氏音義之四起第十六盡第二十

經典釋文卷第十九 春秋左氏音義之五起第二十一盡第二十五

經典釋文卷第二十 春秋左氏音義之六起第二十六盡第三十

右中帙十卷

經典釋文卷第二十一　春秋公羊音義

經典釋文卷第二十二　春秋穀梁音義

經典釋文卷第二十三　孝經音義

經典釋文卷第二十四　論語音義

經典釋文卷第二十五　老子音義

經典釋文卷第二十六　莊子音義上内篇七

經典釋文卷第二十七　莊子音義中外篇十五

經典釋文卷第二十八　莊子音義下雜篇十五

經典釋文卷第二十九　爾雅音義上上中二卷

經典釋文卷第三十　爾雅音義下下卷

經典釋文卷第一

經九千九百九十二字
注六千一百二十九字

經典釋文集説坿箋卷一終

受業灌縣易雲秋校

# 經典釋文集說坿箋卷五

成都趙少咸

## 經典釋文卷第五

### 毛詩音義上 起第一盡第六

唐國子博士兼太子中允贈齊州刺史吳縣開國男陸德明撰

**周南** 周者代名其地在禹貢雍州之域岐山之陽於漢屬扶風美陽縣南者言周之德化自岐陽而先被南方故序云化自北而南也漢廣序又云文王之道被於南國是也 **關雎** 七胥反依字且邊隹且音子餘反旁或作鳥○十三經音略三云關雎之雎七胥翻釋文七餘翻同讀近趨當從朱子今通讀子余翻非詩經小學一云雎尒雅說文皆作鴡箋曰釋文作七胥不作七餘周氏誤書按且有七也切子餘切二讀故陸氏自為注以明之云且音子餘反今通讀雎為子余翻誤从偏旁之讀

**故訓傳第一** 舊本多作故今或作詁音古又音故傳音直戀反案詁故皆是古義所以兩行然前儒多作詁解而章句

有故言郭景純注爾雅則作釋詁樊孫等爾雅本皆為釋故今宜隨本不煩改字○攷證云正義作詁云今定本作故案漢書藝文志多作故校勘記云人或作詁通志堂本盧本人作今案今字是也小字本十行本所附皆是今字注疏校勘記云詁訓傳唐石經小字本相臺本同案此正義本也正義云今定本作故釋文本作故云舊本多作故今或作詁考漢書藝文志作故與釋文引舊本及樊孫等爾雅本皆為釋故合當以釋文本定本為長校語錄云言字疑箋曰段校今作人臧校及北館本並同以誤本也案本篇章句云故言三章陸云故言以下是毛公本意法云言字疑未審

**毛詩** 詩是此書之名毛者傳詩人姓既有齊魯韓三家故題姓以別之或云小毛公加毛詩二字又云河間獻王所加故大題在下案馬融盧植鄭玄注三禮竝大題在下班固漢書陳壽三國志題亦然○校語錄于三家之三字側加○云二當作三箋曰各本俱作三家殆法氏所據本誤為二

**國風** 國者摠謂十五國風者諸侯之詩從關雎至騶虞二十五篇謂之正風○校勘記云摠謂十五國通志堂本摠作總盧本作摠案總字非也九經字樣手部云摠說文作總經典相承通用箋曰段校臧校及北館本並同盧本作摠

**鄭氏箋** 本亦作牋同薦年反字林云箋表也識也案鄭六藝論云注詩宗毛為主毛義若隱略則更表明如

有不同即下已意使可識別也然此題非毛公馬鄭王肅等題相傳云是雷次宗題承用既久未敢爲異又案周續之與雷次宗同受慧遠法師詩義而續之釋題已如此又恐非雷之題也疑未敢明之

**關雎**舊解云三百一十一篇詩竝是作者自為名○箋曰正義云關雎者詩篇之名既以關雎為首遂以關雎為一卷之目金縢云公乃為詩以貽王名之曰鴟鴞然則篇名皆作者所自名既言爲詩乃云名之則先作詩後爲名也名篇之例義無定準多不過五少纔取一或偏舉兩字或全取一句偏舉則或上或下全取則或盡或餘亦有捨其篇首撮章中之一言或復都遺見文假外理以定稱黄鳥顯緜蠻之貌草蟲棄喓喓之聲瓜瓞取緜緜之形瓠葉捨番番之狀夭夭與桃名而俱舉蚩蚩從氓狀而見遺召旻韓奕則采合上下騶虞權輿則并舉篇末其中踳駮不可勝論豈古人之無常何立名之異與以作非一人故名無定目

**后妃**芳非反爾雅云妃媲也對也左傳云嘉耦曰妃禮記云天子之妃曰后**之德也**舊説云起此至用之邦國焉名關雎序謂之小序自風風也訖末名為大序沈重云案鄭詩譜意大序是子夏作小序是子夏毛公合作卜商意有不盡毛更足成之或云小序是東海衛敬仲所作今謂此序止是關雎之序摠論詩之綱領無大小之異解見詩義

序竝是鄭注所以無箋云者以無所疑亂故也**風之始也**此風謂十五國風風是諸侯政教也下云所以風天下論語云君子之德風竝是此義**所以風**如字徐福鳳反今不用○攷證云案劉瓛詩序義崔靈恩集注皆從徐讀并易字為諷陸氏從沈重音如字沈說云風教能鼓動萬物如風之偃草也此說比諷字義尤精今人言風化風聲竝未有從諷音者且古人音多不隨義為區別詳見余鍾山札記中箋曰今不用者陸謂如字讀如風雨之風所以正徐讀如諷之非也下文風風也陸從沈說風以動之沈福鳳反陸云今不用並与此同匡謬正俗一云毛詩序云關雎后妃之德也風之始也所以風天下而正夫婦也今人讀風為諷天下案序釋云上以風化下下以諷刺上此當言所以風天下不宜讀為諷又云風風也教也風以動之教以化之今人讀云風以動之不作諷音案此蓋序釋風者訓諷訓教諷刺謂自下而上教化謂自上而下今當讀云諷以動之不宜直作風也案顏說風以動之同沈讀**風風也**竝如字徐上如字下福鳳反崔靈恩集注本下即作諷字劉氏云動物曰風託音曰諷崔云用風感物則謂之諷沈云上風是國風即詩之六義也下風即是風伯鼓動之風君上風教能鼓動萬物如風之偃草也今從沈說**風以動之**如字沈福鳳反云謂自下刺上感動之名變風

也今不用**故嗟**迹斜反咨嗟也**歎之**本亦作嘆湯贊反歎息也○攷證云湯舊讀傷今從宋本正注疏本亦同贊上本從㚘陸皆從扶非是校勘記云傷贊反通志堂本同盧本傷作湯云從宋本正案考此宋本謂十行本所附也凡盧文弨所稱葉林宗影宋本及十行本所附概曰宋本又宋經注本亦然雜揉無別由其初彙校於一帙迨後倩手纂錄不識本來遂致此誤今就可考知者略為訂正小字本所附亦是湯字校語錄云傷當作湯盧改箋曰歎他屬透紐傷屬審紐湯字是段校及北館本俱作湯按五經文字貝部贊贊上說文下經典相承隸省陸氏沿習用盧說非**蹈之**徒到反動足履地也**猶見**賢遍反**角徵**陟里反**上下**時掌反**相應**應對之應下注同**治世**直吏反**之音**絕句**安以樂**音洛絕句**其政和**一讀安字上屬以樂其政和為一句下放此**以思**息吏反**正得失**周云正齊人之得失也本又作政謂政教也兩通**莫近**如字沈音附近之近**厚人倫**音后本或作序非**曰比**必履反**曰興**虛應反沈許甑反○校語錄云興音易沈者興甑不同類也下同箋曰陳澧切韵攷以興應為開口三等甑為開口四等此虛應許甑蓋音同字異非不同類詳周

易姤卦蹢條曰頌音訟下以風福鳳反注風刺同刺上本又作刺七賜反○箋曰刺為俗字
雄雉篇陸云刺俗作刺同七賜反可證而譎古穴反詐也故曰風福鳳反又如字之苛
本亦作荷音何苛虐也○攷證云音何舊譌作音同宋本注疏本皆作音何校語錄云同盧改何並校勘記云音同通志堂本
同盧本同作何云宋本作何案考此宋本謂十行本所附也小字本所附亦是何字又云案當作荷周礼注多用荷為苛字轉
寫或改作苛此宋本則譌為何箋曰按周礼注与阮説異宮正荷其呼何反又音何閽人苛本又作呵呼何反又音何比長則
呵呼何反又音何世婦而呵胡何反胡何同紐不可為反語當為音何之誤射人苛罰音何又呼何反萍氏苛察環人苛留並同玉人煩苛音何
孫詒讓正義於宮正云荷苛字通春官世婦及射人經注並作苛閽人司關萍氏環人注同比長注又作呵正字當作訶説文
言部云訶大言而怒也荷苛皆段字呵即訶之俗按如孫説周礼注之荷苛字即苛責之義与此苛虐為一義之引申經作荷
者止宮正餘皆作苛注同何止一音荷有他讀未足相況疑此案語或為後人坿加顧臨段校亦作何吟疑今反動
聲曰吟風其上福鳳反告於古毒反麟呂辛反趾音止騶本亦作騶側留

反○攷證云駓舊譌騶案廣韻騅下有駓字云俗是知騶字亦俗作駓也校勘記云本亦作騶通志堂本盧本同案盧文弨云駓舊譌騶是也校語錄云騶盧改駓是

**召公** 本亦作邵同上照反後召南召公皆同

**從岐** 其宜反山名也或音祇○校語錄云岐音分兩類与廣韻同箋曰此亦用字之異非分類也法氏蓋沿切韻攷分奇祇為二類之誤按顏氏家訓音辭篇云岐山當音為奇江南皆呼為神祇之祇岐有奇祇二讀亦見釋文如此及周易升卦詩江有汜左傳莊九年莊子讓王是也釋文既取之於前韻書亦遵承於後奇祇二字既同居羣紐三等開口切韻指掌圖以祇列四等按凡四等韻俱無羣紐則羣紐自不能有四等之讀指掌圖及等韻諸書俱有寄等之規奇祇在韻書中反切用字既相異必寄之於格中以期与韻書相符庶檢尋者易得不可以指掌圖列祇于四等遂謂岐有四等之讀失作者之意矣近人有謂奇為歌變祇為齊變所以反切用字相異不知岐正為齊之變而顏氏云當音為奇則適相牴牾矣因以證明反切用字有古今之異者其說亦虛也又有謂同紐異音者必有等呼之別如是則同韻虧闕二紐亦可如是分耶韻末有屘劆騹三紐皆精紐之合口精紐在三等韻只讀四等此三紐又何以處置之耶因知廣韻凡一音有二三切語者皆不能以等分之也

**被江** 皮寄

反　大王音泰　淑女常六反善也　哀前儒竝如字論語云哀而不傷是也鄭氏改作衷竹隆反　窈烏了反　窕徒了反毛云窈窕幽閒也王肅云善心曰窈善容曰窕○校勘記云幽閑也通志堂本盧本閑作閒案閒字是也又云案古多通用箋曰後説是　恕音庶本又作念　好呼報反　逑音求　雎七胥反　鳩九尤反雎鳩王雎也鳥之有至別者○攷證云當作鳥之至而有別者案毛傳云鳥摯而有別箋云摯之言至也雄雌情意至然而有別皆不以至別連文此似誤校語錄云至殆与摯同　之洲音州水中可居者曰洲○箋曰説文川部州水中可居曰州詩曰在河之州徐鉉曰今別作洲非是按陸承習用以州為州郡字故於釋水亦曰洲音州　興也虛應反沈許甑反案興是譬喻之名意有不盡故題曰興他皆放此○攷證改喻為諭云諭舊作喻今從宋本注疏本同校勘記云案興是譬喻之名通志堂本同盧本喻作諭云今從宋本案考此宋本謂十行本所附也喻字不誤十行本譌耳盧文弨依之改非小字本所附亦作喻又云案説文从言无从口之喻箋曰王筠校喻作諭按左傳襄十五年無覦徐音喻尚書召誥籲音喻可證陸書原作俞不在説文有無其字阮氏後説非也盧改王校實誤　摯本亦作鷙音至　有別彼竭反下

同　說音悅　樂音洛　和諧戶皆反　則朝直遙反　廷徒佞反　好毛如字鄭呼報反兔罝詩放此　逑音求毛云匹也本亦作仇音同鄭云怨耦曰仇○詩經小學云按兔罝公侯好仇說文逑字注怨匹曰逑左傳怨偶曰仇知逑仇古通用也攷證引臧琳經義雜記云毛詩多借仇怨之仇為匹耦之逑此亦當爾今作逑者恐是後人攷從正字李賢注後漢書李善注文選皆引作君子好仇可證本作仇也注疏校勘記云怨耦曰仇小字本相臺本同案釋文云云是釋文本經傳作逑箋作仇也正義本箋字未有明文當亦与釋文本同臧琳經義雜記云箋既不云逑當為仇則說異而字同其說非也凡箋於經字以為假借者多不言讀為而顯其為假借有二例焉一則仍用經字但於訓詁中顯之如容兮遂兮箋遂瑞也以遂為璲之假借价人維藩箋价甲也以价為介之假借是其類也一則於訓釋中竟改其字以顯之如此經之逑箋則曰怨耦曰仇以逑為仇之假借及湜湜其止箋之小渚曰沚山有橋松箋之喬松在山上可以樂飢箋之可飲以療飢皆其類也二者皆不言讀為也於訓釋中竟改其字者人每不得其例今隨條說之以去其癥結其仍用經字但於訓詁中顯之者人所易曉不悉說焉臧琳又以為徧考毛詩兔罝無衣皇矣等逑匹之逑皆作仇此經作逑出後人私改亦非也凡毛

氏詩經中之字例不畫一如或用害或用曷而同訓何或用肎或用豣而同訓獸三歲其類衆矣他經用仇此經用逑不嫌同訓未可據彼改此說文逑下云又曰怨匹曰逑正說逑爲怨匹字之假借其釋文所載本亦作仇者是依箋改經出之於下意所不從章懷注後漢書李善注文選雖經引用要即所謂以破引之實非毛氏詩舊文也箋曰禮記緇衣引此詩亦作仇按李賢李善皆作仇者依當文也毛本自作逑故說文本之鄭本自作仇據左傳也此云逑本亦作仇正謂鄭本臧說誤段阮說是

幽閒 音閑下同

怨耦 五口反

能爲 于僞反

不嫉 音疾徐音自後皆同

妬 丁路反以色曰妬

參 初金反

差 初宜反又初佳反○校語錄云佳疑佳箋曰各本並作佳惟通志堂本盧本誤住

荇 衡猛反本亦作莕接余也沈有竝反○攷證云案尒雅釋草作莕校語錄云荇音与廣韻廣韻收並于迥故陸氏不用經籍舊音辯證一云承仕按衡有異紐篇韻所列各切無有與沈音相應者疑有字誤無可據正黄侃曰此喻匣相通有斷爲譌字或當作户然篇韻並無此音又曰切韻指掌圖檢例所云上古釋音多具載當今篇韻少相逢者也又案喻切匣母多是三等字依陳蘭甫分喻爲二類當云匣爲相通今且仍舊說箋曰法說音上殆落沈字韻下亦有落字按衡猛有竝實用字之異

衡屬匣紐有屬為紐為匣發聲同若荇猛在梗韵竝在迥韵本書梗迥混用詳尚書立政耿條又按江有汜釋文竝白猛反又步頂反則竝可叶猛頂荇叶猛復叶竝其理實同 左右 王申毛如字鄭上音佐下音佑助也 接余 音餘本或作菨荼非 共荇菜 音恭本或作供下共荇菜竝同 之菹 阻魚反字又作葅○攷證云注疏本作葅說文有菹無葅 九嬪 鼻申反内官名 皆樂 音洛又音岳 寤 五路反覺也 寐 莫利反寢也 覺也 音教 悠哉 音由思也 輾 本亦作展哲善反吕忱從車展鄭云不周曰輾注本或作卧而不周者剩二字也○詩經小學云按古惟用展轉釋文云云知輾字起於字林說文展轉也攷證云王逸楚辭章句十六引詩展轉反側李賢注後漢書光武帝紀李善注潘岳秋興賦竝同說文無輾字當以作展為正 芼之 毛報反擇也 樂之 音洛又音岳或云協韵宜五教反 關雎五章章四句故言三章其一章 ○攷證云舊複章字今刪校勘記云其一章章四句通志堂本同盧本不重章字云舊複今刪注疏校勘記云案一章下例不重章字次章字誤衍 四句二章章八句 五章是鄭所分故言以下是毛公本意後放此

葛覃本亦作蕈，徒南反。覃，延也。○攷證云：案《五經文字》、《九經字樣》俱云覃或作蕈。箋曰：此緣葛而妄加艸。

葛覃 本亦作蕈徒南反覃延也○攷證云案五經文字九經字樣俱云覃或作蕈箋曰此緣葛而妄加艸 澣 本又作浣戶管反 濯 直角反 師傅 夫附反 欲見 賢遍反 施于 毛以豉反移也鄭如字下同 萋萋 切奚反茂盛皃○攷證云舊皃作貌今從宋本下放此校勘記云通志堂本皃誤貌盧本作皃案以後皃字同此不更出箋曰案說文皃者古文貌者籀文本為一字異體此从宋本作皃可也如阮說作貌誤則不可阮校注疏本亦作貌 延蔓 音萬 浸浸 子鴆反 日長 丁丈反 灌木 古亂反叢木也 喈喈 音皆和聲之遠聞也 摶黍 徒端反鳥名也 叢木 才公反俗作藂一本作最作外反○攷證云案最乃冣之譌冣才句切說文積也最犯而取也顏氏家訓載周續之劉昌宗又音祖會反祖會反則已譌為最矣注疏校勘記云灌木藂木也小字本相臺本同考文古本同閩本明監本毛本藂作叢按正義作叢段玉裁云當作冣冣積也從冖從取才句反古書冣字多誤為最字從曰是以顏黃門說周氏劉氏讀祖會祖會二反釋文亦云一本作最作外反也今考皇矣傳云灌木叢生也當以釋文正義本為長經籍舊音辨證一云顏氏家訓曰詩傳乃尓雅之文故李巡注曰木叢生曰灌尓雅末章又云木族生為

灌族亦叢聚也所以江南詩古本皆為叢聚之叢而古叢字似最近世儒生因改為最解云木之最高長者案衆家尒雅及解詩無言此者唯周續之毛詩注音為祖會反又音祖會反劉昌宗詩注音為在公反又祖會反皆為穿鑿失尒雅訓也段玉裁陳奐嚴元照等並以叢之異文應作冣誤冣作最故有祖會祖會之音承仕案諸家說是也叢從取聲冣從冂取取亦聲聚從取聲叢冣聚族皆屬古侯部音近義同侯對轉東叢得音在公反最在侯部本音才句反此四文者隨用其一理皆可通若最字從冃取會意本屬泰部聲義並殊劉昌宗周續之陸德明所下祖會祖會作外等反皆最字本音與灌木義無涉之推斥之其識卓矣

遠聞音問又如字下同之稱尺證反莫莫美博反成就皃是艾本亦作刈魚廢反韓詩云刈取也○攷證云案艾是假借字刈是正字釋訓釋文又作乂注疏本作刈是濩胡郭反煮也韓詩云濩瀹也音羊灼反○攷證云案石經尒雅作是鑊今本毛傳作濩煮之也足利古本無之字以陸本證之良是詩正義云以煮之於鑊故曰濩煮非訓濩為煮若毛本依尒雅作煮之孔又何用費辭乎注疏校勘記云濩煮之也小字本相臺本同案釋文無之字考釋文之例無毛云鄭云者或用己意增損注文如下傳精曰絺釋文絺下云葛之精者曰絺皆其類也但此傳

毛用爾雅文之字不當去考文古本無采釋文箋曰江校音上增瀹字按羊灼反為瀹之音依釋文例音上當複舉瀹字

**爲絺** 恥知反葛之精者曰絺○校語錄云絺知不同部廣韵丑飢切箋曰恥知尚書禹貢周礼大宰礼記月令作勑其曲礼作勑宜玉藻作丑疑鄘風君子偕老作勑之知宜在廣韵支部其疑之在之部飢在脂部足證釋文支脂之混用也

**爲綌** 去逆反麤曰綌

**無斁** 本又作斁音亦猒也○校勘記云本又作斁通志堂本盧本同案斁當作歝集韵二十二昔載斁歝二形云古从欠可證校語錄云斁宜再攷殆因猒从犬故此亦从犬乎箋曰段校斁作歝北館本同或阮說所本法說非

**猒也** 於豔反本亦作厭○攷證云注疏本作厭箋曰詳尚書微子之命

**玄紞** 都覽反紞織五采如縚狀用縣塡也

**紘** 獲耕反纓之無緌者從下仰屬於冠

**綖** 音延冕上覆也

**朝服** 直遥反下同

**庶士** 謂庶人在官者本或作庶人

**各衣** 於既反

**謂嫁曰歸** 本亦無曰字此依公依公羊傳文證云案論語八佾音義云謂嫁為歸一本無為字本今作曰歸據此知毛詩論語注古本皆作婦人謂嫁歸也注疏校勘記云婦人謂嫁曰歸小字本相臺本同案正義云定本歸上無曰字釋文云本亦無曰字此依公羊傳文考此即楚人謂乳穀謂虎於菟之

類毛傳文古故其語亦如此當以定本為長其鄭箋則有曰字見江有汜南山 重言 直用反 薄汙 音烏 煩也 副 如字婦人首飾之上 褘 音輝王后六服一曰褘衣 接見 賢遍反下見於君子同 煩撋 諸詮之音而專反何胤沈重皆而純反阮孝緒字略云煩撋猶挼莎也挼音奴禾反莎音素禾反○校語錄云莎當作挱或抄此不成字箋曰廣韵亦作莎此从手莎省聲挼而專反是本音廣韵取之而純反是依閏聲讀集韵取之顧千里於此批云何胤序錄未載 褖衣 吐亂反六服之最下者 害澣 户葛反曷何也下同○攷證云今毛傳作曷何也曷字當仍經文作害為是釋文曷字亦衍文校勘記云户葛反曷何也通志堂本盧本同盧云曷字衍文是也此載傳考傳以害曷為假借釋文户葛反即曷字音不當更有曷字校語錄云曷盧疑衍或反下脫音字泉水云鄭音曷何也箋曰泉水無户葛反故出直音若脫音字則音上猶脫諸家姓氏之字乃与釋文條例合當以盧阮說 害否 方九反 絜清 如字沈音淨○校勘記云通志堂本初刻絜作潔後改去氵盧本作絜案初刻誤也以後絜字同此不更出

卷耳 眷勉反苓耳也廣雅云枲耳也郭云亦曰胡枲江南呼常枲草木疏云幽州人謂之爵耳 險詖 彼寄反妄

加人以罪也崔云險詖不正也　頃音傾筐起狂反毛云頃筐畚屬韓詩云頃筐欹筐也　苓耳音零

畚音本何休云草器也說文同　易盈以豉反下同　憂思息吏反下憂思同　寘之豉反置也

周行戶康反行列位也下注同○校勘記云注下同通志堂本盧本注下作下注案倒者誤也小字本相臺本十行本所附皆作注下不誤箋曰段校及北館本依葉本俱作注下王筠校云下注葉本及宋毛詩本皆作注下今按毛刻所附亦作注下阮氏未及　謂朝直遙反　崔祖回反○十三經音略三云崔釋文祖回翻音才从母今通讀倉回翻音催清母箋曰今語清从多混如摧折之摧慛傷之慛本昨回切今亦讀倉回切是也崔本有昨回切倉回切二讀倉回切為人姓人習讀之殆亦崔嵬之崔今讀倉回切之故按崔在灰韵合口呼才在咍韵開口呼周氏以坊本詩韵注音又不分開合口非也　嵬五回反毛云崔嵬土山之戴石者也毛此注及下釋砠與爾雅不同○攷證云舊毛云作毛公爾雅異作爾雅同今俱改正也字傳本作者足利本作者也案者字不可省校勘記云毛公崔嵬通志堂本同盧本公作云案所改是也又云與爾雅同通志堂本盧本同案盧文弨以為同當作異非也此當本是不同脫去不字耳校語錄云公疑云之誤箋曰釋文例

稱毛云今从盧改公作云足利古本多采釋文作今依足利本作者也段校云當是不同奪去不字為阮說所本今補不字說文山部岨石戴土也詩曰陟彼岨矣段注云釋山曰石戴土謂之崔嵬土戴石為岨毛傳云崔嵬土山之戴石者石山戴土曰砠二文互異而義則一戴者增益也釋山謂用石戴於土上毛謂土而戴之以石釋山謂用土戴於石上毛謂石而戴之以土以絲衣戴弁例之則毛之立文為善矣石在上則高不平故曰崔嵬土在上則雨水沮洳故曰岨許於嵬下同毛此岨下亦同毛也

虺 呼回反徐呼懷反說文作瘣○校勘記云案說文瘣病也無瘣字瘣見小弁爾雅釋詁虺頹病也郝懿行義疏云卷耳釋文瘣字誤說文作瘣

隤 徒回反徐徒壞反虺隤病也爾雅同孫炎云馬退不能升之病也說文作頹○校語錄云壞疑懷之譌若作壞則與徒回同矣廣韻作㿉杜懷切箋曰法氏之疑是也壞回同在灰韵依虺下徐音此壞亦當作懷

使臣 色吏反下同

離其 力智反

我姑 如字姑且也說文作夃音同云秦以市買多得為夃○說文夂部夃秦人市買多得為夃从乃从夂益至也詩曰我夃酌彼金罍段注云今毛詩作姑酌傳曰姑且也許所據者毛詩古本今作姑者後人以今字易之也夃者姑之假借字攷證引段說又云說文夃从了从夂了隸作乃校語錄云夃盧改夃箋曰

攷證但引説文爲説其正文固未改也通志堂本俱作彡注疏本毛刻下彡字譌盈阮本雖作彡而校勘記無説臧校作彡

罍盧回反酒罇也韓詩云天子以玉飾諸侯大夫皆以黄金飾士以梓禮記云夏曰山罍其形似壺容一斛刻而畫之爲雷雷之形

以勞力到反

不復扶富反

岡古康反山脊也

兕字又作兕徐履反爾雅云兕似牛○攷證云注疏本作兕七經孟子考文載足利古本作兕案兕爲俗字説文本作罗又載古文作兕箋曰絲衣兕作兕餘与此同而七月吉日釋獸音義又云兕又作兕或云兕或作兕者正陸元朗隨本作音不計正俗字也攷證每每論及正俗字殆非陸意十三經音略三云兕釋文字又作兕徐履翻音耜此吴音邪母字許白雲改爲序紫翻以爲得音之正不知徐字序字同一邪母出切有何分別白雲浙東人宜其疎於吴音也

觵古横反罰爵也以兕角爲之字又作觥韓詩云容五升禮圖云容七升○十三經音略三云觵字又作觥説文俗觵从光古横翻讀如庚韵光音音在光肱之閒觥彭翻同

爲意于僞反

殷勤竝如字俗本下竝加心非也

爲樂音洛

⿰石宜矣本亦作砠同七餘反毛云石山之戴土也○攷證云舊譌作碹矣今改正五經文字云⿰石宜亦作砠見詩風與釋文合注疏本作砠校勘記云⿰石宜矣通志堂本⿰石宜誤碹

盧本作𥔲案小字本十行本所附亦作𥔲不誤集韵九魚載岨砠𥔲三形五經文字石部云𥔲見詩風皆可證校語錄云碹盧改碹箋曰段校臧校及北館本並改碹為𥔲王筠校云碹葉本作𥔲宋毛詩本同今據正十三經音略三云砠釋文𥔲本又作砠同七餘翻清母張參五經文字子餘翻精母又七餘翻說文作岨毛傳釋崔嵬砠與爾雅正相反許白雲以爾雅為是箋曰說文段注以毛傳立文為善詳上

**瘏矣** 音塗病也本又作屠非○攷證云案釋詁釋文云瘏詩作屠是可知爾雅正字作瘏毛詩假借作屠矣陸以病義宜从疒故於此又以為非

**痡矣** 音敷又普烏反病也本又作鋪同○攷證云案釋詁釋文云痡詩作鋪今雨無正淪胥以鋪傳鋪病也尚作鋪字此篇則陸氏以前人已改作痡矣詩經小學云按今詩不作鋪惟雨無正毛傳鋪病也為假借

**吁矣** 香于反憂也

**痡病也** 一本作痡亦病也者非○攷證云注疏本有亦字注疏校勘記云痡亦病也小字本相臺本同正義本標起止有亦字考傳文不嫌於瘏病也之下更云痡病也當以釋文本為長

**樛木** 居虯反木下句曰樛字林九稠反馬融韓詩本並作朻音同字林己周反說文以朻為木高○攷證云臧氏琳云古

樛朻互通爾雅釋木下句曰朻釋文朻本又作樛經籍舊音辨證一云爾雅下句曰朻釋文居虯反本又作樛同字林九稠反承仕案字林本為形書樛音九稠朻音己周反語用字雖異而音實同則樛朻必分二義且非同列一處灼然可知毛詩爾雅樛朻互用則同音通假耳段玉裁以樛朻同字而刪樛篆殊近專輒校語錄云廣韻虯收幽稠周收尤字林蓋不分也箋曰本書尤幽混用如周易否卦休否虛虯反又許求反大有休命同非但字林矣按己周反之己各本誤為巳巳讀如以屬喻紐讀如似屬邪紐並非今依吳引作己己與居九同屬見紐

逮下 徒戴反又徒帝反○箋曰徒戴反讀如代徒帝反讀如第今世亦有此二讀

之心焉 崔集注本此序有鄭注檢衆本竝無○攷證云注疏本有鄭注箋曰注疏本有鄭注后妃能和諧衆妾不嫉妬其容貌恒以善言逮下而安之凡二十二字注疏校勘記云此二十二字非鄭注也釋文云云是釋文本無此注也序云言能逮下正義云言后妃能以恩意接及其下衆妾而此注以序中言字為善言於正義無文是正義本亦無此注也且以言為善言既不出於經亦不更見箋中必非鄭注審矣各本乃沿崔集注之誤當據釋文正義正之

藟 本亦作櫐力軌反似葛之草也草木疏云一名巨荒似燕薁亦連蔓葉似艾白色其子赤可食○校勘記云通志堂

本盧本荒誤巟案小字本所附亦作荒不誤校語錄云巟盧本困卦改荒箋曰困卦攷證云巨荒周南釋文作巨巟此似誤如盧說是困卦本作巨荒非盧氏改法氏之說適得其反按正義此亦誤巟注疏校勘記云巟當作荒易釋文齊民要術可證是困卦攷證之說非也王筠校云巟葉本作荒宋毛詩本同故段校臧校及北館本並改巟為荒毛刻所附仍誤巟阮氏未及

纍之 力追反纏繞也本又作虆○攷證云楚辭章句十六引作虆箋曰南有嘉魚陸云亦作虆按左文七年傳注葛之能虆蔓繁滋者釋文類鎚反彼作虆故此云本又作易大壯羸又力追反鄭虞作纍張作虆又井卦羸餘力追反鄭讀曰虆俱為纍本又作虆之證而力追反正音家舊文

上附 時掌反

樂只 之氏反猶是也

綏之 音雖安也

樂樂 上音岳下音洛

帶之 本又作縈烏營反旋也說文作縈○攷證云注疏本作縈王筠校縈作縈箋曰說文艸部作縈引此詩王校誤

螽斯 音終斯爾雅作蜇音同螽斯蚣蝑也

諱惡 烏路反

詵詵 所巾反衆多也說文作辡音同○攷證云案今說文脫辡字蓋唐本說文辡下引此詩詩經小學云釋文曰說文作辡玉篇辡多也或作莘騂辧甡甡五經文字甡

色臻反見詩按今說文無䑥字東都賦俎豆莘莘魏都賦莘莘蒸徒善注皆引毛萇詩傳曰莘莘眾多也今詩螽斯作詵詵傳詵詵眾多也皇皇者華作駪駪傳駪駪眾多之貌桑柔作甡甡傳甡甡眾多也蓋其字皆可作莘莘說文引詩小雅莘莘征夫

蚣 粟容反字林作蜙先凶反郭璞先工反許慎思弓反○校語錄云粟容与先凶同易呂者嫌蚣凶不同類也郭入東部許音則古今韵皆非矣箋曰法氏不同類之說實本陳澧切韵攷然切韵攷同類之律為切語下字同用互用遞用三者按廣韵蚣息恭切凶許容切恭九容切是凶恭之下字為同用蚣用恭恭用容為遞用法云蚣凶不同類是違陳氏之律則云不同類者無據矣又案釋文東鍾多混用如莊子達生蠪音龍又音聾又盜跖揵衣本又作縫扶恭反徐扶公反聾公俱在東部龍恭則在鍾部也所云郭入東部殆沿用切韵攷東工為同類也斥許者以弓東非同類耳不知弓蚣在今韵為隔韵然東鍾在今讀固無區分江慎修古韵標準一總論云此部方音又似蒸蒸通登故弓雄熊瞢馮諸字後世音轉亦入東今東韵弓風諸字其始也一二處之方音後則呼之者眾其始也一二人之偶用後則用之者眾於是周顒沈約陸法言諸人欲定四聲韵書為當世詞人之用不得不收諸字入一東此辨今音之由來甚明釋文作于陳代此時烏有古韵自宋至清所言古韵皆學

着推演之作至今尚無定論則法氏所謂古今韻皆非着實為無根之說徒以夸詞誣世而已

**蝑**粟居反許慎呂忱竝先呂反郭璞才與反案一名斯螽七月詩云斯螽動股是也揚雄許慎皆云舂黍草木疏云幽州謂之舂箕蝗類也長而青長股股鳴者也郭璞注方言云江東呼為蚱蜢音竹白反蜢音猛○校語錄云許呂並上聲依黍字讀也箋曰蝑字从胥有相居切私呂切二讀相私先皆屬心紐私呂即先呂黍舒呂切屬審紐心審同為摩擦清聲段玉裁說文蝑字注謂蝑黍雙聲蝑黍又疊韻故二字音近按方言十一舂黍謂之螢蝑注云江東呼蚱蛨蝑音思沮反此引作才與反然則郭亦讀上聲也思作才者才屬从紐本書从邪多混見禹貢繒條又心邪亦混如彗礼記曲礼徐雖遂反公羊昭十七年息遂反是思沮才與同讀也校勘記云幽州謂之春箕通志堂本盧本春作舂案舂字是也十行本所附是舂字六經正誤云作春誤箋曰阮說是也正義引陸疏亦作舂字段校臧校王校及北館本作春俱非攷證云方言注作江東呼蚱蛨案即蛨蜢也箋曰蛨當作蚱

**情慾**音欲諸詮之音諭○箋曰諸詮之讀羊戍切不讀余蜀切陸列之於次音而廣韻羊戍切不收然礼記學記慾一音喻論語公冶長慾或羊住反顏淵慾又羊住反不獨諸詮之有是讀也今川東川南人多如此讀

**不耳**本或作不然○注疏

校勘記云維蚣蝑不耳小字本相臺本同正義云則知唯蚣蝑不耳是正義本作耳不字當上聲讀考文古本耳作爾考他箋所用耳字多誤為爾而正義中仍有未誤者考文古本遂不知耳爾二字有别混而一之說文二尒詞之必然也段注云尒之言如此也後世多以爾字為之凡曰果爾不爾云爾莞爾鏗爾卓爾鼎鼎爾猶猶爾聊復爾耳故人心尚爾皆訓如此箋曰此訓然當作爾阮說与段說違實非

**振振** 音真仁厚也

**宜女** 音汝

**薨薨** 呼弘反衆多也

**揖揖** 子入側立二反會聚也○十三經音略三云揖釋文子入側立二翻子入為緝韻精母字音近接側立為緝韻照母字音如執箋曰側為二等字當屬莊紐非照紐也執為三等字屬照紐江氏音學辯微九辨翻切謂照穿牀審四母二三等不通用不通用則當分為二紐按子入反是本音廣韻子入切有咠說文二咠聶語也有會聚之義側立反讀為㗊說文三㗊衆口也亦有聚義故文始七云說文㗊衆口也从四口讀若戢孳乳為咠聶語也

**蟄蟄** 尺十反徐又直立反和集也○箋曰尺十反即斟之讀說文三斟斟斟盛也故小徐引此詩廣韻昌汁切引字統云會聚也直立反即蟄之本讀与和集之義不近故次之

桃夭於驕反桃木名夭夭少壯也說文作枖云木少盛皃○段訂毛詩故訓傳云說文曰枖木少盛皃然則毛謂夭夭即

枖枖之段借也　鰥本亦作鰥古頑反老無妻曰鰥　少壯詩照反　倶當丁浪反　有蕡

浮雲反實皃　蓁蓁側巾反至盛也○校語錄云廣韻蓁巾不同部此与質韻併入櫛同廣韻分臻櫛音義家多不

從箋曰廣韻巾在真部蓁在臻部然本書蓁巾混用如尒雅釋訓蓁蓁郭側巾反則此即本郭足證今臻部諸字當六朝時尚

未分出　盡以津忍反或如字他皆放此

菟罝菟又作兔他故反罝音子斜反菟罝也說文子余反○孜證云注疏本作兔箋曰尒雅釋器亦作兔陸云又作菟同

土故反按罝說文子余反是依且聲之讀　好德呼報反　椓之陟角反　丁丁陟耕反椓杙聲

菟罟音古罔也　杙本又作弋羊職反郭羊北反爾雅云樴謂之杙李巡云橛也樴音特橛音其月反○校語錄云

羊北不成切再考尒雅君子于役又音羊特喻紐讀一等殆即疑紐也箋曰君子于役陸云弋本亦作杙羊職反或音羊特反

尒雅釋宮杙羊式羊特二反下句雞棲於弋音同按羊北羊特俱即羊職亦即羊式此數反語音同但為用字之異蓋北特在

德韵德韵無喻紐今以喻紐故當在職韵此即等韵家所謂喻寄憑切憑上字之聲以定讀不憑下字之韵也喻為摩擦聲疑為鼻聲喻疑絶不相通

**赳赳** 居黝反武皃爾雅云勇也

**干城** 如字爾雅云干扞也孫炎注云干楯所以自蔽扞也鄭云干也城也皆以禦難也舊户旦反沈音幹○箋曰如字讀為干楯之干乃干之本讀左成十二傳陸云干城户旦反本亦作扞又如字此謂干城即扞蔽之城故以户旦反為之而以干如字之讀列于末以干非干楯之義也釋言釋文不為干字作音者亦以干自當如字讀而户旦反者乃説明此字之義即當讀為此音以其音即明其義又云沈音幹者示傳聞耳

**扞也** 户旦反

**以禦** 魚呂反

**難也** 乃旦反下同

**任為** 音壬○注疏校勘記云有武力可任為將帥之德小字本相臺本同案盧文弨云釋文無可字非也釋文上出任為下出可任其任為上有可字與否不能知也考文古本乃無可字耳

**將** 子匠反

**帥** 色類反沈所愧反○校語錄云所愧与色類同疊出未詳箋曰此正音同字異之明證

**可任** 而鴆反後不音者放此

**國守** 手又反

**折** 之設反

**衝** 昌容反

**施于** 如字

**中逵** 求龜反九達道也杜預注春秋云逵方九軌

**施于中林** 如字沈以豉反

**制**

斷丁亂反

芣苢音浮苢本亦作苡音以芣苡馬舄也又名車前韓詩云直曰車前瞿曰芣苡郭璞云江東呼爲蝦蟇衣草木疏云幽州人謂之牛舌又名當道其子治婦人生難本草云一名牛遺一名勝舄山海經及周書王會皆云芣苡木也實似李食之宜子出於西戎衛氏傳及許慎竝同此王肅亦同王基已有駁難也○說文一苢芣苢一名馬舄其實如李令人宜子周書所說段注云王會篇曰康氏以桴苡桴苡者其實如李食之宜子詩音義云云今山海經無芣苡之文若周書正文未嘗言桴苡爲木陶隱居又云韓詩言芣苡是木食其實宜子孫此蓋誤以說周書者語系之韓詩德明引韓詩直曰車前瞿曰芣苡李善引薛君曰芣苡澤瀉也韓詩何嘗說是木哉竊謂古者殊方之貢獻自出其珍異以將其誠不必知中國所無而後獻之然則芣苢無二不必致疑於許稱周書也

馬舄音昔

掇都奪反拾也一音知劣反○箋曰都奪知劣其義俱云拾取則一音即又音都在舌頭知在舌上奪在末韻劣在薛韻洪細之異耳其發音方法則同也

拾音十

捋力活反

袺音結執衽也

執衽入錦反又而鴆反衣際也

擷户結反扱衽也一本作襭同○攷證云注

疏本作襭足利本作擷注疏校勘記云薄言襭之唐石經小字本相臺本同案釋文云擷一本作襭同正義標起止云傳袺執至曰襭即一作本也考文古本作擷采釋文考説文衣部襭擷文重實一字耳考文古本采釋文兼及字畫之異如兒作皃䚕作䚕之類并取諸一作又作或作本如亨本又作烹之類此皆非有異字故亦不復悉出

扱衽 初洽反○箋曰各本並同惟盧本洽誤合

漢廣 漢水名也尚書云嶓冢導漾水東流爲漢

被于 皮義反

紂時 直久反殷王也

徧於 邊見反

喬木 本亦作橋渠驕反徐又紀橋反木枝上竦也○箋曰渠驕紀橋詳尚書禹貢

休息 如竝字古本皆爾本或作休思此以意改耳○段訂故訓傳云不可休思思作息者譌字也葛生民勞傳皆曰息止也此若作息則當有傳攷證云案正義云經求思之文在游女之下傳解喬木之言先言思辭然後始言漢上疑經休息之字作休思也但未見如此之本不敢輒改耳案韓詩外傳作不可休思毛亦當同據陸孔之言則所見本皆已譌作休息毛公作傳時則本作不可休思也注疏校勘記云不可休息唐石經小字本相臺本同案釋文云云正義云詩之大體韻在辭上疑休求字爲韻二字

俱作思但未見如此之本不敢輒改耳正義之説是也此為字之誤惠棟九經古義以為思息通非

上竦粟勇反

流水本或作漢水

泳音詠潛行為泳

泭芳于反本亦作游又作桴或作柎竝同沈旋音附方言云泭謂之箄箄謂之筏筏秦晉通語也孫炎注爾雅云方木置水為柎栰也郭璞云水中箄筏也又云木曰箄竹曰筏小筏曰泭箄音皮佳反栰筏同音伐樊光爾雅本作柎○攷證云或作柎足利古本作柎校勘記云本亦作泭通志堂本盧本泭作游案游字是也集韻十虞載泭游柎坿四形可證小字本所附作符亦誤皆字之壞也段校云宋毛詩本作符北館本及王筠校同王又云游葉本作泭箋曰阮説是也段校沿小字本之誤脱氵葉本作泭亦游字之壞也脱从按尒雅釋言泭郭音孚釋水泭音桴即此芳于反也獨沈旋讀去聲奉紐故列為次音

翹翹祁遙反沈其堯反薪貌○校語録云據廣韻堯入蕭蕭部無羣紐故易為祁遙也箋曰釋文蕭宵多混祁遙其堯乃用字之異非陸氏以蕭部無羣紐而易之也陸書作于陳代何能預知廣韻之分部如左莊二十二年翹翹祁堯反尒雅釋草莜祁堯反俱未題姓氏者則此非陸易明矣此祁遙反為典籍常用故標之於首沈重音堪互用亦坿録之故列於次今讀遙堯無別陸時已然故左傳釋草俱用堯而此用遙也

尤

高絜者一本無絜字　言秣莫葛反養也說文云食馬穀也○詩經小學云說文䬴食馬穀也無秣字廣韵秣同䬴攷證引段說王筠校云䬴說文作䬴不作秣此當依左僖三十三年音義說文下補作䬴二字箋曰大雅雲漢音義不秣音末穀馬也說文作䬴法說是　以上時掌反下文同　禮餼虛氣反牲腥曰餼

其蔞力俱反馬云蔞蒿也郭云似艾音力侯反

汝墳符云反汝水名墳大防也常武傳云墳涯也○攷證云案常武从水作濆詩經小學云爾雅汝為濆注詩曰遵彼汝濆大水溢出別為小水之名釋文濆字林作涓衆尒雅本亦作涓按說文涓小流也尒雅曰汝為涓濆水厓也詩曰敦彼淮濆此詩从毛大防之訓作墳為正　能閔其君子密謹反傷念也一本有婦人二字○校語錄云廣韵閔謹不同部陸蓋收謹于軫也見書音箋曰陸非收謹于軫乃以閔屬隱也互詳尚書立政暋條攷證云婦人二字注疏本有　被文皮義反　條枚妹迴反榦也　惄如本又作愵乃歷反毛飢意鄭思也韓詩作愵音同○攷證云注疏本作惄蔡伯喈石經凡叔字皆作尗釋文本之　調張留反朝也又作輖音同○攷證云後蜀石經作輖詩經小學云按

傳調朝也言詩假借調字為朝字也調周聲朝舟
聲箋曰朝朝陟遥切陟張並屬知紐雙聲相借也　條肆以自反餘
風既詒我肆釋文引徐音以自反莫知我肆引徐又音同承仕按肆聲本
也斬而復生者沈云徐音以世反非○經籍舊經辨證一云谷
在隊泰間訓勞者假肆為勩訓餘者假肆為櫱並屬泰部以自
以世二反皆是也尋沈重意蓋以肆餘之字合音以自反不當
作以世反推知沈時韵部与切韵大同而徐邈則世自同部也
黄侃云非字乃陸語斥沈所見徐本之非也箋曰方言一烈枿
餘也秦晉之間曰肆郭注引傳曰夏肆是屏案襄二十九年釋
文肆以二反引詩傳及方言以二即此以自為肆之正讀以世
反則讀為勩故此云非　復生扶富反　於思如字又息嗣反　魴魚符方反魚名　頳尾
勑貞反赤也説文作䞓又作赬竝同○攷證云案頳即赬之譌
五經文字云䞓赬二同釋文作頳然則張參所見釋文本作赬
尾也校勘記云又作赬通志堂本盧本同案五經文字赤部
云釋文作赬見詩風或本是赬尾又作赬轉寫誤易之耳
如燬音毁齊人謂火曰燬郭璞又音貨字書作㷄音毁説文同
一音火尾反或云楚人名火曰燥齊人曰燬吴人曰㷄此
方俗訛語也○詩經小學云按説文火燬也燬火也㷄火也方
言楚語燥齊言燬古火讀如毁在第十五部㷄燬皆即火字之

異攷證云說文引詩王室如𤈦校勘記云楚人名火曰燥通志堂本盧本同案燥字誤段玉裁云戴依方言作煤王校北館本並同段校箋曰釋言釋文燬音毀李巡云燬一音火孫炎云方言有輕重故謂火為燬郭云燬齊人語此郭音貨与李音火同僅上去聲之小異火尾反在尾韵毀在紙韵然陸書紙尾不分當時与今讀同以反語下字有異而𤈦又為後出字故列之於次耳

瘦病 色救反　之酷 苦毒反　辟此 一本作辭此　之處 昌慮反　為

踈 于偽反踈亦作疏○攷證云注疏本作疏

麟之止 呂辛反瑞獸也草木疏云麕身牛尾馬足黃色員蹄一角角端有肉音中鍾呂行中規矩王者至仁則出毛云信而應禮鄭云角端有肉示有武而不用也服虔注左傳云視明禮脩則麒麟至麕音俱倫反序本或直云麟止無之字止本亦作趾兩通○攷證云注疏本作趾俗字也鄭注儀禮云今文止作趾是止為古文也俗本乙改之說文以止為足無趾字箋曰陸云兩通即不許說文有無也攷證与陸意相違非也

之應 應對之應序注及下傳應禮同　振振 音真信厚也　相應 音鷹當也　之定 都佞反題也字書作顁音同　題也 徒兮反郭璞注爾雅顁也

本作顛誤○攷證云顙舊譌顛今改正校勘記云顛通志堂本同盧本作顙案所改是也校語錄云顛盧改顙是箋曰正義云定題釋言文郭璞曰謂顙也傳或作顛釋畜云的顙白顛顛亦顙也故因此而誤定本作題孔陸並以題作顛誤

**示**

**有武**一本示作象

## 召南鵲巢第二

召亦地名也在岐山之陽扶風雍縣南有召亭案周召皆周之舊土文王受命以後賜二公為菜地二南之風皆文王未受命之詩也周南十一篇是先王之所以教聖人之深迹故繫之公旦召南十四篇是先王之教化文王所行之淺迹故繫之君奭

**鵲巢**七略反字林作䧿　**積行**下孟反下注同　**尸鳩**本又作鳲音司爾雅云鳲鳩鴶鵴也郭璞云今布穀也江東呼穫穀草木疏云一名擊穀案尸鳩有均一之德飲其子旦從上而下暮從下而上平均如一揚雄云戴勝也○校語錄云司注疏本作同箋曰司當依注疏本作同謂尸鳩無別也爾雅釋鳥即作鳲　**秸**古八反又音吉爾雅作鴶○箋曰釋鳥釋文鴶郭古八反字林音吉則此反語本郭璞又音本吕忱也　**鞠**音菊爾雅作鵴　**架之**音嫁俗本

或作加功○匡謬正俗一云鄭箋云鵲之有巢冬至加功至春乃成此言始起冬至加功力作巢蓋直語耳而劉昌宗周續等音加為架若以構架為義則不應為架功也注疏校勘記云冬至架之小字本相臺本同案此釋文本也考正義本當作加功正義云故知冬至加功也是其證定本當亦作加功故正義不言有異也定本出於顔師古其匡謬正俗有論此一條其說誤也劉周二本皆作加之故音架而以横架為義与釋文作架之者實一本也自不作功字不得以架功駮之當以釋文本為長經籍舊音辯證一云正義本作加功即德明所偁俗本正義本蓋從師古定本不從釋文本也德明撰釋文當陳至德之初未入北朝故承用劉昌宗周續之舊義音加為嫁遂与師古顛違所說違異按釋文冬至架之架應作加韵書架字並無平聲使釋文字本作架德明即不煩作音矣且師古明云劉周音加為架定知陸亦作加不作架也淮南天文訓十一月日冬至鵲始加巢此亦漢人作加不作架之證一本作加之一本作加功唯此為異今作架者傳寫之誤黄侃云劉周本蓋作加之所以不得不音架也箋曰吴語可信

御之 五嫁反本亦作訝又作迓同迎也王肅魚據反云侍也○詩經小學云按御為訝之假借字訝或作迓相迎也古訝與御皆在第五魚虞模部攷證云案古迎迓字多作御書牧誓正義引作百兩迓之或作訝皆非也毛傳云諸侯之子嫁於諸

侯迓御皆百乘是毛讀御為迓故箋申之云御迎也王肅欲与鄭異故御讀如字而訓為侍雖迷毛而失毛意矣箋曰五嫁反即訝迓之音謂其訓迎也魚據反即御之本音詳尚書牧誓

**百乘** 繩證反下同 **迓御** 五嫁反一本作迎

**方有之也** 一本無之字○攷證云疑無之字是朱子集傳方有也詩經小學云按毛方有之也四字一句猶言甫有之也本或無之字於方字作逗而訓為有朱子從之誤也注疏校勘記云方有之也小字本相臺本同案正義本今無可者疑考之誤繼引段說箋曰據段阮說則盧說非

**將之** 如字送也沈七羊反○箋曰如字讀即良切為將字本讀七羊反則讀為蹡說文二蹡行皃鉉音七羊切

**眾媵** 音孕又繩證反國君夫人有左右媵 **姪** 待結反字林文一反兄女曰姪謂吾姑者吾謂之姪○箋曰尒雅釋親釋文姪大結反字林云兄女又丈乙反大結即此待結讀如緜緜瓜瓞之瓞丈乙即此丈一讀如望秩于山川之秩与今讀同

**娣** 徒帝反女弟也

**采蘩** 音煩本亦作繁皤蒿也孫炎曰白蒿 **于沼** 之紹反池也 **于沚** 音止渚也 **皤** 薄波反白也

**蒿** 好羔反 **谿** 苦兮反杜預云澗也 **于澗** 古晏反山夾水曰澗 **山夾** 古洽反一音古協反

被之皮寄反注及下同首飾也僮僮音同竦敬也蚤也音早本多作早下同○攷證云注疏本作早

視濯直角反溉古愛反饎昌志反酒食也爨七亂反髮皮寄反鄭音髮○攷證云髮字誤鄭云以被婦人之紒是鄭音髮為被也校勘記校語錄並引盧說鬄本亦作髢徒帝反劉昌宗吐歷反沈湯帝反鄭注少牢禮云古者或剔賤者刑人之髮以被婦人之紒因以名焉春秋以為呂姜髢是也紒音計○說文九篇鬄字段注云五經文字曰鬄聽亦反見詩風注所云詩風注謂采蘩箋也今箋云禮記主婦髮髢髢釋文作鬄張參所見作鬄為是蓋鄭既注禮乃箋詩自用其禮經注之說也少牢饋食禮曰主婦被錫注云被錫讀為髮鬄古者或鬄賤者刑者之髮以髮婦人之紒為飾因名髮鬄焉周禮所謂次也周禮追師注引少牢饋食禮主婦髮鬄與詩箋皆自用其改易之字而俗人多識鬄少識鬄且誤認為一字於是二禮及詩注皆改鬄為鬄為髢夫鬄髢同字訓髮髮者益髮也今俗所謂頭髮也鬄者鬀髮也然則鄭云鬄髮以髮婦人之紒即鬄髮以鬄婦人之紒也倘經云髮鬄直重字而已於義安乎推詳召南正義孔沖遠所見禮注詩箋不誤而顏師古毛詩定本誤也若毛詩音義徒帝為鬄之反語吐歷湯帝二反則為鬄之反語詩音義之云劉昌宗吐歷反即少牢音義之云

劉上歷反也蓋陸氏於鬄鬄未辨亦溷為一字致後來之誤

祁祁巨私反舒遲也○段校遲作遟臧校及北館本並同校勘記云舒遟也通志堂本盧本遟誤遲按以後遟字同此不更出箋曰遲遟一字異體詳尚書盤庚則作遲者未足為誤毛刻注疏本亦作遟阮氏未及

無罷音皮本或作疲

草蟲直忠反本或作虫非也虫音許鬼反草蟲常羊也草木疏云一名負蠜大小長短如蝗而青也

喓喓於遥反聲也

趯趯託歷反躍也

阜音婦

螽音終阜螽蠜也李巡云蝗子也草木疏云今人謂蝗子為螽

躍音藥

蠜音煩

異種章勇反

忡忡敕中反猶衝衝

當丁浪反下同

覯古豆反遇也

則降戶江反下也

其蕨居月反虌也草木疏云周秦曰蕨齊魯曰虌

虌卑滅反本又作鱉俗云其初生似虌脚故名焉○攷證云从魚者俗字說文有虌無鱉校勘記云本又作鱉通志堂本盧本鱉誤鱉案小字本所附亦作鱉不誤又此字影宋本作鱉盧文弨仍通志堂之誤作鱉乃有从魚者俗字云由於失挍也凡影宋本字不見於盧本者皆其脫漏後不出者準此校語錄云鱉當作虌再攷箋曰釋草釋文虌卑滅反字亦作鱉經文作鱉注疏校勘記云

唐石經單疏本雪牕本元本同釋文蘩字亦作繁閩本監本毛本蘩改蘩注及疏準此釋文校勘記無說是阮氏於釋草釋文

亦作繁未云有誤毛刻所坿詩經釋文亦作繁阮氏未及　惙惙張劣反憂也　則説音悅服也注同

其薇音微草也亦可食　相離力智反

采蘋符申反大萍也韓詩云沈者曰蘋浮者曰藻○攷證云王應麟詩考作浮者曰薸音瓢當據以改正音瓢二字亦釋

文本有校語錄云藻盧改薸校勘記云浮者曰藻通志堂本盧本同案藻字誤盧文弨云王應麟詩考作薸當據以改正是也

郭注釋草云江東謂之薸後鹿鳴篇蓱下有薸字皆其可證者也　共祭音恭本或作供注同　姆莫豆反字

林亡甫反云女師也鄭云姆者婦人五十無子出不復嫁以婦道教人若今時乳母也　婉怨遠反　娩音晚

麻枲絲似反　絲繭古顯反本亦作蠒　紝女金反何如鴆反繒帛之屬○箋曰女屬娘紝如屬日紝　酒漿

本書娘日混用如尚書堯典女而據反是也則此女金如鴆但為平去聲之異　組音祖綫也　紃音旬條也

子詳反　菹醢音海　禮相息亮反　而笄古兮反　之濱音賓涯也　采藻

音早水菜也　行潦音老　大蓱本又作萍薄經反一本作苹音平○攷證云足利本作萍案說文苹蓱也薲大蓱也則作蓱為正作萍為或體苹又萍之省　涯也本亦作厓五佳反○攷證云足利本作涯注疏本作厓箋曰葛藟篇釋文五作魚餘同此按尒雅釋丘望厓字又作涯魚佳反釋水厓五街反此云本亦作厓殆據尒雅　先嫁蘇遍反　芼莫報反沈音毛○箋曰莫報反為芼之正讀儀禮公食大夫禮禮記內則昏義尒雅釋言皆取之音毛為沈重一家別讀故列於次　言澡音早　之行下孟反　絜清如字又音淨　以盛音成

維筐音匡方曰筐　及筥居呂反員曰筥　湘之息良反烹也○段訂故訓傳云湘烹也此謂湘即鬺之段借說文鬺煑也史記封禪書漢書郊祀志皆作鬺注引韓詩于以鬺之然則韓詩正字毛用段借古文他處多有似此者　維錡其綺反三足釜也玉篇宜綺反○校語錄云玉篇五字疑校語箋曰玉篇五字非校語廣韵四紙渠綺切魚倚切並收錡字即本此也他經之錡義不訓釜而陸氏亦云魚綺反如左傳定四年公羊穀梁成十三年是也今本玉篇錡宜倚切三足釜也又渠儀切錐經宋代孫強輩刪改亦有羣紐疑紐二讀但一為平聲小异耳　及釜符甫反　亨也本又

作烹同普更反煮也○攷證云足利本作烹字俗古烹煮字皆作亨箋曰德經釋文烹普庚反不當加火盧説是

魚湆去急反汁也○攷證云魚湆字本从泣下肉今經典並作泣下日説文十一湆幽溼也段注云五經文字云湆從泣下月大羹也湆從泣下日幽深也今禮經大羹相承多作下字或傳寫久譌不敢改正按湆字不見於説文則未知張説何本儀禮音義引字林云湆羹汁也玉篇廣韵同然則本無異字肉之精液如幽溼生水也廣雅羹謂之⿰月立皆字之或體耳

是鈃本或作鉶音形鄭云三足兩耳有蓋和羹之器

羹之音庚劉昌宗音儀禮音衡○箋曰士昏禮釋文羹劉音戶庚反鄉飲酒禮羹如字劉戶庚反卷內皆同戶庚反即此音衡蓋別讀也按尚書説命羹音庚一音衡魯頌閟宮一作又禮記禮運一作舊餘並同皆以音衡為次音

牖音酉

下如字協韻則音戶後皆放此

也與音餘

有齊本亦作齋同側皆反敬也

季少詩照反下同

迎者宜敬反

俎側所反

其齍音資本或作粢○攷證云注疏本作粢案古之粢字多作齍見周禮

甘棠杜也草木疏云今棠梨

召時照反

名奭音釋召康公名也燕世家云與周同姓孔安國及鄭

皆云爾皇甫謐云文王之庶子案左傳富辰言文之昭十六國無燕也未知士安之言何所憑據○攷證云名冀字當作奭今經典多作奭

**封燕**烏賢反國名在周禮幽州之域今涿郡薊縣是也

**蔽**必袂反徐方四反又方計反沈又音必○箋曰必袂反為本讀正音也故列於首方四反讀如廣韻必至切之庇方計反讀如廣韻博計切之閉徐仙民所造反語上字多以非紐字作邦紐今讀蔽庇閉三字之音正同沈音必為別讀故坿于末

**芾**非貴反徐方蓋反蔽芾小貌○箋曰非貴反芾正音也讀如廣韻方味切之沸詩我行其野篇蔽芾其樗釋文芾方味反是也徐仙民讀如廣韻博蓋切之貝貝為開口一等沸為合口三等則有洪細之異若尒雅釋言芾小也釋文云芾芳味反又方蓋反芳疑當作方乃与全書及廣韻合

**勿翦**子踐反去也韓詩作剗初簡反○馮登府三家詩異文疏證云案剗通踐孔氏書序成王東伐淮夷遂踐奄疏引鄭注踐讀為翦是踐與翦古義通故翦得作剗漢書引作勿剗勿伐韋昭注漢書序傳云剗削也與翦同亦作勿剗箋曰翦在獮韻精紐剗在産韻初紐剗訓削

**所茇**蒲曷反徐又扶蓋反說文作庡云草舍也○攷證云毛傳茇草舍也與周禮注茇舍訓草止正同今說文庡舍也無草字蓋即以庡為止詩經小學云說文庡舍也引詩召伯所庡茇艸根也毛詩

作芟字之假借去也羌呂反○攷證云注疏本無也字足利本有聽斷丁亂反人被皮寄反說其音悅勿敗必邁反又如字所憩本又作揭起例反徐許罽反息也○攷證云舊憩字舌在左旁今從宋本正校勘記云所憩通志堂本同盧本憩作憩云從宋本正案考此宋本謂十行本所附也小字本所附亦是憩字唐人如此作石經其證也又云本又作渴通志堂本盧本渴作揭案渴當作愒集韵十三祭戴愒偈憩甈四形可證也愒是憩之正字渴揭皆形近之譌小字本所附亦誤揭校語錄云憩盧改憩揭疑愒孫改及北館本揭並作愒箋曰尒雅釋詁憩起例反本或作愒同詩菀柳愒欺例反息也又民勞欺作起餘同此作揭从才實誤按許罽起例溪曉相混今音亦讀起例陸氏以起例為首音者謂其正讀當如是所說本或作稅又作脫同始銳反舍也○攷證云郭璞注爾雅釋詁李善注曹植應詔詩皆引作稅拔蒲八反行露厭於葉反徐於十反又於立反沈又於占反○校語錄云於十於立疊出未詳箋曰於十於立音同而用字異讀如廣韵於汲切之邑从下浥字讀於葉反為厭字本音徐殆以此厭与浥二字連文訓為濕意而易其讀也於占反即廣

韵之一鹽切亦為厭字本讀陸以此厭讀平聲者為沈一家之說故次於末

**浥** 本又作挹同於及反又於脅反厭浥濕意

也○箋曰於及反為浥字之本讀即廣韵之於汲切於脅反亦浥字之讀即廣韵之於業切緝不圓脅業圓脅俱細音多混同陸列於及反于首者以典籍多用緝韵之字作切語下字如說文鉉音於汲切玉篇浥於立切引此詩是也五經文字亦兼載此二反語云見詩仍以於脅反列為次音或以釋文

**夜莫** 本又作暮同忙故反又亡博反小星詩同○攷證云今注疏本鄭箋無夜莫之文毛本因妄改釋文為露本又作暮足利古本于箋夙早也下有夜暮也三字與釋文正合宋本亦不作露字注疏校勘記云箋云夙早也小字本相臺本同案釋文此箋有夜莫二字云小星箋同今考此及小星箋各本皆無夜莫二字與釋文本不同也下箋云我豈不知當早夜成昏禮與小星箋云或早或夜皆不言莫當以無者為長我將昊天有成命箋亦但云早夜陟屺烝民箋有夜莫者皆釋文本耳盧文弨欲依蜀石經補此非也考文古本有夜莫也采釋文阮氏又云按舊校非也依說文夕者莫也莫者日且冥也夜者舍也天下休舍也古夕與莫不同義夜與莫不同義莫謂日冥夜則該日冥至將旦言之是以穀梁春秋辛卯昔恒星不見夜中星隕如雨昔即夕字此夕與夜分別之證也然對文則別散文則莫亦為

夜鄭云夜莫也者散文之義也別之也蜀為別之嫌讀者謂此夜夜為終夜也箋有夜莫二字者是校語錄謂詳校勘記箋曰亡博反即莫之本讀忙故反依後出暮字之讀 禮與音餘 大多音泰舊吐賀反 而強來其丈反下強委同沈其常反 不度待洛反 可否方九反 令會力政反後不音者放此 昏昕許斤反五禮用昕親迎用昏 穿我本亦作穿音川 謂女音汝下皆同 我獄音玉 埆也音角又戶角反盧植云相質觳爭訟者也崔云埆者埆正之義一云獄名○箋曰戶角反讀如廣韵胡覺切之确段訂故訓傳云獄埆也說文作确也堅剛相持之意 以咮本亦作噣郭張救反何都豆反鳥口也○校語錄云都豆反与徐仙民丁溝反同並合古韵箋曰自有反切即無古韵釋文於叶音外實無古讀也左傳襄九年咮竹又反徐又丁溝反法氏所稱徐音殆即此耳按詩候人咮陟救反徐又都豆反則張救竹又陟救俱讀如廣韵陟救切之畫亦即尒雅釋天之猪究反也都豆丁溝俱讀如廣韵都豆切之鬥晝在宥韵知紐三等鬥在候韵端紐一等有洪細之異又按此咮訓鳥口見于說文讀如晝為本讀讀如鬥或方音不同非端知類隔之說也 紂帛側基反依字糸旁才後人遂以才為屯因作純

字○攷證云案古紂字多作純見鄭康成周禮禮記論語等注據陸氏此言知正文本作純帛注疏本作紂帛後人因亦改此正義亦作純帛云定本作紂字是注疏本從定本也注疏校勘記云純帛不過五兩小字本相臺本同案此正義本也正義云此媒氏文也又云媒氏注純實緇字也古緇以才為聲又云則純帛亦緇也傳取媒氏以故合其字定本作紂字言合其字者媒氏作純傳亦作純於字為合也考媒氏純字至鄭始正其讀是此傳舊但作純當以正義本為長釋文與定本同也考文古本作純采正義釋文閩本明監本毛本作紂亦依定本改耳校語錄云糸旁才糸當作糸

五兩音諒　媒音梅謀也　妁時酌反又音酌廣雅云妁酌也○箋曰時酌反為本音又音酌者蓋从義讀按說文十二媒謀也謀和二姓者也妁酌也斟酌二姓者也廣雅亦本說文故正義引說文不引廣雅

我墉音容墻也　我訟如字徐取韻音才容反○攷證云案才容反此訟字古音書舋訟可乎馬融本訟字作庸史記作凶可證陸氏以徐為取韻其實古人無平側之分雖才用反亦未嘗不與韻協也經籍舊音辨證一云盧說古無平側之分非也唯取韻乃音才容反可知自晉宋以還俱以去聲為訟字本音矣黄侃云平去之分古所未有盧說未誤箋曰四聲之說遠矣在六代而云古無平去無證陸為曉俗故申言

之曰取韵吴説是也校語錄云訟徐讀从紐与易訟卦同从邪不分也箋曰此謂訟本去聲徐取韵故讀平聲非謂紐異

羔羊 小曰羔大曰羊 積行 下孟反 五它 本又作他同徒何反它數也本或作紽○攷證云注疏本作紽詩經小學云傳紽數也總數也釋文數皆入聲音促東門之枌越以鬷邁傳曰總數遵行也烈祖鬷假無言傳曰鬷總假大也總大無也無爭也毛意鬷者總之假借總者數也如數罟之數九罭傳曰九緎緵罟小魚之網也烈祖鬷假中庸作奏假奏亦讀如蔟古者素絲以英裘五總謂素絲英飾數數然其數有五也緎即縫五緎言素絲為飾之縫有五也紽讀為佗佗加也其英飾五故曰五佗段訂故訓傳云數字當讀如數罟之數猶云五簇也箋曰段說本孟子釋文數七欲切故云入聲音促

數也 所具反後不音者同 以英 沈音映又如字 委 於危反 蛇 本又作虵同音移毛云委蛇行可從迹也鄭云委曲自得之貌讀此句當云委蛇委蛇沈讀作委委蛇蛇韓詩作逶迤云公正貌○攷證云注疏本作虵李善注文選潘安仁馬汧督誄引毛詩作逶迤逶迤引傳亦同箋曰善注所引与陸說合 行可 下孟反崔如字 從迹 足容反字亦作蹤迹又作跡 緎 徐音域又于域反縫也孫炎云緎縫之界域○校語錄云于域同紐不能為切尒雅

音許域反則于乃吁之誤也否則于為目之誤經籍舊音辨證一云于域雙聲不得作切又于域反與直音域同疑有譌誤尋類篇緎字列有越逼忽域乙六三切以之互勘則于域反之域字應作或否則于域反之于字應作呼皆可通黄侃云于蓋於之譌箋曰廣韵況逼切有䮙注云羔裘之縫又有緎注云縫也即本此況屬曉紐釋訓釋文許域反許正曉紐字也与類篇忽域同則法校于為吁吳校為呼俱通但吁与于字形尤近為長耳黄校以于於通用竟謂為於屬影紐未可从

緎縫也爾雅云緎羔裘之縫也音符用反一本作緎猶縫也則當音符龍反　之縫符龍反注同注縫殺之字又音符用反　五總子公反　殺之所界反徐所例反○箋曰例在祭韵界在怪韵此混用韵雖異而音實同故周礼大司徒礼記郊特牲並与此同詩野有死麕伯兮礼記礼運界作戒礼記玉藻大傳中庸左傳昭四年莊子齊物論知北遊尒雅釋木所界作色戒諸篇又有徐作又或劉者亦俱与此讀同但用字稍異耳

殷其靁殷音隱下同殷靁聲也靁亦作雷力回反○攷證云初學記一引作雷　勸以義也本或無以字下句始有○注疏校勘記云勸以義也唐石經小字本相臺本同案釋文云云考正義本云勸夫以為臣之義下句正義云

而勸以為臣之義是其本此句當亦有以字**不遑**本或作偟音黄暇也○校勘記云本或作偟通志堂本偟誤徨盧本作偟案集韵十一唐載遑偟二形云或从人可證小字本所附亦作偟不誤段校臧校及北館本並依小字本校作偟箋曰尒雅釋言偟暇也字正作偟亦為毛傳訓暇也所本**謂使**所吏反**復去**符福反**閒暇**音閑**振振**音真**爲君**于僞反或如字**使**所吏反或如字**處**尺煮反

**摽有梅**婢小反徐符表反落也梅木名也韓詩作楳説文楳亦梅字○十三經音略三云釋文摽有之摽婢小反音縹瓢上聲徐邈符表翻奉並交互出切音同有摽之摽符小翻即符表翻三翻同音校語錄云摽音易徐者脣音分兩類且改類隔為音和也箋曰婢小反即廣韵之平表切符表反即廣韵之符少切讀音賓同廣韵分類之説在切韵致已難通取以説釋文更謬黄侃併析韵部佐證辯之甚詳按左襄八年釋文摽有徐扶妙反又扶表反落也扶表即此符表左傳別無反語可證此婢小反為當時常用非陸改婢小符表用字異耳周説是法説非也

**男女及時也**本或作得以及時者從下而誤○注疏校勘記云男女及時也唐石經小字本相臺本同案正義云俗本男女下有得以二字者誤也亦謂此句非謂下

句也被文皮寄反則隋迨果反又徒火反○校語錄云徒火与迨果同疊出未詳箋曰此以用字異故

具錄之迨其音待及也韓詩云願也鄉晚本亦作嚮又作向同許亮反○攷證云足利本作向

差多初賣反頃筐音傾塈之許器反取也○校語錄云器谷風假樂並同誤也梓材絫許氣反与篇韵

合箋曰器在至韵氣在未韵廣韵至未並有塈字訓義亦同且本書至未多混用詳尚書盤庚劓條法說非也以蕃

音煩不禁居鴆反一音金○箋曰居鴆反者制止之義音金者勝之義此一音同或音

小星之行下孟反注同能盡津忍反後放此嘒彼呼惠反微貌五噣張救

反又都豆反爾雅云噣謂之柳○校語錄云噣同咮見行露四時更音庚下同見賢遍反下同列宿

音秀寔命時職反是也韓詩作實云有也○攷證云案韓奕實墉實壑實畝實籍箋云實當作寔趙魏之東實寔同

聲寔是也據此則韓詩因聲相近而誤作實遂如字讀而訓為有也維參所林反星名一名伐○十三經音略三云

參釋文所林翻音森審母字箋曰所為疏紐二等審為三等詳螽斯揖揖條與昴音卯徐又音茅一名留二星皆西方

宿也○箋曰昴惟徐仙民一家別讀平聲故廣韻不收至集韻乃引此詩云徐邈讀

留也 如字又音柳下同○箋曰此又音廣韻不收集韻力九切留昴星別名即本此按周礼醢人茆音卯北人音柳此留為昴別名或又音柳亦方音也詩泮水茆音卯徐音柳此又音或即徐邈輩所作俱非典籍常用者

抱衾 起金反被也

與裯 直留反毛云禪被也鄭云牀帳也徐云鄭音直俱反○箋曰直留反讀如儔侶之儔即廣韻之直由切也為本讀直俱反讀如幬帳之幬即廣韻之直誅切也為別讀幬字注云帳也似廚形也出陸該字林

帳 張仗反

江有汜 音祀江水名毛云決復入為汜鄭云汜小水也

美媵 音孕又繩證反古者諸侯娶夫人則同姓二國媵之

有嫡 都狄反正夫人也下同○攷證云或疑當作嫡能棄上文嫡能自悔也與下嫡亦自悔也詞意皆複疑陸氏所見詩序本作勤而無怨能悔過也故嫡字至此方出

江沱 徒何反江水之別也篇內同

決 古穴反又音穴○箋曰古穴反為決之本讀儀礼鄉射礼記曲礼問喪射義釋文並同又音穴為別讀蓋讀為穴也故廣韻胡決切不收

復入 扶福反○校勘記云扶福反通志堂本福作富案富字誤也小字本相臺本十行本所附亦皆作福不誤箋曰段校

藏校及北館本並依小字本作福案般其靁篇陸云復去符福反則此亦當作福今正

**並流**白猛反又步頂反〇校語錄云並廣韻但收迴竇則當以白猛反為正音也箋曰白猛反即廣韻蒲幸切之併彼注云俱也為開口二等步頂反乃並字之音即廣韻之蒲迴切為合口四等此當訓俱故讀為併列為首音

**有渚**諸呂反小洲也水枝成渚韓詩云一溢一否曰渚

**渚小洲也**本或無此注〇注疏校勘記云渚小洲也小字本相臺本同按釋文云本或無此注考闕雎正義云江有氾傳曰渚小洲也是正義本有

**水枝**如字何音其宜反又音祇〇校語錄云枝音分兩類与關雎岐同箋曰正義本作岐注疏校勘記云水岐成渚小字本相臺本同案岐當作枝釋文讀如字者是也水枝謂水之分流如木之分枝耳穆天子傳所謂枝詩讀為其宜反又音祇義亦無大異不當遂作岐字又云按江賦曰因岐成渚字作岐亦同按如阮後說枝岐固同然陸云如字則陸所據本實作枝何音乃讀為岐耳法氏不解乃用陳澧分類之說實誤其宜音祇皆岐之音詳闕雎

**岷山**本又作崏武巾反山名在蜀

**道江**徒報反本亦作導下篇注同〇攷證云足利本作導

**我過**音戈下文同

**其嘯**蕭叫反沈蕭妙反〇校語錄云嘯音易沈者嫌不切也廣韻嘯為四等妙收肖箋曰

蕭妙蕭叫讀音無別陸以蕭叫爲首音者亦猶韵書以嘯爲嘯韵不列入肖韵也

**蹙口** 子六反本亦作蹴

**解** 革買反又閑買反○箋曰鄭云言其悔過以自解說即廣韵佳買切注云講也說也故以革買反爲首音其說字亦以始拙反爲首音解說爲聯語閑買反即廣韵胡買切之曉也僅爲知道之義失鄭意矣

**說** 始拙反又音悅

**野有死麏** 本亦作麕又作麇俱倫反爾雅云郊外曰野麏獸名也草木疏云麏麞也青州人謂之麏○攷證云注疏本作麕昭元年左傳作麏箋曰周礼庖人釋文麕本又作麇亦作麏居倫反礼記內則麏九倫反本又作麇又作麕公羊哀十四年同居倫九倫与此俱倫爲同音麏麕麇實一字耳

**惡無** 烏路反下同

**被文** 皮寄反

**劫脅** 上居業反下許業反

**苞** 逋茆反裹也○詩經小學云按釋文苞逋茆反裹也是陸本不誤注疏本釋文改爲包逋茅反本上聲而讀平聲矣其誤始於唐石經苞苴字皆从艸曲禮注云苞苴裹魚肉或以葦或以茅木瓜箋云以果實相遺者必苞苴之引書厥苞橘柚今書作包譌郭忠恕云以草名之苞爲厥包其順非有如此者失之不審注疏校勘記云白茅包之唐石經小字本相臺本同案釋文苞逋茆反詩經小學云云考木瓜正義引此經作苞是正義本當亦是苞字與釋文本同此

正義作包者南宋合併時依經注本改之也攷證云注疏本作包唐石經同二字本通用説文勹象包裹之形苞之正訓乃草也不當以苞為正字而以包為非逋茆注疏本作逋茅周礼醢人茆菹鄭讀為茅後來二字亦通用易姤卦包有魚鄭百交反凡經典中所音無非平聲若謂茆當讀卯則陸氏何不即音逋卯之更明白乎且説文玉篇茆皆音柳今若切苞為逋卯逋柳實恐駭俗因有疑逋茆與逋茅異讀者故為辨之箋曰醢人茆菹注鄭大夫讀茆為茅茅菹茅初生又證之易姤釋文盧説是也惟玉篇茆閭酉切或亡絞切閭酉切固讀如柳亡絞切則讀如卯周礼漢讀攷謂卯丣本二聲茆茆必二字陸氏釋文混茆茆為一字按如段説茆為鳬葵茆或茅之異文然注疏本釋文作逋茅反必不致誤詩經小學及校勘記之説非也

裹也音果

殺禮所戒反徐所例反○箋曰所戒所例讀同詳殷其靁篇

絜清如字沈音淨

欲令力呈反

誘之音酉導也

樸蒲木反又音僕○校語錄云蒲木反与音僕同案尒雅樕樸音卜廣韵亦收邦並二紐然則蒲乃博之誤箋曰攷工記釋文其樸劉音僕一音扶祿反扶祿与此蒲木讀同此蒲木与音僕為用字之異蒲字不誤

樕音速樸樕小樹也○校語錄云案傳云小木也釋木釋文引同此作小樹殆誤箋曰樹与木是木類之通稱至

今猶然何必區分謂樹為誤

**純束**　徒本反沈云鄭徒尊反○十三經音略三云純束之純釋文徒本翻音盾沈重云鄭徒尊翻箋讀如屯箋曰徒本反蓋讀為囤為笔徒尊反乃屯之本音廣韵屯聚也義亦近

**如屯**　舊徒本反沈徒尊反云屯聚也

**脫脫**　勑外反舒貌注同○校勘記云勑外反通志堂本盧本勑誤勅案以後勑字同此不更出段校臧校及北館本並改勅為勑箋曰廣韵十九代洛代切倈勞也勑上同二十四職恥力切敕誡也今相承用勑勑本音賚勑上同是勑為來紐字勅為徹紐字唐宋人已誤以勑為勅十三經音略三云脫釋文敕知母外翻泰韵無蠆音當隅標音蜕透母敕外翻即土外翻也箋曰案今讀如退

**無感**　如字又胡坎反動也○箋曰如字讀古禫切為感字本讀故列于首胡坎切讀為撼即廣韵之胡感切撼動也廣雅釋詁一撼動也曹音乎感王氏疏證引此詩及釋文云感撼同聲同義

**我帨**　始銳反沈始悅反佩巾也

**使尨**　美邦反狗也

**也吠**　符廢反

**何彼襛矣**　如容反猶戎戎也韓詩作茙茙音戎說文云衣厚貌○攷證云今俗本襛譌作穠集注宋本亦尚作襛十三經音略三云襛石經作襛如容翻音茸日母字釋文云韓詩作茙音戎同五經文字云从禾者非从禾之穠女容翻音濃

尼容翻同孃母字也三家詩攷證云説文莪莪衣厚皃字本通襛故襛當从衣从農箋曰容在鍾韵戎在東韵此東鍾日紐已混

**王姬** 音基王姬武王女姬周姓也杜預云王姬以王爲尊

**雝王姬** ○一本作雝則王姬○注疏校勘記云雝則王姬唐石經小字本相臺本同案此正義本也正義云定本雝王姬無則字釋文本與定本同攷證説同

**車服** 音居他皆放此釋名云古者曰車聲如居所以居人也今曰車音尺奢反云舍也韋昭曰古皆音尺奢反後漢以來始有居音○攷證云案此乃韋駮釋名之文其説非是凡詩車字多爲居音劉成國釋名之言是也箋曰音居与尺奢反詳尚書牧誓

**不繫** 本或作繼

**下王后** 遐嫁反注同

**厭** 於葉反

**翟** 庭歷反厭翟王后五路之第二者也翟雉也次其羽相迫故曰厭也

**繪** 本又作繢户妹反畫文也○攷證云注疏本作繢案説文當作繪作繢義别

**總** 作孔反

**褕翟** 音遥翟或作狄王后六服之第二也

**唐棣** 徒帝反栘也字林大内反○箋曰徒帝反本書常棣尒雅釋木論語子罕左僖二十四年並作大計反亦即廣韵之特計切也大内反常棣釋木子罕左傳並同引字林即廣韵之徒耐切也内在隊韵合口耐在代韵開口俱爲一等端紐故六朝人混用以譬棣之音讀亦猶今讀逮爲特計切徒耐切

矣惟廣韵徒耐切不收集韵待戴切乃有之 之華 如字 移也 音移一音是兮反郭璞云今白移也似白楊江東呼夫移○校語録云是兮不成切此舊音之疏者又見小雅常棣箋曰尒雅釋木釋文移以支反字林上泥反以支反即音移上泥反即是兮反按上是並屬禪紐泥兮同在齊韵齊為四等韵不當有禪紐禪為三等支為三等韵喻為四等禪紐喻紐俱屬摩擦六朝時音韵家因其同屬摩擦而用禪紐之字以譬其音讀故此是兮上泥俱當讀同支韵喻紐以支切等韵家所謂寄韵憑切憑反切上字之等不憑下字之韵支齊不同可謂之寄韵但禪喻並非一紐不可謂之憑切移之上泥是兮直在門法之外 之車 協韻尺奢反又音居或云古讀華爲敷與居爲韻後放此○箋曰尒雅釋草華荂也注云今江東呼華為荂音敷又其實荂注云荂音俘釋文香于芳于二反則此云古讀正謂郭璞 其釣 音弔 伊緡 亡貧反綸也 綸也 音倫繩也 騶虞 側留反騶虞義獸也白虎黑文不食生物有至信之德則至周書王會草木疏竝同又云尾長於身不履生草尚書大傳云尾倍於身 之應 應對之應注皆同 朝廷 直遙反 既治 直吏反 純被 皮寄

反

蕃殖　音煩多也

蒐田　所留反春獮為蒐田獮也杜預云蒐索擇取不孕者也穀梁傳云四時之田春曰田夏曰苗秋曰蒐冬曰狩

彼茁　側劣側刷二反出也○詩經小學云茁出也也當作貌陳奐說同箋曰依正義云謂草生茁茁然出故云茁出也非訓為出則段云也當作貌誤按劣刷並在薛韻此側劣側刷同音用字異耳

者葭　音加蘆也

蘆也　音盧草也

著春　張慮反後不音者放此

壹發　如字徐音廢○攷證云案古廢發聲同古論語廢中權魯論語發中權

五豝　百加反豕牝也

豕牝　頻忍反徐扶死反○校語錄云牝徐音合古韻說見易坤箋曰法氏於易坤之說與此並誤詳彼

君射　食亦反

者蓬　蒲東反草也○詩經小學云蓬草名也名字俗增毛傳疏云全詩傳蒲草苕草著草葽草芩草萊草芑草芄蘭草龍紅草鷊綬草勺藥香草鬯香草蓼水草苴水中浮草草下皆無名字可證箋曰釋文即無名字段陳說與釋文合

五豵　子公反徐又在容反字又作豵同毛云一歲曰豵鄭云豕生三曰豵○箋曰子公反讀如廣韻子紅切之葼為本讀在容反讀如廣韻疾容切之從為別讀故列為次音且豳風七月尒雅釋獸及廣韻俱不收但廣韻即容切有豵疑此在或作之誤其音與子公無別也

邶蒲對反本又作鄁字林方代反○攷證云顔師古注漢書敘傳下引作鄁校語錄云背當作鄁字林音合古韵箋曰法氏所據本鄁誤背故云背當作鄁按蒲對反讀如廣韵蒲昧切之佩方代反讀亦同對在隊韵為合口代在代韵為開口脣音下字開合通用法氏云字林音合古韵者以背聲屬代韵音百段氏始如是故云然六朝去聲清濁相混此即一例也

柏音百字又作栢舟第三鄭云邶鄘衛者殷紂畿内地名屬古冀州自紂城而北曰邶南曰鄘東曰衛衛在汲郡朝歌縣時康叔正封於衛其末子孫稍并兼彼二國混其地而名之作者各有所傷從其本國而異之故有邶鄘衛之詩王肅同從此訖豳七月十三國竝變風也○校勘記云正封于衛通志堂本盧本于作於案於字誤也小字本十行本所附亦作于不誤臧校依小字本於作于箋曰於于通用已久不必校改

柏舟柏木名以爲舟也　頃公音傾　君近附近之近　汎彼敷劒反流貌　汎流貌本或作汎汎流貌者此從王肅注加○段訂故訓傳云汎汎流貌凡經文一字傳文疊字者例此攷證云案汎彼柏舟毛傳汎流貌亦汎其流毛傳亦汎汎其流上句單言汎下句重言汎汎故正義釋經云言汎然而流者是彼柏木之舟此上句單

言汎之證也亦汎汎然其與衆物俱流水中而已此下句重言汎汎之證也與陸氏正同今注疏誤從王肅注作汎汎流貌肅於毛詩傳多所增改非陸氏此言後人孰知之注疏校勘記云汎汎流貌小字本相臺本同案此當衍一汎字正義云言泛然而流者標起止云汎流是正義本不重汎字各本皆誤當依正義釋文正之箋曰如盧阮說段氏以汎汎爲傳文疊字例非也

耿耿古幸反儆儆也　儆儆音景　以敖本亦作遨五羔反○攷證云案文選注引詩皆作以遨以遊　匪監本又作鑒甲暫反鏡也○攷證云注疏本作鑒校語錄云監音甲暫亦誤箋曰法氏謂甲暫誤者殆以監在鑑韻而暫在闞韻也實則本書鑑闞混用詳尚書太甲上　以茹如預反徐音如庶反○校語錄云如庶与如預並非二讀以六月及臣工兩處證之則庶反二字疑衍箋曰尒雅釋言茹度也釋文如庶反大雅蒸民茹之又如庶反則此如預如庶用字異耳按茹本不訓度訓度乃如字之假借引申釋言之茹止讀去聲如字方有去聲之讀左傳僖四年一音而據反哀十一年據作庶廣韻人恕切有如並可證則六月臣工徐音如之如字依釋言釋文及此俱當讀去聲法氏疑此庶反二字衍非也　度也待洛反下同　往愬蘇路反　之怒協韻乃路反　卷也眷勉反注

同

**棣棣**本或作逮同徒帝反又音代富而閑習也○攷證云案礼記孔子閒居左氏襄三十一年傳皆引詩威儀逮逮古逮棣聲同何彼襛矣唐棣字林大內反段訂故訓傳云富而閑習也左傳杜注作富而閑也無習字蓋古本如此閑嫺古今字校勘記云富而閑習也通志堂本閑作閒盧本作閑案通志堂本誤又云按此嫺之假借說文嫺雅也段校臧校及北館本並改閒為閑箋曰閒習之閒本當作閒段注嫺下云習則能暇故其字从閒古多借閒為之案楷書以閒有古閑戶閒二反故于戶閒反者借閑為之古閑反作閒以示分別段臧之改顯与說文段注相違則云段臧校者未可盡信矣

**可選**雪兖反數也

**儼然**魚檢反本或作嚴音同○案古儼字多作嚴曲礼儼若思釋文作嚴論語子張望之儼然釋文儼然本或作嚴箋曰今所謂威嚴之嚴即儼之借互詳尚書皋陶謨

**可數**色主反

**悄悄**七小反憂貌

**慍于**憂運反怒也○攷證云案正義則本是怨也亦通注疏校勘記云慍怒也小字本相臺本同案釋文本此傳作怒也正義云言仁人憂心悄悄然而怨此羣小人在於君側者也正義本怒字當是怨字緜傳云慍恚正義云說文慍怨也恚怒也有怨必怒之所引說文作慍怨也亦其一證

**遘閔**古豆反本或作覯○攷證云注疏本作覯王逸楚辭章句

十四顏師古注漢書敘傳皆引作覲　**受侮**音武徐又音茂○校語錄云侮以徐又音茂證之則其上聲必音母矣与古韵合箋曰此正音武徐音茂為別讀故廣韵莫候切不載而集韵乃有之並引此詩云徐邈讀　**寤辟**本又作擘避亦反拊心也○攷證云足利本作擘校語錄云擘篇韵補革切其訓拊心者則作擗房益切箋曰玉篇手部擘補革切擘裂也又擗脾役切拊心也詩曰寤擗有摽亦作辟廣韵麥韵博厄切擘分擘又昔韵房益切擗撫心也是擘為邦紐麥韵開口二等擗為並紐昔韵開口四等按釋訓釋文辟婢亦反字宜作擗詩云寤擗有摽則此擘當作擗乃与釋訓釋文及篇韵合　**有摽**符小反拊心貌　**拊心**音撫　**迭而**待結反韓詩作臷音同云臷常也○攷證云臷當作戴校語錄云臷盧改臷箋曰盧依說文篆體　**澣衣**户管反　**憒辱**古對反　**妾上**時掌反注上僭皆同　**僭**戕念反　**綠衣**毛如字綠東方之間色也鄭改作禒吐亂反篇內各同　**州吁**況于反　**母嬖**補計反諡法云賤而得愛曰嬖嬖卑也媟也○攷證云諡舊作謚茲從宋本五經文字謂說文作謚今兩徐本皆誤作謚校勘記云謚法云通志堂本謚作諡盧本作謚案謚字誤改也段玉裁說文謚字注云謚本從

言益聲，五經文字引説文可證，誤作謚始於徐鉉定説文，是也，以後謚字同此，不更出

**黄裏**音里

**閒色**閒廁之閒

**鞠衣**居六反，言如菊花之色也，又去六反，言如麴塵之色，王后之服四曰鞠衣，色黄也○校語錄云：鞠塵之鞠疑當作麴，覿上條改鞠為菊可見。箋曰：注疏本所附釋文正作麴塵，礼記月令釋文鞠衣注文亦作麴塵，法説是也，通志堂本盧本則誤為鞠塵，今正。孫詒讓周礼内司服正義則云：賈疏及君子偕老孔疏並謂鞠麴字通。王聘珍云：孔本劉熙説與鄭所云鞠塵者不合，其説非是。鞠即麴櫱之麴，古無麴字，説文作䈬，古与麴通。齊民要術説作麴之法，以青蒿上下弇之，置牀上，三七二十一日開看，徧生黄衣乃止。釋名釋飲食云：麴，朽也，鬱之使生衣。案王説是也。黄華之鞠見蟈氏，其字借䈬為之，既不作鞠，又不可以言塵。陸氏周礼、毛詩、礼記釋文並兩存其音，而不能決，蓋咸未達鄭恉矣。箋曰：居六反為鞠之本音，去六反為麴之本音，月令反語与此用字同，内司服去作丘，餘同，故孫氏云兩存其音。按釋文於三處皆以居六反為首音，即謂鞠衣蓋如菊花之色也；皆以去六反為次音，則謂鞠衣取麴塵之色之説亦為舊來師説也。互詳内司服

**展衣**知彥反，字亦作襢，音同，王后之服五曰襢衣，毛氏、馬融皆云色赤，鄭云色白○周礼内司服注鄭司農云：展衣，白衣也。喪大記曰：世婦以

禮衣禮與展相似孫詒讓正義云云展衣白衣也者後鄭詩綠衣君子偕老箋並同說文衣部云襄丹縠衣也許以襄為正字則展為同聲假借字君子偕老毛傳亦云礼有展衣者以丹縠為衣詩釋文云禮衣毛氏馬融皆云色赤說並與鄭異校勘記云鄭云色白通志堂本云誤曰盧本作云案小字本十行本亦作云不誤段校臧校及北館本並依宋本改曰為云箋曰云曰俱可用何必校改

素紗音沙

嫡妾本亦作適同丁歷反

女所崔云毛如字鄭音汝

之行下孟反下同

以上時掌反

衣織於既反下音志

俾無卑爾反沈必履反使也○校勘記云卑尒反通志堂本尒誤爾盧本作尒案以後尒字同此不更出北館本朱改爾作尒箋曰劉履芬本未改今于用筆小節不擬隨從仍依通志本校語錄云俾音易沈者字當收紙不當收旨也箋曰礼記樂記釋文克俾依注音比必履反比履俱收旨蓋本書紙旨混用詳尚書洛誥被條可證此非陸易沈矣卑爾必履用字之異

訧兮音尤本或作尤過也○毛傳疏云載馳傳尤過也訧尤義同

過差初賣反又初佳反○校語錄云佳當作佳箋曰佳在脂韵為合口三等佳在佳韵為開口二等初佳反即廣韵之楚佳切也此差為今語差殊之差自當為佳韵字若作佳則讀如廣韵合口楚危切然無差字至

誤通志堂本盧本佳誤住注疏本所附釋文並作佳是也今正

淒其七西反寒風也

燕燕於見反鳦也　戴媯居危反戴謚也媯陳姓也　名完字又作皃俗音丸卽衛桓公也　殺如字又之申志反　見已賢遍反　差楚佳反又楚宜反　池如字　鳦音乙本又作乙郭烏拔反

于野如字協韻羊汝反沈云協句宜音時預反後放此○經籍舊音辯證一云廣韻汝在上聲預在去聲承仕按沈重撰詩音義時當北周保定以前距德明之撰釋文法言等之論難切韻約三十年而沈言協句已有汝預上去之異頗疑沈重讀預字為上聲非轉此章羽野雨三字同入去聲也蓋上去之閒字音頗多出入切韻之作雖有整齊之功後世亦不悉承用如李涪刊誤等每以上去異呼深為駭笑卽今音讀亦不盡同如士市敘緒户杜等字今無作上聲呼者以是比度疑南北朝閒上去已多錯迕沈重以預切野其一例也至於羊汝時預聲紐不同則於協韻協句之說了無關會故不具說黃侃云時預反者卽後出墅字而墅字類篇上與反在上聲此足以證成吴說箋曰吴云南北朝閒上去已多錯迕此語可信案野廣韻羊者切協韻羊汝反正存喻紐之羊如南音乃林易下字而存上字之比也若時乃禪紐與喻混用亦與移音是兮上混同也

吳氏惜未參校之**己憤**符粉反**泣涕**他禮反徐又音弟○箋曰案廣韵涕他礼切屬透紐弟徒礼切特計切屬定紐此徐蓋从偏旁讀亦可明上去之透定在當時已混同也**頡之**戶結反飛而上曰頡**頏之**戶郎反飛而下曰頏○十三經音略三云釋文頡戶結翻音絜頏戶郎翻音杭**而上**時掌反篇內皆同**竚立**直呂反久也○校語錄云竚今本從人旁**感激**經歷反**于南**如字沈云協句宜乃林反今謂古人韻緩不煩改字○攷證云案古音南讀如任沈以乃林反為協句非箋曰侵韵無泥紐乃林反不能成音則沈云乃林反者以南在覃韵但易反切下字故吳棫陳第顧炎武江永諸家言古韵並如是若依盧說則任為日紐字適与章太炎古娘日二紐歸泥之說相違矣此亦講反切不可牽混古音為說之一證也**實勞**實是也本亦作寔○攷證云疑陸氏本作寔勞寔是也本亦作實後人據注疏本乙改校勘記云實是也本亦作寔通志堂本盧本同案此不誤盧文弨云云其說非也特以為實不得訓是故欲倒之耳不知毛氏詩多用實字頍弁生民韓奕經皆然箋皆訓為是正陸之所本也又韓奕箋云當為寔尤毛氏詩作實之明證何得目作實者為注疏本乎其本又作寔者後人依韓奕箋改字者也陸意不從當矣箋曰阮說是

任只入林反毛云大也沈云鄭而鴆反　塞瘞於例反崔集注本作實○攷證云案俗本作實定本作瘞正義從俗本書舜典正義云詩毛傳訓塞爲實定本作瘞非是說文心部𡨄實也从心塞省聲是毛詩借塞爲𡨄也　六行下孟反下篇同　以勗凶玉反徐又況目反勉也○王筠校引陳奐校云奐案勗音茂讀同畜者今音也勗从力冒聲古音茂校語錄云勗徐音合古韵箋曰凶玉反讀如廣韵許玉切之旭況目反讀如許竹切之蓄徐讀旭蓄無別与今時同故屋燭二韵混用勗从力冒聲冒从曰目以徐音況目用目字遂云合古韵討論反語不能如是

日月　之難乃旦反　以至困窮之詩也舊本皆爾俗本或作以至困窮而作是詩也誤○攷證云足利本作故作是詩也正義本并無之詩二字注疏校勘記云以至困窮之詩也唐石經小字本相臺本同案此釋文本也正義云俗本作以致困窮之詩者誤也正義釋文所說相反正義本標起止云至困窮與各本不同今無可考考文古本作以至困窮之故作是詩也采釋文或作本而有誤　古處昌慮反又昌呂反○校語錄云據箋義則昌慮反是也昌呂反亦協韵耳箋曰處本有上去二讀非協韵也　我顧本又作頋如字徐音古此亦協韻也後放此○攷證

云案商頌章顧漢書古今人表作章鼓徐音與漢書正合皆古音也陸氏不知故皆以為協韵箋曰徐音詳尚書顧命

相好呼報反注同王崔申毛如字　語於魚據反　不述本亦作術

終風終日風也韓詩云西風也　謔許約反　浪力葬反韓詩云起也　笑本又作咲俗字也悉妙反　敖五報反謔浪笑敖戲謔也　且霾亡皆反徐又莫戒反風而雨土為霾○箋曰釋天釋文霾亡皆反字林云亡戒反本今作霾則徐音正本呂忱　雨土于付反　肯來如字古協思韻多音梨後皆放此○校語錄云梨當作釐陸之脂不分箋曰下文我思陸云如字按思在之韵梨在脂韵法氏既云陸之脂不分則梨不當易為釐矣又按來字古今音無別思則古讀如腮陸謂思讀如字來古協思韵多音梨是陸稱之古非秦漢以前也　我思如字　且曀於計反陰而風也　且復扶富反　疐本又作嚏又作疐舊竹利反又丁四反又豬吏反或竹季反劫也鄭作嚏音都麗反○攷證云案崔集注作疐是六朝舊本皆然故陸氏從之嚏即疐之異文一切經音義十六引詩願言則嚏正義則從王肅作疐今注疏本經文從鄭箋作嚏說文引詩亦同段訂故訓傳云毛作疐路也鄭云疐讀當為不敢嚏咳之嚏此鄭改

字也唐石經以下經傳皆從口是用鄭廢毛嚏不得訓跲明矣校勘記云本又作嚏通志堂本嚏作啑盧本作嚏案啑字誤也考小字本十行本所附皆作嚏不誤集韵六至載疐躓嚏疌擿五形可證也啑字與此經迥不相涉注疏校勘記云願言則嚏唐石經小字本相臺本同案釋文云云段玉裁云今考正義本傳是跲也則其經當是疐字釋文疌即嚏之變體狼跋釋文疐本又作疌可證也與説文止部之疌字迥不相涉若經字作止部之疌鄭不得讀爲嚏釋文亦不當作竹利等反矣經義雜記云案釋文知崔靈恩集注作疌陸氏從之正義則從王肅作疐釋文云一作疐者即王本也其説非是由誤讀釋文爲從止之疌所致也箋曰啑實嚏之俗體廣韵都計切以啑爲嚏之俗即本此通志堂本作本又作啑与玄應音義同今依餘本正毛刻所附亦作本又作嚏阮氏未及校勘記又云又渚吏反通志堂本渚作豬盧本作渚案豬字是也小字本相臺本十行本所附皆是豬字段校臧校及北館本並改豬爲渚箋曰豬吏反即廣韵之陟利切也釋文至志二韵混用豬陟並屬知紐渚則屬照紐本書雖知照混用要不如从阮氏所舉各本作豬爲是按毛本所附亦作豬阮則未及十三經音略三云釋文疌本又作啑羣經音義作啑又作疐舊竹利翻音致知母又丁四翻亦音致端知隔標又豬渚訛作吏竹季二翻竝與竹利翻同不必重出鄭本作嚏音都

麗翻案實韵無端母字故都麗翻讀入霽韵音蔕其實此字止有竹利一音後人不明隔標改丁四爲都麗其誤在六朝時并不始於唐初也箋曰竹利丁四豬吏竹季俱讀如廣韵陟利切之致皆寘之音以諸家用字有異故悉載之非重出也或竹季反者蓋以季合口音讀爲開口故云或也若嚏字説文鉉音及廣韵並都計切致爲至韵知紐開口三等嚏爲霽韵端紐開口四等讀如帝二音迥異亦不得以隔標目之也校語錄云丁四竹利同易之者嫌与四不同類也豬吏反未詳竹季則合口矣廣韵陟利切箋曰按廣韵四息利切寘陟利切則寘四利正同一類豬吏反者至志混用即法氏於上條肯來云陸之脂不分耳

劫也居業反本又作路音同又渠業反孫毓同崔云毛訓疌爲㰦今俗人云欠欠㰦㰦是也不作劫字人體倦則伸志倦則㰦案音丘據反玉篇云㰦欠張口也〇校勘記云欠欠故㰦是也通志堂本同盧本故作㰦案㰦字是也小字本十行本所附皆是㰦字校語錄云故盧改㰦是段校及北館本並依宋本作欠欠㰦㰦箋曰毛刻所附亦作㰦㰦是也今正案此經字作劫故首音爲居業反云本又作路者此指尒雅釋言之字云音同者謂路當從劫字之讀也云又渠業反者即釋言路首音其業反也爲路之本讀而釋言云又居業反者亦以釋言之路當從詩經劫字之讀也詩雅互勘其理即明崔靈恩所

見本劫字作欸故云毛訓吏為欸且引俗語欠欠欸欸以證陸從崔說故云案音丘據反又引玉篇為證按唐人寫殘本玉篇欠部欸丘庶反埤倉欸原誤欸依玄應義卷四卷九正音欠也野王案此亦与咍字同咍張口口字依玄應音義增補也則陸音丘據反正本舊讀

嚘咳開愛反　女思音汝下同後可以意求之疑者更出　虺虺虛鬼反○校勘記云虛鬼反通志堂本盧本同案六經正誤云卷耳詩我馬虺隤音呼回反與灰同音此亦當音灰疑本作虛嵬反轉寫脫山字耳云云其說非也虺字本虛鬼反卷耳詩以為瘣字之假借故呼回反徐呼懷反也此虺虺則用為疊字形容之詞不得以卷耳比例之矣虛鬼反不誤也字別作⿱雨虺在集韻七尾亦可證其是上聲讀阮又云按說文無瘣云詩以為瘣之假借非也箋曰廣韻許偉切⿱雨虺震雷也集韻即本廣韻

擊鼓　文仲將子亮反注將者同　殤公音傷　子馮本亦作憑同皮冰反　蔡從才用反下陳蔡從同　其鏜吐當反擊鼓聲也　城漕音曹衞邑也　有忡勑忠反　爰

喪息浪反注同　故處昌慮反　近得附近之近　契本亦作挈同苦結反　闊苦活反契闊勤苦也

韓詩云約束也○攷證云案李善注文選劉越石荅盧諶詩引薛君韓詩章句曰括約束也是毛詩作闊韓詩作括也

**成說**音悅毛數也鄭相愛說也○胡承珙毛詩後箋云數當色主反為數說之數礼記遽數之不能終其物左傳數典而忘其祖此傳說數也當為數說之數箋曰此說字訓數當如字即讀如廣韵失爇切告也之說陸音悅者蓋从鄭義為音攷證云愛舊譌憂今改正校勘記云鄭相憂說也通志堂本同盧本憂作愛案所改是也校語錄云憂乃愛之譌箋曰鄭箋云我與子成相說愛之恩則作憂者實誤字

**數也**色主反

**偕**音皆俱也

**與之約**如字又於妙反下同一本作與之約誓○攷證云注疏本有誓字

**於難**乃旦反

**相遠**于万反

**洵**呼縣反遠也本或作詢誤也詢音荀韓詩作敻敻亦遠也○攷證云案高誘注呂氏春秋盡數篇引正作敻段訂故訓傳云洵韓詩作敻敻遠也毛字異而義同謂洵為敻之叚借也故讀呼縣反箋曰洵之本讀為相倫切詳遵切義亦不訓遠呼縣反正讀如敻說文四敻營求也引申有遠義故段云洵為敻之借

**凱風**開在反南風也

**棘心**居力反俗作𣗥○攷證云案魏風園有棘亦云俗作𣗥今注疏本妄改作棘玉篇棗

俗作棗此正相同校勘記云棘心俗作棘通志堂本上棘作棘盧本作棘下棘二本皆作棘案此上當是棘心下當是俗作⿱棘棘說在後園有桃篇有棘條下各本皆誤六經正誤云既曰俗作棘是本文作棘也今作棘誤唯興國本作棘毛居正不知唐人作東字中間例有一短畫故所說多不諦箋曰干祿字書棘棘上俗下正可證唐人以棘為棘之俗也今从通志堂本及盧說正小雅斯干左傳桓十一年尒雅釋木釋文俱有棘字校勘記皆不以唐人作東字中間例有一短畫以規之則此謂上棘字當是棘亦非矣

樂夏音洛或一音岳　之長丁文反下皆同　夭夭於驕反盛貌　劬勞其俱反

少長詩照反　叡悅歲反下同　叡知音智本亦作智　在浚音峻衛邑也

浸潤子鴆反　逸樂音洛　睍胡顯反　睆華板反睍睆好貌○十三經音略三云釋文睍胡顯反賢上聲睆華板翻還上聲睍睆雙聲兼疊韻箋曰顯在銑韻四等板在潸韻二等周氏謂睍睆二字為疊韻非也

色說音悅下篇注同

雄雉爾雅云飛曰雌雄　刺衛俗作㓨同七賜反詩内多此音更不重出　不恤本亦作卹○攷證云段云

說文引書無毖于卹李善注藉田賦引書惟刑之卹哉今衛包皆改作恤說文血部卹憂也心部恤憂也雖二字音義皆同然古書不容徑改據段說知古本毛詩亦本作卹攷魏石經尚書大誥篇卹字有古文篆文隸字三體皆从卩而不从心漢衡彈碑優卹民隱張納功德敘卹澹凍餧亦皆从卩疑說文心部字是後人所增箋曰段說乃其所著尚書撰異尚書舜典已具引之詳彼按段氏謂卹恤二字音義同其注說文卹字但云古書多用卹字後人多改為恤又注恤字云疑古祇有卹恤其或體王筠說文釋例七卷以卹恤列為異部重文是也說文異部重文致多盧氏遽謂說文心部恤字是後人所增非也

數

起色角反

烝於之升反

泄泄移世反

奮訊音信又音峻字又作迅同

自貽本亦作詒以之反遺也○攷證云注疏本作詒箋曰靜女篇与此同斯干篇又云詒本又作貽按說文言部詒一曰遺也段注云釋言毛傳皆曰詒遺也俗多假貽為之

遺也維季反沈羊類反○校語錄云羊類与維季同易之者嫌羊為開口字也箋曰維季羊類用字相異即廣韻之以醉切以亦開口字也須知反語上字不論開合洪細

阻難乃旦反下同

作鷖烏兮反是也

君之行下孟反下君之行同

其朝直遥反

下上時掌

反　女恕 如字下女恕同　德行 下孟反下注皆同　不忮 之豉反害也字書云很也韋昭音洎〇攷證云豉舊譌跂今改正校勘記云之豉反通志堂本同盧本跂作豉案豉字是也小字本所附是豉字又云按釋文凡忮字皆云之豉反作豉亦是譌字雖寘韻有跂字去智切而不為忮之反語校語錄云跂乃豉之譌盧本改豉亦非箋曰阮氏後說及法校是也今依正韋昭漢書音義音洎者洎有几利切一讀在見紐至韻与此之豉反乃見紐照紐讀音相混寘至二韻無別也按很原誤恨依注疏本及論語子罕莊子達生天下皆引字書作很改正　不臧 子郎反善也

匏有苦葉　匏 音薄交反瓠也　之瓠 户故反　以上 時掌反下皆同　渡處 昌慮反　則厲 力滯反以衣涉水也韓詩云至心曰厲說文作砅云履石渡水也音力智反又音例〇說文十一砅履石渡水也从水石詩曰深則砅濿砅或从厲段注云履石渡水乃水之至淺尚無待於揭衣者其與深則厲絕然二事明矣厲砅二字同音故詩容有作砅者許稱以明假借如尚書以作𢻻為作好以蔑席為篾席之比釋文引韓詩至心曰厲玉篇作水深至心曰砅至心即由帶以上之說也蓋韓詩作深則砅許稱之與尚書撰異四云蓋韓詩作深則砅說文自引韓詩陸氏德明所據

之韓詩非善本也校語錄云力智反誤殆非說文舊音又音例是也箋曰尒雅釋水濟有深涉深則厲淺則揭揭者揭衣也以衣涉水為厲繇膝以下為揭繇膝以上為涉繇帶以上為厲釋文云則厲如字本或作濿說文云濿或作砅履石渡水也俱力曳反則毛傳韓詩俱本尒雅韓詩至心曰厲即尒雅繇帶以上之訓段氏既云履石渡水乃水之至淺實與韓詩之訓迥異毛傳疏謂此許或存齊魯詩異說是也段謂許引韓詩又謂陸所據非善本並誤力滯反即音例為厲字本讀故陸於釋水云如字又云俱力曳反者滯例曳皆在祭韵為用字之異智在寘韵寘祭相混猶至祭之相混也互詳尚書畢命

則揭苦例反褰衣渡水也

揭揭衣並苦例反下同一云下揭字音起例反一本作揭褰衣○校語錄云起例當作起列褰裳音義可證箋曰褰裳揭衣欺例反又起列反礼記內則欺作起餘同即尒雅釋水之或丘竭反廣韵丘竭切有揭丘竭与起列同又注疏所附釋文起例正作起列法說是攷證云注疏本作揭褰衣

長幼張丈反

為之于偽反

求妃音配本亦作配下同

瀰弥爾反深水也

鷕以小反沈耀皎反雌雉聲或一音戶了反說文以水反字林于水反○十三經音略三云顧氏唐韵正謂鷕字以水翻訛為以紹翻始自唐韵當從三十小韵改入五旨韵此說是

也但其誤不自唐韻始案釋文嗺以小翻音舀姚上聲沈重耀皎翻同喻母或音胡了翻音皛文上聲匣母雨音匣喻微別說文以水翻音唯字林于水翻廣韻羊水翻同亦喻母字也此字从鳥唯聲因水訛為小遂音轉而母不異其誤沿自唐以前矣集韻伊鳥翻音杳此又轉為影母与轉為匣母者並非經籍舊音辨證一云顧炎武詩本音段玉裁說文注畢沅說文舊音並謂嗺从鳥唯聲舊音以水反傳寫譌水為小遂有以小耀皎戶了各音畢沅且謂傳寫之誤在沈重前故沈誤音為耀皎反清儒說嗺字音者並以以小為以水之誤文繁不具引承仕案嗺从唯聲本屬脂部又与有瀰濟盈之瀰字為句中韻自以以水反為長然徐爰注射雉賦音嗺以少切在沈重前百有餘年玉篇切韻嗺字亦止收以沼一音則此字讀入小韻自有其變通之理未必盡關形誤灼然可知廣雅雄犇也曹憲音子肖反王念孫疏證曰凡脂部字多與蕭部相轉如有嗺雉鳴之嗺音以水以小二反周官追師之追音丁回丁聊二反按周禮追師釋文丁回反無丁聊之音此由王誤記說見下文郊特牲壹與之齊齊或為醮史記萬石君傳譙訶音誰何皆其例也承仕謂王說近之顧段諸家並非也今復舉十六事以證成王說尚書呂刑寇賊鴟義潛夫論述赦篇作寇賊消義一也詩棫樸追琢其章毛傳追雕也鄭箋以周礼追師釋之荀子引詩追正作雕二也行葦敦弓既堅釋文音彫三也有客敦琢其旅釋文都回反徐又音彫四也周礼司几筵每敦一几鄭

注敦讀曰壽五也爾雅鶘鴮鸅郭注云俗呼之陶河鶘鴮陶河一聲之轉六也蜼卬鼻而長尾釋文音誅字林余繡反七也左思吳都賦劉逵注引異物志說狖與郭璞說蜼同則狖即蜼之異文八也毛詩傳及春秋公羊傳達於右髃釋文引各家音有胡了羊紹于小等反而字從胤省聲說見後九也茅蒐字从艸鬼聲據宋保說文諧聲補逸增聲字是也相承音所鳩反春蒐者假蒐為搜王念孫曰記明堂位脯鬼侯正義曰周本紀作九侯九與鬼聲近然則鬼可讀為九玫蒐从鬼聲王說據宋保引十也尒雅九達謂之逵說文正作馗或作逵一从九亦聲一从坴亦聲十一也說文𨿅雕也雕𨿅也二字互訓十二也說文褎字从衣采聲十三也史記高祖本紀襄城無遺類徐廣曰遺一作噍漢書字正作噍十四也荀子不苟篇以己之潐潐楊倞注明察之貌韓詩外傳作皭皭而楚辭則作察察十五也漢書高紀母媼孟康音烏老反十六也諸此例證不可勝窮大抵脂隊真諄宵幽之閒自可通轉苟如顧段諸家所說則徐爰沈重二陸並不審音恐非其實箋曰以小燿皎用字之異即廣韻以沼切所本户了則讀音訛變喻紐為匣紐以水反正唯字之讀于水与以水音混喻為二紐同為舌前音又並屬摩擦之濁聲故也按匣喻為三紐發音方法俱同即戴東原所稱之同位雙聲也此五反語實為雙聲相轉魯頌駉有驈户橘反阮孝緒于密反顧野王餘橘反亦匣喻為

三紐混用与此理同吴氏舉十六事以證為韵轉然未中的今就吴氏所舉者逐一商榷鴟釋文尺之反馬云輕也是鴟正輕之借潛夫論作消亦輕蔑之義按尺屬穿紐輕屬溪紐正戴氏位同也一也雕廣韵都聊切追為𠂤之借故釋文對迴反俱屬端紐荀子作雕以義訓易之耳曰畫曰雕其義並同二也敦釋文徐又都雷反亦𠂤之借敦琢聲同彫廣韵亦都聊切同為端紐三也四也燾廣韵徒到切屬定紐与敦俱為舌頭音發音部位同亦戴氏所謂同位雙聲也周礼漢讀攷云敦在古音弟十三諄文欣魂痕部燾在弟三尤幽部聲按即韵類不同而敦弓即彫弓鷙即雕皆於雙聲求之敦之讀燾蓋亦以雙聲也是段氏謂敦燾非韵轉而為聲轉五也鵜廣韵杜奚切陶徒刀切俱屬定紐鵜釋文郭火布反屬曉紐河廣韵胡歌切屬匣紐曉匣同發舌根摩擦即是雙聲故吴氏亦云一聲之轉六也蜼卬鼻而長尾釋文余繡反下又有或餘季餘水二反按後漢書馬融傳注云蜼音以藥反零陵南康人呼之音餘建平人呼之音相贈遺之遺也又音余救反皆土俗輕重不同耳以藥即餘水贈遺之遺即餘季反余救即余繡与音餘俱屬喻紐一聲之轉若謂餘季餘救為脂蕭之轉其言音餘者又何以解之耶七也黄侃云狖乃貁之省變借為蜼字耳按狖貁俱从余隴切之穴得聲非从胡决切之穴陰陽對轉遂讀余救余繡亦喻紐聲轉八也

詩車攻釋文䯚餘繞反胡了反羊紹反羊招反于小反公羊桓四年羊紹反于小反亦匣喻為三紐混用之證故吳氏於彼亦云餘羊于聲紐最近黄侃謂䯚為膘之别體䯚則䯚之省䯚从骨从肉幺聲是也詳車攻吳謂為胤省聲似誤九也蒐為會意字說文一蒐茅蒐茹盧人血所生可以染絳从艸鬼段注云云人血所生者釋此字所以从鬼也若如宋保說必斥許君為附會矣明堂位正義謂聲近者正謂雙聲也十也文始七云𠕁象六達之莊其地穹隆故上作冂覆之下作丨丨者象甬道下丌也孳乳為坴土凷坴坴也又云其直言九數者則孳乳為馗九達道也似龜背是逵从坴義非聲也十一也說文鷻雕互訓見上引漢讀攷十二也說文八褎从衣采聲段注云聲蓋衍字采非聲衣之有褎猶禾之有采故曰从衣采按褎廣韵似又切采徐醉切俱屬邪紐縱使不从段說聲為衍字褎采正雙聲矣十三也漢書高紀注如淳曰噍音祚笑反無復有活而噍食者也青州俗呼無孑遺為無噍類是作孑遺者為用其本義孑遺聯語似不宜割取遺字以与噍並論十四也荀子楊倞注云潐子誚反明察之皃屬精紐外傳作皭廣韵在爵切埤蒼曰白色也屬從紐精從發音部位同即戴氏之同位雙聲也王先謙集解亦云焦爵雙聲故皭皭亦作潐潐也楚詞作察察實用義訓十五也說文十二媪从女昷聲讀若奧段注云昷聲而讀如奧者方

俗語音之轉按盈鉉音烏渾切与奥正為雙聲十六也可知吳氏所舉十六事除遺嶕存疑外餘十五事俱不可以韵轉釋之即王念孫所舉四例亦當為聲轉而非韵轉郊特牲注云齊謂共牢而食同尊卑也齊屬從紐案士昏礼夫婦無醮事昏義父親醮子注云酌而無酬酢曰醮釋文於上文醮於客位云醮子妙反屬精紐精從同位雖可雙聲然醮齊之義各别未可云通轉更不能謂為韵轉譙廣韵才肖切屬從紐誰示隹切屬禪紐禪從發音方法同俱為塞擦濁聲即戴氏之位同也方言七譙讓也秦晉之間凡言相責讓曰譙讓説文三誰何也段注何訶同用亦有責讓義則譙誰之語根各别且譙之古文誚从肖聲依文始是宵非蕭王説實誤而吳演引之亦為不可餘二例上文已詳又可知王氏所舉四例亦不可以韵釋之也尋吳氏謂脂蕭相轉實本其師成均圖中之隔越轉吳書蓋不僅在此而有是説也不知成均圖之隔越轉黄侃音略已論及之彼云古音通轉之理前人多立旁轉對轉之名今謂對轉于音理實有其餘名目皆可不立以雙聲疊韵二者可賅括而無餘也黄説甚是何況脂宵更遠無通轉之理也若顧炎武段玉裁畢沅周春諸氏謂傳寫譌水為小者皆蔽於韵而疏於聲耳釋文書中匣喻為三紐混用者致多以聲釋之則皆無窒礙矣

所難 乃旦反下同

淫泆 音逸

之行 下孟

反

不濡而朱反漬也

軌舊龜美反謂車轊頭也依傳意宜音犯案說文云軌車轍也從車九聲龜美反軓車軾前也從車凡聲音犯車轊頭所謂軓也相亂故具論之○校勘記云車轊頭所謂軓也通志堂本盧本軌作軓案軌軓皆誤字也考小字本相臺本十行本所附皆是軓字當從之改正段校臧校王校及北館本並依宋本作軓箋曰毛本所附亦作軓阮氏未及今正錢坫車制攷五云說文十四軓車輪小穿也軓即轂末与轊為近故或謂轊為軓鄭司農大行人注云軓轊也用是知言軓言轊頭實相近者則作軌作軓其義實同惟軓与牡音不諧軌牡始相諧矣軓為車軾前雖与軌軓相當而音讀殊遠故陸亦非之攷證云段云軌非轍跡之專名毛傳本作由輈以下為軌此以車之高下言軌也高誘注淮南子云兩輪之閒為軌此以車之廣狹言軌也毛傳以下誤作以上故以車軾前之軓解之而礼記少儀正義開成石經竟作濟盈不濡軓釋文軌舊龜美反是晉宋古本皆作軌也經義述聞五云李成裕曰陸說未明不知軌字自有二義其訓為車轍者中庸車同軌是也其訓為車轊頭者則少儀之祭左右軌范是也軌范並言則顯然兩物矣少儀注云周礼大馭祭兩軹祭軓軌与軹於事同謂轊頭也軌与范聲同謂軾前也正義云軌謂轂末周礼大馭祭兩軹祭軓此云祭左右軌范兩文正同則左右軌与兩軹

是一事故云軌与軹於事同謂轊頭也又云轂末之軌此經左右軌是也其車轍亦謂之軌則考工記經涂九軌是與此字同而事異也合周礼礼記觀之是車轊頭謂之軹又謂之軌轊頭在軌之下車之濟盈必濡其轊頭不必作軓也且以古音言之軌居酉反牡莫九反此章瀰鷕盈鳴軌牡用韵甚密若軌字作軓則出韵矣無是理也此處訓詁當用鄭轊頭之説為確釋文曰軌舊龜美反謂車轊頭也蓋徐邈阮侃王肅江惇干寶李軌諸人所見本並作由軸以上為濡軌軌為軸之轊頭故有車轊頭之訓陸德明孔穎達所見本軸字始誤作輈軌上又脫濡字於是讀者不復知傳文所言為水所濡之度而誤以為釋軌之名物又以軌非輈上之物而疑為軾前之軓唐石經因之遂改軌為軓則既失其義而又失其韵矣余曩時説此傳以輈上不得有軌曾謂由輈以上之上當為下段氏若膺聞而韙之既而倒以上傳由膝以上由帶以上之文則此傳所言亦為水濡之度水之濡物皆由下而上則上非誤字尋文究理當是軸誤為輈軌上又脫濡字耳今更正其義如此惜若膺已没不及就正也引之謹案水由軸以上則濡軸矣經不云濡軸者軸在軫下為軫所蔽不若轊頭為人所易見故以易見者言之而云濡軌晏子春秋諫篇曰景公為西曲潢其深滅軌滅者没也水由軸以上則轊頭没入水中故曰滅軌不言滅軸而言滅軌亦以易

見者言之也箋曰軌軏軓三字形近易混車轍軾前轂末三處皆水可濡陸以舊龜美反車轊頭為首者陸意實謂經文當作軌字不从毛傳作軏也李成裕所見釋文軓字誤為軏猥云陸說未明實則陸說至善也

其牡茂后反

由輈竹留反車轅也

旭許玉反徐又許袁反日始出大昕之時也說文讀若好字林呼老反○說文七旭日旦出皃从日九聲讀若好段注云好各本作勖誤今依詩音義訂按音義云許玉反徐又許九反是徐讀如朽朽即好之古音朽之入聲為許玉反三讀皆於九聲得之不知何時許九誤為許元集韻類篇皆云許元切徐邈讀今之音義又改元為袁使學者求其說而斷不能得矣校勘記引段說攷證云案字林之音与說文讀若勖同勖从力冒聲知亦讀若好也爾雅釋訓旭旭蹻蹻憍也釋文旭旭郭呼老反邢疏曰郭讀旭旭為好好小雅巷伯云驕人好好十三經音略三云旭釋文許玉翻音勖徐又許袁翻音暄說文讀若好字林呼老翻音好爾雅釋文旭郭呼老翻音雖異而為曉母字則同也經籍舊音辨證一云胡承珙毛詩後箋曰易盱豫釋文云姚作旴云日始出引詩旴日始旦今考釋文引詩盱當作旴從干聲讀與軒同徐所見本必作旴日始旦故作許袁反段氏未檢易釋文故求其說而不得耳承仕案毛詩作旭韓詩作煦文選五十五李注引煦昫旴聲義並同与旭字旁轉亦

近姚信引詩作盱者蓋韓詩之異文耳使姚引作盱釋文當別作音不應与子夏作紆京作汙二語同列也且以釋文引音通例推之徐又音許袁反者謂徐亦首音許王反次音許袁反無以證徐所見本之必作盱也段胡二説並非徐音許元之故愚所未聞黄侃云又許袁切者讀爲日以晅之之晅箋曰許好呼煦俱屬曉紐爲一聲之轉黄氏謂讀爲晅是也説卦晅義爲温即今煖字也吴氏謂旭煦爲旁轉之説非詳上鳴箋校語録云徐許袁反讀爲晅晅也易曰以晅之之晅徐一音香元反与此正同或徐本旭字作晅亦未可知段氏據集韵許元切謂元九形近當作許九反不知許元乃集韵之音徐自作許袁不作許元也又案旭勖二字並當許六反今許王反音之變也徐音多与古合故燕燕之勖許王反徐則况目反推之此字徐亦當疊屋韵字第不知何字之譌耳箋曰本書屋燭混用詳燕燕以勖條

大昕 許巾反○校語録云昕行露許斤反是此誤箋曰本書巾斤同韵此巾字不誤如芹小雅采菽尒雅釋草巨斤反魯頌泮水其巾反又如慇尒雅釋訓於斤反大雅桑柔於巾反法氏以廣韵巾在真韵斤在欣韵以律本書實非

請期 音情又七井反下同

親迎 魚敬反

迨冰 音待及也

未泮 普半反散也

招招 照遥反號召之貌王逸云以手曰招以言曰召韓詩云招招聲

也　卬否五郎反我也本或作仰音同　號召戶羔反

谷風古木反東風也　黽勉本亦作僶莫尹反黽勉猶勉勉也○攷證云白帖十七引詩僶俛同心箋曰十月之交釋文黽勉本又作僶同与此詩同按尒雅釋詁釋文僶字又作黽与此相應　見譴遣戰反　采葑孚容反徐音豐須也字書作蘴孚容反草木疏云蔓菁也郭璞云今菘菜也案江南有菘江北有蔓菁相似而異菘音嵩○箋曰容葑俱在鍾韵豐在東韵此混用故字書又作蘴毛詩後箋云郭注尒雅須葑從云未詳毛詩音義引郭璞云云此所引疑即景純尒雅注傳寫脱去陸氏所見係未脱之本齊民要術引字林云蘴蕪菁苗　采菲妃鬼反菲芴也　芴也音勿爾雅云菲芴又云菲息菜郭音菲芴為土瓜解息菜云似蕪菁華紫赤色可食　莖河耕反　蔓音万本又作蕪音無○箋曰尒雅釋草蕪菁音無本或作蔓音萬正變聲与此互相發明　菁音精又子零反○校語錄云菁具二音清青分部也箋曰此清青混用詳尚書禹貢　與葍音福本又作藡音富爾雅葍藡郭云大葉白華根如指色白可食○攷證云足利本作藡　并棄俾政反又如字　有違如字毛離也鄭緋佪也韓詩云違很也○攷證云很舊譌張今依注

疏本正校勘記云違張也通志堂本同盧本張作很案很字是也十行本所附是很字小字本所附作違很反反字非又云按很當是恨之譌箋曰毛本所附亦作很按說文二很不聽從也韓詩以違為很与許同義校勘記後說謂很當恨之譌疑亦後人附加非阮意也段校王校及北館本並依宋本作很

**我識** 音祈門內也

**巳訣** 音決本或作決

**栽於門內** 一本作栽至於門又一本作栽至於門內

**荼苦** 音徒苦菜也

**如薺** 齊礼反菜也

**宴爾** 本又作燕徐於顯反又烟見反安也○攷證云足利本宴作燕

**涇** 音經濁水也

**渭** 音謂清水也○校語錄云音渭渭當作謂箋曰通志堂本謂誤渭餘本皆作謂

**湜湜** 音殖持正貌說文云水清見底○十三經音略三云湜釋文音殖案此字承職翻常職翻同禪母字从偏旁定字得聲故讀禪母今通讀澄母直音非段訂故訓傳云說文曰湜水清見底也此毛說也鄭乃改止為沚訓湜湜為持正人之持正如水中有沚礙流

**其沚** 音止

**故見渭濁** 舊本如此一本渭作謂後人改耳○攷證云案正義渭作謂定本作故見其濁足利本与定本同經韵樓集六論校書之難云詩涇以渭濁箋云涇水以有渭故見謂濁正義引定本箋作故見其濁釋文作見渭則不可通定本作見其亦因舊𠰥作渭不可

通而改之耳作見謂濁文理易憭陸德明反說見謂為非見渭為是於義理大乖注疏校勘記云故見渭濁小字本相臺本同案釋文云云考此箋云故見謂濁下云故謂已惡也二謂字義同正義云涇水言以有渭故人見謂已濁猶婦人言以有新昏故君子見謂已惡也見謂濁言人見謂已涇之濁也是正義本亦作謂當以一本為長又云定本涇水以有渭故見其濁此定本之誤正義所不從而毛居正六經正誤反以為是失之矣　動搖餘招反又餘照反　屑以素節反絜也　不復扶富反　無發我笱古口反捕魚器韓詩云發亂也○孜證云今本同上句無皆作毋　以捕音步　不閱音悅容也　泳之音詠　泭也音孚　難易夷豉反下同　為求于偽反　匍音蒲又音符　匐蒲北反一音服鄭云匍匐盡力○箋曰大雅生民左傳昭十三年莊子秋水一音俱作又音挼蒲北反讀如僰道縣之僰此一音實同又音非條例所謂示傳聞也　能慉許六反毛興也鄭驕也王肅養也說文起也○段訂故訓傳云慉興也說文云慉起也起即興正義作養也非說文慉字段注說同校勘記云毛興也通志堂本盧本同案與字誤考小字本相臺本十行本所附皆是興字正義云孫毓引傳云慉興然則陸本此傳與孫毓評

同校語錄云興當作與段校江本北館本並从宋本作興箋曰毛本所附釋文亦作與注疏校勘記云案正義云徧檢諸本皆云愶養孫毓引傳云愶興非也釋文云毛興也鄭驕也王肅養也說文起也據此則養也是王肅本也愚謂此即用孫毓本作興也王肅素揚傳以抑箋王肅養正從傳與正義說合

驕樂音洛　憎惡烏路反下皆同　賈用音古市也　不售市救反　阻難乃旦反下難卻同一音如字　覬其音冀○校勘記云通志堂本冀作蒖盧本作冀案冀是隸省字見九經字樣雜辨部以後冀字同此不更出　育鞫本亦作諊居六反窮也

顛覆芳服反注同　育長張丈反下皆同　稚本亦作穉直吏反　窮匱求位反乏也

無辟音避本亦作避　毒螫矢石反何呼洛反○經籍舊音辨證一云周礼釋文引劉昌宗音与何胤音同玄應一切經音義卷二云螫舒赤反說文蟲行毒也關西行此音又呼各反山東行此音音義卷三十說並同卷承仕按說文蠚螫也螫蟲行毒也皆古魚部字矢石反釋文當時之音呼洛反則舊音也黄侃云呼洛呼各皆蠚字之音也又案从赤聲者如赫郝皆喉音則螫讀喉音不足駭異赦重文作赦从亦亦喉音也又引師章氏說云蠚螫蓋一語變異箋曰螫蠚義同今語亦讀螫為呼各

切与玄應所稱山東音無異案小雅都人士釋文螫蟲音釋本又作蠚呼莫反尒雅釋蟲螫式亦反螫猶蠚也蠚火各反周礼山師螫音釋劉呼洛反老子德經螫失亦反又呼各反式亦失亦与此矢石俱讀如釋呼莫火各呼各与此呼洛則讀如羹臛之臛蓋螫从赤聲赤在穿紐以同為舌齒音之清聲而轉為審紐故讀如釋陸氏在小雅及釋蟲俱別螫与蠚為二音故說文鉉音及廣韵亦從之而分其實可不分也

旨蓄 本亦作畜勑六反

御冬 魚據反下同禦也徐魚舉反一一本下句即作禦字

洸 音光武也

潰 戶對反怒也韓詩云潰潰不善之皃

旣詒 音怡

肄 以世反勞也徐以自反爾雅作勩以世反○攷證云案正義曰肄勞釋詁文爾雅或作勩是爾雅亦本有作肄者校語錄云肄音与汝墳互異疑此誤也箋曰汝墳肄訓餘故以以自反為首音此訓勞為勩之借故以以世反為首音汝墳沈云徐音以世反非者謂其當讀為勩也此云徐以自反者謂其當讀為肄也陸不取徐讀故再引尒雅以明之釋詁釋文勩下云字亦作肄正謂此也

遺也 唯季反下同

來塈 許器反息也○校語錄云器當作氣詳摽有梅箋曰法氏於摽有梅之說實誤詳彼

式微　黎力兮反國名杜預云在上黨壺關縣　寓于音遇寄也于又作乎

旄丘音毛丘或作古丠字前高後下曰旄丘字林作堥云堥丘也亡周反又音毛山部又有嵍字亦云嵍丘亡付反又音旄○攷證云或作古丠字丠舊譌北今改正校勘記云丘或作古北字通志堂本同盧本北作丠案六經正誤云丘或作古丠字作北誤是也集韵十八尤載丠坒丘坵四形可證盧文弨所改者誤校語錄云北盧改丠是亡周不成切亡付是也經籍舊音辯證一云爾雅音義旄丘謝音毛字林作嵍又作堥俱亡付反顏氏家訓曰柏人城東北有一孤山古書無載者世俗或呼為宣務山或呼為虛無山後讀城西門內漢桓帝時縣民為縣令徐整所立銘云土有巏務王喬所仙方知此巏務山也巏字遂無所出務字依諸字書即旄丘之旄也旄字字林一音亡付反今依附俗名當音權務耳按巏務字應作嵍字林上旄字二字疑衍承仕按旄丘字正作嵍或作堥旄則假字也周書牧誓羌髳即角弓之如蠻如髦柏舟髧彼兩髦說文引作髳皆其比敄在幽部毛在宵部部居相近故有亡周亡付等音而蕭該漢書音義以務音為乖僻未為審諦蕭該說見清官本漢書敘傳箋曰尒雅釋丘陸云本又作丠古字与此云丘或作古丠字合即廣韵去鳩切丠為丘古文所本阮說是也北館本亦作丠今正按亡周亡付俱本字林亡周

即廣韵莫浮切之䃪堆䃪小隴所本也法氏謂亡周不成切失攷又按家訓謂世俗或呼為宣務漢時又作嚾務是音務之讀其來已久吳氏謂詼說為未審諦是也

**連率**所類反礼記云十國以為連連有率

**佐牧**卅牧之牧

**蔓莚**以戰反又音延○攷證云今本皆作延足利本作莚注疏校勘記云如葛之蔓延相連及也相臺本同閩本明監本毛本亦同小字本延作莚案小字本依釋文也考毛葛覃野有蔓艸葛生傳延字皆不從艸此傳當同鄭葛覃箋及旱麓箋亦然釋文延字皆無音唯此有是其本此延字誤加艸也此正義有三延字皆不從艸是正義本作延延字是矣考文古本作莚采釋文又考蔓字亦當衍葛覃傳云覃延也葛生傳云葛生延而蒙楚皆單言延野有蔓草傳釋蔓云延也是蔓即延故不重言也鄭箋有延蔓而蔓在延下芄蘭箋今本有蔓莚依釋文是後人輒加然則此傳亦後人輒加也正義三言延蔓乃自為文凡單注言延及單言蔓者正義皆得重言延蔓而說之箋曰莚讀以戰反从蔓讀音延即以偏傍讀按尒雅釋草蔓莚以戰反又音延本又作延又蔓莚餘見反本今作延是陸所見本實為莚字非誤加艸蔓字亦非衍文正義本延不從艸即陸云本今作延也葛覃傳本尒雅釋言此同釋草蓋單言蔓或言延重言蔓延或言延蔓其義實同芄蘭本無莚字故陸謂係後人加然

其字亦从艸作莚亦可證此莚非誤加艸也段訂故訓傳於此正作蔓莚毛傳疏未云蔓字衍良有以也　蒙 如字徐武　邦反　戎 如字徐而容反蒙戎亂貌案徐此音是依左傳讀作尨茸字○箋曰武邦反即左傳僖五年尨茸江反也而容反即左傳茸如容反也故陸云徐此音是依左傳讀作尨茸字案左傳云尨又音蒙茸又音戎則又本此　之行 下孟反下同　璅兮 依字作瑣素果反瑣尾少好之貌○攷證云唐石經作瑣注疏本同箋曰節南山篇陸云璅音早故此云依字作瑣詳彼　流 音留本又作鶹○攷證云釋鳥釋文作鶹　離 如字流離鳥名少好而長醜爾雅云鳥少美而長醜為鶹鷅草木疏云梟也關西謂之流離大則食其母○校勘記云為鶹鷅通志堂本同盧本鷅作鷅案鷅字誤　少好 詩照反下同　長醜 張丈反　愉 以朱反　樂 音洛　褎如 本亦作褏由救反又在秀反毛盛服也鄭笑貌○攷證云本亦作裒由救反正誤云裒當作褏案說文袖為褎之俗字則作褏良是由舊譌申今從宋本注疏本同校勘記云本亦作裒通志堂本盧本同案裒字誤也六經正誤云亦作褏中从由作褏从𠂇从臼誤考羣經音辨衣部云褏盛服也集韵四十九宥載褎褏二形云或从由皆可證也褏壞作裒又誤改作裒字非此之用由救反通志堂本由誤申盧本作由案

小字本相臺本十行本所附皆作由不誤校語錄云褎盧改褎申改由在秀亦从邪不分也當作似秀箋曰唐風羔裘陸云豹褏徐救反本又作褎同儀礼聘礼褎本又作褏詳又反廣韻似祐切袖亦作褏褎毛盧阮說是也毛本所附釋文作由救反阮氏未及段校臧校王校及北館本並依宋本作由今俱依正按从邪互用本書至多故左傳襄十四年褎在又反与此亦用在同十三經音略三云釋文褎本亦作褏說作褎由說作中救翻余救翻同音柚喻母又在秀翻音就從母集傳音又依前音也邶風旄丘褎徐秀翻音袖与豹褎救翻同徐與在秀翻有從邪之別集傳叶徐久翻大雅生民案說文有褎無褏褎之俗字為袖實褎訓長有袖義故音徐秀翻褎如充耳訓笑貌故音由救翻音各有義許白雲以邶風之褎音袖大雅之褎當作余救翻互失之矣箋曰正義云鄭以為叔兮伯兮汝顏色褎褎然如似塞其耳無所聞知也周氏未改箋意邊謂褎訓笑貌非也周氏又謂音各有義褎訓長音徐秀翻訓笑貌音由救翻不知褎字本有此二音周說亦誤詳大雅生民

能稱尺證反　耳聾魯工反

簡兮居限反字從竹或作蕑是草名非也　泠官音零字從水樂官也字亦作伶○攷證云足利本作泠注疏本作伶注疏校勘記云仕於伶官小字本同閩本明監本毛本同唐石經伶作泠相臺本同案正義標起止云箋伶官至伶官其

上下文伶字畫同此箋言泠氏世掌樂官正義引伶倫氏伶州鳩以為說考左昭二十年泠州鳩釋文云泠字亦作伶漢書志泠綸及人表泠淪又呂覽同皆用從水字廣韵泠又姓此序及箋當本作泠其作伶者俗字耳正義亦當本是泠字或後人改之也五經文字云泠樂官或作伶訛亦其證

爲且 于偽反 大胥 思徐反 之版 音板

舍 音釋下篇舍軷同 采 音菜 俁俁 疑矩反容貌大也韓詩作扈扈云美貌○三家詩疏證云案初學記引作扈扈正本韓詩傳俁俁容皃大也檀弓爾無扈扈爾釋文大也文選上林賦煌煌扈扈李注引郭注言其光采之盛釋文引韓訓扈扈為美疏于俁俁亦曰容皃美此音義並通者箋曰美與大義近俁屬疑紐扈屬匣紐疑匣俱為舌根位同之雙聲也故馮云俁扈音義並通

執轡 悲位反 如組 音祖 可任 音壬 執籥 餘若反以竹為之長三尺執之以舞毛云六孔鄭注礼云三孔郭璞同云形似笛而小廣雅云七孔 翟 亭歷反翟翟羽也 赫如 虛格反○校語錄云虛虛疑虎箋曰虛虎雙聲勿庸致疑 渥 於角反厚也 赭 音者丹也 有畀 必寐反與也○校語錄云如當作為經籍舊音辨證一云舊作如寐反如為必之形譌今正之盧校沿通志本作如非也箋曰本書干旄畀之必寐反與

也信南山同吳校為必是也今正法校作為亦誤　煇字亦作翬睻願反劉昌宗音運甲吏之賤者　胞步交反肉吏之賤者　翟樂吏之賤者　閽音昏守門之賤者　一散素旦反酒爵也容五升○校勘記云容五升也通志堂本盧本無也字案小字本所附有當是釋文舊如此段校臧校及北館本並从宋本增也字　厚傳音付　有榛本亦作蓁同側巾反木名子可食○十三經音略三云榛釋文本又作蓁側巾反照紐今通讀如津精母箋曰今四川正讀側巾反不讀如津　有苓音零大苦也本草云甘草　與在音預或如字

泉水　自見賢遍反注同　思之至也一本思作恩○攷證云正義作思云定本作恩字

毖彼悲位反流貌韓詩作祕說文作䀋云直視也○說文四䀋直視也讀若詩云泌彼泉水段注云邶風釋文云云陸氏蓋誤詩經小學云說文泌俠流也為正字毛作毖韓作祕皆同部假借字衡門泌之洋洋傳泌泉水也正義云邶風曰毖彼泉水故知泌為泉水魏都賦溫泉毖涌而自浪劉淵林引毖彼泉水善曰說文曰泌水駃流也泌與毖同攷證引段注說毛詩後箋云呂氏讀詩記引釋文毖說文作泌是呂所見釋文本不誤今本釋文乃後人妄改耳王校云筠案說文䀋讀若詩云泌彼

泉水呂氏讀詩記引釋文毖說文作泌則知䀣字訛而有云直
視也四字此宋人據既訛之本又增說䀣字說解也箋曰如胡
王二氏說則誤不在陸元朗矣

于淇音其水名

變彼力轉反好貌下篇同

于沸子禮反地名

飲餞音踐徐又才箭反送行飲酒也○十三經音略三云釋文餞音踐徐又才箭翻音賤泉水賤淺翻音踐沈組祖訛作見翻音賤字林子扇翻音薦崧高今通讀字衍一音箋曰崧高注疏本作一音賤有一字自与上祖見反有別不當改祖為組互詳崧高

于禰乃禮反地名韓詩作坭音同○攷證云鄭注士虞礼引詩飲餞于泥蓋即韓詩坭字之異文傳箋通釋云疑禰即式微之泥中耳泥中在漢黎陽今衛輝府濬縣地

舍軷蒲末反道祭也

遠父于万反注同

載舝胡瞎反車軸頭金也○十三經音略三云舝釋文胡瞎翻音轄案舝与轄通左傳昭二十五年昭子賦車轄釋文轄本又作舝此匣母字也今俗讀如瞎混於曉母非

還車音旋此字例同音更不重出

遄臻市專反速也

不瑕音遐毛遠也鄭過也

有害毛如字鄭音曷何也○詩經小學云按毛以瑕為遐之假借鄭以害為曷之假借二子乘舟篇同

於行下孟反

過差初懈反又初佳反卷末注同

肥泉字或作淝音同

與漕音曹

北門殷殷本又作慇同於巾反沈於文反又音隱爾雅云憂也○校語錄云巾疑斤之譌廣韵殷文分部故易沈沈蓋不分二部也箋曰於巾不譌釋文巾殷不分韵如大雅桑柔慇於巾反礼記中庸衣依注作殷於巾反沈於文反則用合口耳足證陸氏真殷文相混按桑柔及尒雅釋訓並云樊光於謹反此又音隱即本樊光讀為如有隱憂之隱　背明蒲對反　鄉陰本又作嚮同許亮反　爲之于僞反　寠其矩反無礼也爾雅云貧也案謂貧無可為礼　一埤避支反厚也　政偏音篇　交徧古遍字注及下同凡徧字從彳偏字從人後皆放此

讁直革反責也玉篇知革反○校語錄云此引玉篇乃後人辯難語廣韵亦屬知紐下文君子偕老亦云讁丁革反南山亦先直革後張革蓋陸以澄紐為正音也箋曰陸生陳隋宜引玉篇唐寫殘本正作知革反又引此詩今本同非後人辯難語也

更音庚　迭待結反　敦我毛如字厚也韓詩云敦迫鄭都回反投擿也○箋曰都回反讀如堆今語正謂事多曰堆鄭箋訓為猶投擲与堆義相成也　遺我唯季反加也　投擿呈釋反與擲同本或作摘非○

攷證云注疏本作擲箋曰說文手部擿一曰投也擿拓果樹實也故陸云擿非

摧我 徂回反沮也或作催音同韓詩作誰音千隹子隹二反就也○說文人部催相擣也詩曰室人交徧催我段注云相擣猶相迫也許不以傳者傳取沮壞之義与摧訓擠訓折義同蓋當時字作催而毛釋為摧之假借許則釋其本義也廣雅釋詁三誰就也誰曹音子隹疏證引韓詩箋曰廣雅即本韓詩誰就同位雙聲攷證云千隹舊譌于隹今改正校勘記云通志堂本千誤于盧本作千案小字本十行本所附作千不誤六經正誤所載亦是千字十三經音略三云摧釋文徂回翻或作催音同此從母字也今通讀清母說文摧倉回翻韓詩作誰千隹音近灰韻清母之催子隹音嗺二翻校語錄云于乃千之誤廣韻侯部誰就也千侯切誤隹為侯而千字不誤箋曰毛刻所附釋文作千段校臧校及北館本亦依宋本改于為千則作千為是廣韻復有以隹視隹千侯三切並云就也按以隹切者蓋千誤作于又復誤也千侯切者崔聲之字不當在侯韻侯蓋隹誤若隹為二等韻固無齒頭音周氏改二隹字為隹云近灰韻与博雅音廣韻俱異誤也視隹在禪證之釋文未嘗別見諸家亦未有言者似當闕疑

沮也 在呂反何音阻

北風 相攜 六圭反 其涼 音良 雨雪 于付反又如字下同 雱 普康反盛貌 酷

暴苦毒反　而好呼報反下及注同　同行音衡道也　其邪音餘又音徐爾雅作徐下同

既亟紀力反急也下同　只音紙　且子餘反下同○校勘記云通志堂本盧本脫下同二字案小字本相臺本所附有不誤王筠校云朱葉二本皆有下同二字段校臧校及北館本並依宋本增下同二字箋曰且子餘反者案山有扶蘇釋文子餘反辭也與此同以別於七也反之且此篇三章末俱有且字今據諸本增下同二字

虛虛也一本作虛徐也

○攷證云臧氏云正義作虛徐也云傳質詁訓疊經文耳非訓虛為徐蓋虛徐即虛邪也釋文作虛虛也今注疏本同非是段訂故訓傳云按正義云傳疊經文非訓虛為徐則正義本正釋文之別本也虛徐也三字為句以釋經似是但經文作邪鄭始易邪為徐毛意虛邪如管子之志無虛邪耳虛虛也者謂此丘此釋文本也案正義本當是虛徐也與釋文一本同標起止云虛字即空虛字也注疏校勘記云虛虛也小字本相臺本同案傳虛虛或合併經注正義時所改也段玉裁云云正義本非阮又云按古之訓詁有此一例如易大傳比者比也剝者剝也蒙者蒙也說文亦云巳者巳也經傳不可枚數或疑毛傳內無此因舉要之襋之傳曰要褸也毛公時安得有褸字褸本作要謂此要非人要領之要乃衣裳之要也正與此虛虛也一例古者

虛本訓丘虛因之訓空虛嫌其義之不可定也故釋之曰此丘虛字其義則空虛也如易蒙者蒙也謂此蒙艸名之字其義則訓蒙覆也箋曰臧氏以一本作虛徐也為是段阮二氏以虛虛也為毛傳之例按虛作徐者釋訓云其虛其徐威儀容止也則四字為形容威儀之語無本字不當分釋按虛徐疊韵又虛在曉紐徐在邪紐曉邪發音俱屬摩擦為位同之雙聲此之一本即指釋訓而言故陸氏兼載以明之 之行下孟反 其喈音皆疾貌 霏芳非反甚貌 能別彼竭反

靜女 遺我唯季反下同 姝赤朱反美色也說文作姣云好也 可說音悅篇末注同

搔首蘇刀反 踟直知反○攷證云直舊譌真今改正校勘記云直知反通志堂本直誤真盧本作直案小字本相臺本十行本所附皆作直不誤校語錄云真盧改直是段校臧校及北館本並依宋本改真為直箋曰毛刻本所附釋文亦作直阮氏未及 躕直誅反 貽我本又作詒音怡遺也下同下句協韵亦音以志反○箋曰本又作詒詳雄雉篇 彤管徒冬反彤赤也管筆管 著于知略反又直略反下同 煒于鬼反赤貌 說懌說本又作悅毛

王上音悦，下音亦。鄭説音始悦反。○攷證云：白帖引作悦。箋曰：説懌本為説釋，後來隸書變為悦懌，以見其義之相别。此云本又作者，正謂他處有此作也。

**自牧** 州牧之牧，徐音目，田官也。 **荑** 徒兮反，茅始生也。 **洵** 本亦作詢，音荀，信也。 **以共** 音恭。 **窈** 烏了反。 **窕** 徒了反。 **之處** 昌慮反。 **之爲** 于僞反，注同，或如字。

**新臺** 馬云：脩舊曰新。爾雅曰：四方而高曰臺。孔安國云：土高曰臺。○校勘記云：爾雅云，通志堂本、盧本云誤曰。案小字本、相臺本、十行本所附皆作云，不誤，段校及北館本並依宋本作云。箋曰：毛刻本所附亦作云，阮氏未及。然云、曰俱可用，未足為誤。

**伋** 音急，宣公世子名。 **而要** 於遥反。 **人惡** 烏路反。 **泚** 音此，徐又七禮反，鮮明貌。説文作玼，云玉色鮮也。○攷證云：玉色鮮也，舊作新色，今從説文改。校勘記云：云新色鮮也，通志堂本同，盧本新作玉，云今從説文改。案盧文弨所説非也，陸所引自是新字，又見君子偕老篇，不得輒改之也。又云：按説文古本必是作新玉色鮮也，或少新字，或少玉字，皆非耳。箋曰：此及君子偕老引説文俱作新色鮮也，段注因增為新玉色鮮也，桂馥義證又謂後人加玉字，後漢書黄憲傳注引說文玼鮮色也案廣韵雖氏切千禮切俱有泚玼二字泚訓水清玼訓玉色鮮依廣韵則盧改新為玉是也惟毛傳鮮明貌玼為本字泚為借字耳

**瀰瀰**莫爾反徐又莫啓反水盛也說文云水滿也○校語錄云說文有濔無瀰此不云說文作濔疑陸所據本作濔今作瀰者後人改也五經文字水部濔云見詩風可證箋曰莫爾反為濔之本音莫啓反殆紙薺二韵有相混者①

**汙穢**音烏

**之行**下孟反篇注同

**燕**於典反又於見反安也○校語錄云燕音於典反以為与婉疊韵也此字傳既訓安則不當疊韵箋曰谷風篇陸云宴爾本又作燕徐於顯反又烟見反安也於顯即此於典烟見即此於見可證燕訓安讀上聲實本舊音也

**婉**紆阮反順也徐於管反○箋曰管在緩韵此阮緩二韵讀音相混校勘記云紆阮反通志堂本盧本同案六經正誤云婉紆晚反作于誤考毛居正是挍宋監本其葉林宗之影宋本即以毛所載者證之知其出於宋時之潭本故微有不合者小字本相臺本十行本所附皆作紆阮反

**籧**音渠**篨**音儲籧篨口柔不能俯也

**不鮮**斯踐反鄭善也王少也依鄭又音仙

**有洒**七罪反高峻也韓詩作漼音同云鮮貌○箋曰尒雅釋丘釋文洒蘇典反又西礼反然則此七罪反蓋依韓詩漼字作音也互詳下浼浼

**浼浼**每罪反平地也

韓詩作浘浘音尾云盛貌○詩經小學云按此必首章新臺有泚河水瀰瀰之異文漼浘字與泚瀰同部與洒浼字不同部又毛傳泚鮮明貌韓詩漼鮮貌毛傳瀰瀰盛貌韓詩浘浘盛貌是其為首章異文陸德明誤屬之二章無疑攷證引段說校語錄云浼每同音不能為切蓋母之譌箋曰泚漼並屬清紐瀰明紐浘微紐明微俱係鼻聲位同之雙聲也又漼浘為合口泚瀰為開口義同而用字之異段說可信傳箋通釋謂段玉裁但取字之同部不知雙聲字古亦通用實則段說之漼泚及浘瀰正雙聲矣法校每為母字是

不殄 毛徒典反絕也鄭改作腆吐典反善也

戚施 千歷反戚施面柔不能仰也○經籍舊音辨證一云皇矣無然歆羨歆許金反羨錢面反承仕按古人形頌之詞大抵非取雙聲即為疊韵而毛詩於形頌連語則又以雙聲疊韵相間成文例如新臺之籧篨不殄得此戚施大叔于田之抑磬控忌抑縱送忌皇矣之無然畔援無然歆羨皆是也德明不曉舊音每致失讀此文戚音千歷反施字無音無音則如字讀矣又歆羨之羨音錢面反亦與歆字異紐實則戚施歆羨皆屬雙聲釋文既承俗誤音即徐邈周續之何胤沈重諸師亦無音釋然則自晉宋南北朝以還蓋已不能正讀矣今謂古音舌齒之間每多出入今音戚屬清紐施屬審紐古音則清審邃三紐相近故戚施得為雙聲也至若歆羨之

羨古音當屬曉紐與歆雙聲騂今音息營反字林音許營反毛詩釋文引見後搜今音所鳩反通俗文音兄戾反顏氏家訓引是其明比板及爾游衍釋文本作游羨地理志江夏郡沙羨晉灼音夷此羨字本有喉音之證黃侃云此條可以不存又云戚施即鼁䵹而語由差池來此疊韵之變也歆羨據詩音表說當為曉與心通類篇羨字尚有虛延一切亦喉音也箋曰雙聲非徒同紐之謂也當依戴東原位同同位之條庶足以盡其狀然戴說亦有誤處今當改易之如影紐當从勞乃宣謂無戛透轢捺之情而直為一音不与他紐為類疑紐當在第三位之濁聲為紐當居三等三等匣位喻紐當与匣紐之四等並處微紐當与明紐別居莊初牀疏四紐當依江慎修謂在齒音之二等照穿神審禪五紐為其三等端透定泥來五紐為舌音知徹澄孃日五紐同惟日紐自當在七位之濁聲絕無收鼻之狀如是則此戚施為齒音清審同位之雙聲歆羨為曉邪位同之雙聲地理志沙羨乃方音之讀故羨道又為延道段玉裁云按漢郡縣名字多異讀殆因其郡縣方語之異即舉沙羨為例經韵樓集五校漢書地理志注皇矣釋文之錢面即廣韵之似面切所本也吳氏謂舌齒之間每多出入蓋依其師章氏之說國故論衡古雙聲說未从戴氏之語

下人遐嫁反

二子乘舟　相爲于僞反　汎汎芳劒反　其景如字或音影　愬仮蘇路反○校勘記云先路反通志堂本盧本先作蘇案蘇字是也小字本相臺本十行本所附皆是蘇字箋曰毛本所附亦作蘇阮氏未及然先蘇同紐無由辨其是非也段校及北館本又改作先　令仮力征反　於隘於賣反　駛疾所吏反本或無駛字一本作迅疾○攷證云注疏本作迅疾　有害毛如字鄭音曷何也　不遠于万反○箋曰各本同惟盧本万誤方

鄘音容柏舟第四鄭云紂都以南曰鄘王云王城以西曰鄘也

柏舟　共音恭下同姜居羊反共姜共伯之妻也婦人從夫謚姜姓也　蚤死音早　僖侯許其反史記作釐曹大家音僖　汎彼芳劒反　常處昌慮反　髧本又作优徒坎反兩髦貌　兩髦音毛說文作髳音同禮子生三月翦髮為鬌長大作髦以象之鬌音丁果反○攷證云說文𩭵正字髳省文箋曰髦實𩭵聲相借　眛爽莫背反　而朝直遙反　櫛側乙反○校語錄云廣韻櫛自為部与乙不同部箋曰釋

文櫛乙同部儀礼士冠礼櫛莊乙反礼記曲礼櫛側乙反又王藻内則左傳僖二十二年襄十四年並同是其證櫛部切語下字用質正臻用真之比廣韵七櫛切語用字与説文鉉音希麟音義同者廣韵蓋從鉉等用字遂以之分部

纚 色蟹反又色綺反

笄總 子孔反

冠緌 汝誰反

靡它 音他

天只 音紙

不亮 本亦作諒力尚反信也○攷證云注疏本作諒為正字

我特 如字匹也韓詩作直云相當值也○三家詩疏證云五經文字牛部犆與特同礼王制犆礿諸侯礿犆禘一犆一祫注犆皆作特犆亦猶直玉藻君羔幦虎犆注云犆皆讀如直道而行之直箋曰特訓匹等字之借

靡慝 他得反邪也

邪也 似嗟反

牆有茨 在良反茨音徐資反茨蒺藜也○校語錄云茨廣韵疾資切此作徐資從邪不分也箋曰注疏本所附無音字按小雅楚茨資作咨餘与此同徐屬邪紐而尒雅釋草作徂周礼媒氏作疾又圍師尚書梓材礼記檀弓穀梁文三年成二年作在徂疾在皆屬從紐今語亦從邪相混也校勘記云蒺蔾也通志堂本盧本蔾誤藜考字書蒺蔾字從艸下棃與藜藋字異五經文字廣韵集韵等皆可證也下不誤注疏校勘記云茨蒺藜也小字本同閩本明監本毛本同相臺本藜、作蔾案蔾字

是也釋文蕠音絮正義今上有蒺蕠之
草皆可證段校及北館本並改蔾作蕠　頑五鰥反宣公庶子昭伯名也

烝之升反載馳序注同　蒺音疾　蔾音梨　埽去丘呂反下同　之行下孟反　中冓
本又作遘古候反韓詩云中冓中夜謂淫辟之言也○箋曰玉
篇宀部冓古候切夜也詩曰中冓之言中夜之言也本亦作冓
廣雅釋詁四冓夜也曹音古候疏證引此詩按漢書
文三王傳晉灼注引魯詩冓夜也則韓魯詩説同

不可詳
如字韓詩作揚揚猶道也○三家詩疏證云偁揚之義較詳審
為勝毛詩後箋云揚猶道也不如毛訓詳審為長箋曰韓詩揚
猶道也与毛上章不可道
也同義無長短勝負可言

君子偕老音皆　人君小君也注云或者小字誤作人耳○箋曰
正義云以言刺夫人故知人君為小君以
夫妻一體婦人從夫之爵故同名曰人君碩人傳曰人君以朱
纏鑣亦謂夫人也夫人雖理得稱人君而經傳無謂夫人為人
君者故箋疑之云或
者小字誤作人耳　副芳富反首飾也　六珈音加笄飾也　編蒲典反或必先
反○校勘記云或必仙反通志堂本盧本仙作先案小字本所
附是先字相臺本十行本所附作仙考此字當在一先韵先字

為是段校臧校及北館本並依岳本作仙箋曰毛本所附作仙阮氏未及按釋文先仙二韻混用詳尚書呂刑又廣韻一先布玄切二仙卑連切俱有編皆訓次也不可謂是非二韻脣音實未有別

**以別**彼列反 **步搖**餘昭反

他讀詩紀引釋文亦作他他是作佗佗者後人依注疏本改校勘記云他他通志堂本盧本作佗佗考羣經音辨人部云佗彼也吐何切佗佗美也大何切詩委委佗佗賈氏此書多取釋文當是釋文有作佗佗作他二本也釋文舊本新本不同載於音辨第七卷中是其證矣唐石經以下各本此經皆是佗字通志堂本依之改遂偶與音辨合又云按他者佗之俗字耳古書多作佗鮮作他段校臧校及北館本並改作他他顧千里校云廣圻按羣經音辨作佗佗箋曰廣韻徒河切佗委委佗佗美也訖何切佗非我也他俗今通用尒雅釋訓亦作佗佗此作他他者係用俗字

**委委**於危反行可委曲蹤迹也注同 **佗佗**待何反德平易也注同韓詩云德之美貌○攷證云佗佗宋本作他

**行可**下孟反舊如字 **委曲**如字

**平易**以豉反 **揄**音遙字又作褕○攷證云注疏本作揄箋曰周礼內司服亦作揄按說文衣部褕翟羽飾衣則褕為本字揄乃借字 **狄**本亦作翟王后第二服曰褕狄○攷證云注疏本作翟足利本作狄校勘記云通志堂本二誤一盧

本作二案小字本十行本所附亦作二不誤校語錄云一當作二何彼禯矣音義可證箋曰內司服掌王后六服褘衣揄狄注云玄謂狄當為翟翟雉名孫氏正義云翟為正字狄為假字巾車后路重翟厭翟翟車亦並作翟翟狄聲近字通書禹貢羽畎夏翟染人注及漢書地理志引並作夏狄是也按內司服褕狄適為第二段校臧校及北館本並依宋本作二毛刻所附釋文亦作二阮氏未及

欲觀古亂反又音官之行下孟反下同玼音此又且禮反鮮盛貌說文云玉色鮮也字林云鮮也音同玉篇且禮反云鮮明貌沈云毛及呂忱並作玼解王肅云顏色衣服鮮明貌本或作瑳此是後文瑳兮王肅注好美衣服潔白之貌若與此同不容重出今撿王肅本後不釋不如沈所言也然舊本皆前作玼後作瑳字○攷證云玉色舊誤作新色今從說文玼瑳蓋古今字周礼內司服音義玼音此劉倉我反本亦作瑳陸據舊本以前後分之非也校語錄云新盧改玉是注疏校勘記云玼兮玼兮唐石經小字本相臺本同按釋文云云段玉裁訂故訓傳云玼字一作瑳淺人乃以分別二三章今攷陸氏之意不以沈為然但舊本皆爾故不定為一字正義本標起止玼兮至如帝後章瑳兮至媛也與釋文本同內司服釋文與下瑳字同倉我反此玼瑳一字之證箋曰周礼內司服注詩國風曰玼兮玼兮其之翟也又曰瑳

兮瑳兮其之展也周礼校勘記孫氏正義及毛詩傳箋通釋俱以為鄭君注礼多本韓魯詩是也毛詩二章玼有傳而三章瑳傳箋皆不釋必其字亦作玼義已具於前也按玼瑳雙聲義復相同故玼本或作瑳然陸檢王肅本後無說則亦与前章同作玼也惟傳本皆前玼後瑳故陸辯證後亦備錄之乃作音於下非謂此詩當前玼後瑳也

鮮盛音仙　鬒真忍反黑髮也說文云髮稠也服虔注左傳云髮美為鬒○攷證云說文正作㐱重文作鬒箋曰今本說文作稠髮也左傳昭二十六年二十八年正義兩引並同

不屑蘇節反絜也　髢徒帝反髮也　髲也皮寄反　瑱吐殿反充耳○十三經音略三云瑱釋文吐殿翻天見翻同天去聲透母俗讀如奔而殿丁練翻之殿非說文眡他計翻音替讀如珥瑱之瑱謂兩字同透母也

揥也勑帝反擿也○十三經音略三云揥釋文勑帝翻音近寘韻之眙丑吏翻笞去聲霽韻無徹母字此霽韻徹母字也今通讀如柢非校語錄云勑帝類隔也箋曰魏風葛屨陸云揥勑帝反所以為飾也乃廣韻十三祭丑例切揥佩飾所本故集韻丑例切訓所以摘髮者法氏云類隔謂當讀如他計切也廣韻他計切楴楴枝整髮釵也疑即此揥集韻無楴有揥注云所以摘髮詩象之揥也法說是

以摘他狄反本亦作擿音同本又作擿又作謫並非謫音丁革反擿音直戟反

○王筠校音作皆箋曰說文十二手部擿拓果樹實也引申為手取之義擿摘乃篆隸字體之異故王校音作皆謂此二字不僅音同而已也按說文手部擿一曰投也言部讁罰也与摘音義並異故陸謂又作擿讁者非

揚且 七也反徐子餘反下同

晳也 星歷反○攷證云當从白作晳校勘記云晳也通志堂本盧本同案盧文弨云當从白作晳是也校語錄云晳盧改从白是箋曰盧本未改但謂當从白耳五經文字白部晳相承多从日非是从日之晳乃相習然也

審諦 音帝

之莊 如字本又作壯側亮反

與 音餘

瑳兮 七我反說文云玉色鮮白

展也 陟戰反注展衣皆同沈張輦反○箋曰張輦反為展字本音即周礼內司服釋文展如字也展衣之展當讀去聲如內司服展衣張彥反邶風綠衣篇展衣知彥反字亦作襢音同本字作𧝓說文衣部𧝓丹縠衣也鉉音知扇切廣韵陟扇切𧝓周礼王后之六服其一曰𧝓衣襢上同張彥知彥知扇陟扇並与此陟戰同

縐 側救反靡也

絺 勅之反○校語錄云絺之不同部說見前箋曰法說誤詳葛覃

是紲 息列反

袢也 符袁反○十三經音略三云袢釋文符袁翻廣韵附袁翻同案符袁以奉並交互出切讀如寒韵之槃不當讀歸奉母音煩然自廣韵已誤入煩字紐矣案玉篇扶元翻亦以交互出切又案說文讀

若普此句當以意會普猶之滂謂讀如音音之泮非謂竟讀如音也作詩音者与作説文音者
皆不知許氏讀若普之意於是詩音有符袁翻説文音有博幔
翻音半而讀符袁者又昧於交互出切不讀並母而讀奉母要當
以説文為正張氏五經文字普半翻極合箋曰五經文字衣部
袢普半反又音煩見詩然則袢讀如煩非陸氏一家皆本漢魏
六朝之舊音也廣韵多本釋文釋文無普半反一讀故换韵判
紐不載袢字亦不盡取説文鉉音故半紐又不載袢字且元韵
無重脣附袁扶元正音和也按段注讀若普下云普音於變聲
得之許讀如此又按文選蜀都賦叛衍相傾李注引司馬彪莊
子注曰叛衍猶漫衍也叛屬並紐普半反讀如判屬滂紐鉉音
博幔切从偏旁半字讀屬邦紐三讀俱去聲从衍字讀也符袁反音煩讀平聲从延字讀也周氏謂讀如槃無據丹
轂戶木反袢延以戰反又如字之蹙子六反冬衣於既反著也下裏衣同○攷證云正
義本無此二字云定本云展衣夏則裏衣縐絺俗本多云冬衣展衣蓋誤也足利古本又作冬則衣較釋文及俗本多一則字
校語錄云冬衣二字今本無説詳盧校本則裏如字舊音吏禮見賢遍反於君子一本無子
字○攷證云注疏本無作襢陟戰反媛也于眷反美女為媛韓詩作援援取也○攷證云許氏嫄云

取乃助字之譌當改正校勘記校語錄並是盧說三家詩攷證云說文媛美女也人所欲援也箋云邦人所依倚以為援助亦用韓說正義引孫炎注尒雅美女為媛曰君子之援助取當助誤箋曰諸說並是取實助誤詩經小學云按此篇也字疑古皆作兮說文引玉之瑱兮邦之媛兮著正義引孫毓故曰玉之瑱兮皆古本之存於今改之未盡者也古尚書周易無也字毛詩周官始見而孔門盛行之兮在第十六支佳部也在第十七歌戈部部異而音近各書所用也字本兮字之假借此篇也字古作兮導大路二也字一本皆作兮尸鳩首章兮字礼記淮南引皆作也箋曰兮屬匣紐也屬喻紐匣喻亦雙聲則也借為兮者乃兮之聲借故云部異而音近 依倚於綺反

桑中 相竊千節反 弋氏羊職反 沬之音妹衛邑也 惡衛烏路反 行也下孟反箋同○攷證云注疏本無也字足利本有 列國之女一本作列國之長女長音丁丈反○攷證云注疏本有長字 要我於遙反注下同 淇音其衛水 葑孚容反 蔓菁音精又子形反○校語錄云菁音清青分部箋曰法說實誤詳尚書禹貢

鶉之奔奔 音純鵪鶉鳥鵪音烏南反 行不 下孟反下同 彊彊 音姜韓詩云奔奔彊彊乘匹之貌

定之方中 丁佞反下同定星名爾雅云營室謂之定孫炎云定正也 衛爲狄所滅 一本作狄人本或作衛懿公爲狄所滅非也○攷證云正義作狄人足利本作衛懿公爲狄人所滅注疏校勘記云衛爲狄所滅唐石經小字本相臺本同案正義云是爲狄所滅之事又云故爲狄所滅懿公時也皆指序而言是正義本與釋文同其自爲文則多言狄人非其本有人字也考序於此及載馳木瓜凡三言狄人文例宜同當以有者爲長考文古本采釋文而合兩本爲一箋曰正義云此序摠説衛事故直云滅依校勘記不必斥懿公云云足以釋此 漕 音曹 攘 如羊反 説之 音悦

熒澤 迴丁反○攷證云注疏本从水作滎非注疏校勘記云戰于熒澤而敗小字本相臺本閩本同明監本毛本熒作滎考周禮左傳與此同字皆作熒唯尚書釋文作滎滎字誤也此正義本亦是熒字今作滎者或合併以後改之耳校語錄云熒注疏本从水箋曰盧阮説是也詳尚書禹貢 以盧 力居反 東辟 音壁○攷證云注疏本作壁校

勘記云音壁通志堂本壁誤壁盧本作壁案小字本相臺本所附皆作壁不誤校語錄云音壁廣韻壁壁不同讀盧改壁是也段校及北館本並依宋本作壁箋曰毛刻鄭箋作壁按尒雅釋天釋文辟本又作壁布覓反今按此星有人居之角江校角衍象宜為壁又按廣韻昔韻必益切有辟壁二字錫韻北激切有壁字見覓在錫韻足證釋文昔錫混用

揆之葵癸反

度也待洛反下同

南視字又作眂音同○箋曰眂當从氏作眂周礼大宰釋文眂音視本又作視詳彼

廞居又反

榛側巾反○校語錄云廣韻榛巾不同部說見桃夭箋曰法氏桃夭之說實誤詳彼

椅於宜反梓屬草木疏云梓實桐皮曰椅也

梓音子

漆音七

長大丁丈反

彼虛起居反本或作墟○玫證云水經注八引作墟箋曰尒雅釋水河出崐崘虛釋文云去魚反本亦作墟礼記檀弓去作起餘同此或作与亦作同

夾於居洽反

濟水節禮反

依倚於綺反

使能所吏反

能說如字鄭志問曰山川能說何謂也荅曰兩讀或言說說者說其形勢也或曰述述者述其故事也述讀如遂事不諫之遂箋曰正義云山川能說者謂行過山川能說形勢而陳述其狀也鄭志云云則鄭為兩讀以義俱通故也按說失藝切屬審紐述食聿切

屬神紐，遂徐醉切屬邪紐，審神同爲舌齒音，乃同位雙聲，述讀如遂正讀入爲去，審邪同爲摩擦音，乃位同雙聲，不僅述説二字義通也。

**儡** 本又作讄，又作誄，皆力水反。説文云：讄，禱也，累功德以求福也；誄，謚也。

**爲卿大夫** 一本無卿字。○攷證云：注疏本無。

**倌人** 音官，徐古患反，主駕人也。説文云：小臣也。

**星言** 韓詩云：星，晴也。○箋曰：鄭箋云星雨止星見，即本韓詩，本字作姓。説文夕部：姓，雨而夜除星見也。段注引此詩説。

**説于** 毛始鋭反，舍也；鄭如字，辭説。

**星見** 賢遍反

**爲我** 于僞反

**操也** 七刀反

**騋牝** 上音來，馬六尺已上也；下頻忍反，徐扶允反。○攷證改允爲死，云舊作扶允，是妄改，今从宋本、注疏本亦不誤。校語録云：允，盧改死，是。校勘記云：徐扶死反，通志堂本死誤允，盧本作死。案小字本、十行本作死不誤，集韵五旨牝字即此徐讀也。又云：按經典牝字徐皆讀如刀匕之匕，段校、臧校及北館本並依宋本作死。箋曰：通志堂本作允字不誤，周易坤卦徐音亦作扶允反，今通志堂亦改作死，校語詳彼。此經毛刻所附亦改死，阮氏未及。

**以上** 時掌反

**六種** 章勇反，下同。

**過禮** 一本作過禮制。○攷證云：注疏本有制字。

**而復** 符富反

蝃蝀上丁計反下都動反蝃蝀虹也爾雅作螮蝀音同　相長張丈反○攷證云注疏宋本作丁丈反是校勘記云張丈反通志堂本盧本同案盧文弨云注疏宋本作丁丈反考此謂十行本所附也小字本所附亦作丁其實張字非誤岳氏沿革例云有一字數切而自為厖雜者如一長字也則丁丈張丈知丈展兩反云云六經正誤之音辯云葛覃曰長丁丈反當從衛風雄雉詩長幼張丈反為正音後倣此皆可為證盧文弨未之考也箋曰長訓大屬知紐丁端紐類隔也張屬知紐尤不誤盧以作丁者為是實誤毛刻又作竹阮氏未及按此皆各本切語用字之異　虹音洪一音絳　遠父于万反下同　惡之烏路反下惡之皆同　朝隮子西反升也徐又子細反鄭注周禮云隮虹氣　氣應應對之應　大無音泰注同　相鼠息亮反篇內同　之行下孟反　高顯之處昌慮反　無止毛止所止息也鄭止容止也韓詩止節無禮節也　不遄市專反速也　干旄音毛　美好呼報反篇內同　孑孑居熱反又居列反○校語錄云居列与居熱同疊出未詳箋曰

居熱居列用字異耳 在浚蘇俊反衛邑也 之旟之然反通帛為旟 紕之毛符至反鄭毗移反

〇校語錄云紕符至反玉篇作必二廣韵二音俱不收紕移古
韵不同部而篇韵並同箋曰傳云總紕於此蓋讀為比次之比
故云符至反按唐寫残本玉篇紕補寐扶規二反並引此詩傳
補寐即今本必二也又按篇韵俱本六朝音家之讀法氏以古
韵言殊知二者不可牽合實為無的放矢也 組也音祖 之旒音留 縿所銜反何沈相沾反〇箋曰所
銜反讀如衫銜韵疏紐為本讀相沾反蓋讀如纖鹽韵心紐釋
文鹽銜混用心疏俱為齒音摩擦尒雅釋天釋文縿本或作纖
纖纖俱从韱聲故遂讀相沾切集韵思廉切乃收縿字 彼姝赤朱反 畀之必寐反與也注予同
說此音悅 干旟音餘鳥隼曰旟 隼荀尹反 州長張丈反 總以子孔反
驂馬七南反 析星歷反 祝之毛之六反織也鄭作屬之蜀反著也〇段訂故訓傳云祝織也此謂
假借祝與織雙聲而合音最近箋曰織之翼切与祝同屬照紐
故段謂此祝以雙聲借為織字按鄭箋云祝當作屬屬著也附
著之也廣韵之欲切有屬會也祝屬亦雙聲 著也直略反沈知略反〇箋曰廣韵直略切著附也張略切著服衣

於身二義實同

載馳 閟其 一本作毖密謹反○校語錄云閟毖並与謹不同部箋曰此亦法氏據廣韻分部而謂其讀音必不同遂以論釋文切語用字詳尚書立政 唁其 音彥弔失國曰唁 載駈 字亦作驅如字協韻亦音丘

跋涉 蒲末反草行爲跋水行爲涉韓詩云不由蹊遂而涉曰跋涉 告難 乃旦反 不臧 子郎反

不遠 于万反注同協句如字 不閟 悲位反徐又方臾反閉也○校語錄云方臾与悲位同一類隔一音和也又字蓋衍箋曰又者謂徐既用悲位作反語又有用方臾者用字雖異其讀實同法氏每以反語字不同其音必不同輒以後世等韻家術語以釋之實誤

蝱 音盲貝母也藥名也 以療 力照反 尤之 本亦作訧音同過也○箋曰邶風綠衣作訧按說文三訧過也為本字尤為同音假借字

稺 本又作稚直吏反○校語錄云稚吏不同部箋曰儀礼喪服与此同周易序卦又作或尚書立政又作亦餘並同可證釋文稚吏固不分部法氏以廣韻稚在至部吏在志部遂謂不同部實未明陸氏之旨

一槩 古愛反 芃芃 薄紅反徐又符雄反盛長 長也

張文反　**控于**苦貢反引也　**引也**夷忍反又夷刃反　**求援**于眷反又音袁沈于万反○校語錄云援音線願分部箋曰廣韵万在願部眷在線部此于眷于万混用正見釋文不分爾雅釋器釋文桊音眷又九萬反直音与反語並出亦線願混用也

## 衛淇奧第五

鄭王俱云紂都之東也

**淇奧**上音其下音於六反一音烏報反淇水名奧隈也草木疏云奧亦水名○箋曰於六反正依尓雅釋丘郭音其音烏報正依奧字之本讀故云一音一音者謂乖其義也　**入相**息亮反　**綠竹**並如字綠王芻也爾雅作菉音同竹萹竹也韓詩竹作𦺇音徒沃反云𦺇萹茿也石經同○攷證云萹舊俱譌从竹今從宋本正下同臧氏云說文茿萹茿也𦺇水萹茿也是毛詩作茿以為岸萹茿竹是假借字韓詩作𦺇以為水萹茿陸氏隋唐間人此所言石經指漢熹平石經也漢石經詩為魯詩是韓魯詩同作𦺇字經言瞻彼淇奧則言水萹茿是韓魯較毛為勝詩經小學云大學引詩菉竹猗猗爾雅菉王芻邢疏詩云菉竹猗猗說文菉王芻也詩曰菉竹猗猗按毛詩作綠字之假借也離騷薋菉葹以盈室兮王逸注引詩終朝

采菉今毛詩亦作綠上林賦揜以綠蕙張揖曰綠王芻也王筠校同段說校勘記云竹萹竹也通志堂本萹誤篇盧本作萹案此字從艸下同云藩萹筑也通志堂本盧本同案筑當作苋从艸下云韓詩作筑亦苋字之誤集韻一屋載苋䒱二形艸名說文萹苋也或從木可證校語錄云篇盧改萹是筑阮云當作苋是段校臧校及北館本並改篇為萹改筑為苋箋曰此作篇作筑从竹者實誤下同今俱正

猗猗於宜反美盛也

隈也烏迴反孫炎云水曲中也

王芻初俱反郭璞云今呼白脚莎莎音蘇禾反一云即菉蓐草也蓐音辱

萹竹本亦作扁匹善反又音篇郭匹殄反一音布典反竹音如字又勑六反韓詩作苋音同郭云似小藜赤莖節好生道旁可食又殺蟲草木疏云有草似竹高五六尺淇水側人謂之菉竹也○校語錄云匹善匹殄獮銑分部箋曰尔雅釋草釋文萹匹善反顧補殄匹緜二反則補殄依扁作音与布典同

之烈一本作之餘烈○攷證云注疏本有餘字

有匪本又作斐同芳尾反文貌下同韓詩作邲美貌也○攷證云大學作斐詩經小學云按攷工記梓人匪色似鳴亦即斐字說文九卩部邲字段注云衛風有斐君子釋文云韓詩作邲蓋即此字而今本釋文及廣韻皆誤从邑作邲校語錄云邲當从卩箋曰从邑作邲者為鄭地名段法說是羣書治要三引此詩

匪作斐 如磋 七何反治象名○校勘記云通志堂本盧本同案小字本相臺本十行本所附皆作瑳考卷阿釋文云切磋或作瑳是陸本作磋字各本所附皆非其舊小雅谷風篇同注疏校勘記云如切如磋唐石經同小字本相臺本磋作瑳案此正義中字皆作磋釋文磋七何反爾雅釋文同考五經文字磋治也在石部瑳玉色鮮在玉部是唐人有以此字從石與瑳兮瑳兮字別者說文有瑳無磋磋本瑳之俗字耳此經及傳并小雅谷風大雅卷阿桑柔皆當本是瑳字周礼礼記二釋文亦作瑳箋曰釋文校勘記謂陸本作磋注疏校勘記又謂皆當本是瑳二說互異按卷阿釋文既云切磋或作瑳則磋瑳俱不誤陸氏隨本作音不計正俗字也說文玉部有瑳字而段注刪之从石之磋自隸書行世即為正字故唐寫殘本玉篇石部磋下引此詩可證磋字為六朝人所通用者此經毛本所附亦作磋阮氏未及段校及北館本並同宋本作瑳王筠校云礼記大學釋文作如瑳羣書治要三同 如琢 陟角反治玉名 如磨 本又作摩莫何反治石名○箋曰礼記大學釋文如摩本亦作磨 僴兮 遐板反寬大貌韓詩云美貌說文云武貌 赫兮 呼白反德赫赫然也 咺兮 況晚反威儀容止宣著也韓詩作宣宣顯也○箋曰顯著之義韓詩作宣為正字毛作咺礼記大學作喧尒雅釋訓作煊俱為借字

諼兮況元反又況遠反忘也　青青子丁反茂盛也本或作菁音同○詩經小學云按淇奥苕華之青青與杕杜菁菁者莪之菁菁同也淇奥傳青青茂盛貌杕杜傳菁菁葉盛也菁莪傳菁菁盛貌箋曰依茂盛之義則菁為正字此云子丁反正為菁字作音　琇音秀沈又音誘說文作璓云石之次玉者弋久反○攷證云璓舊亦作琇今依本書正校語錄云琇盧改璓是校勘記云說文作璓通志堂本璓誤琇盧本作璓案集韵四十九宥載璓琇二形云說文石之次玉者引詩充耳璓瑩或省可證箋曰說文玉部璓字段注云說文从莠隸作秀猶从芺之多為夭也按如段說此正陸氏引說文以明篆隸之異也盧改阮說俱是段校臧校及北館本亦並作璓又按弋久反即讀如誘鄗人士釋文引徐仙民音誘即沈重音所本

瑩音榮徐又音營又音瑩磨之瑩琇瑩美石也○校語錄云分榮營為二音与廣韵同　會古外反注同鄭注周禮則如字說文作髀　弁皮變反皮弁也　之瑱天見反　之縫符用反　皪皪本又作礫音歷又音洛

之朝直遥反下及下篇同　如簀音責積也○十三經音略三云簀釋文音責側格翻照母今通讀如積精母詩經小學云簀積也簀即積之假借字　綽兮昌若反緩也　猗於綺反依也○段訂故訓傳改猗為倚云倚作猗者

誤毛傳疏從之引礼記曲礼孔疏論語鄉黨皇疏荀子非相篇楊注文選西京賦李注引詩皆作倚為證孜證云猗北宋本从犬見羣經音辯犬部正義宋本及足利本皆从人校勘記云猗通志堂本盧本同案盧文弨云宋本从人案考此宋本謂十行本所附其實釋文本是猗字十行本非是注疏校勘記云倚重較兮唐石經小字本相臺本倚作猗閩本明監本毛本同案猗字是也正義云而此云猗重較兮序下正義云猗重較兮是也皆其證此經猗倚假借在作傳箋時人共通曉故不更說車攻兩驂不猗同節南山有實其猗傳猗滿也箋猗倚也因易傳故說之亦是謂猗倚假借也其此正義云倚此重較之車兮者易猗字為倚字而說之正義於古今字例如此與上下文直引經文者不同例也考文古本作倚采正義而誤經義雜記引曲礼正義荀子楊注文選李注皆作倚疑从犬者譌其記非也又據釋文正義石經說文繫傳羣經音辯以為唐人雖多引作人旁未若从犬者尤為信而可徵得之矣凡昔人引書或改或不改非有成例用之資證則可若以為典要則其失多矣箋曰阮說可信故毛詩後箋傳箋通釋並用阮說

**重** 直恭反注同

**較兮** 古岳反車兩傍上出軾者

**施舍** 如字又詩鼓反又式氏反○箋曰式氏反葢讀作弛下文有弛本亦作施式氏反可證

**謔兮** 香略反

**有弛** 本亦

作施同式氏反○攷證云張弛字从弓為正箋曰施弛並屬審紐平上去相承

考槃薄寒反考成也槃樂也

在澗古晏反山夾水也韓詩作干云墝埆之處也○箋曰干澗並屬見紐雙聲相借毛詩斯干周易漸卦及韓詩此篇俱用借字

樂也音洛下同

山夾古洽反

覺而交孝反又如字○箋曰交孝反讀如教即睡覺之覺也如字讀古岳切覺悟之覺也今覺字亦此二音二義与陸時同

邁苦禾反毛寬大貌鄭飢意韓詩作過過美貌○說文艸部邁字段注云衛風碩人之邁假借此字按毛鄭意謂邁為款之假借爾雅款足者謂之鬲漢志作空足曰鬲楊王孫傳窾木為匵服虔曰窾空也淮南書窾者主浮注窾空也讀如科條之科然則邁款古同音許君亦曰窠空也毛鄭說皆取空中之意箋曰段訂故訓傳及注說文穴部窠字又謂此經邁字為窠字之借按說文窠空也鉉音苦禾切則窠邁音同義近窠从穴當以鳥巢為本義引伸為空窠空款俱雙聲故通用

弗過古禾反注同崔古臥反

不復符又反下同

之軸毛音迪進也鄭直六反病也○箋曰正義云傳軸為迪釋詁云迪進也箋以與陸為韻宜讀為逐釋詁云逐病逐軸古今字異段訂故訓傳云軸迪也此謂軸即迪之假借

告

語魚據反

碩人　嬖妾補意反○校語錄云嬖意不同部此誤他皆作補計反是箋曰意在廣韵志部嬖在霽韵此混用猶脂之之齊亦不分也　上時掌反　僭作念反　其頎其機反長貌　衣錦於既反注夫人衣翟今衣錦同○攷證云注疏本作國君夫人翟衣而嫁今衣錦者足利本每句上下皆有衣字非是　褧苦迥反徐又孔穎反禪也說文作檾枲屬也○十三經音略三云釋文褧苦迥翻音頃徐又孔穎翻音同梗迥徼別說文作檾礼記中庸篇作絅同釋文本又作頴口迥翻即苦迥翻徐又口定翻音磬一音口穎翻即孔穎翻校語錄云褧音迥靜分部廣韵檾字兩部兼收褧唯收迥箋曰釋文迥靜混用詳尚書立政攷證云說文褧下又引詩與今同案檾為枲屬字或借褧而非此詩之義說文檾下亦引詩或出於魯韓未可知如言衣錦麻衣似非辭說文衣部褧檾也詩曰衣錦褧衣示反古段注云此許釋詩也毛傳曰衣錦錦文衣也夫人德盛而尊嫁則錦衣加褧襌中庸曰衣錦尚絅惡其文之著也鄭以中庸箋詩許云示反古意亦略同古者麻絲之作蓋先麻而後絲故衣錦尚褧歸真反樸之意箋曰段說是也中庸云衣錦尚褧惡其文之著也尚者加也此詩之義正謂當樸質以

反古盧不用中庸而作衣錦麻衣為非辭殆昧古訓　褧襜昌占反　佼好本又作姣古卯反下同

襌也音丹　為其于僞反　之大音泰下大子同舊音勑賀反　邢侯音形姬姓國

譚公徒南反國名　柔荑徒奚反　蝤似脩反徐音曹○校語錄云蝤廣韵自秋切此亦從邪不分箋曰尒雅釋蟲釋文蝤徂秋反徂自俱屬從紐似屬邪紐法說是　蠐本亦作蠐又作齊同音齊沈又音茨爾雅云蟦蠐螬蝤蠐蝎郭云蠐螬在糞土中蝎在木中蝎桑蠹是也蟦音肥分反蠹音妬○攷證云注疏本作蠐箋曰尒雅釋蟲作蠐釋文云本又作齊徂西反　蝎音曷又音葛　瓠戶故反　犀音西　瓠瓣補遍反又蒲莧反沈又蒲閑反○校語錄云補遍同紐不能為切集韵收匹見切內則似補為譌字尒雅釋文有謝力見反一讀力必方之譌方補同紐又疑遍為譌字矣依集韵收滂紐而改補為浦俟再考又案補遍當據東山音義改為盧遍箋曰東山釋文之瓣盧遍反又白莧反說文云瓜中實也沈薄閑反盧遍讀同廣韵郎甸切之瓠即尒雅釋草之力見法氏謂力必方之譌非也此補當依東山作盧法說是白莧即此蒲莧為瓣本讀音如辦具之辦薄閑即此蒲閑廣韵不載至集韵乃據本書收之云沈重讀集韵匹見切詩雅俱

無其讀不知所本 螓首音秦 蛾眉我波反 顙蘇黨反 蜻蜻郭徐子盈反沈又慈性反方頭有文王肅云如蟬而小○箋曰尒雅釋蟲釋文蜻蜻郭音情又音精音精即此子盈反沈重讀作顆故云慈性反音如無垢之淨說文九顆好貌詩所謂顆首鉉音疾正切疾正与慈性音同 倩兮本亦作蒨七薦反好口輔也韓詩云蒼白色○毛傳疏云韓詩作蒨蒨草初生蒼白色韓詩依字作訓與毛訓異校勘記云倉白色通志堂本盧本倉作蒼案倉字不誤此古通用小字本十行本所附亦是蒼字皆後改也段校臧校及北館本並改蒼為倉箋曰毛刻所附亦作蒼阮氏未及 盼兮敷莧反白黑分也徐又敷諫反韓詩云黑色也字林云美目也匹問反又匹莧反○攷證云盼兮舊作昐兮譌今改正校勘記云盼兮通志堂本同盧本盼作盼案六經正誤云說文作盼引詩美目盼兮據義取黑白分當从分作盼誤云云五經文字目部云盼見詩此釋文當本是盼字轉寫乃譌作盼耳注疏校勘記云美目盼兮小字本相臺本同閩本明監本同唐石經盼作盼毛本同案盼字是也校語錄云盼盧改盼是箋曰毛刻所附釋文正作盼今正十三經音略三云盼釋文有匹莧本母出切敷見交互出切敷諫諫霰微異三翻同音攀去聲字林匹問去聲論語音義作匹問訛作翻同校語錄云匹問當依注疏本作匹間論語音義作匹

簡即因間而誤加竹蓋校者因今廣韻間莧同部不得為異讀故改之不知字林分部不必與廣韻同也集韵間部不收盼字可知本不作間矣箋曰周云敷見此見實為莧誤周未校出遂于敷諫云諫霰微異實為依訛立說又云音攀去聲不可解矣法謂論語間字作簡為校者之改不免穿鑿簡實間誤非改也間為簡誤周法二氏之說是也莧在襇韵襇諫二韵釋文多混四莧即敷莧滂敷輕重交互也此四反語俱用字異而音同

**敖敖**五刀反

**說于**本或作稅毛始銳反舍也鄭作襚音遂衣服曰襚○攷證云文選八注張揖引詩作稅校語錄云始稅乃始銳之譌箋曰案尒雅釋詁稅舍也毛本尒雅釋詁釋文稅始銳反此詩注疏本所附並作始銳唯通志堂本盧本銳誤稅

**有驕**起橋反壯貌○十三經音略三云四牡有驕之驕釋文起橋翻音蹺溪母今無讀此音者箋曰起橋翻蓋讀作蹻趫字說文足部蹻舉足小高也走部趫行輕皃一曰趫舉足也廣韵並去遙切去遙起橋讀音同

**朱幩**孚云反又符云反飾也說文云馬纏鑣扇汗也

**鑣鑣**表驕反馬銜外鐵也一名扇汗又曰排沫爾雅云鑣謂之钀钀音魚列反沫音末○段校及北館本墨筆並云當是傳之纏鑣箋曰以釋文所解乃纏鑣之鑣則此上鑣字當為纏誤故段校云然

**茀**音弗車蔽也○王筠云陳奐案茀毛音蔽周礼

注作蔽釋文音弗非毛讀箋曰周礼巾車注引此詩茀作蔽孫詒讓周礼正義謂鄭據韓詩且巾車釋文亦云蔽劉音弗本書采芑茀音弗車蔽也韓奕同周易既濟茀方拂反鄭云車蔽也方拂反即讀如弗陳氏謂毛音蔽無據

**以朝** 直遙反注皆同

**用適** 丁歷反本亦作嫡○孜證云注疏本作嫡箋曰召南江有汜傳用嫡字釋文云都狄反正夫人也大雅大明用適字天位殷適傳云紂居天位而殷之正適也故儀礼喪服左傳僖二十四釋文並云嫡本亦作適

**夙退** 韓詩退罷也案礼記云朝廷曰退

**爲妃** 音配

**洋洋** 音羊徐又音祥盛大也○校語錄云洋音羊祥喻邪互變也

**活活** 古闊反又如字流也

**罛** 音孤魚罟

**濊濊** 呼活反毛云施之水中也馬云大魚罔目大豁豁也韓詩云流皃說文云礙流也○王筠校凝作礙校語錄云凝當作礙箋曰說文濊礙流也引此詩此引說文當作礙惟盧本不誤餘俱誤凝今正

**鱣** 陟連反大魚口在頷下長二三丈江南呼黃魚與鯉全異

**鮪** 于軌反鮥也似鱣大者名王鮪小者曰叔鮪沈云江淮閒曰叔伊洛曰鮪海濱曰鮥○校勘記云于軌反通志堂本同盧本軌作軌案六經正誤云作軌誤五經文字車部云軌從八九之九作軌非可見俗作軌字自唐已有此又云按唐碑皆如此箋曰匏有苦葉陸云案說文云軌車轍也

从車九聲龜美反此經毛刻所附正从九聲作軌校勘記後説疑亦後人所增非阮意也**發發**補末反盛貌馬云魚著罔尾發發然韓詩作鱍○箋曰廣韻北末切鱍魚掉尾也即本此**葭**音加蘆也**菼**他覽反玉篇通敢反○校語錄云玉篇五字殆校語通敢即他覽也箋曰顧野王生于梁故陸書每引之法氏常謂為校者語非也互詳北門適條**揭揭**其謁反徐居謁反長也○十三經音略三云揭釋文其謁翻音竭徐居謁翻音孑箋曰其謁長也即廣韻渠列切高舉之義居謁反即廣韻居列切揭起之義**孽孽**魚竭反徐五謁反盛飾也韓詩作钀牛遏反長貌○校語錄云孽音易徐者薛月分部也竭音亦然箋曰魚竭歟列在薛部五謁起謁在月部月薛今讀相混蓋陸時已然尒雅釋訓釋文孽孽魚謁反魚謁即五謁陸亦用謁足證此詩魚竭非陸易徐矣攷證云高誘注呂氏春秋過理篇引詩庶姜钀钀凡高所引多同韓詩詩經小學云按爾雅蓁蓁蘖蘖戴也毛傳蘖蘖盛飾也廣韻钀頭戴物也此謂庶姜姿首美盛如草木枝葉説文钀櫱不枿同今毛詩爾雅作孽誤箋曰孽钀雙聲孽為櫱之同音借字非有誤**朅**欺列反徐起謁反武壯貌韓詩作桀云健也○校語錄云廣韻朅字月薛兩收陸則止收薛矣箋曰廣韻薛韻有朅月韻無朅陸書薛月不分法説失實段訂故訓傳云朅武壯貌此謂朅即仡之

段借説文仡仡勇壯也箋曰仡鋸音魚訖切屬疑紐齧屬溪紐溪疑同位雙聲故得相借韓詩作桀屬羣紐亦同位相借

罛音孤○攷證云宋本有此條然此音已見於經誤仍之校勘記云罛音孤影宋本有此一條在罟音古條上通志堂本無盧本有案考十行本所附亦有此條當係陸氏元文後人因與上重出而輒刪之非也山井鼎以為元文無此三字者但據通志堂本言之耳凡考文所論皆然今不盡出之也段校臧校及北館本並依宋本增罛音孤箋曰上條無下同二字依本書例自可重出阮説是也毛本所附釋文亦有此條阮氏未及

罟音古　貉音洛　蘆也音盧　亂五患反江東呼之烏蓲蓲音丘

氓莫耕反民也韓詩云美貌　無別彼列反　華落戶花反或音花　復相扶又反　弃背音佩○攷證云弃背注疏本作棄背箋曰注疏本所附釋文但云背音佩無弃字詩序作棄背按棄即棄小篆弃為古文

喪其息浪反　妃耦音配　以風福鳳反　佚也音逸○攷證云注疏本作泆也注疏校勘記云刺淫泆也唐石經小字本相臺本同閩本明監本毛本亦同案釋文佚音逸正義標起止云至淫佚是釋文本正義本皆作佚

唐石經改作泆者非也閩本以下正義中亦皆誤泆餘同此箋曰廣韵佚泆同音佚為佚樂泆為淫泆義並相近不得謂泆誤

蚩蚩 尺之反敦厚貌 貿 莫豆反買也 頓丘 都寸反 通稱 尺證反 愆期 起虔反過也字又作僁〇箋曰愆為小篆僁為籀文 將子 七羊反毛願也鄭請也 故語 魚據反

垝 俱毀反毀也 垣 音袁 所近 附近之近 鄉其 許亮反本又作嚮 漣漣 音連泣貌〇段訂故訓傳云漣當作連字之誤也箋曰陸為漣字作音不以為誤云音連自是漣字按楚詞九歎王注引此詩正作漣漣可見漢時固作漣字

爾筮 市利反蓍曰筮 體無 如字卦兆之體也韓詩作履履幸也〇攷證云禮記坊記引詩履無咎言鄭注履礼也三家詩攷證云韓詩訓履為幸幸勿咎言義較順然履之訓幸於古無徵 咎言 其九反 蓍曰 音尸 之繇 直又反卦兆之辭也〇攷證云宋本彔上加卜是後人妄造今不從校勘記云之繇通志堂本盧本同案六經正誤云之繇作繇誤今刻正誤倒其字毛居正之意欲改繇為繇於小是篇正文及左氏傳閔二年僖四年十五年皆著其說其實繇字非是說已見前盧文弨云宋本彔上加卜今未見俟再詳或謂相臺岳氏經注本也小字本所附作繇不

誤阮又云按説文作籀引春秋傳卜籀云是也凡經注作繇者假借耳加卜為俗字箋曰説文段注籀下云春秋傳卜筮繇辭俗作繇阮氏後説近是

我賄呼罪反財也 徑以經定反 沃若如字徐於縛反○箋曰沃如字讀烏酷切徐仙民以為沃若聯語故讀如廣韻憂縛切之矱變其韻不變其聲与若為叠韻聯語 桑葚本又作椹音甚桑實也○攷證云五經文字云椹詩或體以為桑葚字注疏校勘記云無食桑葚唐石經小字本相臺本同案此釋文本也考正義本是椹字泮水經作黮即用字不畫一之例箋曰釋木釋文葚音甚説文云桑實也本或作椹非廣韻食荏切葚俗又作椹椹本音砧又知林切椹文字指歸俗用為桑椹字非按椹為鈇椹字五經文字亦云竹壬反即讀如砧依釋木釋文及指歸桑葚字作椹者為非又按廣韻葚屬神紐甚常枕切屬禪紐本書則神禪不分

士耽都南反樂也

鶻鳩音骨 樂也音洛下同 百行下孟反 而隕韻謹反○校語錄云隕謹不同部箋曰釋文軫隱不分詳尚書立政法説非也

湯湯音傷水盛貌 漸車子廉反注同漬也濕也 帷裳位悲反

隋也字又作墮唐果反 猶冒音墨 此難乃旦反 其行下孟反注同 不解

音懈

**浸薄**子鴆反

**咥**許意反又音熙笑也又一音許四反說文云大笑也虛記反又大結反〇十三經音略三云咥釋文許意翻又音熙一音許四翻說文虛記翻並與許意翻同不必重出又大結翻音迭別為一義校語錄云意熙記並与咥不同部許四是也廣韻並不收箋曰許意虛記讀如廣韻許記切之憙又音熙讀如許其切為平聲許四足見至志二韻相混故云又一音許意虛記許四俱用字異而音同故並載之周氏以為重出蓋未明陸書條例固如是也按說文二咥大笑也鉉音許既切又直結切許既即此許意虛記之音志未二韻今讀亦混直結即此大結定澄二紐類隔也廣韻徒結切咥笑也又火至丑栗二切徒結即此大結周氏謂大結翻別為一義實誤法氏謂廣韻並不收不知火至即此許四耳

**有泮**音判毛云坡也鄭音畔畔涯也〇箋曰畔為田界引伸為凡界之稱与毛訓坡為障者微異判屬滂紐畔屬並紐音亦相近

**坡**本亦作陂北皮反澤陂詩傳云障也呂忱北髮反云陂阪也亦所以為隰之限域也本或作破字未詳觀王述意似作破

**自拱**俱勇反本又作共音同

**之宴**如字本或作卝者非〇孜證云正義曰經有作丱者因甫田總角丱兮而誤也定本作宴案甫田傳丱幼稚也於此無傳作丱非校勘記云本或作卝者非通志堂本盧本卝誤丱

案齊甫田篇字同校語錄云作丱者因總角丱字而誤也段校及北館本並改丱為卝箋曰文始卷一卷五俱謂詩之卝字皆丫字隸省由歌轉寒作古患切丫為羊角正象總角之形毛刻所附釋文亦作丱阮氏未及案甫田釋文卝兮古患反幼穉也古患反讀如慣陸謂此宴當如字讀於甸切宴尔新昏之宴故以作卝者為非

旦旦 說文作悬悬

懇 起很反

惻 本亦作⿱則心楚力反

竹竿

籊籊 他歷反長而殺

以釣 音弔

而殺 色界反

遠莫 如字又于万反注同

遠兄 于万反○攷證云俗本作遠父母兄弟此與唐石經及諸舊本皆作遠兄弟父母注疏校勘記云遠兄弟父母唐石經小字本同閩本明監本同相臺本作遠父母兄弟毛本初刻遠兄弟父母後改從相臺本案相臺本誤也釋文以遠兄二字作音可證段玉裁云從唐石經今本誤則非韵見六書音均表箋曰此段氏六書音均表第四表第一部之說也故第二表中右聲母聲同在第一部与此標遠兄不標遠父合

之瑳 七可反沈又七何反笑皃

之儺 乃可反說文云行有節也

不惡 烏路反

浟浟 本亦作滺音由流皃○攷證云注疏本作滺五經文字云滺字書無

此字見詩亦作攸案此字當從張參說作攸說文攸本从水省更加水旁作滺非今本又滺下加心更謬**檜**古活反又古會反木名**楫**本又作檝子葉反徐音集方言云楫謂之橈或謂之櫂釋名云楫捷也撥水使舟捷疾也橈音饒○箋曰使舟通志堂本及注疏本所附並作舟行此盧據原書改**櫂舟**直教反**思鄉**本又作嚮同許亮反**芄蘭**芄音丸本亦作丸芄蘭草名**恒蔓於地**蔓音万本或作蔓莛於地者後人輒加耳○攷證云注疏本有延字校勘記云通志堂本輒誤輒盧本作輒箋曰注疏本所附釋文並誤輒阮氏未及按臧校与盧本同作輒是也今據正**佩**蒲對反依字從人或玉傍作者非○箋曰礼記曲礼釋文佩步內反本或作珮非与此說同按珮為分別文之俗字干祿字書佩珮上帶也下玉珮也古並作佩故陸以為非**觿**許規反解結之器○十三經音略三云觿釋文許規翻毀平聲說文户圭翻音畦兩音母異韻亦不同今通讀户圭翻無讀許規翻者箋曰許規反讀如左傳隨墜軍實而長寇讎之隨礼記內則釋文觿音同按五經文字觿火規反見詩火規即許規可見此音為漢魏六朝經師之讀廣韻許規切户圭切並收觿字**觿與**音餘下佩韘與同**悸兮**其季反韓詩作萃垂貌**紳帶**音身**不稱**尺證

反

韘失涉反毛玦也鄭沓也 玦也本又作決音同 沓也徒荅反 彄沓苦侯反

我甲如字狎也爾雅同徐胡甲反韓詩作狎○箋曰徐音本韓詩及毛義讀為狎 狎也戶甲反

河廣

一葦韋鬼反 杭之戶郎反渡也 廣與音餘下遠與同 喻狹音洽 非

為于僞反 跂予丘豉反 容刀如字刀小船也字書作舠説文作䑠並音刀○詩經小學云正義曰説文作䑠䑠小船也按今説文脱䑠字攷證王筠校校語録並同段説十三經音略三云刀如字字書作舠説文作䑠並音刀案今江右楚南有䑠子船讀如刀翻丁聊箋曰釋文作並音刀不作刀按刀為俗體因音別而作

伯兮

為王于僞反又如字注下為王並同 從王伐鄭讀者或連下伯也為句者非 朅

兮丘列反武貌 桀兮其列反毛云特立也鄭云英傑也○校勘記云英桀通志堂本盧本桀作傑案傑字非段校臧校及北館本並改傑為桀箋曰桀傑同音相借正義云則傑為有德故云英傑注疏校勘記亦謂為正義易而説之之例則陸亦當是以今字易古字也不可謂桀非今從通志本盧本

執殳市朱反長丈二無刃 長丈如字又直

亮反　軫本亦作軫之忍反○箋曰从尓作軫者為俗體廣韵章忍切軫俗从尓可證陸云本亦作軫者从尓之軫為當時通用唐寫玉篇殘卷車部字作軫注引說文楚詞諸書之軫字亦並作軫即條例云改便驚俗止不可不知耳　酋在由反　矛音謀　誰適都歷反主也注同　爲容于偽反或如字　杲杲古老反　出日如字沈推類反　曰復扶又反下同　厭也於豔反下同　心嗜市志反　憂思息嗣反　焉得於虔反　諼草本又作萱況袁反說文作藼云令人忘憂也或作蘐○攷證云文選養生論注初學記廿七白帖皆引作萱箋曰尓雅釋訓萲諼忘也釋文云萲施音袁謝許袁反郭云義見伯兮詩云焉得萲草毛傳云萲草令人善忘則謝讀為是按許袁即此況袁此本謝嶠讀也尓雅作萲者即此或作蘐字之省　之背音佩沈又如字北堂也○箋曰音佩讀同弃背之背如字則讀如補妹切脊背之背毛傳訓背為北堂者婦人所常處者為堂背北古同音通用詳尚書舜典　令人力呈反　善忘亡向反又如字○攷證云注疏本無善字足利本有箋曰亡向反讀如妄如字讀如亡今語亦有此二音且多讀亡向与陸時同　心痗音每又音悔病也○箋曰詳十月之交

有狐音胡　喪其息浪反下注同　妃耦音配下注同　殺禮所戒反又所例反○箋曰羔羊篇又作徐餘同詳彼　所以育人民也本或作蕃育者非○段校臧校王校及北館本並改人民作民人校勘記云所以育民人也通志堂本盧本民人作人民案改民人者誤此序陸作民人最是唐石經以下各本作人民者乃誤倒耳不當依之改也注疏校勘記云所以育人民也唐石經小字本相臺本同案正義標起止云至人民又云所以蕃育人民釋文云所以育民人也本或作蕃育者非正義云所以蕃育人民其本當有蕃字但未有明文耳人民以作民人為是出其東門序云民人思保其家室焉蓼莪序云民人勞苦摽有梅傳亦作民人此序當同釋文有誤作人民者今正考文古本作民人采摽有梅傳箋曰毛刻亦誤作人民阮氏未及　生長張丈反　綏綏音雖匹行貌　無為于偽反

淇厲力滯反

木瓜古花反楙木也　遺之唯季反下注同　瓊求營反美玉也說文云赤玉也　琚音居徐又音渠佩玉名　楙音茂字亦作茂爾雅云楙木瓜也　為好呼報反篇內同　結己國以為恩也

一本作結己國之恩也○攷證云足利本作以為恩也注疏本作之恩也

瑤音遙美玉也說文云美石○段訂故訓傳云瓊瑤瑤美石正義作美石不誤釋文作美玉誤也說文琨珉瑤皆石之美者周礼王獻玉爵后獻瑤爵礼記玉爵獻卿瑤爵獻大夫是其等差注疏校勘引段說又云美玉小字本相臺本同攷證云正義本毛傳亦作美石箋曰毛刻本傳文作美玉阮氏未及按陸氏所據本作美玉若作美石則當云說文同矣

玖音久玉名字書云玉黑色○說文一玖石之次玉黑色者段注云詩木瓜傳曰玖玉名丘中有麻傳曰玖石次玉者按不應同物異訓蓋木瓜傳本作玉石漢書西域傳于闐國多玉石注曰玉石石之似玉者也揚雄蜀都賦亦言玉石轉寫石譌名耳段訂故訓傳說同

苞苴子餘反　橘均栗反　柚餘救反

## 王黍離第六

王國者周室東都王城畿內之地在豫州今之洛陽是也幽王滅平王東遷政遂微弱詩不能復雅下列稱風以王當國猶春秋稱王人

黍離如字說文作穪　過故古臥反又古禾反　顛覆芳服反　彷蒲皇反　徨音皇　鎬

京胡老反 能復扶又反 而同於國風焉崔集注本此下更有猶尊之故稱王也今詩本皆無○注疏校勘記云而同於國風焉各本此下更無注案釋文云云正義標起止云至國風焉是正義本亦無詩譜謂之王城譜則王字謂東周之國崔集注妄譖九字非鄭意 搖搖音遥 所愬蘇路反 蒼天本亦作倉采郎反爾雅云春為蒼天莊子云天之蒼蒼其正色邪 昊天胡老反夏為昊天字書從日夰聲夰音工老反○孜證云案説文如此隸書改从天失諧聲之旨 旻天密巾反閔也秋為旻天 之穗音遂秀也 所更音庚 如噎於結反

君子于役 危難乃旦反下注同 以風福鳳反 曷至寒末反何也 雞棲音西 于時如字本亦作塒音同爾雅同玉篇時理反鑿牆以棲雞○孜證云注疏本作塒釋經音辨同陸作時校語錄云今玉篇塒視之切箋曰注疏本所附釋文俱作時理反是也時視並屬禪紐通志堂本盧本作持持屬澄紐誤今正 鑿在各反 言畜許又反 其有佸戶括反説文口活反會也韓詩至也○十三經音略三云佸釋文戶括翻

音活說文口活翻音闊箋曰車舝釋文來括本又作佸音活徐古闊反本篇下文下括古活反說文佸括鋸音並古活切按此口當古之誤廣韵古活切户括切並有佸字即本釋文苦栝切無釋文於周易坤卦繫辭礼記喪服小記莊子寓言皆云括古活反不讀口活反在秦風駟驖云括苦活反者乃說文木部栝一曰矢栝築弦處之義非此會也至也之義即廣韵苦栝切之筈乃括之分別文佸無是讀也集韵苦活切佸說文會也足證宋時釋文此處已誤古為口矣

下括古活反至也

弋本亦作杙羊職反或音羊特反○攷證云注疏本作杙校語錄云羊特不成切即兔罝之羊北也箋曰羊特羊北皆即羊職法說實誤詳兔罝

君子陽陽　遠害于万反　執簧音皇笙簧　其樂音洛注且樂和樂及下章同　只

且子徐反又作且七也反○攷證云案正義云其且相與樂此而已注疏本箋且作自非足利本作其且樂此而已與釋文正義合釋文作且二字蓋後人妄增校語錄云作且二字未知何字之譌盧云二字後人妄增校勘記云子徐反又作且七也反通志堂本盧本同案此不誤盧文弨欲刪作且二字非也下云七也反即為又作且作音盧不得此意十行本所附亦有作

且二字箋曰陸謂經文連言只且二字為詞与北風篇之只且
音子餘反同故云子徐反陸又以箋云其且樂此而已之且則
不當讀子徐反故云又作且七也反者為鄭箋作音也作且二
字不譌注疏本所附釋文俱有此二字盧法二氏說非也阮說
似欠分明 陶陶 音遥和樂皃 執翿 徒刀反纛也 由敖 五刀反遊也 ⿱每縣也 徒報
反沈徒老反俗作纛○校語錄云纛从毒聲是也陸以為俗非
說文四翳字段注云王風音義曰⿱每縣俗作纛爾雅音義曰⿱每縣字
又作纛五經文字曰⿱每縣作纛譌開成石經周礼爾雅正作⿱每縣今
本爾雅音義譌舛葉林宗鈔本不誤⿱每縣从縣每會意與緐从糸
每會意同从每者如艸之盛也淺人改从毒謂為諧聲耳箋曰
周礼鄉師釋文執纛劉音毒蓋⿱每縣纛皆為俗字一繁一簡互詳
鄉師 翳也 於計反 於燕 本又作宴於見反
揚之水 如字激揚也或作楊木之字非 遠屯 徒門反 戍 東遇反守也韓詩云舍
詩云戍舍也戍舍雙聲箋曰廣韵戍傷遇切舍始夜切並屬審紐 怨思 如字沈息嗣反 久令 力呈反
迫近 附近之近或如字 而數 音朔 東薪 音新 激揚 經歷反 至湍 吐端

反

迅也音信又蘇俊反

彼其音記詩內皆放此或作已亦同○段校及北館本改亦為音校勘記云亦作已亦同通志堂本盧本同案上亦字誤當作或小字本十行本所附皆是或字校語錄云阮校云亦當作或非也今案亦同之亦當改作音僖廿四年襄廿七年左傳兩引彼已之子並音記是其證箋曰此條音義本鄭箋作也鄭云其或作記或作已讀聲相似按其為語助本無正字其已記平上去相承但係聲調不同故云讀聲相似陸云音記本此箋讀為記即嵩高鄭箋近聲如彼記之子之記陸云或作已本此箋原文亦即大叔于田箋忌讀如彼已之子之已毛刻所附此處亦作或作已阮氏未及或字不誤段法二氏改亦同之亦為音實則亦同二字承上音記而言即謂或作已者亦同音記也

束蒲如字毛云草也鄭云蒲柳也孫毓云蒲草之聲不與戍許相協箋義為長今則二蒲之音未詳其異耳○攷證云案孫毓以蒲草之蒲讀平聲蒲柳之蒲讀上聲故以傳為不協箋義為長不知古人同字異義無煩改音也

中谷有蓷吐雷反爾雅云蓷也韓詩云茺蔚也廣雅又名益母

飢本或作饑居疑反穀不熟○攷證云此饑饉之饑當从幾注疏本作饑是校勘記云本或作饑通志堂本盧本或誤又案小字本十行本所附皆作或不誤校語錄云飢

疑不同部字當依又本作饑亦与疑不同部箋曰尔雅釋天釋文饑居疑反本或作飢說文字林皆云饑穀不熟飢餓也按陸兩云本或作則飢饑二字實通用無是非可言又按廣韵飢在脂部疑在之部饑在微部本書則不分故左傳莊二十七年襄二十四年並云饑居疑反与此及尔雅並同又按毛刻所附亦作本或作饑阮氏未及段校臧及北館本並改又為或是也

饉音覲蔬不熟

暵呼但反徐音漢菸貌也說文云水濡而乾也字作灦又作灘皆他安反〇十三經音略三云釋文暵呼但反音罕徐音漢攷證云案說文引詩灦其乾矣又灘俗灦从隹箋曰說文鉉音呼旰切又他干切他干即此他安本說文舊音也呼旰即此音漢本徐仙民讀也按周易說卦釋文熯王肅云呼但反徐本作暵音漢則此呼但亦本王肅所讀互詳說卦

鵻音隹爾雅又作萑音同

菸於據反何音於說文云鬱也廣雅云臭也

仳匹指反徐符鄙反又數姊反別也字林父几扶罪二反〇校語錄云匹指即數姊一音和一類隔也及殆皮之譌箋曰匹指數姊用字之異即廣韵匹婢切所本也符鄙父几亦用字之異即廣韵符鄙切也扶罪反廣韵不收集韵部浼切仳一曰離也蓋本此按父通志堂本盧本誤及及屬聲紐實非法氏校作皮聲雖是而無據注疏本各本皆作父字林攷逸引此亦作父經籍舊音辯證據注

疏本亦校作父今據以正

**嘅其**口愛反

**嘆矣**本亦作歎吐丹反協韻也○攷證云注疏本唐石經並作嘆今俗本作歎箋曰嘆本讀去聲如關雎釋文歎本亦作嘆湯賛反此詩与乾難協韻故讀平聲音如水灘之灘盧以作歎者為俗陸書固無是說也

**其脩**如字本或作蓨音同且乾也

**歗矣**籀文嘯字本又作嘯○攷證云足利本作嘯五經文字云嘯詩亦作歗箋曰說文口部歗籀文嘯从欠小雅白華釋文歗音嘯本亦作嘯江有氾其嘯也歌說文欠部引詩作其歗也謌

**徒用**如字徒空也沈云當作從○校勘記云沈云當作□影宋本缺一字通志堂本盧本作從案小字本十行本所附作從以下注疏本皆同通志堂依之補也其實當作徙形近而譌耳詳沈意以徙字上屬讀校語錄引阮說顧廣圻校云按從是徙字之譌箋曰徒空也即但也鄭箋徒用凶年深淺為薄厚正義申之云但君子於己自薄因遭凶年益甚故云徒用凶年深淺為薄厚徒空也言其意自薄己空假凶年為辝也按阮謂詳沈意以徙字上屬讀則鄭箋上句為有似君子於己之恩徙下句為用凶年深淺為薄厚恩徙二字相連不詞古未見用者下句語意不全不如陸孔所釋也

**啜**張劣反泣貌

**將復**扶又反

兔爰　背畔音佩　不樂沈音岳又音洛注同　欲覺古孝反又如字下同○箋曰考槃古作交餘同按古孝即交孝詳考槃　所操七刀反本亦作懆沈七感反今作躁與定本異與箋義合　慼子六反本亦作戚七歷反○攷證云操注疏本作躁正義云箋有所躁慼者定本作操義並得通注疏校勘記云有急者有所躁慼也小字本相臺本同案此正義本也此箋取莊三十年公羊傳文今彼文作操慼鄭考工記注云齊人有名疾為戚者春秋傳曰蓋操之為已戚矣此箋當亦是操戚其或作躁慼者即操戚之別體皆上讀七刀反下讀子六反正義所謂義並得通也若本又作懆讀為七感反下讀為七歷反則誤作慘慽二字之音失之矣沈連非也箋曰公羊釋文云操七刀反迫也慼子六反無別讀阮說是也段校云今作躁十一字非陸語北館本同校語錄說同經籍舊音辨證一云釋文本作操正義本作躁其云本亦作懆沈七感反者則字從參聲矣今作躁十一字乃後人所加非德明之舊顏師古撰定本在釋文後非德明所能援引一也釋文他處無有偁定本者唯此一見二也釋文本自作操不應自名為定本三也使德明所見異本有作躁者倒應別下躁音今則無之四也與定本異與箋義合同異之故竟無一語釋之使後人莫明其意五也蓋釋文原本實無此三語後人見鄭箋作躁

疏言定本作操故云今作躁與定本作操異字與箋作躁同字也德明在前安得豫言其同異之故邪許宗彥云釋文中引定本是師古所定元朗猶及見之其說非是箋曰定本乃孔穎達刪定劉焯劉炫義疏之本在陸氏成書之後段法吳所校是也

**百罹** 本又作離力知反憂也○攷證云文選廿五李善注引作離箋曰離為聲借罹為後出專字詳尚書洪範

**吪** 本亦作訛五戈反動也○攷證云說文有吪無訛箋曰無羊篇或寢或訛傳云訛動也唐寫玉篇殘卷言部譌訛為一字異體注引無羊詩傳並云聲類為吪字即陸云本亦作訛所據也故五經文字口部亦本之云吪與訛同見詩風攷證每以說文糾彈經傳之字俱為失當

**我長** 張丈反

**大** 音代賀反○校語錄云代蓋他之誤他皆讀透紐箋曰廣韵泰箇二韵透紐俱無大字定紐則俱有可證大實定紐之字如釋文儀礼士相見礼鄉射礼喪服經傳俱云劉唐餓反燕礼云劉徒餓反是也此音代字正定紐也又散見全書之如字或不著音者當讀如廣韵之徒蓋切亦定紐也釋文為大字注音固用定紐之字作切語上字亦有混用透紐之字作上字其混用透紐字作切語上字者如公羊莊元年論語八佾俱云一音他賀反詩雲漢礼記曲礼俱云徐他佐反詩行露云舊吐賀反莊子天下云舊他佐反周礼典同云舊菟佐反攷工記敘云

劉他餓反㒵氏磬氏俱云劉他賀反函人車人俱云劉蒐餓反礼記檀弓云一音他佐反又見一作或王制一作舊是也又散見全書之音泰或音太當讀如廣韵之他蓋切亦透紐也六朝時去聲透定二紐多混因透徹發音狀態相同定澄亦然遂有混用徹紐字作切語上字者如詩碩人丰蟋蟀俱云舊勑賀反莊子漁父云徐敕佐反詩巧言巷伯賓之初筵莊子逍遥遊齊物論人間世凡二見漁父又見俱云徐勑佐反公羊隱元年云或勑賀反是也有用澄紐字作切語上字者如礼記大學云劉直帶反是也按廣韵箇韵無徹紐則釋文勑賀反敕佐反勑佐反皆當讀如廣韵之唐佐切廣韵泰韵無澄紐則釋文直帶反當讀如廣韵之徒蓋切法氏云代蓋他之誤不知代屬定紐代賀反正廣韵唐佐切所本又即劉昌宗儀礼音唐餓反徒餓反也

罦 音俘覆車也郭云今之翻車大罔也　覆 芳服反　車 赤奢反　罿 昌鍾反罬也韓詩云施羅於車上曰罿字林上凶反〇經籍舊音辨證一云尒雅釋器釋文引字林亦作上凶反周礼冥氏注弘張罿罦之屬釋文引劉昌宗音上凶反各本並同承仕按上凶反之上字為止之形譌類篇集韵罿又諸容切諸止同屬照紐其音即本之字林證知北宋本釋文作止凶反矣各家並失校黄侃云豈有三處皆譌之理此蓋集韵誤字林以凶字為切語下一字者蓋皆讀洪音烘巨

凶甘凶二反惷丑凶反蜙先凶反鏦七凶反廣韵恭字注云陸以恭蜙樅等入冬韵非也以字林驗之蓋陸亦承字林以來之舊箋曰吳校近是黄説非也若凶字讀洪音則巨凶何讀殊知巨屬羣紐固無洪音也字林讀甘凶如恭巨凶如蛩先凶即廣韵之息恭七凶即七恭丑凶屬徹紐俱非洪音廣韵斥陸法言語蓋以切語下字有異同与切語上字之聲無涉也

罬張劣反郭徐姜雪姜穴二反爾雅云罬謂之罦罦覆車也○校語録云姜雪姜穴薛屑分部也箋曰釋文薛屑不分按尔雅釋器罬謝丁劣反郭姜悦反或九劣反此張劣即丁劣端知類隔本謝嶠讀讀如廣韵陟劣切之輟此姜雪姜穴即尔雅之姜悦九劣讀如廣韵紀劣切之蹶

葛藟力軌反藟似葛廣雅云藟藤也

刺桓王本亦作刺平王案詩譜是平王詩皇甫士安以為桓王之詩崔集注本亦作桓王○攷證云正義本作平王云定本云刺桓王義雖通不合鄭譜注疏校勘記云王族刺平王也唐石經小字本相臺本同案譜下正義云今葛藟序云平王則譩言非也定本葛藟序云刺桓王誤也考此是集注定本釋文本皆誤以皇甫謐所改入毛鄭詩箋曰釋文云本亦作刺平王案詩譜是平王詩陸蓋不以皇甫謐崔靈恩之本為是毛本亦作刺平王阮

氏未及**之滸**呼五反水涯也**長不**張丈反下同**水涯**本亦作厓魚佳反○攷證云注疏本作厓箋曰采蘋魚作五餘同詳彼**恩施**始豉反下同**終遠**于万反又如字注下皆同**之涘**音俟涯也

**王又無母恩也**一本作王后○攷證云正義曰定本及諸本又作后義亦通案作后必後人妄改不足據注疏校勘記云王又無母恩小字本相臺本同此文當屬箋今脫去首句箋云二字遂屬之傳非也正義標起止云箋王又無母恩是其證且又者繫前之辭所以又上箋無恩於我也傳未有無恩之文安得云又哉各本皆誤當依正義正之定本及諸本作王后者尤誤此但刺王不刺后若分首章文為王二章母為后則三章昆之所指不應不見於傳箋也正義云義亦通非是

**漘**順春反爾雅云夷上洒下不漘旁從水郭云涯上平坦而下水深為漘不發聲也○攷證云夷上洒下不漘不舊妄改曰今从宋本正校勘記云不漘通志堂本不誤曰盧本作不案小字本十行本所附不作水此形近而譌也校語錄云曰盧改不是據旁從水句疑正文只作脣不從水旁伐檀云本亦作脣是也箋曰尒雅釋丘及此詩正義引尒雅俱作不漘段校臧校及北館本並依宋本改曰為不今正毛刻所附釋文不亦譌水阮氏未及

**隒**魚檢反何音檢爾雅

云重甗隒郭云形似累兩重甑上大下小李巡云隒阪也詩本又作水旁兼者字書音呂恬理染二反廣雅云溓清也與此義乖○箋曰尒雅釋山隒郭魚檢反字林居儉反則此魚檢反本郭音何胤本吕忱字林也按説文十四隒崖也讀若儼則郭璞亦本許慎又按唐寫殘本玉篇溓理兼理染二反廣雅溓清也今廣雅釋詁一溓曹憲音廉以王氏疏證本此引字書呂恬与殘本玉篇理兼同讀如廣韵力鹽切之廉理染反讀如廣韵良冉切之斂陸以隒溓音義俱異蓋不以又作溓者為是故引字書廣雅音義以斥之

采葛　使出所吏反下並同　以共音恭　艾兮五蓋反

大車　檻檻胡覽反車行聲○校語錄云讀檻為一等者協韵　箋曰法氏以廣韵覽在敢韵故以讀一等協韵釋之其實釋文全書檻字反語多用覽字如采菽瞻卬周礼貉隸季氏莊子天地俱是無一用廣韵檻韵中諸字者可證与等無干也檻之本義為闌檻此檻檻本為聲借後出專字為轞廣雅釋訓轞轞聲也曹憲音轞始同廣韵六代時一二等韵讀音多混与今同

毳衣尺鋭反冕名○十三經音略三云毳釋文尺鋭翻叙去聲穿母廣韵此芮翻音脃清母並通箋曰尺為三等叙

為二等且釵是開口鋭是合口周說誤廣韻楚稅切此芮切並有毳字如菼吐敢反○校語錄云菼敢也廣韻不收此

讀又見贍部箋曰廣韻吐敢切有菼正用此讀止一見又贍在鹽韻鹽韻無菼法說誤鵻也本亦作萑音隹○說

文艸部萑薍也段注云今人多作萑者蓋其始假雒屬之萑為之後又誤為艸多兒之萑蘆之力吳反薍

也五患反巡行下孟反衣繢胡妹反無禮與音餘哼哼他敦反徐又徒

孫反重遲貌○箋曰他敦反讀如廣韻他昆切涒灘之涒屬透紐徒孫反讀如徒渾切屯聚之屯屬定紐如璊音門

赬也說文作𣯶云以毳為罽也解此璊云玉赬色也禾之赤苗謂之穈玉色如之○校勘記云說文作璊通志堂本同盧本下

璊作𣯶案段玉裁云璊是𣯶之誤是也小字本十行本所附正是𣯶字又云禾之赤苗謂之穈通志堂本穈誤樠盧本作穈案

集韻二十三䰟載虋蘴穈穈四形可證小字本所附亦作穈不誤校語錄云璊盧改𣯶是樠阮改穈是箋曰依說文玉部璊字

毛部𣯶字說解阮說盧本及段校孫校臧校王校北館本並改上璊為𣯶下樠為穈俱是也今據正毛刻所附璊穈皆譌璊阮

氏未及赬也勑貞反赤也皦日本又作皎古了反白也○攷證云列女傳四引作皎壙中

苦晃反　有別彼列反

丘中有麻　墝本亦作墽苦交反　埆苦角反又音學本或作遠此從孫義而誤耳○攷證云案逮乃遠字之譌當改正正義曰定本云丘中墝遠盡有麻麥草木與俗本不同也據此則唐定本誤從孫毓改也正義亦用俗本其云丘中墝遠舊本墝遠中間衍一埆字今去之校勘記云本或作逮通志堂本盧本同案盧文弨云逮乃遠字之譌當改正是也小字本十行本所附正是遠字陸云此從孫義考正義引孫毓有遠字亦可證也校語錄云逮盧改遠是箋曰毛刻所附正作遠阮氏未及段校王校及北館本並依宋本改逮為遠今正按尒雅釋山磬字又作埆郭苦角反又戶角反苦角反蓋讀如皮甲之㲉戶角反即讀此又音學然則此埆字兩音俱本郭璞也　之處昌慮反　於朝直遙反　則治理直吏反　將其王申毛如字鄭七良反下同　施施如字　伺音司○校語錄云伺有平去二音然以去聲為本音則音司非矣疑正文與注互誤當作司音伺箋曰左宣十二年傳注伺候釋文伺音司一音息嗣反孝經孝治章候伺音司又相吏反並以音司為首音則此正文與注不誤　閒音閑又如字　來食如字一云鄭音嗣

復來扶又反　詒我音怡○攷證云詒注疏本作貽毛傳疏云貽當依釋文作詒箋曰詒貽釋文通用如靜女貽本又作詒音怡遺也是也　佩玖音久石次玉者說文紀又反云石之次玉黑色者　能遺唯季反下同

鄭緇衣第七鄭者國名周宣王母弟桓公友所封也其地詩譜云宗周圻内咸林之地今京兆鄭縣是其都也漢書地理志云京兆鄭縣周宣王弟鄭桓公邑是也至桓公之子武公滑突隨平王東遷遂滅虢鄶而居之即史伯所云十邑之地右洛左濟前華後河食溱洧焉今河南新鄭是也在滎陽宛陵縣西南

緇衣側基反　敝本又作弊符世反○攷證云足利本作弊　聽朝直遥反下同　之館古翫反舍也　之粲七旦反餐也○攷證云之粲宋本依陸氏之舊作粲書內並同案說文𣦼讀若殘粲從𣦼得聲不當依宋本今俱改正校勘記云之粲通志堂本盧本粲作粲案盧文弨云不當依宋本非也唐人作粲餐字例如此石經其證也以後同此不更出飱也通志堂本盧本飱誤餐案此傳釋文本作飱正義本作餐以正義本改釋文本者非小字本十行本所

附作飱不誤校語錄云阮校改餐爲飧是也正義作餐与陸本
異箋曰此餐也之餐當爲下文飧也之飧誤案粲爲精白米用
以作飧說文食部飧餔也尒雅釋言粲餐也郭注云今河北人
呼食爲餐釋文飧謝素昆反說文云餔也字林云水澆飯也本
又作餐施七丹反字林作飧云吞食據此則飧餐分別甚明飧
所食也故从夕食餐吞食也釋言之餐亦當爲飧故段訂故訓
傳竟从詩釋文作飧也並云礼公飧五牢以下是也而詩經小
學謂粲餐爲同部假借蓋未體會詩雅釋文俱作飧一音蘇尊
一音素昆皆是爲飧之音也若餐則狡童伐檀俱音七丹反伐
檀末云沈音孫者謂其音不可依信故綴于末段臧王筠俱改
詩釋文之餐及飧爲飱王又謂餐飧二字音義皆殊陸蓋誤爲
同字遂不能是正案傳作粲餐是疊韵兼雙聲故得通訓依此
王蓋未審飧爲食品餐爲吞食義實迥別宋本飧誤作飱何能
沿用字林餐作飱則飱亦當爲七丹反而仍用蘇尊反不亦大
誤愚疑毛傳作餐實爲誤字應當爲飧釋言釋文謂本又作餐
者正謂此傳又釋文之例凡二書字義同必詳略互見段王筠
于通志堂釋言釋文之飱又改从夕作飧字林作飱又飧蘇尊
云當云字林作飡或疏略未及互校而遂有此顛倒耶
反○攷證云飧也舊脫也字今補校勘記云飱蘇尊反通志堂
本同盧本飱下有也字云舊脫今補案補者非也此陸氏元無

箋曰通志堂本及注疏本所附俱無也字盧不當補然通志堂本盧本俱从夕食作飧注疏本所附及阮本俱作从食歹聲之飧則与蘇尊反不合段校臧校及北館本且改飧為飱大誤詳上條今正 諸盧力於反 欲飲於鴆反

食之音嗣 蓆兮音蓆大也韓詩云儲也說文云廣多

將仲子七羊反請也下及注皆同 不勝音升 祭仲側界反後放此 弗聽吐丁反

好勇呼報反 無折之舌反傷害也下同 樹杞音起木名 騶諫仕救反服虔云數也○校語錄云竹救反竹誤文十四年哀十四年左傳音義並作仕救反是也箋曰注疏本正作仕救反小雅四牡周禮獸醫左傳宣元年又十二年成十五年襄十八年昭五年並同莊子齊物論馬蹄仕作士法校是也通志堂本盧本仕誤竹今正 君

若與之一本若作將 段將此一將字如字 誅與音餘 垣也音袁 樹檀徒丹反木名 彊其良反一音居良反○箋曰居良反則讀如彊此一音同或音 忍本亦作刃同而慎反依字木旁作刃今此假借也沈云糸旁作刃為是案糸旁刃音女巾反離騷云紉秋蘭以為佩是也○攷證云浦云木字疑當作韋案足利本

作紉校勘記云依字木旁作刃通志堂本盧本同案六經正誤云依字韋旁作刃韋作章誤是也此及小字本十行本所附皆作木亦誤注疏校勘記云檀彊韌之木閩本明監本毛本同小字本相臺本韌作忍考采薇箋堅忍白華抑箋柔忍皇皇者華傳調忍字皆作忍周礼土訓考工記二釋文亦可證是此傳本作忍字因正義自用韌字不知者乃取以改也又考文古本作紉采釋文所載沈重說及采薇改作紉白華采所易今字作韌皆非也舊釋文韋字誤今正校語錄云木盧改韋是箋曰傳文作彊忍楚語彊忍犯義毅也正同陸以傳云彊忍之木故云依字木旁作刃今此假借也沈重以紉索之紉爲是陸以紉字音義俱殊故斥之按廣韻云杒木名集韵杒說文桎杒也俱非陸意集韵又云肕韌忍堅柔也或从韋亦作忍通作刃蓋彊忍之字本作刃說文刃堅也自有彊忍之義其後分別乃有忍以肰人性後又有韌靭以形容一切物質則盧改實非毛刻所附亦作木阮氏未及王筠校以糸字朱注下糸旁按上糸亦當作糸盧本阮本俱作糸不作糸

叔于田　繕甲市戰反善也　人說音悅　甲鎧苦愛反　巷無學絳反里塗也

大叔音泰後大叔皆放此　洵美蘇遵反信也○段校臧校王校並于遵旁以朱注一禮字箋曰蘇遵反即

溱洧之息句反亦即廣韵之相倫切遵字不誤故攷證校勘記俱無説

**大叔于田** **而勇** 本或作而好勇好行字○攷證云注疏本有好字注疏校勘記云叔多才而好勇唐石經小字本相臺本同案此正義本也正義云禮裼暴虎是好勇也下文云好勇如此是與或作本同箋曰毛本亦有好字阮氏未及 **于狩** 手又反 **冬獵** 力輒反

**叔于田** 本或作大叔于田者誤○攷證云詩首句正義本有大字與序同注疏校勘記云大叔于田唐石經小字本相臺本同案此正義本也正義標起止云大叔至傷女下文云毛以為大叔往田獵之時又上篇正義云此言叔于田下言大叔于田作者意殊是與或作本同此詩三章共十言叔不應一句獨言大叔或名篇自異詩文則同如唐風杕杜有杕之杜二篇之比其首句有大字者援序入經耳當以釋文本為長箋曰毛本亦有大字阮氏未及 **乘乘馬** 上如字下繩證反後句例爾 **如組** 音祖 **中節** 竹仲反 **在藪** 素口反澤也禽之府也韓詩云禽獸居之曰藪 **襢** 本又作袒音但○攷證云水經注十三文選注五皆引詩作袒 **裼** 素歷反襢裼肉襢也 **以搏** 音博 **將叔** 七羊反請也 **毋** 音無本亦作無○攷證云注疏本作無 **狃** 女九反毛習也鄭復也 **狃復**

符又反下同　上襄並如字　鴈行戶郎反注同　夾輳古洽反　射忌注作己同
音記辭也下皆同○箋曰忌為語辭本無正字故注作己詳揚之水篇彼其條　抑磬苦定反騁馬也　控口貢反止
馬也　騁馬敕領反　鴇音保驪白雜毛曰鴇○攷證云依字作駂駂舊仍从鳥非今改正校勘記
云依字作鴇通志堂本同盧本鴇作駂案六經正誤云依字作駂从鳥誤是也考十行本所附是駂字當是依毛居正改正也
校語錄云鴇盧改駂是箋曰尒雅釋畜驪白雜毛駂釋文駂音保說文云黑馬驪白雜毛案今說文無駂字陸謂鴇乃鳥名此
詩所言為馬故云依字作駂段校及北館本于此並云元作駂与十行本所附合今正　驪白力馳反　嫚
本又作慢莫晏反遲也○攷證云注疏本作慢足利本作嫚　掤音冰所以覆矢也馬云櫝丸蓋也杜預云櫝丸箭筩
也　鬯弓敕亮反　弢弓吐刀反
清人　高克一本作剋○攷證云足利本作剋　好利呼報反注同　惡而烏路反下同　欲
遠于万反　克將子亮反　而御魚呂反注同○攷證云注疏本作禦　翺翔五羔反

駟四介音界甲也旁旁補彭反王云彊也駟四四馬也一本駟介四馬也○攷證云足利本有介字注疏校勘記云此箋但說駟耳其介甲也已在傳矣一本誤二矛莫侯反方言云矛吳揚江淮南楚五湖之間謂之鍦鍦音蛇或謂之鋋鋋音蟬或謂之鏦鏦音錯江反其柄謂之矜矜郭音巨巾反○攷證云江舊作工今從宋本正又上引方言鍦今本書作鍦校勘記云鏦音錯江反通志堂本江誤工盧本作江案小字本所附亦作江不誤校語錄云工盧改江案方言九音借江反箋曰錯屬清紐借屬精紐精清俱是齒頭清聲段校臧校及北館本並改工為江南楚之楚方言累見段校臧校並改為建不審其所出未敢用重直龍反注下同英如字沈於耕反○校語錄云英音易沈者廣韵英收庚不收耕也箋曰釋文庚耕混用如魯頌閟宮朱英如字徐於耕反蓋陸以沈重徐仙民用字異故並及之非陸易沈徐也依廣韵英如字於驚切此於耕讀如烏莖切之罌今讀英罌無別陸時已然矣酋矛在由反麃麃表驕反武貌重喬毛音橋累荷也鄭居橋反雉名所以縣毛羽也韓詩作鷮○詩經小學云按車舝及尒雅有鷮字說文雉下作喬雉鳥部有鷮字逍本又作消遙本又作搖○詩經小學云五經文字序說文有不備者求之字林若祧禰逍遙之類

說文漏略今得之於字林匡鉉等曰詩只用消搖此二字字林所加攷證云案說文有消搖無逍遥字林始从辵箋曰陸氏隨本作音不計說文有無其字故於莊子逍遥遊亦云逍音銷亦作消遥如字亦作搖而已

累荷舊音何謂為刻矛頭為荷葉相重累也沈胡可反謂兩矛之飾相負荷也○段訂故訓傳云荷上聲沈重及正義說是箋曰正義云候人傳曰荷揭也謂此二矛刃有高下重累而相負揭又云二矛於其上頭皆懸毛羽以題識之似如重累相負荷然故謂之累荷也按負荷之荷讀上聲故段謂沈孔說同是也

矛矜字又作楘同巨巾反沈又居陵反○箋曰巨巾反則讀作穫廣韻巨巾切穫注云矛柄也古作矜是其證楘字廣韻不收至集韻乃依本書列為矜之或體殆六朝俗字也沈重讀如兢為矜字本讀

近上附近之近

室題音啼題頭也室劒削名也方言云劒削自河而北燕趙之間謂之室此言室謂矛頭受刃處也削音笑

以縣音玄

在軸音逐地名

陶陶徒報反驅馳貌

右抽敕由反毛抽抽矢也鄭抽抽刃也說文作搯他牢反云抽刃以習擊刺也○箋曰通志堂本右誤古王筠注右字於古旁盧本依經文作右是也說文手部搯捾也周書曰師乃搯搯者㨨兵刃以習擊刺也詩曰左旋右搯段注改右搯為右㨨云㨨各本作搯自陸氏作

詩音義時已誤今正此引詩鄭風清人文為抽兵刃之證也箋曰釋文此條不誤尚書撰異三十二云古音搯抽同在第三尤幽部明此搯為抽之假借又引詩以證之也詩清人之搯亦訓抽今本經作抽字則以訓故字改其本字也按撰異之説是也

作好呼報反注同　謂將子亮反下同○攷證云注疏本謂誤作為

羔裘字或作求○攷證云惠云求古文裘見説文及鄭箋箋曰大東熊羆是裘鄭箋云裘當作求聲相近故也蓋鄭以熊羆之皮不可為裘故云當作捜求之求是鄭不以求為古文裘也惠涉及鄭箋失實　刺朝直遥反下及注同

以風福鳳反　如濡音儒　洵直徐音荀又音旬均也○箋曰荀相倫切屬心紐旬詳遵切屬邪紐心邪俱為齒頭之摩擦音故今讀荀旬無別蓋徐時已如是矣　且侯侯君也韓詩侯美也　舍命音赦處也王云受也沈書者反○箋曰鄭箋云舍猶處也是子處命不變謂守死善道見危授命之等沈重讀上聲今字作捨從箋也　不渝以朱反變也　緣以悦絹反　晏兮於諫反鮮盛貌　粲兮采旦反衆意　美稱尺證反

遵大路　摻所覽反徐所斬反擥也○十三經音略三云摻釋文所覽翻衫上聲感韵審母字今通讀心母又平聲所咸翻音衫審母又去聲七紺翻驂去聲清母箋曰所咸翻之摻与攕訓為好手皃者同見魏風葛屨七紺翻廣韵集韵俱無此摻字校語錄云摻字廣韵音与徐同敢韵不收箋曰覽在敢韵為一等斬在豏韵為二等此所覽即所斬當依所字之等讀此即等韵家所謂正音憑切憑上字之聲不憑下字之韵也不僅廣韵敢韵不收集韵賞敢切亦無　之祛起居反又起據反袂也　擥也音覽　袂也面世反　惡兮烏路反注同　寁市坎反速也○校勘記云市坎反通志堂本盧本同案六經正誤云帀坎反作市誤非也毛居正多用其時等子以繩尺隋唐間切韵故其書之所謂音辯者皆不得陸氏之理此不悉論也又云按舊校非也段玉裁云毛氏不誤十三經音略三云寁說文廣韵並子感翻音昝又釋文市坎翻音近蟾平瞻去之上聲初疑韵無此聲後見宋本市作帀帀坎與子感同市乃帀之譌也爾雅釋詁釋文寁本或作疌同子感翻校語錄云市當作帀宋本已誤見六經正誤箋曰說文止部疌字及宀部寁字段注俱引王元叔謂詩不寁字祖感反按祖子帀皆屬精紐市屬禪紐市實誤字今正阮氏前說非也　故也一本作故今後好也亦爾○說文十二廿字段注云今也

古通故毛詩兮也二字他書所稱或互易詩經小學說同攷證引段説箋曰詳君子偕老篇

魗本亦作⿰壽攴又作𣫋市由反毛棄也鄭惡也或云鄭音為醜○攷證云案説文𢾅棄也引詩無我⿰壽攴兮毛傳魗棄也正為説文所本釋文本又作⿰壽攴字又相合魗乃俗字⿰壽攴即⿰壽攴之譌舉此見經典之字本與説文合特唐以來多俗寫然見於釋文者往往猶存其真王筠校云汲古刻注疏引之又作𣫋説文有𢾅若攴即是攵豈不重複箋曰攴攵乃篆隸字體不同陸書有明篆隸相異之例如君子偕老篇摘本亦作揥是也故集韻時流切本此以𢾅⿰壽攴魗三形為一字王校據毛刻所誤之𣫋乃懸擊之義音同而義異按五經文字攵下云説文作攴石經作攵盧氏謂⿰壽攴即⿰壽攴之譌大誤蓋不知文字有流變也段訂故訓傳云案説文攴部𢾅棄也引詩無我𢾅兮此毛正從攴也鄭箋作醜訓惡魗與醜同説文鬼部醜可惡也段注引此詩云鄭云魗亦惡也是魗即醜字也箋曰集韵齒九切正以醜魗為一字

好也如字鄭云善也或呼報反

女曰雞鳴

不説音悦下同　而好呼報反　昧旦音妹　相警音景　有爤力旦反○攷證云有爤舊作爛與注疏本同今從宋本校勘記云通志堂本爤作爛盧本作爤案六經正誤云有爤作爤

誤其說非也陸氏作爤正字也唐石經以下各本作爛從省也毛居正反以爤為誤失之矣通志堂依各本改釋文為爛其失正同唯影宋本為是集韵二十九換載爤爛㶢煉四形云說文孰也或从闌从間从柬可證段校臧校並依宋本改爛為爤

不見賢遍反又如字　蚤於音早本亦作早○攷證云注疏本作早　別色彼列反　弋羊職反　鳧音符　閒於音閑　繳音灼本亦作繳○攷證云注疏本作繳　殽音爻本亦作肴○攷證云注疏本作肴箋曰正月篇韓奕篇陸云肴本亦作殽按殽為混殽肴為肴食此與正月韓奕本字皆當作肴作殽者為借字

偕老音皆　燕樂音洛下同　珩音衡佩上玉也　璜音黃半璧曰黃　琚音居佩玉名　瑀音禹石次玉也　衝牙昌容反狀如牙　豫儲直居反　出使所吏反　問遺尹季反　之

好之呼報反注同

有女同車　大子音泰　請妻七計反以女適人曰妻　不取如字又促句反　有女同車讀與何彼襛矣詩同　如舜尸順反木槿也○校語錄云户當作尸盧本亦誤箋曰注疏本所附並作

尸按説文鉉音廣韵俱舒閏切舒尸同屬審紐户屬匣紐作尸是也今依正通志堂本盧本作户誤

華讀亦與召南同下篇放此

親迎魚敬反下同

木槿音謹

洵美恤句反信也

壻御音細字書作⿰土咠○攷證云⿰土咠注疏本作⿰土咠疑作埍校勘記云字書作⿰土咠通志堂本盧本同案盧文弨云疑作埍非也⿰土咠是當時別體耳小字本所附作⿰土咠乃字有壞而改之箋曰儀礼士昏礼釋文壻之悉計反从士从胥俗作⿰土咠女之夫礼記昏義壻字又作聟悉計反女之夫也依字从士从胥俗从知下作耳左傳文八年公壻音細俗作聟可知壻字俗寫作聟⿰土咠咠獨無此⿰土咠證之士昏礼釋文則此經注疏本作⿰土咠為俗寫阮謂乃字有壞而改之則非廣韵相居切胥俗作肙則盧疑作埍是也小學鉤沈所輯字書未收此字

將將七羊反玉佩聲

傳道直專反

山有扶蘇如字徐又音踈扶蘇扶胥木也○段訂故訓傳云扶蘇扶胥木也此從釋文無小字為長正義作小木乃淺人用鄭説增字非也古疏胥蘇通用箋曰踈踈正俗字屬疏紐為正齒音蘇胥屬心紐為齒頭音心疏同係清聲摩擦故疏胥蘇通用徐仙民音踈亦以此故

扶胥音踈又相如反

菡本又作歛又作莟户感反

萏本又作欿又作

萏度感反菡萏荷華也未開曰菡萏已發曰芙蓉○攷證云欿舊作欿據澤陂音義改萏舊作萏據爾雅音義改校勘記云本又作欿又作萏通志堂本同盧本欿作菡萏作萏案所改是也集韻四十八感載菡萏萏欿四形可證校語錄亦以盧改為是箋曰尒雅釋草萏字又作菡本今作萏疑此又作萏盧改為萏者當作菡說文玉篇廣韻俱有菡無萏陸氏音義不當漏菡字

傎本亦作顛都田反○攷證云注疏本作顛箋曰礼記曲礼下注倒顛倒也釋文作傎丁田反後出專字為傎廣雅釋言傎倒也

倒都老反○校勘記云都老反通志堂本盧本同案六經正誤云都耄反作老誤其說非也陸自作上聲東方未明篇同可互證也

狂求匡反狂人也

且子餘反辭也注同

人之好美色呼到反下同

往睹都杜反本亦作覩○攷證云注疏本作覩箋曰莊子秋水釋文今我睹舊音覩案說文睹今字覩古字睹見也殆此云本亦作覩所本

有橋本亦作喬毛作橋其驕反王云高也鄭作槁苦老反枯槁也○詩經小學云山有橋松蓋喬假借字攷證云案箋云槁松在山上喻忽無恩澤於大臣也不言橋當為槁是經本作槁松而不作橋松也王肅云高也是作喬作橋者皆王肅本蓋毛詩作槁三家詩作橋肅因據之以改毛而難鄭也注疏校勘記云山有喬松唐石經小字本相臺

本喬作橋閩本明監本毛本亦同案橋字是也考正義本是橋字此經毛作橋以為喬之假借鄭亦作橋與毛字同但以為槁之假借是其異耳釋文云毛作某鄭作某所謂某者指傳箋之義不以指經字之形經字之形毛鄭不容有異也箋云槁松在山上以為假借不云讀為直於訓釋中改其字也箋例每如此其釋文本亦作喬者乃依毛義改為正字耳非毛鄭詩舊文也考文古本作喬采釋文亦作本箋曰正義云毛以為山上有喬高之松木以喻君子在上是毛本自作橋本亦作喬者即依正字作王肅云高也所以申毛難鄭非王改槁為喬為橋盧說失之阮說近是履芬本此行書眉有廣圻案內則娩橋可證古橋槁同字也甲子七月又案內則作免薨書眉批云羣經音辨作娩橋案見卷五女部

狡童古卯反

蘀兮他洛反槁也　不倡昌亮反本又作唱注下同　而和胡卧反注下同　槁苦老反　長幼張丈反　稱也尺證反　漂女匹遥反本亦作飄　要女於遥反成也注同

狡童　擅命善戰反專也　餐兮七丹反　不遑音皇暇也　褰裳起連反本或作騫非說文云褰袴也○段校云此是騫裳本或作褰非說文云褰絝也段又云襄五左氏音同又云襄廿六年北館本並有此

三條孫改袴作絝王筠校正文作騫注作褰板心書襄廿六年左氏音同校勘記云褰裳本或作騫非說文云褰袴也通志堂本盧本同案段玉裁云此是騫裳本或作褰非說文云褰袴也淺人倒易之左傳襄五年廿六年音同騫裳字必从馬者毛公無羊天保傳云騫虧也凡摳衣則下虧矣校語錄云段謂正文當作騫注文當作褰是也箋曰左傳襄五年無褰字音義襄廿六年釋文云騫裳起虔反本或作褰音雖同義非也說文云褰袴也依襄釋文此正文褰注文騫當互易毛刻無非字殆漏阮氏未及按說文衣部褰袴也馬部騫馬腹墊也手部攓摳衣也段注謂詩褰裳字當作攓是也則褰騫並以同音假借耳

恣資利反　行下孟反注下同　更出音庚　涉溱側巾反○十三經音略三云溱釋文側巾翻音臻照母今通讀如津精母箋曰今四川音讀照母不讀精母校語錄云溱巾不同部箋曰溱巾釋文不分部猶蓁巾混用也說見桃夭

篡國初患反　揭衣欺例反又起列反○箋曰詳匏有苦葉　告難乃旦反　先鄉香亮反本亦作向　也且子餘反下同　涉洧于軌反

丰芳凶反面貌豐滿也方言作妦○箋曰方言一娥㜲好也趙魏燕代之間或謂之妦郭注云言妦容也妦音蜂与此芳凶

反音同　道缺丘悅反　陽倡昌亮反　不和胡卧反　親迎魚敬反下親迎同

則爲于僞反　堂兮並如字門堂也鄭改作棖方庚反門梱上近邊木○攷證云毛如字毛舊作並今从浦改校勘記云並如字通志堂本同盧本並作毛案所改非也並者指謂諸家述毛及作音人耳浦全失陸意校語錄云陸凡言並必目其人於上無空言並者仍疑盧是方庚殆丈庚形近之誤阮刻十行注疏本作直經籍舊音辨證一云注疏本棖音直庚反四部叢刊景印宋巾箱本毛詩附釋文同通志堂本方為丈之形譌盧校從之非箋曰毛傳不解堂義則如字為陸述漢魏六朝經師習讀阮説是也按尔雅釋宮釋文棖直庚反五經文字棖丈行反正用丈字直丈並屬澄紐方屬非紐法吴校是也

梱本亦作閫苦本反

近邊附近之近

衣錦如字或一音於記反下章放此○校語錄云衣記不同部他作於既是也箋曰記在志韵既在未韵此混用猶至志至未之不分也按箋云中衣裳用錦則衣為名詞故云如字碩人箋云今衣錦者在塗之所服也衣為動詞故彼云於既反此以如字為首音謂不當讀去聲故下始云或一音者示傳聞也

褧衣苦迥反禪也下如字　禪也音丹　禪縠户木反　爲其文于僞反　之大音泰舊勑賀反

**紑衣** 側基反本或作純又作緇並同○攷證云案紑當本作純足利本作緇注疏校勘記云士妻紑衣纚紃小字本相臺本同案此釋文本也考士昏礼釋文本誤也唯本或作純不誤經云女次純衣注云純衣絲衣是純如字讀訓為絲鄭未嘗破為紑也儀礼緇字甚多皆作緇無作紑者經為純字更審矣紑字在周礼媒氏注非此經之字也正義引士昏礼并注是其本當不誤今亦盡作紑用釋文改注又云注改正義也考文古本作緇采釋文又作本箋曰行露傳昏礼純帛不過五兩釋文純作紑云紑帛側基反依字糸旁才後人遂以才為屯因作純字校勘記于彼云釋文與定本同未云作紑為誤也按周礼媒氏注云純實緇字也古緇以才為聲釋文云純帛側其反依字從糸才孫詒讓正義云玉藻祭統注並以純為緇說與此同純紑篆形略相似紑緇實一字也據孫說此詩陸云本或作純又作緇並同者正以闡明紑字在他書有作純或緇矣

**纁** 許云反

**袡** 如鹽反

**又易** 以豉反○攷證云正義易作變易解如字讀箋曰鄭箋云志又易也陸讀易為難易之易故云以豉反孔如字則讀羊益切

**東門之墠** 音善除地町町者也依字當作墠此序舊無注而崔集注本有鄭注云時亂故不得待礼而行○攷證云

正義曰徧檢諸本字皆作壇左傳亦作壇此壇字讀音曰墠今定本作墠案注疏本與定本同惠氏棟余氏蕭客所據唐石經皆作壇今唐石經亦作墠箋曰左襄廿八年釋文為壇徒丹反此音善依墠字作音也正義云礼記尚書皆封土者謂之壇除地者謂之墠毛傳云墠除地町町者故陸云依字當作墠也

茹音如後篇同　藘力於反茹藘茅蒐蒨草也後篇同

在阪音反又符板反

町町吐鼎反又徒冷反○箋曰吐鼎反讀如廣韵他鼎切之珽徒冷反讀如徒鼎切之挺聲紐雖有透定之異今讀珽挺無別蓋陸時已同也

茅貌交反又音妹　蒐所留反

之為難乃旦反

易越以豉反下同

行上並如字行道也左傳云斬行栗

啗徒覽反本又作啖亦作噉並同

甘着常志反○校語錄云着志不同部箋曰法說實誤詳尚書五子之歌

風雨

淒淒七西反　喈喈音皆　夷說音悅下同　瀟瀟音蕭暴疾也　膠膠音交

不瘳勑留反愈也○校勘記云不瘳影宋本此一條在不為一條下通志堂本盧本倒在上案依正文所移是也箋曰阮說是也段校臧校及北館本並乙此二條依宋本而誤王筠校云朱葉二本不為不瘳王氏未依正文

不爲 于僞反

子衿 音金衿領也本亦作襟徐音琴○箋曰尒雅釋器衣皆謂之襟郭注云交領故此云本亦作襟按釋器釋文衿今鉗二音顧渠鴆渠金二反音今与此音金同渠金与此音琴同顧野王殆本徐仙民讀也

世亂 本或以世字在下者誤○攷證云注疏本作亂世

學校 戶孝反注及下注同鄭國謂學爲校左傳云鄭人遊於鄉校是也公孫弘云夏曰沈音教

以校正 音教○校勘記云以校正通志堂本盧本挍作校案校字誤也小字本相臺本十行本所附皆誤唯影宋本爲是又公劉注有此字可互證箋曰周礼夏官敘官釋文校人戶教反字從木若從手旁作是比校之字耳今人多亂之孫詒讓正義從錢大昕說謂說文手部無挍字此隸體之變六朝俗師妄生分別而陸亦從而和之說文校字段注則引夏官敘官陸說謂訂以周礼鄭注則漢時固有从手之挍字阮說本段按挍校古今字不得云或誤證以夏官陸說此詩挍正之字自當依陸意从手作俾釋文全書一貫也段校臧校及北館本並依宋本改挍爲校今从之互詳夏官敘官

青 如字學生以青爲衣領緣衿也或作菁音非也○箋曰青如青字讀倉經切屬清紐菁讀子盈切屬精紐二音不同陸以音

菁為非者以菁不訓綠也

**衣純** 章允反又之閏反○臧校□又字北館本同蓋以為衍箋曰所校非也此二反語有上去聲之異當有又字尒雅釋器陸云純之閏反又章允反礼記曲礼純諸允反又之閏反俱有又字可證

**嗣音** 如字毛嗣習也鄭續也韓詩作詒詒寄也曾不寄問也○箋曰傳云古者教以詩樂誦之歌之絃之舞之以解音字故訓嗣為習鄭云續也亦申毛義礼記學記云善歌者使人繼其聲善教者使人繼其志是也按嗣屬邪紐詒屬喻紐喻邪同為摩擦濁聲嗣詒蓋位同雙聲此詩刺學校廢毛義較韓義為得

**傳聲** 直專反

**碝** 本又作瓀如兗反○攷證云注疏本作瓀注疏校勘記云士佩瓀珉小字本相臺本同考玉藻釋文云瓀而兗反徐又作瑌同說文五經文字碝字皆在石部其作瑌者後變而從玉耳凡耎聲之字多誤從需聲見廣韵廿八獮輭字下故又作本如此箋曰唐寫殘本玉篇石部碝如兗反或為瑌字在玉部今本玉篇亦有瑌無瓀說文碝字段注謂耎多譌需故玉藻誤作瓀阮說与段同按尒雅釋地釋文礝本或作碝同如兗反周礼司几筵礝音同並从需者俗字耳陸氏隨本作音故玉藻作瓀為此本又作所本

**珉** 亡巾反

**組** 音祖

**綬** 音受

**挑兮** 他羔反又勑彫反說文作岦○攷證云說文辵部仍引作挑小徐本又作佻初學記十八

引詩同箋曰陸謂說文又部叏滑也詩云叏兮達兮按他羔反讀如饕乃叏字之音勑剮反讀如洮乃挑字之本讀**達兮**他末反挑達往來見貌說文云達不相遇也○攷證云傳作往來相見貌此脫相字舊行作達今據本書改校勘記云往來見貌通志堂本盧本同案盧文弨說非也陸所載傳箋無毛云鄭云者每但取其意而增損其文不得以傳箋校之也又云說文云達不相遇也通志堂本同盧本達作行非也此當是陸所引無行字讀以達字逗因上連釋挑達而此則專引達解故立文如此校語錄云說文達行不遇也此脫行字箋曰阮說甚是今仍依各本之舊**但好**呼報反**爲樂**音洛

**揚之水**　**流漂**匹妙反**終鮮**息淺反寡也注下同**迂女**求往反誑也徐又居望反○詩經小學云傳迂誑也言迂爲誑之假借箋曰下文云誑也九況反礼記曲礼誑九況反欺也九況與此徐音同徐蓋依義作音讀爲誑說文辵部迂往也非此義故段云爲誑之借**誑也**九況反

**出其東門**　**五爭**爭鬭之爭注同**子亹**亡匪反又音尾莊公子○校語錄云又音尾三字疑後增亡匪反即音尾也箋曰礼記礼器釋文又作徐亦反語與直音並出陸以用字有異故悉載之此又音尾三字非後增也

思存如字。注及下皆同。沈息嗣反。毛音如字。鄭息嗣反。○箋曰：意沈音即本鄭讀。

縞衣古老反。又古報反。白色。

綦巾巨基反。綦文也。○校勘記云：巨基反綦文也，通志堂本、盧本綦反也作蒼艾色，案此誤改也。陸氏本云綦巾巨基反綦文也下三字是所載箋文，影宋本唯譌文字作反字耳，乃形相近也。後之技者不得其故，遂取傳文蒼艾色三字盡易去之，似是而實非也。段校、臧校及北館本並依宋本改蒼艾色為綦綦反也，顧千里校同段說。箋曰：既說是也，今依正。

聊樂音洛。注並同。一音岳。或云箋留樂又音岳。

我員音云。本亦作云。韓詩作䰟。䰟，神也。○詩經小學云：正義曰員云古今字，助句辭也。按如秦誓之云來亦作員來。王筠校同段說。攷證云：案玄鳥景員維河箋云員古文作云，則作云者古文也。正月昏姻孔云，釋文云本又作員，此韓詩作䰟，尤可見毛詩本作云也。箋曰：云屬為紐，䰟屬匣紐，為匣同位雙聲，故云䰟通用。

所爲于偽反。

之難乃旦反。

闉音因。曲城。

闍鄭、郭音都。城臺也。孫炎云：積土如水渚，所以望氣祥也。徐止奢反。又音蛇。○段校、臧校及北館本並改渚為諸，氣為氛。箋曰：水渚之渚無用諸字者，說文气部氛字段注謂氛氣二字不容分別，則此所校俱非。經籍舊音辨證一云：堵者謂之臺，本又作闍，音都，又丁古反，徐音常邪反。礼記闍謂之臺，音都，徐持遮反。

雅作承仕案止屬煦紐持屬澄紐常屬禪紐其聲類皆在齒舌閒然三事義同不應三音互異今謂止奢反者止為上之形譌持遮反者持為時之形譌徐邈不為爾雅音爾雅釋文引徐音時遮反者即轉引毛詩上奢一音也上時常同類玉篇廣韵闍字僅列視遮當孤二切與釋文正相應類篇集韵則有東徒之奢時遮三切證知當北宋時毛詩音已誤而爾音尚未誤也盧校並襲舊本之譌茲一一正之黄侃云茲條可以不存箋曰黄氏謂吴說有誤者殆以集韵類篇有之奢切之音也其實集韵沿誤收入者不但此闍讀之奢切此又一例耳互詳尚書旅獒巢條惟吴氏而爾雅音尚未誤也爾雅二字若易為礼記二字則更善矣餘說俱是按上奢反即讀蛇為用字之異上奢即廣韵之視遮屬禪紐蛇食遮切屬神紐釋文神禪混用即今讀視遮切食遮切亦同礼器釋宫不再引徐仙民之直音猶彼二處之不釋詞義詳略互見也

**如荼** 音徒茅秀

**茅秀** 本或作莠音同劉昌宗周礼音莠音酉○攷證云足利本作莠案周礼地官音義云毛詩注作秀然二字古亦通用夏小正四月王萯莠繇七月莠雚葦舊本並從艸箋曰地官敘官茅莠劉音酉毛詩注作秀又掌荼茅莠音秀劉音酉此云本或作莠即本周礼

**思且** 音祖爾雅云存也舊子徐反○箋曰子徐反與山有扶蘇之且子餘反同義為語詞按且讀子

徐七也二切此以音組為首音者本鄭箋云匪我思且猶非我思存也故引尔雅以證鄭訓蓋讀且為徂也

**與娛** 本亦作虞○攷證云足利本作虞箋曰莊子讓王虞於潁陽一本作娛娛樂也按作虞者以同音通借

**野有蔓草** 音万蔓延也

**漙兮** 本亦作團徒端反團團然盛多也○攷證云足利本作團文選注太平御覽皆引作團注疏校勘記云零露漙兮唐石經小字本相臺本同考文古本漙作團采釋文也匡謬正俗一所云詩古文有作水旁專者亦有單作專者後人輒改之為團字讀為團圓之團者即謂此

**婉兮** 於阮反

**邂** 户懈反○校勘記云户邂反通志堂本盧本邂作解案邂解皆誤也此當作懈考小字本相臺本十行本所附皆是懈字校語錄云解阮校作懈是也箋曰毛刻所坿亦作懈阮氏未及北館本亦改解為懈今正

**遘** 本亦作逅胡豆反邂逅不期而會○攷證云注疏本作逅箋曰唐風綢繆邂覯釋文亦作又注疏本仍作逅按邂逅雙聲聯語作逅者為後出專字說文辵部遘遇也見部覯遇見也義雖近而不與上邂字為聯語徐鉉說文新附乃收邂逅二字

**瀼瀼** 如羊反盛貌徐又乃剛反

**溱洧** 側巾反下于軌反鄭國之二水名說文溱作潧云潧水出鄭溱水出桂陽也○說文十一潧字段注云說文水經皆

皆云潧水在鄭溱水出桂陽蓋二字古分別如是後來因鄭風異部合韻遂形聲俱變之耳又溱字注云按經典鄭國溱洧字皆如此作鄭風溱與人韵則不當作潧也攷證云段云秦聲在今真臻韵曾聲在今蒸登韵此詩一章溱與人韵二章洧與士韵出鄭國之水本作溱外傳孟子皆作溱洧說文及水經注作潧誤也箋曰毛詩說文溱潧相易猶魯頌閟宫增增小雅無羊作溱溱傳並訓為衆也按溱屬莊紐增屬精紐衆屬照紐莊精照俱是清聲之塞聲發音方法同位同雙聲也故潧增二字本無衆義而以發聲同借為衆溱水字詩作溱說文作潧亦為聲同借用盧引段說与溱字注之說合謂說文有誤自非段氏潧字注謂為異部合韻之說亦誤

渙渙

呼亂反春水盛也韓詩作洹洹音丸說文作汎汎音父弓反○說文十一潧字段注云鄭風釋文作汎父弓反音義俱非蓋汍汍之誤汍汍与洹洹同漢志又作灌灌亦當讀汍汍皆水盛沄漩之貌汍音丸藥之丸攷證校勘記校語錄並引段說

蕑兮

古顏反蘭香也字從艸韓詩云蓮也若作竹下是簡策之字耳○段校香上補也蘭二字香下補艸字北館本同攷證云臧生云蕑與蓮是兩物鄭箋澤陂云蕑當為蓮可證蕑字不得訓蓮也太平御覽三十引韓詩蘭也方執蘭而拂除後漢書注北堂書鈔藝文類聚初學記白帖文選注皆引韓詩秉執蘭草此蓮也當

作蘭也今注疏本毛傳蕳蘭也亦有譌釋文本毛傳必本是蕳香草也故又引韓詩之蘭以明同異後人據注疏本以改釋文其誤遂至於此下文贈之以勺藥毛傳勺藥香草也則此傳亦當作香草今作蘭香無理之甚此臆改之驗也正義引陸璣疏云蕳即蘭香草也蕳即蘭此用韓詩香草也正本毛傳若傳本作蕳蘭也陸璣何煩言蕳即蘭乎校勘記云蘭香也通志堂本盧本同案段玉裁云蘭下當補也字香下當補草字是也盧文弨於此所說多紛錯譌謬今不論校語錄云蓮盧云當作蘭箋曰阮引段說与段校略同按所校是也蕳即說文艸部之葌字玄應音義二卷云葌字書与蕳同葌蘭也說文葌香草也可證廣韵古顏切蘭与葌同廣韵作蘭与此作蕳小異耳故廣韵古閑切仍作蕳又按毛傳蕳蘭也無誤正義引陸疏蕳即蘭香草也正以申毛玫證謂傳誤非也

淫佚音逸之行下孟反

士曰既且音組往也徐子胥反下章放此○玫證云足利本作組下同箋曰子胥反与出其東門之子徐反同互詳彼

寬閒音閑之處昌慮反

洵息旬反韓詩作恂

訏況于反大也韓詩作盱云恂盱樂貌也○玫證云漢書地理志作恂盱

且樂音洛注下同

相謔許略反

勺時灼反

藥勺藥香草也韓詩云離草也言將離別贈此草也○校勘記云

勺藥通志堂本盧本勺誤芍案上大字不誤校語錄云芍乃勺之誤箋曰阮法說是也經文及正義並作勺藥北館本亦改芍為勺通志堂本因藥字从艸而誤為芍耳今正　瀏音留深也說文流清皃力尤反○攷證云力九反舊作力尤反今從宋本校勘記云通志堂本九誤尤盧本作九案此載在集韻四十四有可證也又云按廣韻有平聲校語錄云廣韻尤有二部並收瀏字則義可兼通惟釋文於尤部字多作力求反此獨作力尤是可疑耳箋曰毛本所附亦作尤阮氏未及案此為直音与反語並出之例則作力尤為是又按皃各本作也惟盧本作皃殆據說文改然說文作流清皃盧本流誤瀏今並正

齊雞鳴第八　齊者太師呂望所封之國也其地少昊爽鳩氏之墟在禹貢青州岱嶺之陰濰淄之野都營丘之側礼記云太公封於營丘是也

雞鳴　賢妃芳非反　怠慢武諫反　警戒居領反本又作敬音同　朝既直遙反注下皆同　蒼蠅餘仍反　纚笄色蟹反何霜綺反　薨薨呼弘反　妃其音配本亦作配○攷證云注疏本作配　猶樂音岳又五教反　會且七也反沈子餘反　卿大夫

朝會 此一朝如字音張遥反○攷證云案朝聽政乃如字此作卿大夫朝會誤也箋曰朝夕之朝張遥切屬知紐朝廷之朝直遥切屬澄紐說文七朝旦也故陸音凡云如字者皆謂讀知紐詳左傳昭廿二年王子朝條此經傳云會會於朝也卿大夫朝會於君朝聽政夕歸治其家事共三朝字弟一朝字為朝廷之朝与上文朝既盈矣之朝同弟三朝字与夕對文自為朝夕之朝惟此弟二朝字易混陸乃云此一朝如字音張遥反謂當讀如朝夕之朝正義云故知謂卿大夫於朝旦之時會於君是亦同陸讀也攷證謂此有誤實非

見惡 烏路反下同

於夫人 音符或依字讀者非

還 音旋便捷貌韓詩作嫙嫙好貌○箋曰說文十二嫙好也此詩下章子之茂兮傳云茂美也美好義同韓詩作嫙用本字毛用借字

好田 呼報反

無厭 於豔反又於占反本或作饜音同止也

好馬 蒿縞反

峱 乃刀反山名說文云峱山在齊崔集注本作嶩○攷證云顏師古漢書地理志注嶩亦作巎箋曰地理志遭我虖嶩之間兮師古曰嶩山名也字或作峱亦作巎音乃高反唐寫玉卷残卷峱奴高反引此詩傳及說文又云巎字書亦峱字也嶩聲類亦峱字也說文鉉音及廣韻並奴刀切桉乃刀乃高奴高奴刀並讀如猱用字之異

便捷 本亦作便旋

並

驅本又作駈曲具反注下同　兩肩如字獸三歲曰肩說文云三歲豕肩相及者本亦作豜音同又音牽○王筠校云三當作三周礼注引詩獻肩于公鄭司農云三歲為特四歲為肩司農治毛詩當本毛說箋曰七月篇獻豜于公傳云三歲曰豜為此詩本亦作豜所出七月釋文云獻豜古牽反又音牽豕三歲古牽反即讀如肩此詩及大司馬注引七月詩作肩為同音借字按七月傳及說文並云三歲許蓋宗毛詩者三字不誤大司馬注鄭司農釋為四歲孫詒讓正義謂其說小異段玉裁謂大鄭說別有所本俱未敢遽定為誰有誤是也王校非　揖我一入反　儇兮許全反利也韓詩作婘音權好貌○廣雅釋詁一婘好也曹憲音拳疏證云齊風還二章揖我謂我好兮三章揖我謂我臧兮屬辭比事則韓義為長澤陂二章云有美一人碩大且卷毛傳卷好貌釋文云卷本又作婘是其證也三家詩攷證引王說　併也步頂反下文同　譽音餘下同　兩牡茂后反　佼好古卯反本又作姣○箋曰詳陳風月出

著直居反又直據反又音於詩內協句宜音直據反○校語錄云直居王觀國②學林六卷引作直慮反誤昭四年十四年左傳著丘公音義並云著直居反徐直據反可以為證又音於三字殆有誤箋曰按左昭四釋文著丘公直居反徐直據反十四

年同与此釋文用字正同學林引此居作僂与左傳釋文异恐屢為字誤殆未可證豈可以偶見之屢而疑累見之居乎

親迎魚敬反注同　象瑱吐遍反　以縣音玄下同　爲紞都覽反　瑩音榮又音營

東方之日　刺衰色追反本或作刺襄公非也南山已下始是襄公之詩　彼姝赤朱反○臧校赤作亦北館本同箋曰靜女干旌並与此同説文鉉音及廣韻昌朱切昌赤俱屬穿紐亦屬喻紐所校非也　我闥他達反門内也韓詩云門屏之閒曰闥○段校臧校閒作閭北館本同箋曰説文門部閭里門也校爲門屏之閭不詞毛韓所指是一處門与屏之閒正門内也正文稍異耳仍當作閒凡段臧所校專據宋本不辨是非而乖於音義多矣

東方未明　朝廷直遥反注皆同　挈苦結反又音結　壺音胡挈壺氏掌漏刻之官○攷證云壺宋本作壷校勘記云壷通志堂本盧本壷作壼案唐人作壼字例如此石經其證也以後同此不更出　顛倒都老反

促遽其慮反　別色彼列反　未晞音希明之始升　令之力證反○校語錄云證當作政箋曰釋文勁證混用此即一例　折柳之舌反注同　樊圃音布又音補樹菜蔬曰圃　瞿瞿俱具

反無守之貌　柔脃七歲反　藩也方元反本又作蕃○箋曰詳尚書文侯之命　不任音壬

下同　則莫音暮

南山之行下孟反　公讁直革反責也又張革反○攷證云讁注疏本作謫珏疏校勘記云公謫之閩本明監本毛本同小字本謫作讁案讁字是也釋文云讁直革反是箋字作讁也左傳作謫正義引同順彼文耳十行本因改餘字皆作謫誤也箋曰釋文讁謫一字北門作讁道經作謫音義並同按北門亦具二音惟張作知餘同此互詳彼

彭生乘繩證反一本作彭生乘公乘則依字讀　而搤於革反說文云捉也公羊傳云拉公幹而殺之沈又烏詣反拉音郎荅反○箋曰沈重蓋讀為縊故云烏詣反於革反為搤字本義本音故列於首　猶復扶又反下皆同

于禚音灼地名　行惡下孟反下之行皆同　崔崔子雖反又音佳高大貌○臧校佳為集北館本同箋曰子雖反讀如廣韵醉綏切之嶉唐寫殘本玉篇亦音子綏反引此詩傳故為首音又音佳者从偏旁讀說文崔字段注云莊子齊物論山林之畏佳佳即今之崔字也按如段說此又音佳即讀為莊子畏佳之佳崔字無入聲之讀臧校非也　無

別彼列反　淫佚音逸下同○攷證云注疏本作泆箋曰詳衛風氓篇　可恥惡烏路反又如字

有蕩徒黨反徐勑黨反平易貌　平易夷豉反　僂九具反　五兩王肅如字沈音亮　冠緌音如誰反○十三經音略三云緌釋文如誰翻儒佳翻同音甤日母與禪母之誰垂音相近今通讀如綏心母非　傅姆上音付下音茂　同處昌慮反下同　人奇居宜反　埶魚世反樹也本或作藝技藝字耳○攷證云白帖八引作藝藝即埶之俗技埶字亦不从云箋曰依傳義及說文本當作埶埶藝皆為後出陸說據其時典籍所用而言攷證遽謂藝為俗字非也說文丮部埶種也从丮坴丮持種之詩曰我埶黍稷段注云唐人樹埶字作蓺六埶字作藝說見經典釋文段說正指此說也

衡音橫注同亦作橫字又一音如字衡即訓為橫韓詩云東西耕曰橫○匡謬正俗一云南山篇衡從其畝衡即橫也不勞借音而徐氏音為橫失之攷證云禮記孔子閒居引作橫箋曰衡橫聲韵俱同僅衡開口橫合口之微異故古通用衡攷工記玉人衡四寸鄭玄注云衡古文橫假借字也禮記檀弓今也衡縫注云今禮制衡讀為橫皆其證也此云音橫即讀為橫也亦作橫者或用本字如禮記坊記攷證謂為孔子閒居非也又一音如字者从衡本音讀户庚切也故陸又申之

云衡即訓為横与顔師古不勞借音之意同以音横為首者以六朝經師之習讀衆衡說文牛觸横大木其角横說文闌木是横為横木之本字衡引申乃為横故以音横為首

從足容反注同韓詩作由云南北耕曰由　取妻七喻反注下皆同　鞠止居六反毛窮也鄭盈也　令至力呈反下同　析薪星歷反　其邪似嗟反

甫田　無田音佃下同　維莠羊九反○校勘記云無田影宋本此一條在維莠一條下通志堂本盧本倒在上案依正文所移是也考十行本所附亦無田在下或釋文舊如此臧校依宋本乙無田在下王鈞校云無田維莠朱葉本倒置箋曰此當依正文無田在上凡在下者非今以通志堂本　致治直吏反　忉忉音刀憂勞也

桀桀居竭反徐又居謁反○校語錄云桀音薛月分部今廣韻惟收薛部羣紐箋曰釋文月薛不分互詳碩人竭條

怛怛旦末反　婉兮於阮反　孌兮力轉反　總角子孔反本又作摠　卝兮古患反幼稺也○攷證云丱兮宋本作卝兮五經文字云卝古患反見詩風今以周礼礦作卝此從舊略有別校勘記云卝兮通志堂本

盧本艹誤卝案盧文弨說誤之甚者也五經文字𥫗部云艹古惠反見詩風字林不見又古猛反見周礼說文以為古卵字張參所言極其明晰此經及周礼本皆是艹字不知其以為略有别者更據何書也唐石經此經作艹集韵三十諫云艹束髮皃詩總角艹兮可見唐宋以來無不如此作者後更俗譌乃始作卝耳不得言從舊也校語録云卝阮據唐石經五經文字改艹是也箋曰總角之字本作𥫗隸省乃作艹適与古磺字同故又作卝互詳衞風詆篇

未幾居豈反注同見兮一本作見之○攷證云正義作見之注疏校勘記云未幾見兮唐石經小字本相臺本同考釋文一本是誤本也詩之大體韵在辭上者其韵下助句之字必同此章四句句末悉是兮字不得此句獨為之字也所以致誤之由當以箋云見之無幾何故耳其實此箋之字不出於經也正義云未經幾時而更見之末亦當有兮字見之字取於箋兮字順經文正義每如此今脫去耳未可即謂正義本作之字也韵下助字之同由漢廣思字推之則作正義者必知之矣不容誤也詆正義引作兮考文古本作之采釋文箋曰毛本亦作兮阮氏未及

突而吐活反注同方言云凡卒相見謂之突吐訥反○校語録云活必没之譌突無音吐活者吐没即吐訥也箋曰集韵他括切突卒相見皃即本此吐活反也今本方言十郭注突他骨反他骨與吐訥同為突

之本音在没韵吐活反讀如脫在末韵 弁兮皮眷反冠也 兩髦音毛 少自詩照反

盧令音零下同 好田呼報反 以風福鳳反 噣也直角反本亦作濁畢星名何音獨○箋曰漸漸之石陸云噣也直角反本又作濁直角為濁之音何胤音獨③廣韵不載集韵徒谷切乃依本書收之 繳射音灼

纓環於盈反又於政反 而樂音洛下同 而說音悅 重環直龍反下同

鬈音權毛好貌鄭勇壯也說文云髮好貌 鋂音梅一環貫二也 且偲七才反多材也說文云强力也

敝笱婢世反徐扶滅反本又作弊敗也笱音古口反取魚器也 人惡烏路反 魴音房 鰥毛古頑反大魚也鄭古魂反魚子也○攷證云正義曰鯤魚子釋魚文李巡曰凡魚之子總名鯤也鯤鰥字異古蓋通用或鄭本作鯤也魯語云魚禁鯤鱬是亦以鯤為魚子案太平御覽九百四十引詩弊笱在梁其魚魴鯤是鄭箋本作鯤然昆弟之昆說文作罤是眔亦有昆音似可無區別宋本鰥作鱞似誤校勘記云鱞通志堂本盧本鱞作鰥案所改非也此字當作鱞魚旁譌作角者形相近也桃夭篇云鰥本亦作鰥可互證此必當時別體字也箋曰依桃夭釋文鱞鰥並可用注疏本經注並作鰥則通志堂

本固不誤也段校及北館本又改鰥為鰥沿宋本之譌按說文五罪从弟眔會意攷證謂眔有昆音非也罪乃音昆

易制夷豉反

其從才用反注下皆同

魴鱮才呂反毛云大魚也廣雅云鰱也音連○校語錄云鱮采綠篇音敘是也陸氏於从邪二紐多混箋曰注疏本所附釋文才作象即邪紐字也

唯唯維癸反沈養水反毛云出入不制也鄭云行相隨順貌韓詩作遺遺言不能制也○校語錄云養水与維癸同易沈者殆嫌養為開口字耶箋曰維癸養水亦用字不同而並載之也如謂陸易則但易養字可矣奚必二字俱易如謂養為開口則易之按道經唯遺癸反舊云維水反陸以遺易維何也維則合口可證此非易沈矣

載驅欺具反又如字下皆同本亦作駈○箋曰驅如字讀平聲匪風釋文云疾驅丘遇反又如字可證此具當作俱按駈為驅俗寫干祿字書駈驅上通下正五經文字驅作駈訛陸云本亦作駈者載馳篇作駈彼釋文云載駈字亦作驅

淫

播波佐反

薄薄普各反徐扶各反疾駈聲也○校語錄云普蓋蒲之誤陸用音和徐用類隔也書中多此例此字不容有異讀也集韻亦誤收箋曰普為蒲誤法校是也扶各反即廣韻傍各切為薄之本音徐仙民每用輕脣扶字

簟

笰音弗車蔽○校語錄云笰今本作茀小雅采芑同箋曰易既濟釋文笰方拂反鄭云車蔽也衛風碩人茀音弗車蔽也茀字並从艸此作笰从竹者因上簟字从竹也按玉篇竹部笰甫勿切輿後笰詩曰簟笰朱鞟廣韵分勿切笰輿後笰也俱本此

朱鞟苦郭反革也○攷證云簟笰朱鞟玉篇竹部所引同注疏本鞟作鞹校語錄云鞟今本作鞹注疏校勘記云簟笰朱鞹唐石經小字本相臺本同案五經文字云鞹此說文字論語及釋文並作鞟今此釋文正作鞟正義引說文或其本作鞹而唐石經以下所從出也韓奕釋文亦作鞹

發夕韓詩云發旦也

其乘車繩證反或音繩

魯竟音境本亦作境○攷證云注疏本作境箋曰注疏本鄭箋作竟正義作境按境即竟之後出分別文

平易夷豉反下樂易同

四驪力馳反

濟濟子禮反注同美貌

爾爾本亦作濔同乃禮反注同衆也○攷證云爾爾舊作爾爾今从宋本北館本亦依宋本改爲爾爾箋曰从宋本者以爲爾同小篆遂近於古耳實則爾爲隸變習用已久段訂故訓傳云爾爾衆也說文爾字本義如此毛傳疏云爾爾作濔濔後人增益偏旁耳說文爾下云其孔效效爾爾猶效效衆之意箋曰注疏本作濔濔廣韵奴礼切俱不收集韵乃礼切濔爾一曰濔濔衆也或省依此增入

徒爲一本作從

兩通之行下孟反豈開改反樂也○校勘記云開改反通志堂本盧本同案六經正誤云豈開在反又云

案蓼蕭釋文豈開在反又云在字有上去二音開在反則豈字亦有上去二音又云青蠅詩愷開在反云云是宋監本此改字作在考小字本所附亦作改與此同箋曰毛本所附亦作改阮氏未及按改在俱在上聲海韵豈無讀去聲者六經正誤謂豈字有上去二音非也弟如字或音待易反○北館本反旁加朱丨又有朱筆也字校勘記云或音待易反通志堂本盧本同

六經正誤云易也也字作反誤是也旱麓篇豈弟下云弟亦作悌徒禮反一音待豈樂也弟易也後豈弟皆同云云可互證集韵十五海待紐下有弟字云易也本此二釋文校語同阮說

箋曰弟如字當為徒礼反按釋文豈弟作弟者在詩又有蓼蕭弟如字本亦作悌音同旱麓弟亦作悌徒礼反一音待弟易也礼記孔子閒居弟本又作悌徒礼反注同表記弟如字本又作悌音同易也其作悌者詩青蠅悌音弟左僖十二傳悌音弟本亦作弟成八悌徒礼反易也襄十四傳凱悌開在反下徒礼反孝經廣至德章悌本又作弟同徒礼反一音待亦反尒雅釋言悌徒礼反凡此皆以徒礼反為首音惟載驅云或音待易反旱麓一音待弟易也廣至德章一音待亦反此三處不同如此若從六經正誤云易也也作反誤是僅同於旱麓而於孝經之待亦反又不之及是毛氏阮氏皆為疏略若謂易亦同音待易待亦實無別案昔韵三等例無

定紐則待易待亦又當讀為何音耶于旱麓云一音待者又作何解釋若又以待易待亦為舌頭舌上互用當讀如廣韵之直炅切然廣韵集韵此紐俱無弟字阮氏又云集韵十五海待紐有弟字本此二釋文又未舉二十二昔悌弟待亦切易也一條而并解之正誤以弟易也本于釋詁累見于毛傳故𣪊然謂易反為易也之誤阮氏援引集韵為證而未知集韵每有從誤本不可信之處賈昌朝羣經音辨專論釋文一字異讀而音辨即未舉弟字則釋文弟音待及待易待亦二音皆當闕疑矣

樂易 音洛　闓 音開　圛 音亦　汶水 音問水名　湯湯 失章反大貌　彭彭 必旁反

彷 音旁　徉 音羊　滔滔 吐刀反流貌　儦儦 表驕反衆貌說文云行貌

猗嗟 於宜反字或作欹猗嗟歎辭○校語錄云倚乃猗之誤箋曰通志堂本注文猗誤倚法氏蓋謂此也盧本作猗據正文改是也今從之按唐寫玉篇欠部欹於宜反廣雅欹歟欹歟歎詞也字書或猗字也故陸云字或作欹　技藝 其綺反

頎而 音祈長貌　佼 古卯反本又作姣○箋曰詳陳風月出　抑若 於力反美色貌　巧

趨 本又作趍七須反又七遇反○攷證云足利本作趍說文趍趙久也趙趍趙也殆與趨義亦相近故經典中每通用箋曰

趨作趨為俗寫廣韵七逾切趨走也趍俗本音池可證故尔雅釋地陸云趨七俞反作趍非此不言趍非者詳略互見也攷證

以說文之義釋之非　蹌兮七羊反巧趨貌　射侯食亦反注所射每射同　正兮音征注同畫五采曰

正　參分七南反又音三　選兮雪戀反齊也　則貫毛古亂反中也鄭古患反習也○箋曰古

亂反為貫本讀古患反讀為串大雅皇矣串夷載路傳云串習也釋文古患反是其證　中也張仲反　反

兮如字復也韓詩作變變易　以禦魚呂反　乘矢繩證反四矢也　故處昌慮反

魏葛屨第九案魏世家及左氏傳云姬姓國也詩譜云周以封同姓其地虞舜夏禹所都之域也在古冀州雷首

之北析城之西南枕河曲北涉汾水

葛屨俱具反　褊也必淺反　陿音洽本或作狹依字應作陜○箋曰尔雅釋宮陸云陜户夾反說文

云隘也從𨸏夾聲俗作狹故此云依字應作陜詳釋宮　隘於懈反　機巧如字徐苦孝反　趨利七須反徐

七喻反　儉嗇音色　糾糾吉黝反沈居酉反猶繚繚也○校語錄云糾音易沈者廣韵糾收黝不收有也

箋曰礼記王制沈作徐餘同陳風月出糾兮說文又居酉反俱釋文黝有二韻混用之證陸氏以用字有異故並録之法氏妄謂陸易者多為意必之説

繚繚音了沈音遼

摻摻所衛反又所感反徐又息廉反說文作攕山廉反云好手貌○攷證云說文手部戈部皆引作攕攕又見玉篇手部校語録云摻收銜部与廣韻異箋曰釋文咸銜混用詳尚書序息廉反為纖字之音徐仙民蓋從傳讀摻摻為纖纖傳文纖纖陸云息廉反可證

纖纖息廉反

廟見賢遍反

要之於遥反䙅也

襋之紀力反衣領也

謂屬音燭

著之直略反

提提徒兮反安諦也

宛然於阮反辟貌

左辟音避注同一音婢亦反○箋曰音避即讀為避也讀毗義切去聲一音婢亦反即廣韻房益切為法也之義于經義無關故曰一音

揥勑帝反所以為飾也

安諦音帝

汾沮洳汾音扶云反水名也沮音子預反洳音如預反沮洳漸洳也○十三經音略三云沮音子預翻苴去聲精母五經文字云詩風沮洳之沮即慮翻子預翻同箋曰各本並作子預反唯通志堂本子誤予

其君子一本無子字○攷證云足利本有子字正義本無箋曰正義云王肅孫毓皆以為大夫采菜其集注序云君子儉以能勤案今定本及諸本序直云

其君義亦得通如正義說是崔靈恩集注本从王肅孫毓之解說有子字餘本俱無子字

其莫音暮菜也

其

漸如字又接廉反○箋曰如字讀慈染切漸進之義接廉反讀如兴即漬也之義衛風氓篇漸車帷裳陸於彼云子廉反漬也子廉即接廉也

軞車本亦作旄音毛○北館本無亦字箋曰左傳宣十二年冬趙盾為旄車之族釋文云旄車音毛一本作軞正義引詩孑孑干旄建旐設旄以說之故陸云本亦作旄謂左傳作旄也注疏本所附釋文無亦字

趙盾徒本反

公行戶郎反注同

藚音續水舄也一名牛脣說文音似足反○說文艸部藚字段注云按詩釋文引說文其或反今本多改為似足矣段校又云岳本宋本云說文其或反北館本及江臨王筠校並同校勘記云說文音似足反通志堂本盧本同案似足小字本相臺本十行本所附皆作其或當是也又云案舊校非此不得切其或或乃或之譌既譌乃又改為似足者矣校語錄云廣韻續藚並似足切則說文一音非異讀阮校謂小字本相臺本十行本所附皆作其或反今案或乃或之譌也或在屋部藚在燭部故以為異然其字亦誤或本作與或反形近誤為其耶經籍舊音辨證一云按似足反與音續同疑作其或反者近是然篇韻並不收其或其或等音箋曰或字在德韻為一等無羣紐其或反不能成音毛

刻所附亦作其彧阮氏未及其彧反即廣韵之渠竹切然賣聲無在舌前者則其彧其彧俱誤法氏又校其字為與字謂形近誤為其按彧和與同在喻紐不能成切語且與其二字形不相似廣韵集韵余六切俱無蕢字則法校亦非又按釋文有直音与反語並出之例似足反即讀續尔雅釋草釋文音續說文鉉音及廣韵並似足切玉篇似玉切似玉即似足今仍从通志堂本

水舄音昔

昭穆紹遥反說文作佋○說文人部佋廟佋穆父為佋南面子為穆北面段注云按此篆雖經典釋文時偁之然必晉人所竄入晉人以凡昭字可易為曜而昭穆不可易也乃讀為上招切且又製此篆竄入說文箋曰段謂本書時稱者即謂此及周礼春官論語八佾也

園有桃

之殽本又作肴音交○攷證云初學記廿四引作肴箋曰肴食字肴為正字殽為假借字

省國色領反○校語錄云廣韵省領不同部箋曰廣韵省有所影息井二切景在梗部井領並在靜部然本書梗靜混用詳尚書伊訓此色領与廣韵所影同

且謠音遥徒歌曰謠

之行下孟反下文行國同

我所爲于僞反下所爲皆同

何其音基下章同

夫人音符

何爲如字○北館本乙此二條王筠校云夫人

何為倒置校勘記云夫人影宋本此一條在何為一條下通志堂本盧本倒在上案依正文所移是也箋曰阮説是

**無復**符又反○段校符為扶臧校及北館本並同校勘記云扶又反通志堂本盧本扶作符案相臺本所附是符字小字本所附亦作扶箋曰符扶俱屬奉紐字釋文亦符扶並用如汝墳終風用扶字定之方中雨無正則用符字皆其證也

**謗君**博浪反毀也

**有棘**紀力反從兩朿俗作棘同○校勘記云從兩朿通志堂本棘作棘朿作朿盧本作棘作朿案通志堂本是又云俗作棘同通志堂本盧本同案各本皆非也小字本所附棘作𣡌考集韻二十四職載棘𣡌朿三形云或作𣡌當本此𣡌即棘字也唯小字本為不誤乃獨出於善本也凱風篇亦當如此今誤又通志堂二釋文棘字皆改刻其初刻未詳校語錄云棘當从二朿箋曰段校但改棘為棘朿為朿按段盧法改棘从二朿是也俗作棘是唐時以棘為棘之俗阮氏兩説俱非詳凱風毛本所附釋文棘作棟亦誤阮氏未及

**陟岵**音户毛云山無草木曰岵此傳及解岵共爾雅不同王肅依爾雅○臧校及作反校語錄云共疑與之誤卷耳注可證箋曰卷耳崔嵬注云毛此注及下釋砠與爾雅同則法説是臧校非也説文山部岵山有草木也段注云釋山曰多草木岵

釋名曰山有草木曰岵岵怙也人所怙取以為事用也而魏風傳與尒雅互異竊謂毛詩所據為長岵之言瓠落也屺之言荄滋也岵有陽道故以言父無父何怙也屺有陰道故以言母無母何恃也毛又曰父尚義母尚恩則屬辭之意可見矣詩經小學說同攷證毛傳疏並引段說

國迫而數音朔侵削本或作國小而迫數見侵削者誤○攷證云今注疏本與陸本同足利本有小字正義云今定本云國迫而數侵削是孔本與陸所言誤本同也注疏校勘記云國迫而數侵削唐石經小字本相臺本同案此定本也正義云箋以文承數見侵削是正義本數下有見字葛屨序正義云以下園有桃及陟岵序皆云國小而迫日以侵削乃引此就園有桃序耳考文古本作國小迫而數見侵削采釋文但誤倒而迫二字

之處昌慮反

夜莫音暮

無解音介

旃哉之然反

屺音起

少子詩照反

無耆常志反

十畝之間莫后反古作晦俗作畝皆同○校語錄云俗作畝與正文同必有一誤箋曰通志堂本畝畝俱作畝注疏本所附釋文又俱作畝按注疏本經文作畝且畝晦二形載于說文則俗作者必畝也今以攷證本

閒閒音閑本亦

作閑往來無別貌○攷證云白帖八十二引作桑柘閑閑注疏校勘記云桑者閑閑兮唐石經小字本相臺本同案正義標起止云傳閑閑正義与釋文亦作本同箋曰說文門部閒隙也引申為閒暇作閑者為假借字閒本讀如艱此云音閑本六朝經師習讀

**無別**彼列反

**還兮**本亦作旋

**泄泄**以世反多人之貌

**逮也**徒賚反又徒帝反○箋曰樛木篇賚作戴餘同詳彼

**伐檀**徒丹反木名也○校勘記云待丹反通志堂本盧本待作徒案相臺本所附亦作待小字本所附是徒字箋曰毛本所附作徒阮氏未及段校臧校及北館本並改徒為待按待徒並屬定紐不須改

**坎坎**苦感反伐檀聲

**寘之**之豉反置也○攷證云寘之舊脫之字从宋本補校勘記云寘之通志堂本脫之字盧本有段校亦增之字

**漣**力纏反風行水成文曰漣

**猗**於宜反本亦作漪同○攷證云文選注引作漪尔雅釋水同

**廛**本亦作壥又作厘直連反一夫之居曰壥古者一夫田百畝別受都邑五畝之地居之故孟子云五畝之宅是也○箋曰注文上壥字通志堂本注疏本俱作墠按下文云一夫之居曰壥廣韵直連切壥与廛同玉篇土部壥遅連切与廛同今定作壥則与下文及篇韵並合

又作厘之厘依注疏本按干祿字書厘廛上通下正是唐時俗寫作厘通志堂本作廛雖較正文廛缺首筆小異又与注疏本及干祿字書相違今不从廬本遝改注文上壥字作壥又改厘為壥而攷證無說按壥各本及上下文俱無玉篇廣韻不載集韻始有壥已是廛俗字壥當又壥之俗也段校下二畝字作畞上畝字仍舊按上文十畝之閒注云俗作畞無作畞者則所校非也

有縣音玄下皆同

貆本亦作狟音桓徐郭音暄貉子也〇十三經音略三云貆音桓周礼釋文音丸同徐郭音暄周礼釋文李音喜元翻同一周礼釋文呼丸翻尔雅釋獸釋文又音懽同

宵田音消夜也

貉子户各反依字作貈〇箋曰尔雅釋獸陸云貈乎各反字林云似狐善睡本作貉亡白反字林云北方人也非獸也五經文字貈下各反似狐貉莫白反經典借為貈字蓋此經鄭箋本釋獸云貉子曰貆借貉為貈陸謂其本字作貈此户各与乎各下各並同乃貈字之音也

素餐七丹反說文作餐云或从水字林云呑食也沈音孫〇攷證云素餐說文作餐餐字舊互誤今從宋本改足利本從水作湌校勘記云素餐說文作餐通志堂本餐皆作餐盧本上作餐下作餐案盧說非也此說文作餐乃對下云或从水而言耳非以从歺从歺區別也所稱宋本今未見俟再詳箋曰正文餐字段校臧校及北館本亦改為餐按从歺从歺為篆隸之異並無區別

注文餐字校語錄云當作湌是也如此則与說文及釋言釋文俱合沈音孫者乃从夕食飧字之音陸謂不可从故廁於末互詳鄭風緇衣

伐輻音福 伐輪音倫 之漘順倫反厓也本亦作脣○攷證云鄭注易緯乾鑿度引作脣箋曰王風葛藟篇一本作脣詳彼

且淪音倫小風水成文轉如輪也韓詩云順流而風曰淪淪文皃

囷兮丘倫反圓倉 鶉兮音純鳥也○校語錄云鶉注鳥疑鷻之誤見鶉之奔奔箋曰鶉之奔奔傳箋俱不釋鶉故陸云音純鷻鶉鳥此詩傳云鶉鳥也陸複述傳訓鳥字不誤

素飧素門反熟食曰飧字林云水澆飯也○攷證云素飧舊飧譌飱今改正注飦舊作飯今從宋本改爾雅釋言音引字林亦同校勘記云素飧通志堂本飧誤飱盧本作飧云水澆飦也通志堂本飦作飯盧本作飦案九經字樣食部云案九經字樣食部云飧音孫從夕可見飱特後來譌俗字耳又飯作飦者誤是飦乃當時俗體也集韵二十五願載飯餅飦三形亦可證段校臧校及北館本並改飱為飧改飯為飦箋曰飧為餐之異文七丹反諸家改為飧是也唯飦為飯俗體注疏本所附俱作飯釋言盧本亦作飯則不當改今从舊

碩鼠音石大也 斂也吕驗反下同 貫汝古亂反徐音官事也○攷證云惠云貫石經魯詩作宦貫

當讀為宧徐音官官當是宧字之誤舊作宮更譌校勘記云徐音宮通志堂本同盧本宮作官案小字本相臺本十行本所附皆是官字盧引惠棟云官當是宧字之誤是也又云按徐音官不誤今讀去聲舊讀平聲耳舊校謂官是宧之誤非也校語錄云宮乃官之誤易剝貫魚亦古亂反徐音官與此同不必再改為宧箋曰左傳二十七年釋文貫音官又古亂反襄十四年貫古亂反一音官阮氏後說及法校是也此詩毛刻所附亦作官阮氏未及

無復扶又反　稅斂始銳反　大比毗志反　樂音洛注下同　土如字他古反沈徒古反　之訣古穴反　肯勞如字又力報反注同

倈我本亦作來同力代反○攷證云注疏本作來箋曰注疏本所附釋文倈作徠与說文廣韵玉篇合然大雅旱麓勞來力代反本亦作倈同各本俱从亻作倈按孫愐唐韵序云字體著彳著亻並悉具言可見唐時彳亻多混

咏本亦作永同音詠歌也○箋曰尚書舜典歌永言徐仙民音詠即此本亦作永所本　號戶毛反呼也注同　呼火故反

喜說音悅○攷證云喜說舊譌悅今改正校勘記云通志堂本說誤悅盧本作說案小字本相臺本十行本所附皆作說不誤校語錄云喜悅悅盧改說是段校臧校及北館本並改悅為說箋曰注文音悅則正文必

不作悅諸家所改是也毛刻本所附亦作說阮氏未及

唐蟋蟀第十 唐者周成王之母弟叔虞所封也其地帝堯夏禹所都之墟漢曰太原郡在古冀州太行恒山之西太原大岳之野其南有晉水叔虞之子燮父因改為晉侯至六世孫僖侯名司徒習堯儉約遺化而不能以禮節之今詩本其風俗故云唐也○段校儉為偷臧校及北館本並同箋曰各本俱作儉按此詩序云憂深思遠儉而用礼乃有堯之遺風焉所校非也

蟋蟀 上音悉下所律反蟋蟀蛬也說文蟀作𧒂 僖公 許其反史記作釐侯○箋曰各本並同唯盧本誤刻許為詩 不中 丁仲反 虞樂 音洛下皆同 思遠 息嗣反注同 歲聿 允橘反遂也

其莫 音暮 其除 直慮反去也注同 蛬也 俱勇反沈又九共反趨織也一名蜻蛚○箋曰方言十一郭注蛬音鞏尒雅釋蟲但有九勇反一音並与此俱勇反同故以為首音沈音廣韵居用切不載集韵乃據本書收之廣韵渠容切有蛬即玉篇之又音卭也而此及釋蟲又不載 不復 扶又反 大康 音泰徐勑佐反下同 其

居義如字協韻音據　好樂呼報反下同　瞿瞿俱具反顧禮義　禮樂之外此一樂字音岳　蹶蹶俱衛反動而敏於事也　其慆吐刀反過也　休休許虯反樂道之心

山有樞本或作蓲烏侯反茎也○詩經小學云爾雅櫙茎釋文櫙烏侯反本或作蓲地理志山櫙師古曰櫙音甌聲韵攷曰詩山有樞字本作櫙烏侯反刺榆之名或不加反音讀如户樞之樞則失之矣按魯詩作櫙亦作蓲相承讀烏侯反唐石經譌為户樞字而俗本因之攷證引段説注疏校勘記云山有樞唐石經小字本相臺本同考漢石經魯詩殘碑作蓲説文艸部蓲下云草也不以為藲茎字是毛氏詩作樞也尒雅加艸於首所以別户樞字耳地理志山樞亦然其實毛詩不作蓲釋文或作本非也亦不作藲故説文艸部木部皆無藲字也箋曰地理志山樞字作樞与今詩同段氏引作櫙而以證毛詩亦作櫙又以作樞者為譌非也按樞蓲並从區聲但从木从艸之異管子地員篇作區假借同音字也釋木作櫙从木又从艸俗字耳户樞字昌朱切此為烏侯切形雖同而音義並異又按此云本或作蓲釋木同證以魯詩殘碑則陸正指是阮氏謂釋文或作本非殆未喻陸氏本或作某之意也十三經音略三云樞釋文烏侯翻音歐集傳山有樞章樞字下烏侯昌朱二翻箋曰昌朱

切為户樞之音集傳並列非是

**昭公** 左傳及史記作昭侯 **自樂** 音洛下及注同 **有朝** 直遙反

**廷** 徒佞反 **洒** 所懈反沈所寄反下同 **埽** 蘇報反本又作掃下同○攷證云注疏本下作掃注疏校勘記云弗

洒弗埽唐石經小字本相臺本同閩本同明監本毛本埽作掃案埽字是也箋曰阮氏謂埽字是者殆以說文有埽無掃也案五經文字云埽經典及釋文多作掃蓋陸據經典用字而言阮說非北館本改正文埽為掃与注相違非是

**有楡** 以朱反 **荎** 田節反沈又直蔾反○校勘記云通志堂本盧本蔾作藜案小字本相臺本十行本所附皆作黎考此字載集韵六脂以影宋本為是校語錄云藜蔾二字並僻非音紐所用當是本作棃耳箋曰春官敘官荎劉直棃反正用棃字廣韵棃為力脂切建首字昔人反語下字多用廣韵之建首字法說是

**弗曳** 以世反 **弗婁** 力俱反婁亦曳也馬云牽也○攷證云案孟子踰東家牆而摟其處子劉熙注摟牽也玉篇手部引詩弗曳弗摟據馬融訓牽毛詩蓋本作摟毛傳疏云婁者摟之假借字箋曰廣韵力朱切婁下引此詩傳是陳說為得說文摟字段注引此詩作摟雖據玉篇改亦不若彼訂故訓傳仍作婁為當也

**宛** 於阮反本亦作苑死貌 **是愉** 毛以朱反樂也鄭作偷他侯反取也○攷證云

後漢書馬融傳注引作偷箋曰方言十二愉悦也即同毛傳

有栲音考山樗

有杻女久反檍也○段校檍為栲臧校及北館本並同箋曰毛傳杻檍也本釋木陸複述傳義固不誤也栲為山樗檍為万歲又曰牛筋栲生於山谷檍生於原隰故說文檍字段注引此傳及段訂故訓傳並作杻檍也与此校不合此校檍為栲仐人難以置信按通志堂本盧本女久反注疏本所附釋文久作九久九同音尒雅釋木各本並作女九反

山樗勑書反又他胡反○箋曰勑書反即廣韵之丑居切為樗字正讀故以為首音豳風七月小雅我行其野用字同南山有臺書作居尒雅釋木丑於反釋蟲恥豬反又云恥余反並与勑書反同又他胡反讀如瑹為别讀除七月亦以為又音外我行其野諸篇皆不載廣韵玉篇亦不收集韵通都切乃據此錄之

檍也於力反

廷内音庭又徒佞反

弗鼓如字本或作擊非○攷證云正義曰今定本云弗鼓弗考注云考擊也無亦字義並通也據此知孔本作弗擊弗考毛傳考擊也作考亦擊也文選廿六李善注引詩弗擊弗考

灑也色蟹反又所綺反

有漆音七木名

不離力智反

揚之水

封沃烏毒反邑名即曲沃

鑿鑿子洛反

激揚經歷反

湍疾吐端

反

洗 蘇禮反又蘇典反○箋曰蘇禮反為洗濯之義故為首音蘇典反為姑洗律名陸謂有此一讀而已故廁於末

去 羌呂反

垢濁 古口反

所惡 烏路反又如字

襮 音博領也字林方沃反○箋曰尒雅釋器博作搏字林二字作又字按博搏並在鐸韵方沃在沃韵此時鐸沃脣音已混

繡 音秀衆家申毛並依字下文同鄭改為宵

黼 音甫

為宵 音綃本亦作綃○攷證云注疏本作綃案儀禮士昏禮注禮記郊特牲注皆引詩作綃儀禮特牲饋食禮注引詩作宵是綃衣古只作宵衣也

為純 真允反又真順反

不樂 音洛

皓皓 胡老反潔白也○校勘記云皓皓通志堂本盧本同案依字當作晧唐石經改刻者是也釋文當亦本是晧字後轉作皓耳月出篇同箋曰胡老反通志堂本盧本胡誤古注疏本俱作胡是也周礼車人尒雅釋詁釋天釋文及說文鉉音廣韵並是胡字若作古則讀如槀矣今依正

鵠 戶毒反曲沃邑

粼粼 利新反清澈也本又作磷同○攷證云粼粼宋本作⿰粦凡案說文从巛作粼是正體文選注廿三引詩作磷利舊譌刊今改正校勘記云⿰粦凡⿰粦凡通志堂本盧本誤粼粼案小字本相臺本十行本所附皆作粼粼⿰粦凡即粼別體字利新反通志堂本利作刊盧本作利案小字本相臺本所附皆作利不誤校語錄云粼盧改粼

刊改利段校粼作⿰粦几刊作利臧校及北館本並同孫改作粼王筍校同箋曰毛刻粼誤粼利誤刊阮氏未及按廣韵力珍切粼亦作磷即本此也今依小字本十行本相臺本正

**澈也** 直列反或作徹誤

**椒聊** 椒木名聊辭也○阮元揅經室集刻七經孟子考文序云椒聊聊字舊訓為語助謬矣毛傳云椒聊椒也也字上必脫捄字鄭箋云一捄之實意實承傳而述言之緣傳已專訓不必再為聊捄也之訓矣尒疋云椒榝醜莍莍即捄也又曰朻者聊朻亦即捄也詩之兕觥其觓觓每作觩丩求通也是尒疋此句專為唐風而釋毛鄭皆知而郭璞未詳陸璣妄為語助之說然則斯義自魏晉以後皆昧之矣

**其蕃** 音煩 **衍** 延善反

**一梂** 音求又其菊反何音掬沈居局反○攷證云一梂舊以手今依宋本正校勘記云一捄通志堂本同盧本捄作梂云依宋本正案此宋本今未見俟再詳六經正誤於正文下云注一捄之實作梂誤集韵一屋兩載此字皆從木此釋文當亦本從木後轉從才耳校語錄云案今正義本亦作捄似不必改又云沈以捄局同部与廣韵不合故易之箋曰說文木部梂字段注云梂與莍古通用椒聊箋假梂為莍今俗語謂緐多叢聚曰一梂椒子每梂數百顆詩人言其盛則曰每梂將盈升按正義引尒雅釋木椒榝醜莍又云詩取蕃多為喻即

段説所本則阮氏謂此字本从木作梂是也又按釋木釋文梂字林音求此不稱字林詳略互見也又云莍音求一音巨六反巨六即此其菊讀作廣韻渠竹切之鞠沈重居局反讀作居玉切之臼釋文屋燭二韻混用則何胤沈重之音但為用字之異法氏謂陸氏易之實則音掬居菊並屬見紐其菊屬羣紐此時入聲見羣多混陸氏裒錄舊音非易之法説非

**朋比** 王肅孫毓申毛必履反謂無比例也一音必二反鄭云不朋黨則申毛作毗至反○攷證云正義釋傳从鄭義校語錄云比字此三音与廣韻合凡音毗志者皆當依字改毗至

箋曰釋文至志二韻混用詳尚書伊訓不必改

**佼好** 古卯反

**聊且** 子餘反下同

**匊** 本又作掬九六反兩手曰匊○攷證云足利本作掬箋曰掬為匊之後出字此云本又作掬者以礼記曲礼左傳宣十二年字並作掬也小雅采綠則与此詩同作匊

**綢繆** 上直留反下亡侯反綢繆猶纏緜也

**參也** 所金反

**始見** 賢遍反下不見見於東同

**薪芻** 楚俱反説文云芻刈草也象苞束草之形

**合宿** 音秀

**後陰** 户豆反

**邂** 本亦作解户懈反一音户佳反

**覯** 本又作逅同胡豆反一音户冓反邂覯解説也韓詩云邂覯不固之貌○攷證云注疏本作逅足利本作覯校

語錄云冓乃溝之譌若作冓則与胡豆反無異矣邂一音户佳反故此一音户溝反皆讀為平聲也集韵十九侯收此讀是彼時尚未誤箋曰本又作逅詳前野有蔓草此正与邂户佳反相叶俱讀去為平之聯語耳按集韵胡溝切逅覯邂逅解説貌或作覯是宋時冓尚作溝法説是也

解音蟹　説音悦　直音值又户如字　粲者采旦反三女為粲字林作㛑〇孜證云案廣韵㛑下引詩傳云三女為㛑是詩亦有作㛑者説文女部㛑三女為㛑㛑美也段注云經傳作粲段借字字林作㛑漢晉字之變遷也

杕杜徒細反特貌本或作夷狄字非也下篇同杜赤棠木〇孜證云顏氏家訓書證篇云江南本並木旁施大河北本皆為夷狄之狄讀亦如字箋曰書證篇末云此大誤也是亦与陸云非也同又云杕徐仙民音徒計反韵集音次第之第即陸云徒細反所本

所并必政反　湑湑私敘反不相比次也　相比毗志反下文及注同　踽踽俱禹反無所親　遠其于万反　不佽七利反助也　菁菁本又作青同子零反毛葉盛也鄭希少貌〇箋曰小雅苕之華其葉青青釋文子零反殆即此本又作青所出　睘睘本亦作煢又作煢求營反無所

依也○攷證云睘當作瞏書洪範正義引作煢煢文選張衡思玄賦注引作煢煢毛傳疏云王逸九思注作煢煢文選陸雲贈婦詩注作煢煢箋曰五經文字瞏睘上說文下石經見詩則作睘者係隸省為六朝時所通用故玉篇廣韻俱作睘說文瞏字段注引此詩傳及訂故訓傳亦作睘按睘煢周礼大司寇孫氏正義謂為赹之借字互詳尚書無逸惸條

羔裘 不卹 本亦作恤荀律反憂也○攷證云注疏本作恤然作卹是箋曰卹恤音義並同無是非可言惟卹原誤卹盧改為卹是也毛刻所附釋文恤卹二字互易其餘注疏本則否殆毛刻倒置

豹祛 起居反又丘據反祛末也

居居 如字又音據懷惡不相親比之貌

親比 毗志反

有悖 補對反

豹褏 徐救反本又作褎同○攷證云注疏本作褎校勘記云豹褏本又作褎同通志堂本盧本同案六經正誤云本又作褎作褎誤其說非也五經文字衣部云褎袖二同是其證小字本所附作褎亦非箋曰褏褎俱即今之袖字唯作裦者譌詳旄丘盧阮說是也毛刻所附釋文褏作褎救作究褎亦誤字阮氏未及

究究 九又反爾雅云居居究究惡也

之好 呼報反注同

鴇羽 音保鴇似鴈而大無後指性不樹止○攷證云舊脫羽字從宋本補校勘記云鴇通志堂本同盧本下有羽字云從

宋本補案此宋本今未見俟再詳無後指通志堂本盧本指誤趾案小字本相臺本所附皆作指不誤校語錄云鴇下盧添羽字趾阮校作指段校臧校及北館本並改趾為指箋曰鴇羽二字為此詩篇名依全書例亦當有羽字盧增羽字是也按性不樹止為陸複述傳文餘訓則傳箋俱無蓋本郭璞說也漢書司馬相如傳鳿鷫鵠鴇郭璞曰鴇似鴈而無後指鴇音保即作指字此詩毛刻所附亦作趾与通志堂同俱為後人改易阮氏未及今依正

政役 音征篇內注同○攷證云注疏本作征足利本作政注疏校勘記云君子下從征役唐石經小字本相臺本同案正義云言下從征役者又云定本作下從征役或定本作政字也考周礼小宰聽政役以比居注云政謂賦也凡其字或作正或作征以多言宜從征如孟子交征利云此序字與彼同

養其 羊亮反

鄂侯 五各反

于苞 補交反稹也

栩 況禹反杼木也

稹也 本又作縝之忍反何之人反沈音田又音振廣雅云概也○校語錄云本又作稹稹當依輪人音義改為縝今阮刻十行注疏本所附亦作縝又案據輪人考證則作縝出盧氏意改作縝是也箋曰注疏本所附並作本又作縝縝字不誤礼記聘義縝密以栗即用縝字彼釋文云音軫一音真音軫即此之忍反音真即何胤所讀攷工記輪人亦具此二音按尒雅釋言稹謝

之忍反郭振真二音並以之忍反為首音者唐寫玉篇糸部縝下云稠密之縝音之忍反亦為稹字在禾部蓋六代經師之習讀也沈重所讀田振二音廣韻俱不載又按今本廣雅無穊各本誤从木作概盧本作穊乃稠密之義是也又盧本正文稹也稹誤刻為積今並正

杍也食汝反徐治與反○箋曰莊子齊物論杍徐食汝反則此食汝反亦本舊音按食屬神紐治屬澄紐斯時神澄已混

之處昌慮反

迫迮側百反

梱口本反○校語錄云戶本反戶十行本作口是也既醉音義苦本反箋曰儀礼大射儀莊子徐无鬼並作口本反此經注疏本俱作口法說是也通志堂本盧本誤戶今正

致直置反下同○校語錄云致置不同部箋曰致在廣韵至部置在志部然釋文至志混用詳尚書伊訓

靡盬音古

埶魚世反

何怙音戶恃也

罷倦音皮

鴇行戶郎反注同

翮也戶革反爾雅云羽本謂之翮

無衣

始并卑政反下注同

為之于偽反

之使所吏反注同

愈羊主反

且奧本又作燠於六反煖也○攷證云案古燠煖字多作奧注疏本作燠足利本作奧箋曰尒雅釋言礼記內則並作燠

礼記曲礼老子德經並作奥釋文俱讀於六反内則且云本又作奥是奥燠二字互用王筠校云且朱文游本作旦誤

煖奴緩反

有杕之杜 宗族本亦作宗矣 陰寡於鴆反又如字本亦作蔭同 噬肯市世反逮也韓詩作逝逝及也 與比毗志反 好之呼報反下同 曷飲於鴆反下文同 食之音嗣下同 道周周曲也韓詩周右也○王筠述陳奐校云奐案汲古疏周韓詩作右是也箋曰注疏本並作周韓詩作右按毛傳疏云韓詩周右也韓以上章道左則此當訓道右是陳氏實不用注疏本也王筠所述陳奐校語致可疑 觀也古亂反

葛生 好呼報反 攻戰音貢又如字 多喪息浪反注同弃亡也又如字 怨思息嗣反或如字 蘝音廉又力恬反又力儉反徐又力劒反草木疏云似栝樓葉盛而細子正黑如燕薁不可食○校語録云音廉与力恬鹽添分部也廣韵蘝劒不同部當作力驗箋曰釋文鹽添混用詳尚書梓材此音廉力恬直音与反語並出之例

又薮在豔部劒在梵部釋文亦豔梵不分詳尚書微子法説非

齊則側皆反本亦作齋下同○攷證云足利本作齋

枕篋口牒反

韣本亦作㯷又作櫝徒木反○箋曰㯷疑作襡此以形近致譌也正義引礼記内則作韣今内則作襡是其證注疏本所附作獨尤誤

墳墓符云反

壙音曠

采苓力丁反大苦也即甘草葉似地黄

好聽呼報反

幽辟匹亦反下同

小行下孟反

爲言于僞反或如字下文皆同本或作僞字非○攷證云正義云定本作僞言足利本同白帖九十二亦引作僞注疏校勘記云人之爲言唐石經小字本相臺本同案此釋文本也正義云人之詐譌之言又下文盡作僞言是其證又云王肅諸本作爲言定本作僞言此引定本以證其同也考沔水民之訛言箋云訛僞也言時不令小人好詐僞爲交易之言正月人之訛言箋云訛僞也人以僞言相陷入其訛言即此經之爲言也古爲僞訛三字皆聲類所近用作假借用作詁訓其理一也作爲則當讀作僞耳箋不云讀作者其於假借例有如此者也正義本定本乃依正字釋文説皆未諦考文古本采正義阮氏又云按鄭箋云謂爲人爲善言上爲字去聲下爲字平聲讀之然則經文爲字不當作僞爲者作也造也王風傳云造爲

也箋曰爲如字讀平聲于僞反讀去聲義訓造作阮氏後說是也 舍音捨下同 旃之然反 爲言謂

爲人並于僞反若經文依字讀則此上爲字亦依字 訕人所諫反 采葑孚容反

# 秦車鄰第十一

秦者隴西谷名也在雍州鳥鼠山之東北昔皐陶之子伯翳佐禹治水有功舜命作虞賜姓曰嬴其末孫非子爲周孝王養馬於汧渭之閒封爲附庸邑於秦谷及非子之曾孫秦仲周宣王又命爲大夫仲之孫襄公討西戎救周周室東遷以岐豐之地賜之始列爲諸侯春秋時稱秦伯崔云秦在虞夏商爲諸侯至周爲附庸

車鄰本亦作隣又作轔栗人反○攷證云漢書地理志作車轔五經文字云轔詩本亦作鄰 秦仲始大絕句或連下句非○攷證云正義曰王肅云秦仲脩德爲宣王大夫遂誅西戎是以始大鄭語韋昭注引詩序曰秦仲始大是先儒斷始大爲句 白顛都田反 的丁歷反 顙桑黨反 寺人如字又音侍本或作侍字

寺人奄人內小臣也○攷證云古侍字多作寺箋曰寺如字讀祥吏切屬邪紐音侍讀時吏切屬禪紐邪禪俱爲摩擦濁聲故天官序官寺人注云寺之言侍也左僖廿四年穀梁襄廿九年釋文並云本又作侍 之令力呈反注同又力政反沈力丁

反韓詩作伶云使伶○箋曰呈在清韵丁在青韵然釋文清青混用詳尚書禹貢則力呈与力丁同沈重用字異故陸載之又力政反者本韓詩使伶之訓讀去聲

傳告直專反

阪有音反又扶板反陂者曰阪○箋曰尒雅釋地釋文阪甫晚反字林父板反甫晚即此音反父板即此扶板則此又讀本字林

陂者彼寄反又普羅反又彼皮反○箋曰釋地釋文陂者彼宜反字林或彼義反又作坡郭皆普何反彼宜即此彼皮彼義即此彼寄普何即此普羅讀爲坡

以閒音閑

安樂音洛下文並同

其耋田節反老也八十曰耋一音天節反○攷證云其耋宋本作耊不必從校勘記云其耋通志堂本盧本同盧云宋本作耊考此宋本謂十行本所附唐人作上從老之字例省石經其證也小字本所附亦是耊字非釋文之舊十三經音略三云耊釋文田節翻迭結翻同音迭質韵叶田一翻質韵無定母字仍讀如迭不必叶又天節翻他結翻同音鐵亦通箋曰質韵無定紐田一翻自不能成音迭在屑韵云仍讀如迭者不必用田一翻也按尒雅釋言耋田結反孫他結反云老人面如鐵色此天節反即本孫炎而作一音即又音

之朝直遙反

將後胡豆反又如字

鼓

簧音黄笙也

駟驖田結反又吐結反驖驪馬也始命絶句園圃音又沈又尤菊反之樂音洛孔

阜符有反大也驪也力知反媚子眉冀反獻麋亡悲反舍音捨拔蒲末

反括也射食亦反括也苦活反善射音社○校語錄云射去聲社上聲且不同紐音

社二字後人妄改也當食夜反箋曰廣韻社常者切禪紐射神夜或食夜俱在神紐此神禪讀混今語社正讀去聲与射混陸

氏作釋文時或已如是讀歟四種章勇反輶車由九反又音由輕也鸞盧端反鑣彼驕

獫力驗反長喙田小犬也說文音力劒反○校語錄云獫音易說文嫌不同部也与上篇蘞音同箋曰釋文蘞梵混用

詳尚書微子陸氏以用字有異故並載之非易說文舊音歇本又作猲許謁反說文音火遏反驕本又作獢同許喬反

獫獢短喙田犬也○攷證云案說文犬部爾雅釋畜注漢書地理志注皆引詩載獫猲獢校語錄云獫當作猲歇下注不云作

獫也箋曰釋畜釋文獫今本誤獫詳校勘記字林作猲是獫猲一字異體玉篇廣韻俱同歇注云本又作猲者謂說文字林作猲也此云

獫獢字作獫者本釋畜所載也獫字不誤不必改輕也遣政反又如字下同喙況廢反○臧校況作況北

館本同箋曰周易説卦亦作況廢反尒雅釋天釋文説文鉉音廣韵況皆作許並屬曉紐況屬澄紐臧校非也

驅逆丘遇反或丘于反　乘車縄證反　搏噬音博舊音付○箋曰小雅車攻与此同按大雅公劉舊作沈周礼大宰作戚尒雅釋訓作郭此与車攻云舊統言之也

小戎毛云小戎兵車也鄭云羣臣兵車故曰小戎王云駕兩馬者　矜其居澄反　夸大苦花反

有樂音岳又音洛　俴錢淺反淺也　收如字軫也　五楘音木本又作鞪歷錄也曲轅上束也○攷證云鞪宋本作鞪注疏本誤分作敄革二字説文但作鞪校勘記云本又作鞪通志堂本盧本鞪作鞪案鞪字是也鞪字於字書無可考小字本所附亦是鞪字

梁輈陟留反　軫也之忍反　歷錄一本作歷祿　句衡古侯反　脅驅本亦作駈起俱反　靷之忍反○校勘記云之忍反通志堂本盧本同案小字本十行本所附之忍反作音胤相臺本所附作音酳段玉裁云此之忍反及相臺本皆宋人避諱改之耳今考之忍反乃軫字音改者誤也校語錄引阮説段校云宋毛詩宋注疏皆作音胤岳本作音酳此作之反皆宋人避諱改之耳北館本又墨筆改之作以

箋曰之忍反自誤說文鉉音及廣韵並余忍切段謂宋人避諱改之何以改喻紐爲照紐此語非是左傳僖二十八年哀二年釋文並以刃反疑此之當作以忍當作刃則与注疏本所附之音合

**鋈**音沃舊音惡白金也○校語錄云鋈舊音与古韵近箋曰音沃音惡乃沃鐸混用与古韵無涉如大雅生民鑿子洛反字林子沃反名是及左桓二年並同是其證

**續**義如字徐辭屢反

**靳環**居覲反本又作斲沈云舊本皆作靳靳者言無常處游在驂馬背上以驂馬外轡貫之以止驂之出左傳云如驂之有靳居釁反無取於斲也○攷證云注疏本作斲校語錄云廣韵靳与覲釁並不同部箋曰廣韵釁覲在震部靳在焮部然釋文則不分如禮記儒行靳居覲反尒雅釋訓斤斤樊居覲反周頌執競紀覲反皆焮部字用震部字作切語下字

**以禦**魚呂反

**慎駕具**慎或作順義亦兩通

**揜軓**於檢反

**常處**昌慮反

**著服**直略反又丁略反

**軾前**音式本亦作式○箋曰攷工記輿人爲車以揉其式即用式字說文車部軾字段注云經傳多作式者古文段借也

**文茵**音因文茵以虎皮爲茵茵車席也

**暢**勑亮反長轂也

**轂**音谷

**騏**音其馬騏文也

**馵**之樹反馬左足白

**駵**音留赤馬黑鬣也

**騧**古花反黄馬黑喙也

**驪**

本又作鬣力輒反○攷證云注疏本作鬣校語錄云阮刻注疏本上字作鬣下字作驪兩騑芳非反龍

盾順允反徐又音允觼古穴反軜音納內也驂馬內轡也俴駟毛云四介馬也韓詩云駟馬不

著甲曰俴駟厹矛音求三隅矛也鋈錞徒對反舊徒猥反一音敦鐏也說文云矛戟下銅鐏蒙伐如字

本或作瞂音同毛云蒙討羽毛也伐中干也鄭云蒙厖也討雜

也畫雜羽之文于伐故曰厖伐○攷證云舊瞂譌作𢧵玉篇盾

部引詩蒙瞂有菀伐犮聲相近校勘記云本或作𢧵影宋本缺

失上卷第三十四葉也下同通志堂本如此盧本𢧵作瞂云舊

瞂譌作𢧵案其說非也集韻十月載瞂𢧵吙三形可證校語錄

云𢧵盧改瞂是𢧵乃俗體不當以見於集韻而遂从之也箋曰

廣韻十月瞂或作𢧵故詩經小學本之曰𢧵同瞂說文瞂字段

注曰作𢧵者或體也作伐者假借字按𢧵為唐時俗寫會意形

聲俱不可說故盧氏據玉篇引作瞂段校删羽下

毛字北館本同按此為複述傳訓傳無毛字此衍四介音界甲也

鐏祖寸反又子遯反○箋曰周礼盧人鐏存悶反劉子悶反華氏治氏子作祖治氏又存作徂餘同則此子遯反蓋本

劉昌宗周礼音而作之札側八反厖伐莫江反虎韔勑亮反下同本亦作暢弓室也鏤

**膺**魯豆反下於澄反毛云膺馬帶也鄭云鏤膺有刻金飾也　**竹閉**悲位反本一作䪐鄭注周禮云弓檠曰䪐弛則縛於弓裏備損傷也以竹為之䪐音悲位反徐邊惠反一音必結反〇攷證云案兩䪐字當從下一例韋旁作鄭注弓人引詩竹䪐緄縢又注疏本弓檠曰䪐之䪐亦作䪐惠舊譌患今從注疏本正校勘記云本一作䪐鄭注周禮云弓檠曰䪐影宋本缺通志堂本盧本如此案盧文弨云兩䪐字當從下䪐音悲位反一例韋旁作今考小字本十行本所附皆作柲鄭儀禮既夕記有柲注引竹柲緄縢當依柲為是徐邊患反影宋本缺通志堂本如此盧本患作惠案惠字是也小字本十行本所附是惠字校語錄云本下一字當作亦二䪐字与下從韋作者不一律盧謂當作䪐是患盧改惠是也段校䪐作柲患作惠北館本及王筠校並同箋曰既夕禮注云柲弓檠弛則縛之於弓裏備損傷以竹為之詩云竹柲緄縢弓人注云弓有䪐者為發弦時備頓傷詩云竹䪐緄縢釋文䪐音祕又補結反孫詒讓正義謂䪐柲同是也惟此所引鄭注周禮實係既夕禮注之文按說文木部柲欑也欑積竹杖則柲為正字䪐䪐閉皆通假字也且小字本十行本俱作柲此注當以从木作柲者為長患亦惠字之譌又按悲位反即弓人之音祕徐邊惠反者悲邊俱屬邦紐位在至韵惠在霽韵釋文至霽混用猶祕在至閉在霽也一音必結反

者必結与引人補結同廣韵方結切有閑闔也与此義異故曰一音本一作鞦一法校作亦按釋文例作亦法校是 緄縢古本反繩也下直登反約也 紲息列反 厭厭於鹽反安靜也 秩秩陳乙反有知也 知也本亦作智

蒹葭古恬反薕也葭蘆也 人被皮寄反 薕也音廉 作繄於奚反猶是也 遡洄蘇路反下音回逆流而上也 遡游順流而涉也 宛在紆阮反本亦作苑 易得以豉反

萋萋本亦作淒七奚反○攷證云唐石經宋本皆作淒淒注疏校勘記云蒹葭萋萋閩本明監本毛本同唐石經小字本相臺本萋萋作淒淒案正義本今無可考 未晞音希毛云乾也鄭云未為霜也 之湄音眉 水

隒魚檢反又音檢○校勘記云魚簡反又音簡按簡字當作檢此二簡字皆明末避懷宗諱所改也音韵全乖急宜改正考各本附音皆作檢不誤葉林宗於崇禎時寫此書全書內往往有改檢為簡者校語錄引阮說又云王風葛藟音義仍作檢經籍舊音辨證一云魚簡反又音簡盧校依通志本如此作承仕按簡字並應作檢淺人以簡檢聲近傳寫致譌注疏本正作檢

應據正箋曰尔雅釋山亦作檢今正按魚檢反本郭璞尔雅音又音檢則本字林及何胤詳蔦藟又按檢誤簡者實葉林宗時避帝諱所致互詳尚書皐陶謨嚴下吳氏簡檢聲近傳寫致譌之說非也

且躋本又作隮子西反升也○箋曰尚書微子鄘風蝃蝀周礼春官左傳公羊文二年俱作隮為此云本又作隮所出春官公羊且云本又作躋

中坻直尸反小渚

之涘音俟厓也

迂音于

中沚音止小渚也

終南

有條本亦作樤音同稻也○攷證云足利本作樤

稻也吐刀反山榎也

枏也如鹽反沈云孫炎稱荊州曰枏揚州曰梅重賣揚州人不聞名枏○段校依正義乙枏梅二字北館本同王筠校云尔雅疏引孫炎曰荊州曰梅揚州曰枏校勘記云孫炎稱荊州曰枏揚州曰梅影宋本缺通志堂本盧本如此案段玉裁云疏引孫炎曰荊州曰梅揚州曰枏當依之乙是也校語錄引阮說又云若如今本則沈氏不必駁之矣箋曰玄應音義二十卷引尔雅樊光注云荊州曰梅揚州曰枏孫說本樊光諸家所校是也

朝廷直遥反

以裼星歷反

渥丹於角反渥漬也丹如字韓詩作沰音撻各反沰赭也

湆之純反又如字本亦作厚○箋曰之純反讀為惇廣韵章倫切惇心

實也与厚義近如字讀常倫切為淳本讀攷證云注疏本作厚足利本作淳注疏校勘記云渥厚漬也小字本相臺本同案此正義本也正義云赫然如厚漬之丹釋文云云是正義本與或作同考文古本作淳采釋文 **漬** 辭賜反○校語錄云漬廣韻疾智切此亦从邪不分 **有紀** 如字基也本亦作屺沈音起○攷證云正義曰集注本作屺定本作紀注疏校勘記云有紀有堂唐石經缺小字本相臺本同案正義標起止云傳紀基是正義本與定本同屺是山有草木字集注當誤

**黻衣** 音弗 **將將** 七羊反

**黄鳥** **仲行** 户郎反下皆同 **鍼虎** 其廉反徐又音針 **從死** 才容反 **惴惴** 之瑞反

**其慄** 音栗 **壙中** 苦晃反 **殲我** 子廉反徐又息廉反○攷證云又息廉反注疏本作徐又息廉反校勘記云又息廉反影宋本缺通志堂本盧本如此案小字本十行本所附又上皆有徐字無者當是脱也校語錄云又上盧增徐字箋曰段校據宋本亦增徐字北館本及王筠校同今據注疏本增徐字 **愬之** 蘇路反 **可贖** 食燭反又音樹○攷證云此條舊脱據注疏本補校勘記云愬之蘇路反影宋本缺盧本此條下有贖食燭反又音樹一條通志堂

本無案盧補是也小字本相臺本十行本所附皆有此一條足以為據唯盧於贖上以意加可字則非校語錄云此條舊脫盧補箋曰段校及北館本並據宋本補此條無可字陸氏摘字為音自不必有可字毛刻所附釋文亦有此條阮氏未及按尚書舜典贖石欲及徐音樹則此又音蓋本徐仙民讀

之防　徐云毛音方比也鄭音房○詩經小學云傳防比也按蓋同方段訂故訓傳云此謂防即比方字徐邈云毛音方箋曰如字即防護之意

之禦　魚呂反注同當也

晨風

鴥　說文作鴪尹橘反疾飛貌字林於寂反○攷證云今本說文亦作鴥十三經音略三云鴥釋文尹橘翻音聿喻母又字林於寂翻音近鬱影母並通校語錄云字林於寂反當作于密反魯頌驕音阮孝緒于密反是其證尹橘于密異紐且分二類此亦匣喻之混箋曰說文大徐本作鴥小徐本作鴪与陸氏所稱者合按尔雅釋鳥鴪戶橘反戶屬匣紐尹屬為紐釋文喻為多混凡三等韵無匣三等韵用匣紐作反語上字者皆為紐也法說以于為匣失實喻為多混等韵家所以合為為喻周氏謂於寂音近鬱蓋未知寂為密誤

鸇也　字又作鱣之然反草木疏云似鷂青色說文止仙反字林尸先反○段校云尔雅音義止作上尸作己先作仙按上是止非尸是己非集韵收己仙切誤矣北館本同校勘記云說文止仙反字林

尸先反影宋本缺通志堂本盧本如此案六經正誤云字林已仙反乃與堅同音非也當作之仙反小字本所附作户仙反户即尸之譌校語錄云文十八年左傳尒雅釋鳥音義並引字林已仙反是也釋鳥引說文誤止作上玹集韵此字止收諸延稽延二紐是其所據釋文不作上仙尸仙也又案六經正誤亦引已仙反是宋本皆然經籍舊音辨證一云左傳尒雅釋文引字林並作已仙反按集韵類篇無与尸先反相應者今謂宋人所見釋文作已仙反或巳先反而尸先反之尸字則為形近之譌六經正誤云云此字林作已仙反之明驗也覈實言之字林僅有已仙反一音左傳釋文引徐邈音居延反與字林同可證已仙反為切韵以前之舊音大抵聲音流變由內及外由喉牙以達於舌齒此其一例耳然北宋本釋文僅誤已作巳宋以後本又誤已巳作尸此蹤跡之可尋者也盧文弨考證任大椿字林考逸並沿舊文未能發正又云宋巾箱本毛詩所附釋文正作已仙反黄侃云鸇讀已先反猶鸞字讀居言切也从亶聲者有饘玉藻饘鄭注饘當為馨又饘与犍同字類篇犍有牛閑虛閑二音皆喉音也箋曰廣韵諸延切有鸇左傳文十八年鸇之然反說文止仙反字林已仙反之然止仙為用字之異字林音異故綴於末尒雅音義止作上者誤段校非也吴氏說是按類篇犍讀喉音本玉藻注也然饘當為馨謂饘字不謂亶黄氏推論

及亶聲則誤之駛所吏反疾也○校勘記云之駛影宋本缺通志堂本盧本如此案相臺本所附駛作駛此當本作駛後轉作駛也小字本所附仍作駛二子乘舟篇同苞櫟盧狄反木名六駁邦角反獸名毛云如馬倨牙食虎豹草木疏云駁馬木名梓榆也倨音據靡樂音洛棣音悌唐棣也樹檖音遂或作遂赤羅也○攷證云案説文引詩作椽遂疑當作椽校勘記云或作遂影宋本缺通志堂本盧本如此案盧説非也此不與説文相涉小字本十行本所附亦皆作遂校語錄云遂盧云當作椽箋曰阮説是也毛刻所附亦作遂阮氏未及

無衣好呼報反下注同攻古弄反又如字下注同亟欺冀反同袍包毛反襺也○校語錄云包疑白之誤箋曰包屬邦紐袍白皆屬並紐包實誤字法説是襺也古顯反本亦作繭○箋曰礼記玉藻作繭為此云本亦作所出按説文衣部襺袍衣也為本字則作繭者實假借字同仇音求毛云匹也鄭云怨耦曰仇

戈長直亮反又如字同澤如字毛澤潤澤也鄭褻衣也説文作襗云袴也○攷證云今箋中澤字亦从衣非是説文袴作絝注疏校勘記云襗褻衣近汙垢相臺本同閩本明監本毛本同小字本襗作澤案澤字是也釋文云云可作毛鄭

義異而經字則同之證正義云故易傳為釋乃依鄭義易字以曉人非謂經傳字作釋也相臺本依之改箋者誤箋曰段訂故訓傳云潤澤毛時古語故鄭申之曰褻衣段謂箋申傳是也既謂毛鄭字同義異非是 **褻衣** 仙列反 **近** 附近之近 **汙** 音烏又汙穢之汙○校語錄云新臺傳汙穢陸於彼汙字音烏則音烏与汙穢非有二音二義此條又字似衍又穢字乃辱字之譌見書胤征及小雅青蠅蓋此義讀去聲也箋曰釋文汙穢汙辱之汙俱讀去聲亦讀平聲小雅青蠅汙白汙辱之汙烏路反左傳成二年汙車汙穢之汙字林一故反說文鋺音烏故切唐寫玉篇於故反五經文字烏路反此皆讀去聲不讀平聲者尚書胤征汙烏故反汙辱之汙又音烏礼記曲礼為汙汙辱之汙又一故反後放此左傳僖二十年汙辱汙穢之汙一音烏路反論語陽貨能汙汙辱之汙一音烏又烏故反与今本玉篇及廣韵亦平去二讀相同又有但讀平聲者如周易井卦邶風新臺莊子齊物論並云音烏是也此注有又字則汙穢之汙當讀去聲又字不衍穢亦非辱之譌 **垢** 古口反

**渭陽** 音謂水名水北曰陽 **麗姬** 本又作驪同力馳反○攷證云足利本作孋箋曰礼記檀弓驪姬釋文作孋本又作麗亦作驪案左傳莊二十八年作驪昭二十八年作孋莊子齊物論作麗 **之難** 乃旦反 **大子** 音泰

都雍於用反縣名今屬扶風乘黄繩證反注同我思息嗣反瓊瑰古回反石次玉也

權輿音餘權輿始也夏胡雅反大也屋如字具也○攷證云此條有脫文疑當作毛如字宅也鄭音握具也校語錄引盧說校勘記云案此不誤盧說譌謬特甚屋宅之解傳既無文孔氏正義不分毛鄭異說陸意同之故載箋義並非有脫文也唯王肅以屋爲宅與鄭立異雖自謂述毛究未嘗以宅也之語竟屬之於毛正義具有明文一一可以覆案何容鄉壁虛造援王入毛又復塗竄釋文貽誤來哲也箋曰阮駁盧說極是渠渠其居反猶勤勤也以食我音嗣注篇内同四簋音軌内方外圓曰簋以盛黍稷外方内圓曰簠用貯稻粱皆容一斗二升○攷證云斗舊譌升今改正校勘記云通志堂本斗誤升盧本作斗案小字本所附作斗不誤校語錄云一升升盧改斗是箋曰段校臧校及北館本並改升爲斗王筠校云宋葉本陳本作斗今按毛刻所附亦作斗阮氏未及

經典釋文卷第五

經典釋文集説坿箋卷五終　　受業永川余行達校

①

殆紙薺二韵有相混者改殆依此七禮反作音也

②

學林引此以下改為學林引居作廮法云誤是也又音於三字不
誤陸謂又音之音於詩内協句者宜音直據反

③

改何胤音犢　為讀為尓雅釋天濁謂之畢之濁何胤音
犢只集韵

# 經典釋文附箋卷十上

成都趙少咸

## 儀禮音義

唐國子博士兼太子中允贈齊州刺史吳縣開國男陸德明撰

### 士冠古亂反禮第一

鄭云童子任職居士位年二十而冠主人玄冠朝服則是仕於天子諸侯之士朝服皮弁素積古者四民世事士之子恒為士○孜證云舊本諸侯天子誤倒今注疏本已依朱子説改正則是仕於諸侯句絶不連下讀校語錄云天子諸侯盧改諸侯天子云諸侯句絶不連下讀箋曰注疏本無仕字天子諸侯作諸侯天子按本經云主人玄冠朝服鄭注云天子與其臣玄冕以視朔皮弁以日視朝諸侯與其臣皮弁以視朔朝服以日視朝周禮春官司服云士之服自皮弁而下如大夫之服禮書通故衣服篇釋之云言士不得如大夫服玄冕也則此謂天子諸侯之士服皮弁而不服玄冠各用其朝服也諸侯之位次於天子豈能駕出其上當作天子諸侯則釋文本為是注疏本誤倒盧依之以改釋文非故諸侯

連下讀不能絶句也此言則是仕於天子諸侯之士仕當衍文故注疏本無仕字江校此删之北館本同顧千里曰無仕字是也宋槧單疏及要義皆無此字**士冠**古亂反下以意求之**筮于**市例反**庿門**劉昌宗音廟案庿古廟字○注疏校勘記云按儀禮庿廟錯出張淯論之詳矣經注既然疏文更甚今當畫一從庿庿乃古文鄭不疊今文者鄭疊今古有三例辭有詳畧則疊之賓對曰某敢不夙興今文無對是也義有乖互則疊之禮於阼今文禮作醴是也字有通借則疊之闑西閾外古文闑為槷閾為蹙是也若庿廟則同字故不疊然儀禮字例亦多參差如士冠特牲俱有主人受眂之語士冠作眂特牲作視士冠嘉薦亶時劉作旹陸作時皆後人任意為之非鄭氏之舊箋曰下文謂禰乃禮反父庿也校勘記云庿廟古今字禮經十七篇經皆作庿注皆作廟古文從苗為形聲小篆從广朝謂居之與朝廷同尊者為會意按彼阮說足以明此庿古廟字之說通攷儀禮一書本古今文互出下文闑西閾外賈疏云鄭注禮之時以今古二字並之若從今文即今文在經於注內疊出古文若從古文則古文在經注內疊出今文然則非後人為之矣此云庿劉音廟則以今文釋古文陸明已從經古文作庿也復恐後人不曉故申之曰庿古廟字**以著**音尸**謂禰**乃禮反父庿也**朝服**直遥反注同後朝服放此**緇**

帶側其反素韠音畢蔽膝也○箋曰素韠白韋韠長三尺上廣一尺下廣二尺其頸五寸肩革帶博二寸按經義述聞三十一身條云身體中也謂頸以下股以上也以今尺度之中人頸以下股以上約有一尺八寸一身之長也再加九寸為一身之半則二尺七寸矣以古六寸為尺計之得四尺又五寸一身又半之長也長一身又半纔至膝上耳據王說則此韠長三尺僅能蔽前而不能及膝也說文五韠韍也所以蔽前者鉉音卑吉切卑吉即此音畢陸謂蔽膝當誤而王氏廣雅釋器疏證謂蔽膝為韠殆惑於釋文此說矣黑繒似陵反○校語錄云繒音誤從為邪箋曰說文十三繒帛也鉉音疾陵切則繒在從似陵在邪此時從邪混用蓋非誤也再繅音了劉音遼○箋曰說文十三繅纏也鉉音盧鳥切桂馥義證云纏也者一切經音義六引作繞也纏也後漢書班固傳繅以周牆注云繅猶繞也盧鳥音了用字異一為反切一為直音禮記玉藻再繅音了此謂士卑降於大夫以上其帶博二寸繞腰共為四寸也廣韵蕭韵落蕭切繅下云繅綾經絲出字林則劉音轉上為平讀與呂忱同詞義由動變作名矣長三直亮反凡度長短曰長直亮反度廣狹曰廣古曠反他皆放此上廣古曠反以眂音視本或作視下同○攷證云眂注本本作視箋曰王筠校云眂張淳作眂又曰其後篹音纂而今文作

纂適音巡而今文作巡妃音配而今文作配筴音策而今文作策案此句誤道音導而今文作導版音板而今文作板倢音疌而今文作疌辟音壁而今文作壁枋音柄而今文作柄皆後人率意改之爾按說文見部云視瞻也眂古文視鉉音神至切段注云此氏聲與目部眂氏聲迥別氏聲古音在脂微齊皆部氏聲在支佳部自唐宋至今多亂之眂見周禮依段說則張淳作眂非是音視即以今文釋古文明以別於承旨切視皃之眂也周禮秋官小行人眂館音視同此詳彼疏此陸本用古文賈疏本用今文或本作視葢同注疏本張氏所舉皆與此同例何謂後人率意改之耶

皮弁皮彥反

為緅側留反劉子侯反○校勘記云宋本側作則字非也當作側校語錄云緅劉音合古韻箋曰注云凡染黑五入為緅按論語鄉黨釋文緅莊由反考工記云五入曰緅字林云帛青色子勾反莊由即此側留子勾即此子侯俱為用字異劉讀葢與呂同又攷工記鍾氏緅側留反劉祖侯反祖侯與子侯同俱在精紐與側留莊紐此時混用故阮校以宋本側作則為非而法氏所謂劉音合古韻者殆以子侯反之音精紐侯韻合於古韻耳殊知反語起於漢末其時古音已不存所謂古韻實自宋明以後類聚經籍韻語擬定者是難依據也詳周易坤利品條下

六入與音餘

自辟必亦反

卒吏子忽反

假吏古雅反

**具饌** 劉仕轉反一音士戀反○校勘記云仕宋本作材按材字非也當作仕箋曰說文五篹具食也饌篹或從巽銈音士戀切則此一音為本讀一音者又音也仕轉則讀如撰集韵獮韵鶵免切篹云具食也或作饌音依本書義從說文按士喪禮餕于劉牀轉反一音士春反牀轉與仕轉士春與士戀俱為用字異既夕禮餕于劉士轉反俱在牀紐則宋本之材為仕形近之誤阮校是也

**西塾** 音孰劉又音育爾雅云門側之堂謂之塾○箋曰爾雅釋宮門側之堂謂之塾郭注云夾門堂也釋文塾音熟劉儀禮又音育音孰音熟用字異俱為塾之本音陸於此引爾雅以明音孰之義於彼引本書以證劉讀之音互文以見也攷工記匠人之塾音孰劉又音育正與此同詳彼疏

**以畫** 音獲下同

**記爻** 戶交反○攷證云舊本無今從通解增箋曰注云所卦者所以畫地記爻按說文三爻交也象易六爻頭交也銈音胡茅切胡茅即此戶交後文識爻音同自當先音於此盧增是也今從之

**闑** 魚列反門橜也

**閾** 音域劉況逼反門限○箋曰注云閾閫也賈疏云曲禮云外言不入於閫閫門限與閾為一也按賈說是也說文十二閾門梱也銈音于逼切于逼音域用字異一為直音一為反切則此首音為本讀況逼則讀如洫廣韵職韵即讀是音論語鄉黨行不履閾釋文閾于逼反一音況逼反門限也則劉音同於一音一音者

又音也橜其月反閫苦本反劉音困○箋曰禮記曲禮云外言不入於閫釋文作於梱云本又作閫苦本反門限也則此首音為本讀音困則讀若困集韻圂韻苦悶切閫云門橜通作梱則義本曲禮音依本書劉音上去相承矣槷魚列反蹙子六反執莢初革反上韇音獨少儀詩召反右還音旋後皆放此識爻音志○攷證云舊作戶交反案文字見上自當先音此音識字為是今從通解本改正箋曰注云卦者有司主畫地識爻者賈疏云上云所卦者謂木於此云卦者據人以杖畫地記識爻之七八九六者也音志即讀標識之識謂以杖記爻所以標識其卦也盧校是矣反還音環一音旋○箋曰說文二還復也鋐音戶關反戶關音環用字異一音反切一為直音此首音為本讀音旋蓋為又讀上文右還即音旋周禮秋官小行人還音環又音旋則此一音即又音詳彼疏作臚力居反撤去起呂反○王校云戴氏東原曰案說文無撤字徹通徹去古皆用徹如篇題有司徹未聞有作撤者也撤乃後代俗書竊案撤當作徹箋曰說文三云徹通也鋐音丑列切段注云按詩徹彼桑土傳曰裂也徹我牆屋曰毀也天命不徹曰道也徹我疆土曰治也各隨文解之此云撤去與傳言裂也毀也之義相近戴氏所謂古皆用徹也注疏本即作徹然下文有司徹釋文徹直列反

字又作撤論語八佾以雍撤釋文撤直列反本或作徹雖徹為正字撤為後出專字而陸書則徹撤互見各標其所見本殆不

別其為字之正俗也之說未免拘泥於許書耳戴王警也居領反為衆于偽反○攷證云案注云其不宿者為象

賔朱子於賔字句為讀如字是也陸氏此音誤箋曰段注說文為下云假借為作為之字鉉音薳支切薳支即盧氏所謂如字

之讀義即作為于偽反則讀助為之義與鄭說為衆賔義不合故盧謂此音誤擯者必刃反劉方刃反○校語錄云方刃

與必刃同箋曰漢書中山靖王傳夫宗室擯郤師古曰擯音必刃反此首音與顏讀同方刃與必刃為用字異等韻家所謂輕

重交互法說為同是也曰介音界直音值下放此○攷證云注疏本作吉值反無下放此三字大誤箋曰盧說是也

本經云夙興設洗直于東榮鄭注云榮屋翼也下又云主人玄端爵韠立于阼階下直東序西面賈疏云直當也謂當堂上東

序牆也則此即言洗當東榮矣當義之字為值音值即讀直作值轉入為去吉值與直見澄志職聲韻俱乖當誤此云下放此

即謂直東序之直也東榮如字劉云榮屋翼堂深申鴆反凡度淺深曰深後放此承盥音管夏屋户雅

反後同罍力回反纁裳許云反韎音妹又武拜反劉又武八反○箋曰注云韎韐士染以茅蒐因以名焉今

齊人名蒨爲韎韐漢讀攷云考士喪禮先云韎韐後單云韐可知韎者其色韐者其物二字固可分析說文韋部韎茅蒐染韋也從韋末聲鉉音莫佩切段注云許云末聲鄭駁異義云韎齊魯之間言韎聲如茅蒐字當作韎蓋鄭所據亦作末聲鄭謂當從末聲也莫佩即此音妹依鄭末聲之說也武拜則讀東夷樂之韎依許末聲之說也從末從末之字兩出切語沿之而分詩瞻彼洛矣韎音昧又亡界反音昧即此音妹亡界即此武拜周禮春官序官韎師戚莫拜反劉李音妹則此首音即本劉李詳彼二箋武八蓋讀如傜集韻黠韻莫八切有韎云赤韋也韐古殆據此劉讀士喪禮韎音妹又武拜反劉又武八反此同韐洽反又音閤○注疏校勘記云按韐者所以代韠也自後人誤讀毛傳妄改鄭箋遂併此注而亦誤矣戴侗六書故卷十八韐字下引鄭康成曰韐韍之制似韠以韐字屬下句與疏不合其讀上句卻正與疏合錄此以見宋儒亦有覺其誤而改其讀者箋曰注云韎韐緼韍也合韋爲之韐韍之制似韠賈疏云云合韋爲之者鄭即因解名緼紱之字言韐者韋旁箸合謂合韋爲之故名韐也漢讀攷云說文韐作𩊚云士無市有韐制如榼缺四角韐則與韠制小異故鄭云似韠今本儀禮注蓋不知韐字下屬而於韎韐句絕又添一韍字下屬自唐初賈作正義時已然按段說是足以訂阮之誤詩瞻彼洛矣傳云韐所以代韠箋云

韐祭祀之韠合韋為之釋文韐音閤又古洽反更見此注之縓載為衍文而音首末互易者正見讀音無別也詳彼疏七絹反范散騎音倉亂反○箋曰說文十三縓帛赤黃色也一染謂之縓鉉音七絹切則此首音為本讀倉亂則讀若竄攷工記鍾氏之縓倉絹反范倉亂反蒼絹即此七絹詳彼疏

再染如琰反下二字同○攷證云此殊可疑上云凡染絳當無別音何以舍之而音再染今注疏本作一入謂之縓再入謂之赬三入謂之纁朱則四入與爾雅釋器作一染再染三染陸氏所見鄭注當全依爾雅元文今又何以但出再染此書通例於相次比者多云下同今何以獨云下二字同又下四入與亦當如上六入與之例音餘此亦闕音疑此書為後人所顛錯脫落者多矣注疏校勘記云入釋文作染下二字同張氏曰爾雅有再染三染之文此鄭氏用染字之據也按爾雅云一染謂之縓再染謂之赬三染謂之纁鄭氏既據爾雅何以一入不稱染不若依今本概作入字為是箋曰說文五入內也又十一染㠯繒染為色從水雜聲段注云此當云從水木從九字從九者數之所究言移易本質必深入之也鉉音而剡切依段說凡染繒色有深淺之度入者淺染染者深入則一入不必稱染也注疏本作一入再入三入四入陸氏易再入為再染而釋以如剡之音明其與一入殊易耳復云下二字同者謂從再入至四入俱當

為染也考爾雅釋器染如琰反下同彼通言之凡入皆曰染此析言之一入不言染鄭注雖依爾雅意亦有別陸蓋所見如此故不能因一入而概以染作入也又此四入與之與不出音者上六入與已音餘彼詳此略互文以見實非闕矣盧阮所說似俱當

末之頳丑貞反欲令力呈反下近附近之近縕音溫劉烏本反○箋曰禮記玉藻云一命縕韍幽衡注云縕赤黃之間色所謂韎也釋文縕音溫赤黃間色孔疏云士冠禮爵弁韎韐此縕韍則當彼韎韐故云所謂韎也毛詩云韎韐茅蒐染齊人謂茅蒐為韎韐聲也茅蒐則蒨草也以蒨染之其色淺赤則縕為赤黃之間色按孔述鄭說是也則此首音為縕韍本讀士喪禮縕音溫劉烏本反同此烏本則讀如穩劉音平上相承集韵混韵鄔本切縕云赤黃色禮士縕紱殆依本書

韍音弗而幽於糾反茅亡交反一音妹○箋曰說文一茅菅也鉉音莫交切莫交即此亡交音妹蓋讀為韎韎者茅蒐之別名上文韎音妹可證故陸云一音集韵隊韵莫佩切有茅注云茅蒐蒨艸蓋據本書

蒐所留反名

蒨七見反猶辟必亦反下同其要一遙反此莫音暮於朝直遙反夫玄音扶缺依注音頍去蘂反又音跬劉屈絹反下皆同此○十三經音畧六云缺鄭注讀如有頍者弁之頍頍缺婢翻音虧上聲邱弭去蘂犬蘂翻同魏

氏經外雜抄引此條云李微之謂先儒音字止為譬況至孫炎始為翻切李肩吾以為不然李以輔嗣元凱兩家經注在孫炎後亦止有音遂謂翻切不始孫炎殊不知經注止可為譬況無以翻切入注之體例也又魏氏云後漢無音有音在魏晉間沈休文顧野王始有翻切陸釋孫韵翻切方詳此亦誤於肩吾至沈約分四聲方有翻切之說案微之名心傳通儒論有根據肩吾名從周不過善書妄生議論最為粗疎鶴山精義理之學而攷古之功不深所以信肩吾而反不信微之宜乎南宋以後音韵日失其傳矣注中蔮從草古對翻後漢書注簂從竹吉悔翻字有從草從竹之分而音音近會稽之會義與巾幗之幗同婦人首飾並同廣韵隊韵古對翻紐下並列自是兩字非即一字而從竹誤為從草也校語錄云劉音不誤又見喪服經

箋曰注云缺讀如有頍者弁之頍緇布冠無笄者著頍圍髮際著卷幘頍象之所生也滕薛名蔮為頍賈疏云讀從頍弁詩義取在首頍者弁貌之意也漢讀攷改讀如為讀為云各本作讀如非也下文云著頍圍髮際則易缺字為頍字矣毛詩有頍者弁傳云頍弁貌弁皮弁也三家詩或釋頍為簂案簂從竹亦作幗廣韵別出蔮字引儀禮注滕薛名蔮為頍未知禮注經轉寫誤耳釋名簂恢也恢獷覆髮上也魯人曰頍頍傾也著之傾近前也簂在古音之咍部缺在脂微齊灰部頍在支佳部而皆雙聲頍與廏同韵皆謂舉也以其擎舉此冠謂之頍鄭知缺訓簂者以經云青組纓屬于缺知之按如段說

則此云依注音頍即從鄭義易缺為頍去蘗所以釋頍之音音跬蓋即去蘗說文頍音丘弭切詩小雅頍弁缺婢反俱為用字異周氏所謂同也音虧三等缺婢四等周謂為虧上聲蓋用切問詩韵不別又段謂箇從竹作𦾔為經轉寫誤足糾周說廣韵箇𦾔並列自是兩字之謬又按喪服經注云首經象緇布冠之缺項釋文之缺丘蘗反劉屈絹反正與此同法謂劉音不誤甚是集韵線韵窺絹切有缺注云圍髮際結項中所以固冠者即依本書劉讀也又案反切本於漢若行於魏晉何云沈休文顧野王始有細繹陸氏所書反切前於沈顧者頗多則魏說誤周已斥之若肩吾謂至沈約分四聲方有翻切殊知四聲之分並不始約其說亦誤周識其議論粗疏是也**項**下講反**青組**音祖**屬于**章玉反注同**緇纚**山買反舊山綺反○箋曰注云纚今之幘梁也纚一幅長六尺足以韜髮而結之矣按說文十三纚冠織也謂以緇帛韜髮鋎音所綺切所綺山綺用字異則此舊音為本讀山買則讀如灑此殆方音轉變也少牢釋文纚所買反又所綺反周禮天官追師同是陸時纚俱讀灑詳彼箋**笄**音雞**組紘**音宏纓從下而上者**同篋**苦協反**著頍**陟略反下著卷同○校勘記云陟宋本作丁按當作陟箋曰丁端紐陟知紐丁陟類隔則宋本亦是故段校北館本並同**四綴**丁衛反**有縰**劉紀屈反

著卷去圓反　名薗古內反　猶著直略反　以叏土刀反○攷證云舊本上作山下作文譌今依宋本正注疏本作韜案說文叏滑也又取也唯弢訓弓衣有韜藏義士昏禮內韜髮陸云字又作叏同是鄭取其音同故得通用注疏校勘記云說文韜劍衣也弢弓衣也二字音義相近故古多通用如六韜一作六弢是也叏本訓滑因弢而轉為叏從省也緇則韜之俗字箋曰說文又部叏從又屮鉉音土刀切盧從宋本改叏為叏是也段校北館本皆同按說文弓部云弢弓衣也從弓叏叏𠂹飾與鼓同意韋部云韜劍衣也段注引伸為凡包藏之偁徐鉉俱音土刀切依許書段說則弢鼓從叏皆取𠂹飾意韜則取其包藏意然則注疏本作韜髮謂纚廣終幅長六尺以包藏其髮也釋文作叏髮謂纚廣中幅長六尺結髮𠂹為飾也音同而義實各有所取盧謂鄭取音同通用阮謂音弢而轉為叏從省意俱未恰士昏禮注云纚緇髮釋文緇髮他刀反本又作叏同他刀即此土刀彼云又作叏葢指此歟阮謂緇則韜之俗是也　之簪側金反　以上時掌反　隋方他果反狹而長　櫛實莊乙反○校語錄云櫛乙不同部箋曰說文六云櫛梳比之總名也鉉音阻瑟切雖莊乙在質而釋文無別自徐鉉後始音阻瑟讀在櫛韵陸書則質櫛同部法以廣韵韵部斷之葢非陸書之韵矣　于簞音丹笥也　笥

息嗣反字林先字反○攷證云息嗣反注疏本作音嗣校語錄云笥二音同箋曰說文五笥飯及衣之器也鉉音相吏切息嗣先字相吏俱爲用字異法所謂笥二音同也禮記曲禮簞笥思嗣反字林先自反簞笥竹器也圓曰簞方曰笥先字在志先自在至則呂忱至志混用按廣韵志韵祥吏切無笥集韵亦無然音嗣在邪息嗣在心注疏本之音蓋由清轉濁耳

**甒**亡甫反又音武○校語錄云甒下又字疑衍箋曰既夕禮云甒二醴酒鄭注甒亦瓦器也釋文甒亡甫反禮記禮器云君尊瓦甒鄭注云瓦甒大五斗釋文音武孔疏云此瓦甒即燕禮公尊瓦大也禮圖瓦大受五斗口徑尺頸高二寸大中身鋭下平瓦甒與瓦大同據士喪禮禮器音釋則此音武即亡甫爲用字異一爲直音一爲反切故陸云又字實非衍文

**有篚**方尾反

**實勺**上若反

**觶**之豉反爵容三升也字林音至○校勘記云至宋本作致是也校語錄云音至當作音支見檀弓下及曾子問音義觶與至不同音字不容有此誤也箋曰注云爵三升曰觶賈疏云韓詩外傳云一升曰爵二升曰觚三升曰觶相對觶爵有異散文則通皆曰爵故鄭以爵名觶也按說文四觶鄉飲酒觶鉉音之義切段注云鄉當作禮禮經十七篇用觶者多矣非獨鄉飲酒也之義之豉用字異則此首音爲本讀通檢儀禮禮記觶音支者除法所舉檀弓揚觶曾子問奠觶外尚

有鄉飲酒義揚觶陸氏俱引字林音支音支之豉爲平去相承而中庸舉觶釋文獨音至則用此字林之音之豉在寘此爲至寘混用法以觶至不同音爲誤葢未審陸書支脂混用與廣韻分部殊異也觶致照知寘至聲韻俱混則音與至無殊故至未可云誤

**角柶**音四匕也**脯醢**音海**如笭**力丁反一音泠○攷證云注疏本力呈反譌校語錄云笭力丁反盧云注疏本力呈反譌偉案力丁反即音泠也不得爲異讀恐音泠之泠乃譌字也泠葢泠之謂又見周禮巾車箋曰說文五笭車笭也鉉音郎丁切郎丁力丁用字異力丁在青力呈在清此時清青混用則注疏本未譌周禮春官巾車蔽笭力丁反劉又音泠此一音即又音葢用劉讀也則泠非誤

**以斞**九于反又音俱挹也○校語錄云斞誤當從庾注又字疑衍箋曰王校云筠案當作斞與法說同今依正說文十四斞挹也鉉音舉朱切段注云挹亦抒也詩箋禮注皆用斞皆謂挹酒於尊中也舉朱即此九于本經鄭注云勺尊升校勘記本作斗云所以斞酒也鄭義與許說同此云挹也葢用許義音俱九于用字異一爲直音一爲反切故陸云又所以示其同當非衍

**作廡**音武**一匴**素管反本或作篹○校勘記云篹宋本作算注疏校勘記云按通典作算與或本合今本釋文算誤作篹箋曰段校亦作算北館本攷證本並同按說文十二匴淥米籔也從匚算聲鉉音穌

管切段注引本經爵弁皮弁緇布冠各一匴注匴竹器名今之冠箱也古文匴為篹云按渌术之籔斷非可盛冠此必異物同名或別有正字漢讀攷云史記鄭莊傳餽遺人不過算器食徐廣曰算先管反竹器疑算即匴之假借鄭云今之冠箱者謂若今之冠箱耳然則此匴用經文而宋本益用史記矣按禮記喪大記注云篹竹筥也釋文於篹本又作匴又作算悉緩反又蘇管反竹筥也蘇管先管悉緩與素管俱為用字異則此作篹並未誤陸云本或作𥫱謂古文字矣

西坫丁念反

無繅音早

玉璂音其○攷證云宋本作琪校勘記說同校語錄云盧阮並云璂宋本作琪箋曰注引周禮王之皮弁會五釆玉璂按夏官弁師釋文玉璂音其本亦作琪詳彼疏說文玉部云𤫊弁飾也往往冒玉也從玉綦聲重文璂𤫊或從基鉉音渠之切則𤫊正字璂或體琪或璂之省此宋本作琪益與周禮所謂或本合故段校依之北館本同

象邸丁禮反

為篹素管反劉音纂○注疏校勘記云篹嚴徐集釋俱作纂毛本作篹張氏云注曰匴作纂案釋文云為篹素管反劉音纂纂字既誤作字必非按阮據此以校注疏本是也禮記明堂位注篹籩屬也以竹為之釋文篹息緩反又祖管反籩屬息緩即此素緩祖管即此音纂則此劉音同於又音矣

為檐以占反○攷證云舊本作襜今從宋本與張淳識誤所引同校勘記

云襜宋本作襜張氏士冠禮識誤曰案釋文云為襜以占反廣韵云襜與簷同屋襜也垝謂之坫故或為襜今從襜非也箋曰張說是也王校亦引之本經云爵弁皮弁緇布冠各一匴執以待于西坫南鄭注云坫在堂角按爾雅釋宮垝謂之坫郭注云在堂隅坫端也端釋文作墆云高貌也此謂堂隅之坫以土為之高可屏蔽郭與鄭同說文木部檐㮰也銛音余廉切段注云檐之言隒也在屋邊也余廉以占平去相承而義與坫端近若衣部之襜為衣蔽前則與坫義相遠注云坫作襜故盧阮俱從張以為非是漢讀攷云集韵余廉切無襜字則知今釋文作襜誤也一

于阼才故反 猶酢才各反 袗玄之刃反劉之慎反一音真同○攷證云案注古文袗為均故鄭云袗同也即用古文均字為訓讀亦當從之若袗字本義說文訓為玄服趙岐注孟子袗畫衣也玉篇緣也皆無訓同者以此知袗當讀為均陸氏音皆非是之刃士昏禮內作之忍此似脫爛又一音真同後作又普真反後同似皆此譌注疏校勘記云朱子云袗古文作均而鄭注訓同漢書字亦作袀則當從袗為是今按說文無袀字均之為袀猶玄之為袨皆俗字也袗本玄服以經既有玄字故鄭轉訓為同蓋字雖從今而義則從古袗均音同得相假借也或疑經文袗字當作均注當云均同也古文均為袗恐不必然十三經音畧六云袗之刃翻音軫劉之慎

翻音震一音真同校語錄云盧云袗之月反士昏禮内作之忍似此脱爛偉案盧説是若作之刃則與之慎同矣一音真同下益脱一也字箋曰左傳五年傳云袀服振振釋文即作均服云如字同也字書作袀音同説文無袀則袀爲均服之後出專字鄭氏訓袗爲同益本均義爲釋阮所謂字雖從今而義則從古也按説文衣部云袗玄服也鉉音之忍切攷士昏禮袗玄之忍反一音之慎反又音真反據是二音以證則此首音刃字爲忍之形殘明甚盧所謂脱爛是也故法從之彼吴承仕引此佐證云普爲音之形誤反則衍文足見此一音真未譌集韵真韵之人切有袗云衣同色儀禮兄弟畢袗玄正引本書之忍在軫之慎在震即周音軫震與音真平上去相承則劉音與一音同一音者又音也陸云同者謂此三音之義無殊非謂音真之義爲同也此益取義於經不取於注故無均音盧謂陸音皆非是法謂周下脱一也字似俱未審

紒音計後同○攷證云注疏本音界譌十三經音畧六云紒音髻坊本音界非注古文紒爲結髻即結之去聲箋曰本經云將冠者采衣紒鄭注云紒結髮古文紒爲結漢讀攷云説文糸部有結無紒此從古文不從今文也是以髟部鬊臥結也髽喪結也髾簪結也鬘帶逗結頭飾也字皆作結結紒古今字皆即後世髻字鄭君從今文是以少牢饋食禮注案少牢注古者或剔賤者刑者之髮以被婦人之紒爲飾因名髲鬄焉周禮追師弁

師注案追師注若今假紒焉弁師注沛國人謂反紒為髻禮記雜記注案雜記下注猶若女有髻紒也皆作紒凡許鄭二家用字不同類如此紒舊作紒篆體也非有二字而陸德明每詳之按段說許用結鄭用紒二家所取古今經文不同要皆為後世髻字甚是音計即讀作髻髻結去入相承周所謂紒音髻髻即結之去聲也集韵霽韵吉詣切紒云束髮也或作髻結蓋以此三字為一文矣雜記下釋文紒音計字又作紒段所謂非有二字也音界則讀作髺說文九髺簪髺也鉉音古拜切段注云簪髺者既簪之髺也按髺蓋即今文禮之紒又引曹憲注廣雅曰按說文髺即籀文髻字也據是則本書音計蓋從古文禮本許書說而注疏本音界則從今文禮本鄭注說坊本之音殆又本於注疏本矣攷證以之為譌音畧以之為非俱未為達詁也

錦緣以絹反

并紐女九反

道之音導

當碑彼宜反

相鄉許亮反本又作嚮○箋曰易隨以嚮本又作向許亮反王肅本作鄉音同按易或本之向為向背之本字嚮為後出字鄉為聲借字彼以本字之音釋後出字此以本字之音釋聲借字詩公劉遡鄉本又作嚮許亮反此與之同詳彼箋

近其附近之近

作浣戶管反

適子丁歷反

辟主音避下辟為同

為實于偽反下為不同

乃祝之又反一音之六反注皆同○攷證云案書內祝皆有兩音祝史之祝音之六反祝辭之

祝多讀之又反如今人所作咒字注疏本全刪此條却有項丁浪反四字為此書所無案前缺項已音下講反此不須再見又改為丁浪反更非是箋曰盧校是也少牢饋食禮云主人西面祝在左主人再拜稽首祝祝曰孝孫某敢用柔毛剛鬣嘉薦普淖釋文祝祝下之又反上不音者則如字讀説文示部祝祭主贊詞者銛音之六切彼上祝與祭主對文其為祝史可知盧所謂音之六反也下祝為祝史贊詞陸恐人易混讀故特音之又反以識別之盧所謂如今人所作咒字也詞義既有名動之分故音隨之而生去入之別則此一音為本讀矣審經云前進容乃祝祝蓋為祝史之詞陸故列本音於末而以之又為首音也又按丁浪讀如譡與項端匣漾講聲韵皆殊故盧云更非是

**鶬焉**七良反 **復出**扶又反 **見者**賢遍反

**屬**音燭 **面枋**枋音柄彼命反○箋曰注云今文枋為柄按士昏禮面枋彼命反大射儀有柄彼命反則此彼命音柄為用字異直音與反切並出也音柄陸蓋讀枋為柄以今文釋古文彼命乃定其音讀耳

**薦脯**本又作藨子見反或作廌非也廌依字直買反解廌獸名後放此○箋曰易豫象曰殷薦之上帝孔疏云用此殷盛之樂薦祭上帝也釋文薦將電反本又作藨同本或作廌獸名耳非禮記郊特牲籩豆之薦釋文作藨云即見反又作薦同或作廌非子見將電即見俱為用字異按説

文十云薦獸之所食艸鉉音作甸切則藘爲薦之或體本書與易用本字禮記用或體又云廌解廌獸也似牛一角古者決訟令觸不直者鉉音宅買切宅買即此直買故此云依字也

啐七內反

捷栖初洽反本又作插亦作扱〇孜證云案毛本經文作捷栖此誤也唐石經作建栖張淳云注之扱栖釋文作捷栖故爲此音耳注疏本乃並經文改之非是他篇亦並作建今官校李如圭集釋本經文定作建鄭注云建栖扱栖於醴中陸氏所云亦作扱者是指注言明甚陸氏所見本是捷賈氏所據本是扱扱字可不必改唯經及注首之捷栖必當仍還作建栖耳注疏校勘記云盧文弨云釋文云云正指注言後人誤會乃改經之建栖爲捷栖失之矣張氏云鄉射之注曰搢插也插于帶右大射之注曰搢扱也士喪禮之注曰搢插也插于衣帶之右旁釋文皆作捷由是觀之釋文之前捷字猶在釋文之後始盡變而爲插扱爾又云按集釋云建陸作捷蓋其誤自李氏始十三經音畧六云捷栖之捷初洽翻音歃本又作歃亦作扱扱初洽翻劉初輒翻入讀葉歃韻字又羌及翻湆音石經誤作建同昬禮案石經亦有誤字今據石經之建轉以捷字爲誤非也箋曰盧孜阮校非是鄉射禮注搢插也釋文插初洽反初洽蓋爲插之本讀士喪禮注搢插也釋文作捷初洽反大射儀注搢扱也釋文作捷初洽反本又作扱則捷扱俱爲插之聲借字張淳所謂

注之扱柶釋文作捷柶故為此音蓋明捷讀為插但謂釋文之
後始盡變捷而為插扱殊昧插為本字漢人注經多假捷扱為
之細譯本經文注知注疏本作建柶或依唐石經誤改陸書作
捷柶乃為經文之舊盧據毛本謂此為誤周依此謂石經誤作
建俱有所見今注疏本經及注首之建柶通志堂經解本及朱
晦菴儀禮圖俱作捷可證盧謂後人誤會改經建柶為捷柶阮
引集釋言建陸作捷蓋其誤自李氏始其說俱誤矣按攷工記
皆插徐劉初輒反戚初洽反初輒在葉讀與初洽同歙音山洽
切讀如霎與插聲初疏有別士昏禮始扱初洽
反劉羌及反初羌初溪位同相轉周說未安
見于母賢遍反下及注
入見如見見于君贄
見與見姑見母同
闈音韋劉音暉宮中小門也○箋曰本經
云降自西階適東壁北面見于母注云
適東壁者出闈門也時母在闈門之外婦人入廟由闈門賈疏
云適東壁者出闈門也者宮中之門曰闈門母既冠子無事故
不在門外今子須見母故知出闈門也云婦人入廟由闈門者
雜記云夫人奔喪入自闈門升自側階鄭注云宮中之門曰闈
門為相通者也是也按賈說是也音韋為闈本讀音暉蓋轉濁
為清爾雅釋宮宮中之門謂之闈郭注云謂相通小門也釋文
闈音韋劉昌宗儀禮音揮此義蓋
依爾雅郭說彼讀正引本書劉音
猶俠古洽反劉古協反下同
○箋曰說文俠下段注

云俠之言夾也夾者持也經傳多假俠為夾凡夾皆用俠按段說是也古洽即讀俠為夾葢以本字之音釋借字也古協則讀若頰劉音怗洽混用周禮春官肆師夾室古洽反劉古協反夾葉本余本十行本即作俠詳彼疏

應也應對之應處也昌慮反

帷幕武博反

後賓户豆反

奠贄本又作摯音至○攷證云注疏本作摯注疏校勘記引此云按摯贄今本錯出宜俱從手後不悉校箋曰注云摯雉也賈疏云士執雉是其常故知摯是雉也按說文手部云摯握持也段注云周禮六贄字許書作𡢁或假摯為之女部云𡢁至也引虞書云雉𡢁段注云謂𡢁即今贄字引堯典一死贄以明之鉉音俱為脂利切脂利即此音至則𡢁至為本義雉𡢁為聲借義𡢁即摯之借贄即摯之俗注疏本用本字本書用俗字段以𡢁為本字非阮校謂宜俱從手是也周禮春官大宗伯六摯音至本或作贄即可與此互證

非朝直遥反

少牢詩名反

泲子禮反其下同

清糟子曹反劉本作莤音糟○攷證云案今本注止有重醴清糟四字集釋及通解俱於重醴下有稻醴清糟黍醴清糟粱醴清糟十二字全引內則文今本注必後人有意節之近刻集釋既載下三句當於重醴下删去清糟二字庶合內則原文今猶仍之葢不疑後人所改而以為鄭注所有失之矣注疏校勘記云按內則原文重醴下無

清糟二字故校者疑鄭注今本固有脫句而古本亦有衍字也然古書多異文未可臆爲刊削金謂疏有至字不知何據疏引內則注先解清糟兩字乃云稻醴以下是也則疏舉注語未必總括五句箋曰盧阮說是也周禮天官酒正注引禮記可證彼鄭司農說以內則曰飲重醴稻醴清𦵔黍醴清𦵔粱醴清𦵔糟音聲與𦵔相似文字不同記之者各異耳孫氏正義云內則𦵔並作糟鄭彼注云糟醇也漢讀孜云糟曹聲古讀如揫同在尤幽部糟是正字𦵔是假借字釋文清𦵔音糟沈子由反子由爲𦵔本讀詳彼疏此言劉本正用是周禮注文也內則𦵔作糟釋文清糟子曹反此糟蓋用禮記之文也則音糟即是子曹劉蓋讀𦵔爲糟子曹本後鄭說而作音糟則本先鄭說而作

儷皮音麗兩也飲賓於鴆反皆與音預注同爲介音界則醮子名反劉側教反○箋曰本經云醮用酒注云酌而無酬酢曰醮賈疏云此醮用酒酒本有酬酢故無酬酢得名醮也按說文十四醮冠娶禮祭也鍂音子肖切子肖即此子名則鄭以醮爲酌而無酬酢許以醮爲冠娶禮祭二說相同矣集韻放韻阻教切醮注酌而無酬酢儀禮士冠醮用酒劉昌宗說阻教即此側教劉音蓋依鄭義而作此陸從許故列子名爲首音也以盛音成由便婢面反撓之劉好高反○校勘記云奴宋本作好好字按好高即集韻之呼高

奴字誤宋本是也校語錄引阮說云偉案廣韻集韻豪部泥紐並無撓字作好是也箋曰本經云再醮攝酒注云攝猶整也整酒謂撓之說文十二撓擾也鉉音奴巧切莊子駢拇釋文以撓又許羔反廣雅云亂也又奴爪反許羔即此好高為撓本讀奴爪即鉉音奴巧亦撓本讀莊子釋文又音正用此劉音此奴字當為撓在平聲但在曉紐此云好高即駢拇之許羔故奴為誤字故阮法皆以宋本為是儀禮圖撓呼高反同今依正

**為聶** 女輒反

**折俎** 之設反注同

**嚌之** 才計反嘗也

**若殺** 如字劉色例反下同○箋曰本經云若殺則特豚貫疏云上醮子用乾肉不殺按說文三殺戮也鉉音所八切則所八為殺本讀即此如字之音色例則讀若鎩轉為去聲祭韻矣

**離肺** 芳吠反

**扃** 古螢反扛鼎也○攷證云鼎扛舊作扛鼎係誤倒案鄭注云扃鼎扛所以舉之者也冪鼎覆之此十二字今本闕集釋本有陸氏蓋即用鄭注為訓今據乙正校語錄云扛鼎盧改鼎扛十三經音畧六云扃古營翻音經左傳脫扃徐公冥翻音熲箋曰禮記曲禮云入戶奉扃注云奉扃敬也釋文奉扃古螢反何云關也按鼎關之正字為鼏扃為禮古文之假字說文段注七鼏以木橫貫鼎耳舉之音古熒切依說則此扃為鼎耳橫貫之木所以舉鼎者舉鼎必用兩手向心舉其木之耑故曰扛鼎攷證據集釋本謂扛鼎誤倒改作鼎扛則

不誤倒而誤倒士昏禮設扃鼏鄭注云扃所以扛鼎可證且其所引鄭注謂扃鼎扛所以舉之者也八字爲句如謂鼎扛釋扃則下文所以舉之者也六字正申其鼎扛之義亦必全引之始足其詞義如後公食大夫禮設扃鼏鄭注扃鼎扛所以舉之者也即是否則爲不辭矣盧校非音經爲古靈切開口扃則古螢切合口此開合殊異其音自别左傳宣十二年脱扃釋文脱扃古熒反徐公冥反公冥古熒爲用字異音熲則在迥與公冥有平上之殊周音未審

鼏亡歷反鼏覆也○攷證云舊本作鼏覆也誤注云鼏鼏覆之此云鼏鼎覆也義各有當不必同校語錄云鼏覆之鼏盧改鼎十三經音畧六云鼏莫的翻音覓張參五經文字云鼏冪同物禮經相舛箋曰士昏禮設扃鼏注云鼏覆之釋文鼏亡狄反公食大夫禮鼏若束若編注云凡鼎鼏葢以茅爲之長則束本短則編其中央而此鼏下鄭無注賈疏云鼏者以茅覆鼎則注疏俱以鼏爲茅覆鼎之義盧校改作鼎覆既與彼注不合又非鄭君之義陸云鼏覆也者謂鼏爲覆鼎之物也正以他經注義釋本經故於士昏禮僅釋其音俾人互文以見義也禮記禮運釋文以冪本又作鼏同莫歷反五經文字冖部冪莫益反與鼏同官名見周禮鼎部鼏模狄反與冪同按大射儀冪用錫若絺注云冪覆尊巾也錫細布也則冪葢以巾覆尊鼏葢以茅覆鼎巾之質爲細布茅之質爲野菅故巾可畫黼

而茅則束編其用雖一顯然二物也釋文作冪或本作鼏者殆取其覆義而音相假也張參本之因以為同但未云同物周竟云禮經相舛無異手數典忘祖矣

**胖**普半反

**於鑊**户郭反

**曰亨**普庚反

**為鉉**玄犬反范古顏反劉音闕又胡畎反〇校勘記云胡畎宋本作玄犬校語錄云古顏蓋古頑之誤公食禮劉古頑反箋曰說文十四鉉舉鼎也易謂之鉉禮謂之鼏鉉音胡犬切胡犬即此玄犬經義述聞十云禮上當有周字鼏字注周禮廟門容大鼏七箇即易玉鉉大吉也正與鉉字注合漢讀攷云冂聲在古音庚青部玄聲在古音真先部合音最近此古鼏今鉉之由鼏鉉同物以横關鼎耳而非鼎耳也按段說非王說是也玄犬為鉉之本讀胡畎為用字異宋本作玄犬與首音字同當誤段校北館本從之俱未審士喪禮釋文為鉉胡犬反劉古頑反又音闕古頑音闕為用字異古顏僅開合相殊則范音即彼劉音劉音即彼又音故法引公食大夫禮證顏為頑誤音闕蓋讀為闕上文扃下釋文引何云闕也此殆依之范劉俱以古文之義釋今文也陸列之於次者蓋從鄭義耳庚青部與真先部雖俱收鼻音而韵首韵腹不同未可以合音言之也

**蠃醢**力禾反

**螔**音移劉音夷〇校語錄云螔劉音誤此支脂之混箋曰音移在支音夷在脂此時支脂混用移夷今讀亦同則劉音非誤周禮天官醢人螔音夷又

音移彼首音正用此劉音蝓音揄劉又音由○校勘記云張氏曰蝓注云又音虫按監本虫作由箋曰說文虫部蝓虒蝓也鉉音羊朱切羊朱音揄用字異一為直音一為反切音由則讀若由集韻尤韻夷周切有蝓云螔蝓蠃誤蠃也殆依本書劉讀張氏謂又音虫實為由字之殘誤廣韻集韻七尾虫紐俱無此字阮云監本作由是也周禮天官醢人蝓音由又音揄與此本末互易為蝸力禾反又古華反○箋曰注云今文蠃為蝸按說文虫部蝸蝸蠃也鉉音古華切則此又音為本讀力禾蓋讀作蠃上文蠃醢力禾反可證則螔蝓為蝸亦名蠃鄭注周禮醢人蠃螔蝓是也儀禮蠃醢禮記內則作蝸醢足見其異名同物故古文為蠃今文為蝸陸兩存其音而以本讀為又音者蓋依鄭說也爾雅釋魚蝸牛工花反或力工誤禾反以此首音為或矣漢讀攷云蝸與蠃同物而異名異名而同聲類故周禮古文禮作蠃今文禮作蝸戴記從今文者也然則此亦從今文之字而依古文之讀也加俎嚌之嚌音祭出注美稱尺證反下之稱美稱同能共音恭重有直用反下注同涖之音利一音類○攷證云注疏本作莅下所載叶音本經傳通解非釋文所有箋曰本經云君子將莅之注云莅臨也按易明夷象曰君子以莅眾正義曰君子能用此明夷之道以臨於眾釋文莅履二反又律祕反履二即此音利律

祕即此音類俱為用字異音則開口為莅之本讀音類則讀合口故云一音一音者又音也本書原漏一字依攷證本補又按

道經釋文云以道莅力至反古無此字說文作隸則此涖與注疏本之莅皆為音借字詩小雅采芑莅止本又作涖音利又音

類沈力二反臨也足見此所載叶音乃釋文原有經傳通解殆依之盧校非是 **惟祺**音其 **爾女**音汝下同 **作康**

亡悲反 **黃耇**音苟 **無疆**居良反竟也下同 **疆竟**音敬又音景〇箋曰說文新附境疆也經典通用竟鉉音

居領切居領在靜讀若頸與此音景靜梗混用音敬為竟本讀音景則讀為境蓋以此字有二音俗即作從土之境以分別之

其音上去相承故陸列之於末而云又也 **之休**虛虯反 **亶**丁但反 **時**劉本作古旹字 **為癉**劉音旦一音丁

但反〇箋曰注云亶誠也古文亶為癉音旦為癉之本讀丁但則讀作亶上文亶即音丁但反說文五亶多穀也鉉音多旱切

多旱丁但用字異段注云亶之本義為多穀引申之義為誠也勞病為癉此蓋亶之音假漢讀攷云古文用假借字劉音依經

古文而作與經今文之音上去相承陸故謂本字為一音也 **為嘏**古雅反又作假〇箋曰禮記禮運祝嘏辭說釋文祝

嘏本或作假古雅反正與此同按爾雅釋詁詩祖烈毛傳假大也假即嘏之假借 **旣湑**息呂反 **之祜**音戶福也

于假古雅反大也長幼丁丈反作父音甫又如字下同○箋曰注云甫是丈夫之美稱孔子為尼甫周大夫為嘉甫宋大夫有孔甫是其類甫字或作父按說文三父矩也家長率教者鉉音扶雨切段注云經傳亦借父為甫則扶雨即此如字之音甫即讀父為甫此蓋以本字釋借字陸從鄭說故以父本字之義為又而次於末也屨九遇反青約其于反繶於力反純章允反劉之閏反注下同○箋曰注云純緣也賈疏云純緣也者謂繞口緣邊也按純之義為絲此純釋為緣實即緣之同位聲借字說文十三緣衣純也段注云此以古釋今也古者曰衣純見經典今曰衣緣緣其本字純其假借字也緣者沿其邊而飾之也章允為純緣之本讀之閏則讀若稕劉音轉上為去集韵稕韵朱閏切純緣也殆本此劉讀禮記曲禮不純諸允反又之閏反緣也則鈹又音即用此劉音矣縫中扶用反紃也音旬純緣以絹反以魁苦回反柎方于反劉音鈇○攷證云宋本柎作拊從手注疏本方于作方夫刪下三字校勘記云柎宋本作拊校語錄云盧阮並云柎宋本作拊音鈇與方于反同箋曰臧校柎亦從手北館本改字上本經云素積白屨以魁柎之注云柎注者賈疏云以蛤灰塗注於上使色白也按說文木部柎闌足也鉉音甫無切手部拊揗也鉉音方武切甫無方于

用字異此依音則為從木之字依義則為從手之字但因手木旁作二形相似轉寫遂致混淆周禮夏官校人陸云字從木若從手旁作是比較之字耳今人多亂之可為明證故宋本從手作拊葢為經文本字此方于反之音則本從木之柎而作士喪禮注引本經亦作拊釋文拊方于反是也音鈇即方于禮記王制鈇方于反可證此直音與反切並出之例何可删去方夫雙聲不能為音切注疏本非是**蜃**上忍反**蛤**音閤**以繢**户内反**繐屨**音歲**大古**音泰注同**齊則**側皆反注同本亦作齋○箋曰注云齊則緇之賈疏云將祭而齊則為緇者以鬼神尚幽暗也按賈説是也禮記曲禮釋文如齊側皆反本亦作齋音同詩思齊釋文思齊側皆反本亦作齋齊莊也詳彼疏**其緌**如離反注同○校語録云離乃誰之譌箋曰法説是也禮記内則冠緌纓注云緌纓之飾也釋文緌耳佳反纓飾也耳佳如誰用字異則此離字誤爾雅釋水緌正作如誰反今依正**而敝**婢世反劉齋斃反○校語録云齋疑府或補之譌經籍舊音辨證二云按齋斃反齋字定誤廣韻敝斃並眡祭切然則昌宗之切語上字當取帮紐矣各本並同無可據正黄侃箋識云齋與音字形近又原上有本亦作齋而譌反字則後人妄加耳箋曰説文七敝一曰敗衣鉉音眡祭切段注云引申為凡敗之稱眡祭即音斃禮記郊特牲冠而敝之可也釋

文嬎世反與此首音同嬎世音甓為用字異一為直音一為反切此陸反切與直音並出黃說是也

**以上**時掌反下以上同

**適子**丁歷反本又作嫡○箋曰詩名南江有氾傳用嫡字釋文嫡都狄反正夫人也禮記內則嫡妾本亦作適同丁歷反都狄丁歷為用字異則此之或本即彼之正本陸書適嫡互見又詩碩人用適丁歷反本亦作嫡正與此同詳彼

**毋追**音牟下丁回反注同○攷證云舊毋作母今據宋本改注疏校勘記云毋唐石經閩監宋本釋文俱與此同毛本釋文徐陳俱作母注及疏放此按古人書毋母不甚有別故釋文遇毋字必有音曲禮音義曰毋字與父母字不同俗本多亂讀者皆朱點毋字以作無音非也可見二字蒙溷已久凡可以意會者今不盡校也箋曰盧阮說是也本經云毋追夏后氏之道也注云毋發聲也追猶堆也夏后氏質以其形名之此蓋言毋字於義無取在上故云發聲堆則以冠覆冒頭髮其形堆堆然也丁回蓋讀作堆

**猶堆**丁回反本或作塠同○箋曰注云追猶堆也按說文十四𠂤小𠂤也鉉音都回切段注云小阜阜之小者也其字俗作堆堆行而𠂤廢矣士冠禮注追猶堆也是追即𠂤之假借字李善注七發曰追古堆字然則𠂤為本字堆為後出字追為其借字矣爾雅釋水注云呼水中沙堆為墠釋文堆又作塠字同都回反都回丁回用字異則彼堆以物言

此堆以形言堆或為追之後出字矣殿屎況甫反於槃畔干反憮火吳反篡初患反殺本又作弒亦作試同申志反下同○校勘記云試宋本誤作詩注疏校勘記云殺釋文作殺云本又作弒亦作試徐陳通解亦俱作殺下同箋曰注云至其衰末上下相亂篡殺所由生故作公侯冠禮以正君臣也說文三弒臣殺君也鉉音式吏切段注云按述其實則曰殺君正其名則曰弒君按段說是也經傳凡以臣殺君皆曰弒故陸書作弒作殺亦音試與許義同也申志即鉉音式吏又按隸釋十四載石經公羊殘碑云何隱爾試也試今注疏本作弒注云為桓公所弒二字同然則殺為殺戮之通稱弒為殺君之專名試弒義同此云亦作試殆指漢石經所用之假字矣坊記音防之殺色界反舊所例反注同○箋曰注云殺猶衰也按禮記文王世子釋文之殺色界反徐所例反差也周禮春官典瑞取殺色界反劉色例反則此首音為本讀舊音即用徐劉之讀矣詳彼疏而諡時志反○孜證云舊作諡據宋本改正注並同校勘記云諡宋本作諡是也校語錄云諡盧本改諡箋曰盧孜阮校是也段校諡亦作諡北館本同段注諡下云說文從言益唐宋之閒或改為諡則舊作諡即為宋改誤本

# 士昏禮第二

士昏禮鄭云士娶妻之禮以昏為期因而名焉必以昏者取其陽往而陰來○攷證云注疏本無取其二字脱耳案當有箋曰盧説是也釋文陽往而陰來上有取其二字所以明昏姻親迎之義注疏本無此二字當漏

納采七在反擇也○校勘記云亡通解作七擇宋本作釋按七字是釋字誤七在即集韵之此罕校語錄引阮云亡在通解作七在是箋曰阮校法說是也七采同在清紐禮記昏義釋文納采七在反采擇也可證儀禮句讀儀禮圖俱作七則此亡為形近之誤依正擇宋本作釋亦為形誤段校北館本同宋本實沿誤

取妻七住反亦作娶下同○箋曰說文十二娶取婦也鉉音七句切段注云取彼之女為我之婦也經典多假取為娶七句七住用字異則此取即讀作娶用經典之假字或本則為說文之正字矣

紹介音界為神于偽反下明為鄉為今為同尊處昌慮反於禰乃禮反使者所吏反後使者及注皆同○校勘記云及注宋本作舉使張氏曰使者注云後使者舉使皆同後經注無舉使字此舉當作與戴震云按今釋文作後使者及注皆同攷篇內單言使不讀所吏反之音也張氏所見本併使字亦屬外誤舉使當作與注王校云張淳所據

本亦作舉使而疑舉為與之誤箋曰阮王校是也查本篇本經云使者玄端至使者曰某使某受命凡使者歸反命曰三處注文云使者夫家之屬乃使使者往辭即告之用昕使者反命謂使者吾子謂使者某使者命也命之命使者稱其宗子命使者八處絕未見有舉使二字則舉為與字形之誤明甚段校及注二字亦作舉使北館本同殆沿宋本而誤禮記昏義使者色吏反同此**莫夕**音暮**内霤**力又反**楹閒**音盈**合好**呼報反**甒醴**亡甫反下音禮**鄉為**許亮反本又作鄉○校勘記云許宋本作神按神字大誤作許亮切與集韻合注疏校勘記云按鄉正字鄉今之向字箋曰士相見禮云鄉者吾子辱使某見請還摯於將命者注云鄉曩也釋文鄉許亮反説文鄉下段注云按禮注鄉字或作鄉今人語曰向年向時向者即鄉字也據是則阮説是矣莊子胠篋云然則鄉之所謂知者釋文鄉之本又作向亦作鄉同許亮反**如冠**古亂反下同**授校**劉胡鮑反又丁孝反一音苦交反注同○校勘記云宋本丁作下注作雜按下字不誤雜字非也校語錄云阮云丁宋本作下不誤經籍舊音辨證二云諸本作又丁孝反承仕按丁為下之形譌今正之箋曰阮校吳説是也周禮夏官敘官校人戶教反戶教即此下孝則此又音為本讀丁賓下之形誤儀禮圖即作七孝反段校北館本丁並作下依正

胡鮑讀作蔽苦交讀作敝集韵巧韵下巧切校几足爻韵丘交
切校几足也儀禮拂几授校俱依本書之音而引鄭注之義

**几辟** 劉房益反一音避注同○箋曰注云辟逡巡按士相見禮注云隱辟俛而逡巡釋文辟一音避劉房益反與此首末互易則此一音即又音

**拂拭** 上音弗下音式○攷證云此音注也注疏本見經文先有拂几字遂截拂音弗三字於前

校語錄云音弗誤别有辨上音弗三字葢衍文注疏本無箋曰本經云主人拂几授校注云拂拭也釋文此條列在經文授校几辟之後則爲注文甚明盧謂此音注是也按廣韵八物拂去也拭也除也擊也音敷勿切弗引說文撟也音分勿切撟之義爲舉手與拂拭之義有别且拂爲常見字於此不需注音既夕禮拂去拂即無音故注疏本無法以上音弗三字爲衍文是也

**逡遁** 七旬反下音旬○攷證云舊本遁作巡必後人所改案書内多作逡遁此不應獨異今據注疏本改正校勘記云張氏士昏禮識誤曰按釋文云逡遁音旬鄭氏于儀禮用逡遁字凡十有一開寶釋文之本獨于此作巡諸釋文之本皆作遁校語錄引阮說云巡盧本改遁段校云張淳曰開珤本作巡諸本皆作遁王校云張淳曰鄭氏於儀禮用逡遁字凡十有一釋辟者八釋退者三今本乃作巡至開寶釋文之本又獨於此作巡筠案今鄭注仍作遁不如忠甫所說箋曰查本經逡巡逡遁釋

文注音者凡八見今注疏本士昏禮注云辟逡巡釋文逡巡下音句士相見禮注云隱辟俛而逡巡釋文作逡遁云音巡鄉射禮注云少退少逡遁也釋文遁音旬大射儀注云辟逡遁不敢當盛釋文遁音旬聘禮注云辟位逡遁釋文遁音旬公食大夫注云辟逡遁釋文遁音旬士喪禮注云逡遁辟位也釋文遁音旬特牲饋食禮注云避位逡遁釋文遁音旬然儀禮圖皆作逡遁足見釋文原作遁若果作巡而士相見禮已用作音當爲常見字於此不應再出音旬矣正盧謂必後人所改是也今依正

角柶音四梧授吾故反○孜證云今注作迎受故注疏本不載此條案張淳梧授作捂授是迎字乃後人所改其授字當作受爲是梧字從木爲正校勘記云張氏士昏禮識誤曰按釋文云捂授吾故反玉篇曰捂受也盧文弨云梧字從木爲正今按說文無捂字古蓋通用梧注疏校勘記云毛本同迎受釋文作梧授按今本釋文梧從木聘禮公食大夫既夕皆然張氏引釋文從手各本注疏聘禮公食大夫從木既夕從手未知孰是說文無捂字有啎字訓逆也既夕疏云捂即遻也遻迎二義相近疑梧即啎之俗體而梧則又其假借通用者也盧文弨云陸梧授授字僞今按公食注及既夕經既有梧受之言張氏引既夕乃作梧授又引玉篇云捂受也捂授謂受其所授也鄭於既夕注云謂對相授不委地則經文似當作授張說不爲無

據而此處釋文授字亦未必譌也箋曰公食大夫禮云從者訝受皮注云訝迎也今文曰梧受釋文曰梧五故反五故即此吾故則此注作迎受蓋用彼經古文義為之陸作梧授即依彼經今文字為之張氏據玉篇捂受字從手故其本作捂授若果為從手之捂吾故已為其本讀陸何必單出此音耶以彼證此則梧字是按說文十四篇啎逆也鉉音五故切逆之義為迎此鄭注謂出房南面待主人迎受者正啎之義此音亦同鉉音陸已明梧即讀作啎啎為其正捂為啎之借梧為啎之譌以其手木旁作二形相似經典淆亂久矣陸所見本如此故作音以識別之而張氏不能決盧謂梧字從木為正阮疑梧為啎之假借俱未審其訓義耳

**面枋** 彼命反

**疑立** 魚乞反又音嶷○箋曰注云主人西北面疑立待賓即莚也按鄉飲酒禮云賓西階上疑立注云疑讀為疑然從於趙盾之疑疑正立自定之貌校勘記云兩疑字毛本俱作仡臧琳曰公羊宣六年傳注仡然勇壯貌鄭所據公羊作疑然乃立定之貌不取勇壯義彼釋文云魚乞反又魚力反魚力即此音嶷集韻職韻鄂力切有疑云正立貌則義從鄭注音依本書魚乞蓋讀作仡說文八仡勇壯也引周書曰仡仡勇夫鉉音魚訖切何說與許同陸列之於首者蓋從何注公羊之義亦以疑為易字之讀也

**主爲** 于偽反下巾為蓋為同

**執觶** 之豉反

**坐啐** 七內反

猶扱初洽反 從者才用反後從者皆同 復使扶又反下不復皆同 玄纁許云反 儷皮音麗偶也 純帛側其反 請期音情又七井反○校勘記云七宋本誤作士箋曰說文三請謁也鉉音七井切則此又音為本讀其義為乞音情蓋讀若情其義為受此音相轉而義則相異矣詩邶風匏有苦葉請期音情又七井反正與此同 陰和戶卧反 去蹄起呂反注同下大西反 肫劉音純又音之春反字林之閏反○校勘記云宋本無又字箋曰本經云腊一肫注云肫或作純純全也賈疏云凡腊用全者此或少牢文案少牢腊一純注云純猶全也按賈述鄭說則肫為純之假借之春為肫之本讀之閏則讀若稕呂音由平轉去音純即讀作純劉從鄭義作音則以本字釋借字陸亦以借字為本字之義故列於首特牲饋食禮肫時倫反又之春反時倫音純為直音反切用字之異宋本無又字漏 髀步未反字林方爾反云骹骨也又作脾○箋曰注云古文髀為脾說文四髀股也鉉音並弭切呂音與鉉音同但以之為骹骨骹脛也爾雅釋畜髀甫爾反又步啟反說文云股外也步啟步米用字異陸於此列為首者蓋以之為股外也依鄭注則此髀為禮經今文而或本則為古文矣 皆飪而甚反 扃古螢反 鼏亡狄反 壻之悉計反從士從胥俗作埍女之夫○箋曰說文士部

壻夫也從士胥引詩曰女也不爽士貳其行士者夫也讀與細同鉉音蘇計切段注云夫者丈夫也然則壻為男子之美稱因以為女夫之偁蘇計即此悉計亦即許君讀細之音周禮地官序官閭胥注云胥有才知之稱則壻從士從胥葢言男子之有才知為什長者陸用許說以申明其本義也禮記昏義壻字又作聟悉計反女之夫也依字從士從胥俗從知下作耳然則⿰土咠聟皆為壻之隸書用筆之譌干祿字書云聟⿰土咠壻上俗中通下正陸分別出之乃聊博異聞不為典要也

鄉内許亮反

右胖音判飯必扶俛反近竅附近之近下苦弔反以扛音江為脾必爾反又毗支反○箋曰說文四脾土藏也鉉音符支切符支毗支用字異則此又音為本讀必爾葢讀作髀上文髀字林方爾反云股骨也又作脾可證古文即以脾為髀字也既夕禮云髀不升注云古文髀作脾釋文作脾必爾反又婢支反婢支即此毗支形同而以音別之也

作鉉胡畎反承盥音管饌于仕戀反劉仕轉反○箋曰本經云饌于房中按說文五籑具食也饌籑或從巽鉉音士戀切此首音為本讀仕轉則讀若撰集韻獮韻鶵免切籑饌具食也或作饌豁依本書劉音讀去為上矣

醯醬呼西反巾之如字劉居近反○校語錄云近有上去二讀不能為切脚且與巾不同部疑覲之誤見攷工記春官序官

及大射儀箋曰說文七巾佩巾也鉉音居銀切即此如字之音跋注云鄭禮記内則佩紛悅注左云紛悅拭物之佩巾也按以巾拭物曰

巾如以悅拭手曰悅則此居近之巾即讀以巾拭物之巾集韻焮韻居焮切作抻云巾覆物也可見詞義由名變動音隨義轉

劉音遂由乎變去以音別其義矣本書大射儀釋文巾車如字劉居覲反周禮春官序官巾車鄭注巾猶衣也釋文音同詳彼

居近在焮居覲在震此為震焮混用則作近不誤

**四敦** 音對劉又都愛反下敦南對南同○校語録云部當作都盧亦未改經籍舊音辨證二云各本同作部愛反承仕按部為都之形譌盧據通志本作部失之箋曰法校吳說是也士喪禮釋文廢敦劉音對又都愛反周禮夏官戎右玉敦音對劉又都愛反可證此部為都形似而譌今依正按音對為敦器之本讀集韻隊韻都内切有敦注云器名周禮珠槃玉敦都愛在代與音對隊代混用則此二音俱用劉讀也

**食齊** 上音嗣下才計反下同

**大羹** 並如字大又音太亦作泰羹劉音户庚反字林作䐉云肉有汁也户耕反劉亦太義同○箋曰注云大羹大古之羹無鹽菜按禮記文王世子大胥如字又音泰易泰如字馬云大也此大亦作泰蓋與易卦同爾雅釋器肉謂之羹釋文羹又作䐉同古衡下庚二反古衡為羹之本讀即此如字之音下庚即此户庚蓋讀作䐉呂忱所謂肉有汁也户耕反與户

庚音同耕庚混用攷證本汁下無此三字蓋漏湆劉云范去急反他皆音泣字林云羹汁也口恰口劫二反○攷證云字應從肉泣聲石經從日今亦依元本不改下並同十三經音略六云湆去急翻音泣緝韻字林口韐音洽洽韻口劫音怯葉韻二翻韐訛作恰又劉云范去急翻他皆音泣案去急即音泣劉非校語錄云音泣與去急同口恰雙聲不能為級恰蓋給之譌經籍舊音辨證二云五經文字云湆從泣下肉大羹也湆從泣下日幽深也（黃侃云音湆皆喉音何湆讀去急即不可從音也）今禮經大羹相承多作下字說文湆幽溼也從水音聲段玉裁曰湆字不見說文字本作湆肉之精液如幽溼生水也廣雅羹謂之胵皆字之或體耳承仕按禮經字正作湆從肉泣聲廣雅字省作胵任大椿字林考逸引陳竹广說石鼓文作胡從肉泣省聲（黃侃云廣雅從肉立聲猶泣從水立聲耳）皆汁之孳乳字也字從泣聲故相承音去急反張參所說疑依據舊來字書如字林之流非由妄自分別如上所云云也類篇集韻亦分立湆湆二文蓋亦有所承受耳說文湆從音聲韻部既有侵緝之分即聲類亦與去急不近湆音去急切者疑其未是（黃侃云侵緝為平入何不可相通又云湆何不可讀去急切廞有許今去音二切湆從音聲之比）徐鍇繫傳云今人多言湆浥按浥湆猶言厭浥皆雙聲連語此亦湆湆異聲之旁證矣今禮經字作湆者則湆字形近之譌耳清儒過信許學說文所遺之字一切

不復置信亦拘虛之見也又按去急反與泣同音此云范去急反他皆音泣（黄侃云他者他師也）未聞其審且禮經湆字義同亦無彼此異讀者疑此文或有譌奪箋曰注云大羹湆煮肉汁也今文湆皆作汁按廣雅釋器臐謂之䏸曹音泣疏證云臐經傳皆作羹䏸之言汁也字亦作湆引此經注文為證段注説文湆下則引本書字林義為證可見羹汁無本字湆䏸即段所謂皆字之或體也去急為湆之本讀禮記少儀有湆起及反起及即此去急音泣去急為直音反切用字之異周音法説是矣又按吴承仕謂湆音去急反疑其未是既惑於王念孫古均二十一部以緝承侵為岐見又誤認説文湆從音聲有平無入細繹顏氏古均分部入聲屋至德韵俱配陰平而緝合以下九韵則配陽平侵覃以下九韵王氏本之遽以緝合之偏旁與脂微諧聲如立位盍蓋疌屮劦荔叕還隶等故定其入聲必配陰聲截然劃分侵緝二部無涉吴氏此云湆從音聲韵部既有侵緝之分其言實本於王説而誤況侵覃九韵為閉脣侵韵三等其音收m緝合九韵亦閉脣緝韵三等其音收p且入聲與陽聲兩兩相當實恰相配江永以肇其耑戴震言之甚悉段君以緝配侵實有所本二韵平入相承其元音皆同不同者惟聲調耳今王氏乃拘于諸聲之聲畫為鴻溝絶不許其相通吴説用之黄侃謂侵緝為平入何不可相通者正言其二韵相承也又謂

涪何不可讀去急切徵諸廣韵從侵韵偏旁得聲之字亦在緝韵者如烏合切之罯從音聲口荅切之[illegible]從今聲苦洽切之䁢鹹古洽切之鹹俱從咸聲七合切之趛㜗俱從參聲比比皆是惟從欽聲之字無入聲黃氏獨舉廞音兩平無入以爲比直是風馬牛耳又按劉云范去急切他皆音泣者黃云他者他師也劉謂范音去急他師皆直音不作反語耳此蓋反語與直音並出之例周謂劉説爲非吴謂未聞其審俱昧釋文此例矣口恰雙聲不能爲音切法説是也恰蓋洽形相似之譌口劫則讀若怯集韵洽韵乞洽切有涪云內汁業韵乞業切有涪云羹汁俱依本書

在爨七亂反大古音泰北墉音容牆也綌

幂去逆反○校勘記云幂宋本作鼏張氏士昏禮識誤曰按釋文幂作鼏後撤尊幂鄉飲酒鄉射尊綌鼏同校語錄引阮説注疏校勘記引張氏云云按毛本釋文仍作幂作幂是也然賈氏於前節疏云鄭兼下綌幂總疊之則兩處之文同矣鼏則皆鼏幂則皆幂明無尊鼎之別箋曰按鄉飲酒鄉射今注疏本云尊綌幂釋文字同阮校記俱云宋本釋文作鼏則張所云釋文即宋本也又鄉飲酒注云幂覆尊巾釋文幂迷狄反鄭言幂以巾覆尊所以別於鼏之以茅覆鼎也鄉射注云以綌爲幂取其

堅絜綌者粗葛也鄭言粗葛為冪亦以别於茅草為鼏也此則互文以見故釋文俱不云冪又作鼏孜本經後兩見撤尊冪其一云賛者撤尊冪酌玄酒三屬于尊則亦為尊冪其一云賛者撤尊冪舉者盥出除冪舉鼏入陳于阼階阮校本除冪作除鼏云此冪乃鼎冪也則冪為鼏之假借張氏未分别徹取以為證又本經前云設扃鼏注云今文鼏皆作密賈疏云鄭以省文故兼下綌冪總疊之故云皆也釋文鼏亡狄反不云本又作某是今文鼏自作鼏為覆鼎之物不與覆尊之冪混用也詳士冠禮鼏亡歷反鼏覆也條下則是鄭彼所云皆者概括禮經今文鼏作密言之非兼古文冪字也釋文鼏下注俱不涉冪分别甚明彼賈疏未析鄭説阮氏引之以為此證遂謂此無尊鼎之别而兩處之文同殊為不可

加勺上灼反

以庪居委反劉居綺反○孜證云舊本才誤作ㄐ今改正注疏本移前此則闕校語錄云庪盧改庋是阮云宋本作庪箋曰爾雅釋天祭山曰庪縣庪本或作庋居委反則此首音為庪本讀矣周禮秋官犬人作祾縣釋文祾九委反劉居綺反九委即此居委則祾為庪之異文居綺即讀作庋庋葢庪之省文詳彼疏段校庪亦作庪北館本同

合巹音謹劉羌愍反字林作𧯛居敏反蠡也以此巹為警身所奉之警○經籍舊音辨證二云說文五𧯛蠡也從豆蒸省聲巹謹身有所承也從己丞讀若詩赤舄几几

原作己己據釋文改作几几段玉裁宋保曰卺從己丞聲說文𧯷從豆蒸省聲是其例承仕按卺從己丞丞亦聲與𧯷同音故禮經假卺為𧯷丞聲本屬蒸部蒸眞舊亦通轉矛矜之字本音居陵反字亦作⿰矛堇相承音巨巾反故說文讀卺若几而手部掔字讀若赤舄掔掔說者謂作掔爲三家異文掔几者真脂對轉明說文讀卺若几者實則讀與掔同然則許君讀若之音蓋與呂忱劉昌宗徐邈諸家音相近段玉裁謂釋文所引各家反語為誤其說非諦書氄毛相承音而隴反詩有鷕雉鳴相承音以沼反清儒皆以為誤音不知古古相傳必有所本且推求音韻亦自有條理可尋若據例下斷每多專輒之嫌此類是矣箋曰本經云四爵合卺注云合卺破匏也禮記昏義亦作合卺孔疏云卺謂半瓢以一瓠分為兩瓢謂之卺釋文作卺云徐音謹破瓢為杯也說文作𧯷云蠡也字林几敏反以此卺為警身有所承說文云讀若赤舄几則此首音用徐邈讀說文𧯷卺徐鉉俱音居隱切居隱音謹為用字異則音謹為本讀吳謂卺為𧯷之同音假借字是矣几敏即此居敏在軫與音謹為隱軫混用則字林之字本說文義並同焉陸引之者明禮經之卺非本義假借卺為合𧯷字實以其音同耳說文卺從丞訓承丞即承也承者奉也故陸彼言為謹身有所承此言為謹身所奉之警𧯷從豆蒸省聲蒸聲在照紐與居隱在見紐發音之形態同實位同之雙聲羌愍在溪紐居敏在見

紐發音之部位同劉音與呂讀實爲同位之雙聲僅破裂與破裂摩擦之異吳所謂相傳必有所本亦自有條理可尋至確鑿注說文蓋下言劉昌宗呂忱反語已誤吳氏駁斥其說非諦亦是也又按吳氏舉蒸韵居陵切之矜亦作真韵巨巾切之矜爲證遂謂蒸真舊亦通轉殊知蒸真雖同是鼻音其實蒸爲翹舌發出鼻音其狀爲侈侈(不圓脣)真爲舒舌發出鼻音其狀爲弇(圓脣)二韵既有翹舌舒舌侈弇之分則元音必不相同元音不同何能謂相通轉攷方言九矛柄謂之矜郭注云今字作穫巨巾反則巨巾爲矛矜本讀穫爲其後出專字居陵反者今之本讀作憐之借或作驕之借論語子張篇嘉善而矜不能釋文而矜居陵反之此謂矜憐也禮記喪記云君子不矜而莊注云矜謂自尊大也釋文不矜居陵反此謂矜驕也則音隨義轉矣說文讀巹若几蒸脂二韵懸殊以真牽連不如以雙聲論定也

**破匏** 白交反

**三酳** 以刃反劉士吝反下文同○箋曰禮記昏義而酳徐音胤又仕覲反音胤以刃用字異一爲直音一爲反切則此首音與徐同仕覲即此士吝則彼又音用此劉讀

**緇袘** 以豉反又音移注同○十三經音畧六云袘以豉翻音異又音移箋曰注云袘謂緣袘之言施以緇緣裳象陽氣下施按廣雅釋器袘袖也曹音夷音夷在脂音移在支其時支脂混用

此又音即同曹音集韵眞韵以豉切袘注云裳下緣也鄭康成曰袘之言施以緇緣裳象陽氣下施正依本書則此首音爲本讀矣從車才用反下注同二乘繩證反以上時掌反後以上倣此親迎魚正反下同○攷證云舊作魚正反譌今改正校語錄云魚正盧改魚敬是箋曰攷詩鄭風有女同車親迎魚敬反又丰齊風著禮記曲禮哀公問公羊隱二年親迎俱同則魚敬爲正音魚正即讀在勁與魚敬在映此爲映勁混用雖然釋文僅此一見殆所謂聊示異聞覺者察衷焉故仍從舊衣緇衣上於既反下如字謂緣以絹反又以全反下皆同○攷證云舊全作令譌今改正校勘記云盧文弨改令爲全令按令古音憐但陸氏未必用古音耳按集韵二僊有緣字云因也一曰衣飾盧改以全切即集韵之余專切也校語錄云以令盧改以全是箋曰說文十三緣衣純也鉉音以絹切則此首音爲本讀段注云緣者沿其邊而飾之也緣之義引申爲因緣而俗遂分別其音按段說是也以全即讀因緣此爲引申義故讀平以別之本書全作令葢爲六朝隸書轉寫形變盧校是也故阮法俱從之持炬音巨炤道音照有裧昌占反共之音恭爲神于僞反下主爲爲行同纁袡如占反髲也皮義反追師丁回反編次必連反劉步典反○箋曰編本以緐

次第竹簡而排列之引申之為編次髮長短排列之稱必連為其本讀步典即讀作辮辮交也漢書終軍傳解編髮注師古曰編讀曰辮則劉音為易字之讀也周禮天官追師編步典反又必先反必先即此必連則彼又音為本讀首音即用此劉讀矣詳彼箋

袗玄之忍反一音之慎反又普真反後同○孜證云一音之慎反舊脫音字今補校勘記云又普真反按普疑音字之誤反字衍士冠禮釋文可證校語錄云一之慎反盧於一下補音字阮云普疑音之譌反衍字士冠禮釋文可證經籍舊音辨證二云士冠禮兄弟畢袗玄釋文云之刃反為紾之形按此胡字殘劉之慎反一音真承仕按此文又普真反應作又音真普為音之形誤反則衍文盧校沿通志本之譌失之箋曰阮校是也集韻真韻之人切有袗注云衣同色儀禮兄弟畢袗玄正依士冠禮一音此注云女從者畢袗玄下文經同注云袗同也同玄者上下皆玄此義既與彼同以彼證此則此一音用劉讀又音普為音字形譌反因普真相連而衍甚明臧校亦刪反字當依正吳說與阮同然言未及也之忍在軫為袗本讀之慎在震音真在真平上去相承故陸云一云又一音即又音矣互詳士冠禮箋

姆莫候反字林亡又反劉音母又音茂○箋曰注云姆婦人年五十無子出而不復嫁能以婦道教人者按說文十二娒女師也讀若母同鉉音莫后切莫后即音母劉讀與許擬音

同左襄三十年傳云宋大災宋伯姬卒待姆也釋文待姆徐音茂字林亡又反一音母女師也何休注公羊傳云禮后夫人必有傅母所以輔正其行衛其身也選老大夫為傅選老大夫妻為母釋文傅母如字又武候原誤侯依臧校反本又作姆同兩兩相證可見此劉音即彼一音蓋讀作母又音用彼徐讀與莫候武候亡又俱為用字異正姆之本讀故陸於此以莫候為首音而於公羊母下音則首末互易矣又案莫候在候亡又在宥說文三謀慮難曰謀𠰓古文謀鉉音莫浮切在尤廣韵𠰓慮也亡侯切在候一字而分列二韵故此為用字異

纚笄山買反劉霜綺反○箋曰注云纚縚髮纚亦廣充幅長六尺按士冠禮緇纚山買反舊山綺反霜綺山綺用字異則彼舊音用此劉讀周禮天官追師纚所買反又所綺反亦與此同

縚髮他刀反本又作㚇同○箋曰本經注云纚縚髮戴氏曰說文有韜無縚縚即韜之別體耳㚇本訓滑與韜同音故韜亦借用㚇按戴說是也說文五韜劍衣也鉉音土刀切段注云引申為凡包藏之偁土刀即此他刀王校亦云縚張淳謂唐本作韜說文有韜無縚

朱綃音消

相別彼列反下別出同

被皮義反下及注同

熲苦迴反劉音古熒反○箋曰注云熲禪也賈疏云此讀如詩云褧衣之褧故為禪也按賈述鄭說是也詩鄭風丰云衣錦褧衣箋云褧禪也蓋以禪縠為之釋文褧

衣苦迴反襌也襌者細絹也則苦迴為潁之本讀賈謂讀如褧擬音而義亦兼有矣此潁即褧之假借字也集韵青韵涓熒切潁云襌也涓熒即此古熒蓋依本書劉讀

黼音斧劉音補○箋曰詩小雅采菽玄袞及黼釋文及黼音斧徐音補則劉徐讀同然非正音故廣韵博古切不收至集韵彼五切有黼乃引詩徐讀

姪大結反字林丈一反○箋曰大結在屑讀若迭丈一在質讀若秩俱為姪之本讀左隱元傳之姪直結反字林丈一反兄女也爾雅釋親姪大結反字林云兄女又丈乙反直結與大結丈乙與丈一俱為用字異可見呂音如此

娣大計反

襌也音丹

朱襮音博

刾黼七亦反劉音刺史之刺○攷證云注疏本作刺校勘記云刺黼劉音刺史之刺宋本刺作刺注兩刺字亦作刺按張氏士昏禮識誤引釋文與今本同按刾俗字箋曰此注兩刺字原作刺依校勘記及識誤引正詩邶風雄雉刺衛俗作刺同七賜反左傳成十六經刺公子偃釋文作刺七賜反爾雅云殺也依字作刺七賜即讀刺史之刺此刺與左氏釋文同依詩釋文為刾俗字則劉以正字之音釋俗字戴氏曰說文無刾字刾即刺之俗體五經文字中云作刾訛是也詩周頌良耜其鎛斯趙傳云趙刺也箋云以田器刺地釋文趙刺七亦反則七亦之義為穿即刺黼之本讀陸故列於首七賜之義為殺蓋為別讀陸故次于末

而下遐嫁反

婦

**乘**如字劉音繩證反下記同○箋曰如字為乘本讀其義為駕車繩證則讀去聲其義為車乘此詞由動變名故音由平轉去易屯乘馬繩證反四馬曰乘鄭云馬牝牡曰乘子夏傳音繩音繩即此如字之讀則此首音用彼子夏傳彼首音即用此劉讀矣**御塵**魚呂反○校語錄云御今本作禦箋曰說文示部禦祀也段注云後人用此為禁禦字古只用御字鉉音疑舉切疑舉即此魚呂審本經注云景之制蓋如明衣加之以為行道禦塵令衣鮮明也則禦為今字賈疏本用之御為古字本書用之陸亦以今字之音為釋也**令衣**力呈反**作憬**劉音景○攷證云浦氏鏜疑憬當本作幜校語錄云盧引浦云憬疑當作幜注疏校勘記云浦鏜云憬釋文同疑憬字之誤按從心者是從巾者後人改也箋曰本經注云景之制蓋如明衣景亦明也今文景作憬則景為聲借字今文遂於左旁加字以別之劉音蓋以古文釋今文阮以幜字說文無故謂從巾之幜為是浦氏疑從忄為從巾之誤殆以忄巾隸書易混也**道之**音導下同**媵席**以證反又神證反下及注同○攷證云媵席于奧今經文作媵布席于奧陸氏所見本無布字似無者是校語錄云御證疑神證之譌觀鄉飲酒禮燕禮釋文為可疑譌證箋曰通志堂經解本及儀禮圖俱作媵布席于奧與今本同燕禮媵觚上以證反又繩證反送也左襄二十三年傳公隱

元年傳並同禮記曲禮非媵羊證反又繩證反詩鵲巢媵音孕為又繩證反鄉飲酒禮媵爵以證反又成證反送也以證音孕為用字異繩證在神成證在禪其時神禪不别若此御證則在疑與媵不同聲故法直以御為神之誤矣今依正之

于輿烏報反西南隅

媵御依注音訝五嫁反迎也下媵御御授御衽御餕御贊並注同者○攷證云舊受作授經文亦然皆譌又音字譌作者今皆改正校勘記云張氏曰媵御注云飯御贊並同監本以飯為餕是已于上又脫一御字經曰御餕婦餘按今本與張說正合豈後人據張說改正歟又並注同者四字張氏直作並同盧云音字譌作者未詳孰是按張云並同是也校語錄云授盧改受是者字衍文詳阮校盧改為音非箋曰本經云媵御沃盥交注云御當為訝訝迎也媵御交道其志五嫁為訝之本讀此以本字之音釋誤字之義故陸直云依注也按下文云主人說服于房媵受婦說服于室御受此二句文意同以上證下則當作受盧校是也又云御衽于輿又云御餕婦餘又云御贊祭豆黍肺此媵御只注重複其他注俱未及依本書例則下媵御三字當作下注及三字再從張校直作並同故法云者字衍文

杝者必履反劉云匕器名杝者杝載也○注疏校勘記云匕釋文作杝引劉云匕器名杝者杝載也張氏云陸氏詳論之所以辨時本之誤也其後士喪禮乃杝載又云匕者

士虞禮朼者特牲饋食乃朼有司朼羊朼豕魚字皆從木至少牢饋食長朼古文作匕鄭氏亦改為朼箋曰張說是也士喪禮乃朼載注云乃朼以朼次出牲體右㐌載受而載於俎左㐌古文朼為匕少牢饋食禮長朼注云古文朼為匕則此注疏本作匕用古文釋文用今文少牢又云雍人摡鼎匕俎于雍爨廩人摡甑甗匕與敦于廩爨注云匕所以匕黍稷者也賈疏云上雍人云匕者所以匕肉此廩人所掌來故云匕黍稷也據是則匕為器所以匕肉和黍稷也特牲饋食注云匕載備失脫也釋文匕作朼必履反禮記雜記朼又作枇云枇以桑長三尺注云枇所以載牲體釋文音匕本亦作朼音同然則古文作匕本取飯器今文左旁木為後出專字用以別於比敘之義枇則為朼之或體鄭君用今文陸從鄭故俱用朼引劉說所以博異文也段注說文匕下云蓋古經作匕後人或作朼非器名作匕匕載作朼以此分別也劉昌宗分別非是按段說是也匕朼古今文朼載亦為匕器之引伸義耳

由便婢面反下同

啓會古外反

卻于去逆反○王校云笱寀卻當作郤箋曰注云古文郤為綌按去逆為綌之本讀從卩之郤音同若作從卩之卻則讀去畧禮記少儀襲卻公羊定八年傳卻反可證此因晉宋隸變誤從卩之卻為從卩之卻王校確是

啜湆昌悅反

哜醬子閻反

三飯扶晚反注及下同

主

為于偽反下為媵為尊並同漱也所又反演也以善反嚌肝才計反○校勘記云嚌宋本作齊張氏士
昏禮識誤曰按釋文云齊才計反齊嚌古通用此從口者後人加之爾注疏校勘記引張氏云云按毛本釋文仍作嚌王校云
張所據本亦作齊肝云齊嚌古通用經從口者後人加之爾箋曰士冠禮云有乾肉折俎嚌之注云嚌嘗之釋文嚌之才計反
嘗也士虞禮嚌之音同案少牢特牲並云尸右取肝振祭嚌之加于葅豆與此經贊以肝從皆振祭嚌肝皆實于葅豆同字俱
作齊則從口之嚌乃經舊文實非後人所加宋本作齊未可為據肝炙諸夜反廼撤劉直列反○攷證云注疏
本作乃徹注疏校勘記云乃徹釋文作廼撤箋曰有徹直列反字又作撤論語八佾撤直列反本或作徹可見經典通用不
別矣餕之音俊說服吐活反劉詩悅反下親說同劉云訓解通同勿言脫也○箋曰說文言部說釋也鉉音失爇切
失爇即此詩悅則劉音為本讀吐活即讀作脫禮記少儀釋文說屨吐活反本亦作脫可證按本經云主人說服于房媵受婦
說服于室御受疏云亦是交接有漸之義劉云訓解通同勿言脫也者謂此說即脫皆為脫去之義是未明言之耳陸列之於
末者蓋以其音依說而作非此說說服之義故仍標脫字之音吐活於首也士虞禮釋文不說他活反劉詩悅反同絜清

如字又才性反下放此○箋曰說文十一清䁐也澂水之貌鉉音七情切七情即此如字之音才性則讀作瀞瀞者無垢薉也本經云姆授巾注云巾所以自絜清然則平聲為自然之清去聲乃人為之清以其俱言無垢故陸云又周禮地官封人絜清如字又才性反同

**作稅**舒銳反劉詩悅反○校勘記云詩稅反葉抄宋本作詩說反是也段校稅亦作說北館本同校語錄引阮說云偉案詩說同紐作說亦非疑本作悅上說服條可證箋曰阮校非法校是本經注云今文說皆作稅舒銳為稅之本讀詩悅則讀作說大射儀云進坐說矢束釋文說劉詩悅反又始銳反始銳即此舒銳與此首末互易詩稅說三字俱在審紐依反切例雙聲字不能成音則葉抄宋本亦未可據段校北館本俱沿而誤今依法說及大射儀正之

**御衽**而甚反又而鴆反卧席○箋曰本經云御衽于奥注云衽卧席也賈疏云案曲禮云請席何鄉請衽何趾鄭云坐問鄉卧問趾因於陰陽彼衽稱趾明衽卧席也按賈申鄭義是也禮記曲禮牀衽而審反徐而鴆反席也彼而審即此而甚此又音即用彼徐音又按廣韵寑韵如甚切袵引文字音義云卧席也沁韵汝鴆切衽衣衿據是則此首音為本讀又音為衣衿之義矣故陸次之於末也

**將闚**劉古徧反今本亦作見○攷證云集釋本作見校勘記云徧宋本作遍按徧遍正俗字注疏校勘記云見

徐本集釋敖氏俱作見與疏合釋文作覸云今本亦作見臧琳云貫本作將見故後人校釋文云今本亦作見乃注疏本反作覸此又近人依釋文改也祭義見以蕭光見閒以俠⿰無見見及見閒皆為覸字之誤儀禮注當從釋文作覸賈疏作見非也校語錄云今本五字乃後人校語臧琳說同箋曰本經注引孟子曰將見良人之所之按孟子離婁篇云吾將瞯良人之所之也趙注云妻疑其詐故欲視其所之本經賈疏引孟子同校勘記云瞯毛本作覸則覸亦為視義說文八見視也鉉音古甸切古甸在霰廣韻編方見切見亦在霰則劉音與鉉音同讀覸為見也禮記雜記釋文閒一解云鄭合見閒二字共為覸字音古辯反陸殆從鄭故以覸為正文臧謂儀禮注當從釋文作覸是也此云今本亦作見既與劉音相合又與他本所作同實非後人校語

**因著**丁略反**俟見**賢遍反注及下皆同**執笲**音煩竹器**而衣**於既反○攷證云注云笲竹器而衣者今注疏官本作竹器有衣者箋曰賈疏云笲知有衣者下記云笲緇被纁裏加于橋注云被表也笲有衣者婦見舅姑以飾為敬是有衣也此則賈所見本作有衣衣為名詞陸所見本作而衣衣為動詞故陸音於既以識之**莀**劉羌居反**蘆**劉音盧○攷證云集釋本亦從艸各注疏本並從竹然莀⿱竹辰皆不見字書五經文字艸部有莀字音與陸氏同云見禮經注今字書

所引作笑蘆注疏校勘記云徐本釋文集釋敖氏嚴鍾通解同毛本蓎作笑按說文凵盧飯器凵或從竹去聲校語錄云蓎毛本作笑蘆今本並從竹箋曰說文四部盧盧飯器也鉉音洛乎切段注云凵部曰凵盧飯器以栁為之士昏禮注曰笲竹器而衣者如今之筥笑蘆矣笑蘆即凵盧也按鉉音凵去魚切去魚即此羌居洛乎即此音盧據許書凵盧為正字笑為或體則蓎蘆為後出字蓎蘆荅從竹從艸隸變混淆耳故劉以本字之音為釋也五經文字有蓎者張參實據本書集錄之耳**拜處**昌慮反**則俠**古洽反劉古協反後放此○箋曰士冠禮猶俠古洽反劉古協反與此同詳彼箋**段脩**丁亂反本又作腶同脯也○攷證云注疏本作腶注疏校勘記云腶唐石經作股釋文作段段玉裁云本又作腶瞿中溶云石本原作段朱梁重刻譌作股陸本作段正與石本原刻同箋曰賈疏云注云腶脩者脯也禮婦人見姑以腶脩為贄腶脩取其斷斷自脩正是用腶脩之義也丁亂則讀段作腶有司與腶丁亂反本又作段音同加薑桂以脯而鍛之曰腶脩按段本徒玩切則腶為本字所謂加薑桂以脯而鍛之也此段荅假借陸以本字之音釋假借之義矣**户牖**予九反**疑立**魚乞反又音嶷注同○箋曰本經云婦疑立于席西注云疑正立自定之貌賈疏云婦疑立于席西者以其禮未至而無事故疑然自定而立

以待事也按音嶷則讀岐嶷之嶷與魚乞音同本篇前疑立魚乞反又音嶷同此詳彼箋**始冠**古亂反下猶冠冠子同

**盥饋**其位反**孝養**予亮反記注共養同○校語錄云子乃予之譌箋曰臧校與法同是也子在精紐養予俱在喻紐當為形似之譌今依正之盧阮未及校**取女**七住反**作併**步頂反**淬**劉七內反本或作染如琰反○攷證云注疏本作染如汙穢之汙誤連下文箋曰注云辭易醫者嫌淬汙賈疏云以其醫乃以指咈之淬汙也按史記司馬相如傳云脟割輪淬集解徐廣曰淬千內反駰案郭璞曰淬染也千內七內用字異則此劉音為本讀如琰即為染之音周禮天官染人秋染如琰反可證則此所謂本或作者即為其訓解之字也公食大夫染也人漸反又七內反人漸即此如琰彼又音與劉同蓋讀染作淬矣**汙**汙穢之汙**娣從**才用反**勞人**力報反**用堇**音謹**考妣**必履反**帥道**音導下帥道同○攷證云案下注今作勉帥婦道以敬其為先妣之嗣張湻據此以正下注之誤倒箋曰下經云勗帥以敬先妣之嗣注云勗勉也勉帥婦道以敬其為先妣之嗣校勘記云張氏云釋文上帥道之注云下帥道同謂此句也此句當云勉帥道婦按張氏之說是也帥之訓道上文已具故此不復言但疊帥道兩字以見義通典云勉導以敬其為先妣之嗣正合注

意蓋敬其爲先妣之嗣即是婦道若云勉帥婦道則不可通矣按阮校是也可申盧說此意**扱地**初洽反劉羌及反又魚及反○校語錄云扱字劉兩音皆本讀也而篇韵並不收皆習于近讀者也箋曰本經云婦拜扱地注云扱地手至地也初洽讀若插爲扱地之本音下文始扱初洽反可證劉兩音廣韵緝韵皆未收集韵乞及切扱注手至地儀禮婦拜扱地劉昌宗說逆及切扱注拜手至地也皆依本書**昬昕**音欣**不腆**他典反**用鮒**音附**不餒**奴罪反○攷證云注文作餧是餒本字箋曰注云殺全者不餒敗校勘記云徐本集釋同釋文毛本俱作餒按論語鄉黨篇魚餒而肉敗釋文魚餒奴罪反說文云魚敗曰餒本又作鮾字書同爾雅釋器魚謂之餒音同說文云魚敗曰餧字書作鮾同彼分別字書作鯘說文作餧則陸所據說文從妥本經字亦從妥明矣攷干祿字書上聲餒餧上奴罪反下於僞反則顏所見從妥聲委聲之字迥然有別若五經文字食部餧奴罪反飢也經典相承別作餒爲飢餒字蓋張所見二字已爲隸變混淆故今二徐本說文皆作從食委聲之餧段據本書改作妥聲之餒注云張時說文已改從委聲與陸所據說文不同故其字各異餧爲餒俗字許艸部作萎按段說是也正斥盧校之誤**始扱**初洽反劉羌及反**左奉**芳勇反**攝之**之涉反注及下同**猶**

辟必亦反爲門于僞反阨狹於賣反下音洽見文賢遍反下注婦見同官長丁丈反俟迎魚敬反下親迎同三屬音燭注同涚水舒銳反緇衪皮義反注同纚裹劉音里爲鎬戶老反則辟音避醮之子召反適婦丁狄反下同共養九用反貺室音況賜也猶妻七計反○校勘記云猶宋本作可按宋本是也校語錄引阮說箋曰昏辭曰吾子有惠貺室某也注云貺賜也室猶妻也子謂公冶長可妻也賈疏云引子謂公冶長可妻也者證以女許人稱貺室按此猶字惠圈校改作可據賈述經義以女許人稱貺室則鄭引論語公冶長文正申室猶妻也之義妻與室詞義不同而釋之故曰猶謂貺室某者以女妻人也此音七計即謂貺室猶以女妻人耳則爲猶妻非可妻也宋本未可爲據惷失容反劉敕用反又池江反一音竹降反字林丑凶反又丑降反愚也○箋曰禮記哀公問惷愚始容反徐昌容反又湯邦反一音丁絳反字林丑凶反又丑絳反愚也始容失容用字異爲惷之本讀故俱列于首昌容在穿與首音穿審混用敕用讀與廣韵丑用切同湯邦讀與廣韵丑江切同則劉音及徐又音亦皆爲惷之本音池江蓋讀若幢與徐又音僮有清濁之異竹降則讀作戇史記汲黯傳云汲黯之戇也索隱戇愚也陟降反是其證

丒凶則讀如蹱廣韻集韻俱未收蓋為別讀乃方音之轉也集韻絳韻丒降切惷云愚貌殆據本書子為于偽反我

與音預注同虞度大各反下同不億於力反謂卒寸忽反服期音朞下同爾相息亮反注同助也勗帥許玉反劉朽目反○校語錄云勗劉讀與古韻合箋曰說文十三勗勉也鉉音許玉切則此首音為本讀朽目在屋與許玉屋燭混用詩邶風燕燕以勗凶玉反徐又況目反勉也則劉讀與徐同蓋此一音而衆家別讀陸別書之以著其同非劉讀古韻也法說自生障蔽矣詳周易坤卦利牝箋猶女音汝下同大姒音泰毋違音無注同施

衿其鴆反結帨舒銳反施鞶步干反無愆去連反以盛音成申重直用反使識申志反又音式適長丁狄反下丁丈反紕裂上音己下音列繻音須而傳直專反齊喪側皆反壻見賢遍反注下除相見皆同請覿音狄見也得濯文角反溉於古代反○校勘記云溉宋本作摡張氏士昏禮識誤曰按釋文云摡古代反少牢饋食摡鼎匕俎摡甑甗匕與敦摡豆籩勺爵觚觶字皆作摡校語錄引阮說箋曰本經云未得濯溉於祭祀賈疏云前祭之夕濯溉祭器按說文水部云溉灌注也手部云摡滌也徐鉉俱音古代切依鄭義賈說

則作從手之摡為本字故張據宋本作摡段校北館本並同作從水之溉為借字故通志堂本釋文及注疏本皆如此矣　造

緇七報反　闔扉音非

## 士相見禮第三

鄭云士以職位相親始承贄相見之禮

贄本又作摯音同○攷證云贄集釋作摯下同校語錄云同疑至之誤見士冠禮本書於此字無不作音者箋曰法校是也

用腒其居反乾雉也　奉之若勇反下同　顧見賢遍反凡卑於尊曰見敵而曰見謙敬之辭也下以意求之他皆放此　耿古幸反　介音界　別有彼列反　為其于偽反下為其同　為脰音豆頸也　大祟音泰劉唐餓反下同○校語錄云大字攷工記三見劉音他餓他賀菀餓三反並讀透紐與詩禮舊音同此獨讀定紐未詳又見鄉射禮燕禮聘禮喪服記箋曰唐餓蓋讀如馱詩王風兔爰大音代賀反字異音同故鄉射禮欲大聘禮為大喪服經傳大飾並同此音燕禮大尊唐作徒為用字異與法所舉攷工記三音正去聲透定之混亦與音泰為相配互轉陸畢書之即以著其時二紐混用也法於此云未詳殆不審本書條例矣　下人遐嫁反　復見扶又反又音服注同○箋曰本經云主人

復見之注云復見之者禮尚往來也按扶又即讀與廣韵扶富切同其義為又音服讀與房六切同其義為重義同音異故云又左桓十七年傳復惡已甚矣釋文復扶又反一音服彼一音同此又音矣**曰鄉**許亮反**請還**劉音旋下皆同〇校勘記云此條宋本在相者下按葉抄非也王校云朱葉二本請還在相者之下嫌褻之上箋曰按本經云以其摯曰鄉者吾子辱使某見請還摯於將命者注云鄉曩也將猶傳也傳命者謂擯相者經又云某也非敢求見請還摯于將命者注云言不敢求見嫌褻主人不敢當也則此請還二字經文兩見前者在經文曰鄉之下注文曩也之上後者俱在注文相者之下嫌褻之上朱葉二本為後文請還與釋文先撥前文注音條例不合阮謂葉抄為非是也**曩也**乃蕩反**猶傳**丈專反下文皆同**謂擯**必刃反〇攷證云注疏本刃作忍箋曰注云傳命者謂擯相者賈疏云謂出接賓曰擯按聘禮賓勞必刃反劉云與擯同禮記曲禮其擯本又作儐必刃反說文入部擯為儐之或體鉉音亦必刃切則注疏本作忍葢刃誤**相也**息亮反〇攷證改也為者云舊本作也據宋本作者是今從之校勘記云也宋本作者按作者字與單疏標起訖合校語錄云也盧據宋本改者阮校同箋曰注云傳命者謂擯相者賈疏云謂入詔禮曰相則相者即指入詔禮之人者為別事詞矣

按依注疏作者於義爲長嫌褻息列反辟正音避以索悉各反注同○攷證云經文維之以索今注中止出維字無下三字此云注同是全出注文張滈據此補注愚謂賈疏本或不與陸氏同注疏校勘記云張氏云釋文云以索悉各反注同今注無以索字經曰飾之以布維之以索注舉飾之以布全句釋之至下句不應獨曰維此必今本脱去之以索三字今增入又云按釋文專爲索字作音其言注同自指索字非兼指以索兩字注中索字今已脱去不可復考張謂維下當增之以索三字亦臆説耳箋曰按本經飾之以布維之以索對文鄭注飾之以布謂裁縫衣其身也維謂繫聯其足亦對解之細繹文義繫聯其足不僅獨解維字下當有之以索三字始合不然此言注同將何所指耶阮前校引張説言今本脱去是也後校又謂張增字爲臆説及盧謂賈疏本或不與陸同俱未爲得有行戶郎反衣其於既反繫聯音連麛莫兮反彌蹙子六反注及下同恭愨苦角反摯鶩亡卜反鴨也必辯皮勉反劉方勉反○箋曰注云辯猶正也按皮勉爲辯之本讀辯在獮韵三等皮在並紐此爲脣音重輕交互方勉蓋讀若辡劉音上聲非奉混用矣不疑音擬又如字注同○箋曰注云疑度之按説文十四疑惑也鉉音語其切即此如字之音然非許義故陸云又音擬

則讀作擬擬之義為度此音本於鄭說而作陸故列為首**邪鄉**似嗟反下許亮反**疑度**大各反**君近**附近之近下同**妥而**他果反安坐也**已為**于偽反下為嫌示為皆同**孝弟**音悌**中視**如字劉丁仲反**抱**劉薄報反**毋改**音無下同**嫌解**古賣反**惰**他臥反○校語錄云鄉飲酒禮釋文惰徒臥反是也此他乃徒之譌箋曰徒臥在定他臥在透此為去聲透定之混本書音例如是非譌**毋上**時掌反**侍坐**如字又才臥反○箋曰說文十三坐止也鉉音徂臥切段注云引申為住止凡言坐落坐罪是也引申為席地而坐才臥徂臥用字異則此又音為本讀廣韻果韻徂果切坐引釋名釋姿容云坐挫也骨節挫屈也正段所謂席地而坐則為引申之義即此如字之音故其讀由去轉為上矣**欠**起劒反劉欺劒反○校語錄云起欺同紐疑欺為其之誤箋曰本經云君子欠伸注云志倦則欠按說文八欠張口氣悟也鉉音去劒切去劒起劒欺劒俱為用字異此反語有異而音同者陸别讀畢書之例若欺不與起同紐何能為欠注音且其在見羣二紐俱與欠不同聲法實不明反語規律本不誤而自誤耳**伸**音申**猶辨**皮莧反○攷證云古止作辨俗作辨案鄭注中辨皆作辨張湻疑此處為後人妄改得之今注作辯亦非下同注疏校勘記云辯釋文作辨張氏曰注曰具猶

辦也案釋文云辦皮莧反特牲饋食注亦曰具猶辦也從釋文又云按張氏所見注作辨與今本異說文有辨無辦則當以辨為正作辦非也作辯尤誤箋曰注云具猶辦也按周禮考工記以辨皮莧反具也易剝辨徐音辦具之辦則辨具字或作從力之辦或作從刂之辨辨者辡之隸變辦者辨之俗體篆文作辡俗遂作辦說文刀部辨判也鉉音蒲莧切隸以刀旁作刂在兩形中者作刂於是以辨為辨別字讀符蹇切俗因改刀作力又以辦為辦事字讀蒲莧切攷廣韵襉韵蒲莧切辦具也辦俗是二字音義本同然則周禮用隸變字此用俗體字特牲饋食猶辨皮莧反正與此合彼段校北館本亦皆作辦盧謂張疑此為後人妄改得之阮謂作辦非也蓋俱未審

作蚤音早 膳葷香云反 葱薤戶界反 先飯扶晚反注同

徧嘗音遍注同 呫嘗音貼他篋反穀梁未嘗有呫血之盟呫嘗也劉音當審反云此音讀未決或所未詳或音沾○攷證云穀梁有未嘗有呫血之盟舊穀梁下無有字張淯云建陽本有有字又下或徐未詳張云監本以詳為許今皆依其說增改校勘記云穀梁未嘗有呫血之盟劉音當窑反云此意謂未快或楚未詳窑宋本作蜜張氏曰建陽本于穀梁下有有字監本以詳為許段玉裁云蜜當是審之誤此意謂未快疑當作此音讀未決監本以詳為許無義盧文弨校從之何邪又云按

葉抄或楚作或所是也注疏校勘記引臧琳曰釋文呫嘗音貼
穀梁未嘗有呫血之盟呫嘗也案呫既訓嘗則呫即嘗之駁文
呫下不得更着嘗字葢古文徧嘗膳今文徧呫膳注當作今文
云呫膳文脱嘗衍也説文口部無呫食部有飴云相謁食麥也
廣雅二釋詁飴嘗同訓爲食則飴爲呫之本字無疑經籍舊音
辨證二云按劉音當窑反占聲屬談部窑屬至部韵部不近葢
當窑爲當審之譌類篇集韵呫字竝有當審一切注云嘗也校
語錄云呫嘗栗疑膳誤此條注多誤詳盧氏攷正及阮校箋曰
注云今文呫嘗膳此作呫嘗則陸擬注釋音音貼爲呫之本讀
他篋即釋貼之音此直音與反切竝出者穀梁未嘗有呫血之
盟今本穀梁莊二十七傳呫血作歃血此殆引經易字者段校
云窑是審之誤集韵四十七寢曰呫當審切嘗也本此校又云
此意謂未快疑當作此音讀未決又楚作所葉抄本同故阮云
是也今俱依改按集韵陟栗陟立二切俱無呫字則作窑誤寢
韵三等當審不能成音段依集韵校窑作審亦難置信攷廣雅
釋詁二飴嘗雖同訓食而飴曹音女霑又如甘如甘葢讀作廣
韵汝鹽切之呥與音沾之讀迥異則飴非呫之本字矣集其酳
韵沾韵他兼切呫嘗也葢依本書是以呫爲後出專字也
子名反隱辟匹亦反一音避劉房益反注同○校語錄云此辟
盡爵也訓逡巡與士昏禮同彼旦有劉音及一音不言匹

亦反箋曰禮記曲禮辟匹亦反側也沈扶赤反扶赤房益用字異則劉沈讀同則此辟首音為側旁義謂不敢當禮故注云隱辟俛而逡巡也聘禮賓辟音避劉房益反此一音蓋為彼首音矣 **君為**于偽反 **若食**音嗣 **飲之**於鴆反 **俛而**音逸 **逡**七旬反 **遁**音巡 **比及**毗志反 **命使**所吏反注同 **有饋**其位反 **曳踵**諸勇反○攷證云舊譌腫今改正校勘記云盧文弨改腫為踵按依說文當作歱從止重聲踵訓追別一字今字多作踵而歱字廢矣校語錄云腫盧改踵阮云依說文當作歱箋曰盧改阮校是也說文止部歱跟也足部踵追也鉉音俱之隴切之隴諸勇用字異按本經云舉前曳踵注云備蹝跲也蹝跲則顛倒此謂前足接後跟徐趨而行也則歱為正字踵為音借字腫殆形似之誤耳故法亦從盧阮今依正 **備蹝**音致 **跲也**其業反劉居業反○箋曰禮記中庸言前定則不跲釋文其劫反躓也其劫即此其業則此首音為本讀居業與其業為見羣混讀詩狼跋跲其劫反又居業反爾雅釋言其業反又居業反則彼又音正用此劉讀 **作抴**以制反劉音泄 **草茅**莫交反 **刺草**七亦反劉此歷反○箋曰七亦在昔此歷在錫劉音昔錫混用 **猶剗**初限反劉測展反○箋曰初限在產為剗本讀測展在獮產獮混用禮記郊特牲剗初產反徐又初

展反初展即此測展則劉音與徐又音同

## 鄉飲酒禮第四

鄭云諸侯之鄉大夫三年大比將獻賢者能者於其君以禮賓之與之飲酒之禮

賓介音界 知仁音智 六行下孟反下德行同 而頒音班 大比毗志反劉音鼻○箋曰毗志在志音鼻在至志至混用 少師詩照反 邦索色白反 禮屬音燭下文共注同 尊長丁丈反 警也音景 所爲于偽反 敷席音孚又普吳反劉豐吳反○校語錄云豐吳即普吳之類隔箋曰音孚爲敷之本讀普吳豐吳俱讀作鋪法所謂舌音類隔是也特牲饋食敷席音孚本又作鋪普吳反 牖前音酉 斯禁如字劉音賜○箋曰注云斯禁禁切地無足者賈疏云斯澌也斯盡之名故知切地無足按如字即讀息移切爲斯之本讀音賜蓋讀作澌其義爲盡賈疏所謂斯盡之名即鄭切地無足之義也 二勺上灼反 堂深申鴆反後皆放此更不音 東榮如字劉音營禮內皆放此○校語錄云榮劉音營不分爲兩音也至本書及廣韻乃分之箋曰按如字即讀廣韻永兵切在庚則首音爲本讀音營蓋讀若營在清劉音庚清混讀法謂劉不分兩音是也謂本書分之則非 羹如字劉户庚反卷內皆同○箋曰本

經云羹定注云肉謂之羹按爾雅釋器肉謂之羹注云肉臛也釋文羹又作臐同古衡下庚二反古衡即此如字之音俱為首讀户庚下庚皆讀作臐臐者熟肉經文所言羹定是也

**定**丁佞反注同　**一相**息亮反　**傳命**丈專反　**賓**

**厭**於涉反推手曰揖引手曰厭已下皆同　**當楣**亡悲反　**復拜**扶又反下復盥不復復重同　**為手**于僞反

**坋汙**步困反劉扶問反○箋曰步困為坋之本讀扶問則讀若分劑之分義俱為塵步困在恩扶問在問此為問恩混用若燕禮之坋步困反劉扶問反則扶問步困為用字之異矣

**疑立**魚乞反又魚力反注同後疑立皆放此○箋曰注云疑讀為疑然從於趙盾之疑疑正立自定之貌校勘記云上兩疑字徐本集釋通解俱作疑毛本俱作仡按魚乞即讀作仡其義為勇壯魚力蓋讀作嶷其義為岐嶷士昏禮疑立魚乞反又音嶷魚力音嶷為直音與反切之異詳彼箋

**趙盾**徒本反　**小辟**音避劉房益反○攷證云注疏本作少避箋曰今賈疏本注作少辟校勘記云少釋文作小辟毛本作避釋文徐葛閩本通解敖氏俱作辟張氏曰鄉射經曰主人少退注曰少退猶少辟也經又曰賓少退注曰少退少逡遁也按釋文少辟少逡遁皆作小蓋鄭氏以小釋少改作小從釋文又云按避張本亦作辟至監本始作避而毛本因之陸氏云辟婢亦

反一音避然則辟字原有兩音其音婢亦反者即辟易之辟也今竟改作避又仍依通解音曰辟音避朁亂之甚按阮前校是也王校云注作少避張氏本作少辟云當從釋文燕禮少牢大射儀少師皆音詩召反小則無音是此陸所見本作小又按大射儀賓辟婢亦反又音避與阮所舉鄉射小辟音同一音即又音聘禮賓辟音避劉房益反婢亦房益為用字異則彼首音用此劉音音避蓋讀辟為避避迴也與退也逡遁也之義合俱言不敢當禮也此陸以本字之音釋借字耳校又云音避朁亂之甚殊於義未審

**設折** 之設反注及下同

**弗繚** 音了劉力彫反又力弔反○箋曰說文十三繚纏也鉉音盧鳥切盧鳥即此音了則此首音為本讀力彫讀與廣韻落蕭切同彼引字林云繚繞經繚則劉音轉上為平讀與呂忱同詞義亦由動變名力弔蓋讀若顟此為别讀廣韻嘯韻本紐未收集韻笑韻力照切有繚云繞也但依本書

**嚌** 才計反字或作嚙同嘗也○校語録云玉篇嚙同齩不同嚌箋曰注云嚌嘗也賈疏云嚌至齒則嘗之也按說文口部嚌嘗也鉉音在詣切在詣即此才計集韻巧韻五巧切齩亦作嚙說文齒部齩齧骨也依集韻則嚙為齩之異文與玉篇同廣韻霽韻在詣切有𪗉云𪗉齝集韻則作𪗉齝齧也龍龕手鑑口部無嚙齒部有𪗉在詣反𪗉齝也又𪗉齧没齒齩也然則此嚙恐誤當云字或作𪗉

**猶紾** 音軫

又徒展反劉徒典反一音土展反○箋曰注云繚猶紾也按説文糸部紾轉也鉉音之忍切之忍即此音軫則此首音為本讀

周禮攷工記弓人注鄭司農云紾讀為抮縛之抮漢讀攷云抮縛猶展轉抮與紾皆纏絞之意釋文紾劉徒展反許慎尚展反

又徒展反徒典在銑徒展在獮劉二音銑獮混用尚展則讀如善與徒展澄禪位同土展疑作士展與尚展牀禪相混故陸云

一音互詳彼箋 以上時掌反 坐挩始銳反拭也注帨同 啐酒七內反甞也 專為于偽反下當為為工

同 由便婢面反下由便皆同 取觶之豉反字林音至○校語錄云音至當作音支詳士冠禮箋曰士冠禮觶之豉

反爵容三升也字林音至之豉在寘與至混用詳彼箋 殺於所界反劉色例反下殺皆同○校語錄云側謚字他處皆

作例盧本不誤箋曰法校是也色例則讀作鎩周禮春官瑞典注云取殺於四望釋文取殺色界反劉色例反是其證今依改

言疑魚乞反又音嶷 省文所景反 下賓遐嫁反下下賓下主人禮下同 示徧音遍下同 之長丁文

反注下皆同 辯有音遍注下皆同 相者息亮反下及注同 何瑟户可反又音河擔也○箋曰詩曹風候人

何戈與祋釋文何何可反又音河揭也户可何可為用字異詳彼箋 挎口孤反一音口侯反持也○校語錄云户當作口見

大射儀盧亦未改又云候乃侯之譌亦見大射儀盧亦譌箋曰大射儀挎越口胡反又口侯反易繫辭挎口孤反徐又口溝反按口胡口孤用字異俱為挎本讀口侯口溝亦用字異則此一音同又音俱用徐邈繫辭之讀矣詳彼箋依盞則此户為口誤候為侯誤法校甚是今據改

之少申名反下少長同視瞭音了瞽音古矇音蒙晃見賢遍反則為于偽反下不為同擔之丁甘反近其附近之近則詨户孝反本又作傚同〇攷證云注疏本作則傚案大射燕禮詨俱户教反此户孝似亦當作户教注疏校勘記云傚釋文作詨云本又作傚同張氏曰注曰可則傚也大射燕禮同此葢引詩是則是傚也故好事者皆改為傚按釋文云詨户孝反本又作傚大射云詨户教反亦作傚燕禮云傚户教反本又作詨是必古文詨傚通用宜各從其故箋曰阮校引張說謂注引詩是謂古文詨傚通用非詩小雅鹿鳴君子是則是傚毛傳云言可法傚也釋文傚胡教反胡教户教户孝俱為用字異何云户孝當作户教按左昭七年傳引詩傚作效說文三效象也鉉音胡教切段注云毛詩君子是則是傚又角弓民胥傚矣皆效法字之或體效法之字亦作詨儀禮鄉飲酒注引詩君子是則是詨是皆假借也則此正文為假借本又作字為或體鄭葢從毛用或體陸所見本用假借傚詨皆非古文矣君勞力報

反下勞賓同使臣所吏反下同更是音庚又古鸚反○校語錄云古鸚反誤此庚耕分部箋曰古鸚在耕與音
庚庚耕混用陸故云又本書條例如此實非誤也賢知音智大師音泰注大師大平大王皆同○校勘記云按王下宋
本有皆字與儀禮識誤引同張氏曰大師注云大平王王皆同此本以大為王監本去王字皆誤鄭注有曰昔大王王季今改
王王為大王按張氏所改與今本正合又云按依注文大王當在大平之前王校引張說同箋曰攷本經云大師則為之注云
大夫若君賜之樂謂之大師則為之經又云歌魚麗笙由庚注云魚麗言大平年豐物多也經又云乃合樂周南名南注云昔
大王王季居于岐山之陽循斯而言則釋文謂注大師大平大王同不誤阮又校非宋本王下有皆字正為注下三大字作結
故殺校增之北館本同今據補則為于偽反注同南陔古才反相風上如字下方鳳反復重直用
反惡能音烏考父音甫和一胡卧反乃閒閒廁之閒注及下注笙閒或閒音同魚麗力知反本
或作離下同○箋曰詩小雅魚麗力馳反下同麗歷也易離列池反麗也又離王公也音麗鄭作麗王肅云麗王者之後為公
梁武力智反王嗣宗同按力馳列池與力知俱為用字異即離之本讀力智即音麗以其時真霽混用也易之離其義為麗故

鄭即作麗梁王音俱本之而作此音蓋讀麗作離詩小雅同陸云本或作者殆指易卦之離字歟纍力追反蔓音万

宴樂音洛下人樂同○攷證云注疏本作燕樂注疏校勘記云燕釋文作宴箋曰王校云張所據注本與今本同作燕所據釋文本亦作宴說文十一燕玄鳥也又七云宴安也鉉音俱於句切段注云引申為宴饗經典多假燕為之則注疏本所用為音假字按周禮地官囿人宴樂釋文即作燕樂詳彼箋之治直吏反之長如字關雎七徐反葛覃大南反○攷證云舊作覃與注疏本同據宋本作蕈識誤同今從之下同五經文字九經字樣皆云覃亦作蕈校勘記云覃宋本作蕈張氏鄉飲酒禮識誤曰按釋文葛蕈大南反五經文字云詩葛覃亦作蕈九經字樣云葛覃經典或作蕈今不作蕈非古也後燕禮同又云按覃正字蕈假借字不得謂之非古也校語録云覃盧阮並云宋本作蕈與張氏識誤同盧刻改為蕈下燕禮同箋曰阮又校是也詩周南葛覃葛之覃兮毛傳云覃延也釋文覃本亦作蕈徒南反覃延也按說文五覃長味也鉉音徒含切段注云引伸之凡長皆曰覃經典葛覃字亦假蕈為之阮以蕈為假借字與段說同燕禮亦作覃宋本作蕈為俗體實因葛從艸後遂於覃上加艸但六朝已如是本書舊作用正字盧依宋本改之抑自擾耳卷耳九轉反劉居晚反○校語

錄云力轉當依燕禮改為九轉盧亦誤卷二音獮阮分部箋曰法校力作九是也燕禮兼卷九轉反劉居遠反詩周南卷耳眷

勉反苓耳也九轉眷勉用字異則此首音為本讀力蓋九形似之誤爾雅釋草菤謝作卷九轉反亦同今依正九轉在獮居晚

在阮此時混用陸亦不分召南音部注同采蘋毗人反后妃芳非反劉音配○箋曰詩關雎序后妃芳非反

爾雅云妃媲也左傳云嘉耦曰妃則首音為本讀彼詳此畧互文以見也音配則讀作配匏有苦葉求妃音配本亦作配芳非

輕脣劉音蓋讀重脣耳士虞禮某妃豐非反劉又音配芳非豐非用字異劉讀即為又音于岐其宜反一音祇○校語錄

云岐二音支部分兩類箋曰其宜為岐之本讀音祇與其宜為用字之異而音讀實無殊廣韻析之為二正所以見其音同用

字異切韻攷誤分兩類法說沿之未審王業如字劉于況反○箋曰說文一王天下所歸往也鉉音雨方切即此如字

之音于況讀與廣韻漾韻于放切同王霸王又盛也詞義由名變動故劉音由平轉去也之采七代反化被皮義

反肆夏戶雅反下同繁遏於葛反作相息亮反下及注同為有于偽反下為賔同解古賣

反惰徒臥反以監古銜反退共九勇反注同少長丁丈反下及下庭長同皆弟大計反

以鄉許亮反下皆鄉同相旅息亮反下注升相同仲別彼列反下同辟受音避下辟國君同媵
爵以證反又成證反送也○校語錄云成誤他皆作繩箋曰燕禮媵觚上以證反又繩證反送也爾雅釋文媵音同方言云
媵送也法所謂他皆作繩也繩證在神成證在禪此為神禪不別本書條例如此成實非誤不弛式氏反下同傳
請丈專反之少申名反為僎音遵說屨吐活反劉詩悅反注同○箋曰吐活讀說為脫禮記少儀說屨
吐活反本亦作脫是其證詩悅則為說之本讀劉依字作音然非此義故列於末士昏禮說服吐活反劉詩悅反與此同詳彼
箋為稅始銳反胾醢莊吏反鄉設許亮反本又作嚮同○箋曰注云鄉設骨體所以致敬也今進羞所
以盡愛也鄉與今對文其義謂前也論語顏淵篇鄉也吾見於夫子釋文許亮反又作嚮同士相見禮云嚮者吾子辱使某見
請還摯於將命者注云嚮曩也釋文嚮許亮反則嚮為本字鄉為聲借字彼經用本字此注用借字陸即以本字之音釋借字
實依鄭說也子札壯八反酒罷皮買反劉音皮○校語錄云賣當作買盧本亦誤箋曰注云終日燕飲酒罷以
晐為節明無失禮也按漢書魏相傳罷軍卒師古曰一曰新從軍而休罷者也音薄蟹反薄蟹即此皮買此謂飲酒休止奏晐

為節也音皮即讀若皮義亦為止論語子罕欲罷皮買反又音皮則此劉音同於彼之又音矣據證皮買原作皮賣賣字實誤

左襄二十五年罷一音亦作皮買法校是也今依正之 三重直龍反下注同 公如音若出注 人去起呂反下

同 之朝直遥反下皆同 復自扶又反下而復復差同 息勞力報反下皆同 不殺所八反注同劉色例

反 以筋居勤反 不與音預注及篇末文注同 禮瀆音獨劉又音濁〇箋曰音獨在屋為瀆之本讀音濁

在覺劉讀一等為二等蓋方音之轉矣陸故云又 素韠音畢 而夜於既反 布純劉之閏反或章允反注同

〇箋曰注云純緣也按爾雅釋器純之閏反又章允反彼首音正用此劉音此或音即同彼又音雖音分上去而義實無殊又

周禮春官司几筵紛純章允反劉之閏反彼注鄭司農云純緣也義與此同音則與此首末互易矣詳彼箋 純緣以絹

反 冪迷狄反 亨于普庚反下注亨狗同劉虛讓反 五挺大頂反本亦作脡同〇箋曰本經云薦脯五挺橫祭

于其上按說文六梃一枚也鋌音徒頂切段注云凡條直者曰梃梃之言挺也禮經脯挺字本作梃亦作挺俗作脡鄉射禮云

薦脯用籩五膱注云膱猶脡也釋文脡大頂反則此所謂本亦作者正指彼注用俗字矣 猶膱音職本亦作樴音同〇校

勘記云宋本大字作樴小字作膱按作職誤也小字當作膱校語錄引阮說箋曰注云挺猶膱也阮校記云按今本釋文云猶膱本亦作樴宋本云猶樴本亦作膱張淳識誤載樴字而缺其說蓋從釋文作從木之樴也鄉射禮云祭半膱膱長尺二寸注云膱猶脡也為記者異耳古文膱為胾說文肉部云胾大臠也木部云樴弋也鉉音之弋切段注云弋杙古今字周禮牛人注樴謂之杙可以繫牛引伸凡物一枚曰一樴今本儀禮樴譌膱按依本經古文胾為大臠今文從肉之膱俗作也膱與脡不同非訓之是記者異故鄭彼云膱猶脡此云挺猶膱然則每一脯為一膱矣依段申許義則作從木之樴謂物一枚言條直如挺也宋本與今本互異

陳處昌慮反　冠禮古亂反　左朐其于反屈中曰朐　胳胏劉音格一音各○箋曰注云今文胳作骼按說文四胳亦下也鉉音古洛切古洛音各為用字異則此一音為本讀音格則讀作骼下文作骼古白反古白即音格是其證則劉音本今文而作陸以今文之音釋古文故列其音於首　進奏本又作腠同千豆反理也○攷證云注疏本作腠箋曰本經云皆右體進腠注云腠理也按公食大夫禮載體進奏注云奏謂皮膚之理也釋文奏千豆反音義俱與此同說文肉部無腠則腠為後出專字此正文作奏與注疏本彼經文同本又作腠又與注疏本

此經文同矣　前脛户定反　臂臑乃報反字林人于反　膊劉音純　猶挂苦圭反　作骼古白反

降殺所界反下同　其妨如字一音芳亮反　之長丁丈反　復差初佳反又初賣反又初宜反○箋曰

初佳在佳為差殊之差初賣在卦為差除之差初宜在支為差次之差此注云故三人之中復差有尊者則為差殊之意故陸

列初佳于首尚書禹貢差初佳反又初賣反周禮春官大宗伯差初佳反沈初宜反則此初宜用沈重之讀矣　雖為于偽

反　縮所六反下同　霤力又反　縮從子容反下同　特縣音玄　為慼子六反　授從才用反

鄉射禮第五鄭云州長春秋以禮會民而射於州序之禮也謂之鄉者州鄉之屬

鄉射食夜反　州長丁丈反　猶警音景　語也魚據反　此為于偽反下同　殊別彼列反

斯禁如字劉音賜　加勺上灼反　篚音匪　縣于音玄注同○攷證云注疏本于作於大抵經文多作于然

石經亦間有作於者箋曰本經云縣于洗東北西面注云縣於東方辟射位也此見經用古字注用今字也　辟射音避

下辟射同　所射食亦反　中掩劉丁仲反　東之如字　以為于偽反下為人同　獲者如字劉胡櫱反

下文同○攷證改檗作蘗云舊蘗作檗今從宋本正校語録云檗盧依宋本改蘗案攷工記弓人注亦作檗箋曰説文十獲獵所獲也鉉音胡伯切此如字即胡伯之音胡檗在麥與胡伯陌麥混用按廣韵麥韵檗俗作蘗則宋本為俗字攷工記弓人獲劉胡檗反與此正同法説是也盧校改之實為自擾

羹定多佞反注同　朝服直遥反下及下注及朝同　一相息亮反注同　傳命丈專反下傳同○攷證云舊脱主人二字今補校語録云下傳盧補主人二字箋曰細繹本篇經注下經云西階上北面請安于賔注云傳主人之命此外未見單用傳字者故此僅言下傳同攷證補主人二字無異畫蛇添足矣今仍其舊

賔厭一涉反下賔厭同　當楣亡悲反　作浣户管反　疑立魚乞反又音嶷注下同

小辟婢亦反一音避○攷證云注疏本作少辟箋曰本經云主人少退注云少退猶少辟也按本書小無音少音詩名反燕禮少牢大射儀少師皆其證則此陸本作小賈本作少俱各從所見大射儀賔辟婢亦反又音避則此一音同於彼又音矣

折俎之設反皆放此　後嚌之才計反注同　坐挩始鋭反注下同　啐七内反　拭也音式　醋主才各反報也劉云與酢同音義○攷證云注疏本醋作酢案醋本古酬酢字酢之本義酸漿也今人二字多互易此書内亦多

作酢注疏校勘記云酢要義作醋注同魏氏曰賓以虛爵降注將洗以醋主人賓東南面醋主人注醋報經與注以酢爲醋唯此又云按如魏氏說則醋字經一見注两見也釋文云醋主才各反報也劉云與酢同音義此當爲前注作音而不言下同則此節經注釋文仍作酢歟校語録云醋今本作酢箋曰盧校是阮校非説文十四醋客酌主人也鉉音在各切段注云諸經多以酢爲醋惟禮經尚仍其舊後人醋酢互易才各即在各爲醋之本讀劉云與酢同音義者蓋謂酢本酨漿之名引申之凡味酸者之稱其音爲倉故切而俗皆用之爲酬酢字即以醋爲酸漿此明劉時醋義已非酬報其音亦讀倉故矣陸記於此聊博異聞何言爲前注作音段所謂禮經尚仍其舊釋文沿之故此亦作醋也

便也 婢面反後放此

取觶 之豉反○攷證云毛注疏本有下同二字此無箋曰按經文此下有奠觶賓觶執觶舉觶依本書例當有下同二字此疑漏缺

禮殺 所界

反劉色例反後皆同

人復 扶又反

示偏 音遍下同

之長 丁丈反注及下注同

德行 下孟反下德行同

辯有 音遍後皆同

爲僎 音遵

別於 彼列反

夾尊 古洽反劉古協反

不去 起呂反注同

再

重 直容反下同

欲大 音泰劉唐餓反○校語録云大字劉他處皆讀透紐此讀定紐再攷詳士相見禮箋曰此爲去

聲透定泥用士相見禮大崇音泰劉唐餓反與此同詳彼箋　相者息亮反下及注同　何瑟胡可反又音河　于

縣音玄　乃合如字劉音閤下合足同　不閒閒廁之閒　大王音泰下大師同　成王如字劉于況反　替

矇音蒙　則為于偽反下注為有為己為旅為當明為同○孜證云舊旅作位案下注云立司正為旅酒爾則當作旅今

改正又案下經文云賓對曰某不能為二三子許諾注疏本有為于偽反一音此無之益但顏注而忘經文漏也校勘記云盧

文弨改位為旅云下注云立司正為旅酒爾則當作旅按盧是也校語錄云位盧改旅是箋曰按本篇經注並無為位連文下

經司正為司馬注云立司正為旅酒爾盧校位作旅是故阮法俱從之今依正　人相息亮反下文作相以相注相謂同

解倦古賣反　以監古咸反　袒徒旱反　決古穴反　兼挾劉音協一音子協反下皆同○箋曰注云

方持弦矢曰挾說文十二挾俾持也鉉音胡頰切胡頰即音協則劉音為本讀子協則讀若浹辰之浹集韵帖韵即協切挾云

持也則一音同又音　乘矢繩證反後乘矢皆同　猶閭音閒下同　著右丁略反一音直略反○箋曰周禮夏官司

弓矢著右丁略反或直略反則此一音同或音詳彼箋　大擘補革反劉薄歷反大指也○箋曰注云以象骨為之著右

大學指以鉤弦闓體也按孟子滕文公下云吾必以仲子為巨擘焉趙岐注云巨擘大指也孫奭音義云擘博厄切博厄補革用字異則此首音為本讀薄歷盇讀如甓集韵錫韵蒲歷切有擘云大指正依此劉音

**射韛**古侯反劉苦侯反○箋曰說文五韛射臂決也鉉音古侯切則此首音為本讀周禮夏官韛人韛苦侯反劉云彄字之異者此音即用劉說詳彼箋

**見**賢遍反

**鏃於**子木反一音七木反○箋曰子木為鏃之本讀七木則讀作簇蓋為別讀故云一音

**拊右**芳甫反劉方輔反○箋曰禮記曲禮承拊音撫把中也徐音甫音撫即芳甫音甫即方輔俱為直音與反切用字之異則此首音為本讀劉音與徐同皆為別讀也故陸列于末

**年少**申名反

**楅豐**音福

**倚于**於綺反下同

**兆括**古活反

**以比**毗志反劉音鼻注同

**相近**附近之近

**為涖**音利又音類○攷證云案此已見上則為注中不應重出注疏本無此條箋曰案上則為于偽反是為為字注音注中之為位即此為涖此二音是為涖字注音故出此二字彼此所釋其音迴異盧校謂為重出實未審其注音誤矣士冠禮涖之音利一音類與此同詳彼箋

**說束**如字又吐活反又始銳反注同○箋曰注云今文說皆作稅按如字為說之本讀其義為釋吐活則讀作脫始銳即讀作稅鄉飲酒禮云說屨揖讓注云今文

說為稅彼釋文云說吐活反劉詩悅反為稅始銳反詩悅即此如字之音可證此末音蓋以今文釋古文也

**當辟**音避

**相工**息亮反○校勘記云幹宋本作亮按今本幹字係剜改而復誤校語錄引阮說云案盧本直作息亮不言有異疑此幹字乃欲剜補三笴條注榦字而誤剜此耳觀下條矢幹不作榦可知或盧據初印之本當未誤改也箋曰法申阮說是也息亮則為相之讀燕禮相者息亮反是其證故揆校北館本皆同今依改

**三笴**劉古老反矢榦也字林云箭笴也公但反○攷證云注疏本作古可反十三經音畧六云笴古可翻音哿劉古老翻音杲字林公但翻音榦五經文字云音槀即古老翻見周禮考工記箋曰注云笴矢榦也廣韵哿韵古我切有笴箭莖也古我古可用字異則注疏本之音為笴之本讀古老則讀作槀攷工記之笴古老反注作槀同可證案周禮夏官序官槀人注鄭司農云箭榦謂之槀漢讀攷云箭榦謂之槀芻槀字之引伸也公但即讀作幹亦為笴之本讀下文矢幹古但反可證與廣韵古旱切同周音榦為古案切則上聲誤為去聲讀矣既夕禮笴古老反又工但反彼首音即用此劉讀又音即用此呂讀也

**矢幹**古但反又古旱反○校語錄云古但當作古旦見攷工記總目箋曰攷工記總目矢榦古旦反或古旱反則此又音同彼或音彼為上去相承此為用字異互詳彼

**鄉堂**許亮反

**弓矢拾**

其劫反劉其輒反更也除決拾以外皆同○十三經音畧六云拾其劫其輒業同其翻音笈毋羣除決拾毋譁之外皆同箋曰本經云取弓矢拾注云拾更也賈疏云遞取弓矢見威儀故也按漢書叙傳上云匪黨人之敢拾兮注應劭曰拾更也自謙不敢與鄉人更進也師古曰拾音負拾之拾其業反其業即此其劫其輒在葉與其劫羣經業葉混用此言除決拾以外皆同者謂本篇經文下有射拾三耦拾既拾未拾作拾揖拾繼拾遂拾及注文不拾諸拾字之音皆同而決拾則為是執切讀同攝拾之音也

**拾更**音庚**搢三**音進又音箭劉又祖雞反插也後同○箋曰注云搢插也按禮記內則搢笏於紳注云搢猶扱也扱笏於紳釋文搢徐音箭又如字音晋插也插與扱同音進音晋用字異此又音即為彼徐音箭進雙聲相轉也祖雞則讀作齎聘禮又齎皮馬注云齎猶付也釋文作資子兮反子兮即祖雞是其證

**一个**古賀反下皆同

**插也**初洽反下同○校勘記云插宋本作捷按張淳所見亦作捷見士冠禮識誤校語錄引阮說箋曰段校插亦作捷士冠禮捷柶初洽反本又作插詳彼箋則捷與插音義並同故宋本作捷此本作插

**復言**扶又反下復言同

**豫則**音樹出注○校勘記云樹宋本作謝注疏校勘記云讀如成周宣謝災之謝毛本謝作榭徐本通解要義楊氏同作謝下並同按春秋左氏經作成周宣

榭火公羊經作成周宣謝災鄭引公羊經而疏以左氏經釋之非鄭意也且說文無榭字左氏穀梁之作榭未必非後人所改當從言為正箋曰段校榭亦作謝北館本同按本經注云今言豫者謂州學也讀如成周宣謝災之謝左宣十六年經云夏成周宣榭火杜注云宣榭講武屋釋文榭本又作謝音同是榭為後出之本字而謝為聲借字鄭引公羊經作謝用聲借字也陸從鄭說注音宋本作謝徐本通解要義楊氏同通志堂本作榭毛本盧本同皆是也阮校謂當從言為正不免拘於說文矣

**下鄉**退嫁反○攷證云下有下物自如字讀注疏本刪去鄉字便不明析**猶併**步頂反下皆同**不去**起呂反下注同**取朴**普卜反劉方遘反後皆同○校語錄云方逼雙聲不能為紕方益芳之譌芳逼即集韻之拍逼也又案逼當為遘見夏官射人校人音義經籍舊音辨證二云承仕按朴從卜聲本古侯部字普卜反今音方遘反則舊音也禮經朴字義並同而儀禮釋文引劉音方逼反與周禮釋文異一也方逼古同紕不能作切二也逼朴韻部不近三也則逼字為遘之形譌殆無可疑然類篇集韻朴字並有拍逼一切是北宋人所見儀禮釋文作芳逼反矣要之今本作方逼反則誤而又誤者也各家並失校箋曰注云扑所以撻犯教者書云扑作教刑按尚書舜典扑普卜反徐敷卜反周禮夏官射人去扑普卜反劉方遘反

校人執扑音同則此首音為本讀劉俱無方逼之音吳列三證以明逼字非法謂逼為遘之形譌皆是也劉音蓋轉入為去至若集韵職韵拍逼切有揊或作扑實沿本書之誤吳所謂方逼反誤而又誤者正以方逼為同紐更不能作切也以撻他達反欲令力呈反於中丁仲反下中人者中則以中並同猶閒間廁之閒儀省所景反仆也音赴還其劉户串反一音環下還其後同無射食亦反注同從傍蒲郎反或作旁說決吐活反又始銳反下說決拾皆同而乘成證反下乘同○攷證云舊脫矢字今補校語錄云成誤他皆作繩下乘下盧補矢字箋曰本經云左右撫矢而乘之下俱乘矢連文未見單有乘字並無淆混故陸只云下乘同按成在禪繩在神為神禪混用本書音例如此法謂成為誤殆未細審拊之芳甫反四四數所主反下俟數同不索悉各反盡也應曰應對之應乃復扶又反下注復言復射同鄉獲許亮反又作嚮下皆同○箋曰禮記檀弓嚮也本亦作鄉同許亮反按說文七曏不久也段注云今人語曰向時向年向者即鄉字也則鄉為正字嚮為聲借字是此又作即為聲借字檀弓用聲借字為正字彼此互易矣皆與音預下將與同繹已音亦尊別彼列反下尊別同立比毗志反下

及注同見其賢遍反乃徧音遍下同卻手去逆反注同⿰弓咅弓蒲北反○攷證云舊踣譌⿰弓咅北譌比今俱改正校勘記云盧文弨改⿰弓咅為踣比為北是也校語錄引阮說箋曰注云橫弓者南⿰弓咅弓也賈疏云覆左手以執弓卻右手以取矢便故知不比⿰弓咅弓也按大射儀南踣步北反步北即此蒲北廣韵蒲北切集韵鼻墨切俱無⿰弓咅字故阮謂盧改是也王校亦云踣弓蒲北反注疏本如此依正毋周亦作無同覆手芳伏反注同命去起呂反下皆同共而九勇反下共而俟同不貫古亂反中也猶中丁仲反下中正下文若中同中正音征近其附近之近下自近近司馬同有題大兮反識也申志反劉音式貢枯音户字又作楛○攷證云注疏本枯作楛楛譌楛注疏校勘記云楛釋文作枯云字又作楛箋曰注云肅慎氏貢枯矢書禹貢惟箘簵楛釋文楛音户馬云木名可以為箭詩旱麓榛楛濟濟釋文楛音户草木疏云楛木莖似荆而赤其葉如著音俱同按說文六楛木也鋐音侯古切枯夏書曰唯箘輅枯木名也段注云此釋書之枯非枯槀之義又云今尚書作惟箘簵楛則許所據古文尚書如是而攷工記總目鄭注引尚書箘簵枯釋文云枯音户尚書作楛音同與此注引國語肅慎氏貢枯矢皆作枯然則鄭所據尚書國語俱與許所據合矣陸從

鄭説故以枯爲正字此所謂字又作者即彼謂尚書所作本字也注疏本正用本字先數所主反下及注同爲其

于僞反下爲其爲侯爲將同爲純如字全也禮記音全○箋曰本經云二算爲爲純注云純猶全也按禮記投壺二算爲

純孔疏云純全也二算合爲一全釋文爲純音全鄭注儀禮如字云純全也按如字爲純之本讀音全則讀作全鄭注彼畧此

詳互文以見陸故引此義以證彼之音非純之本讀此云禮記音全者明其音即依禮經注義而作也縮從子容反下

同爲蹙子六反易校以豉反爲奇居宜反下同面鄉許亮反本或作嚮以中丁仲反下

皆同將飲於鴆反下相飲同而卑如字劉音婢○箋曰注云豐形蓋似豆而卑按如字爲卑之本讀音婢則讀作

庳攷工記總目卑宮如字劉音婢與此同詳彼箋其少詩召反下無遐嫁反下相下同加弛尸氏反

執拊芳甫反辟飲音避下辟舉辟中辟俎同三處昌慮反下放此右个劉音幹義見周官下同辟

設扶孟反注辟之辟舉及下注辟薦同先三耦悉薦反下同又如字説矢如字又始鋭反後説矢同以樂

樂下音洛下句同又皆如字傳尊直專反相應應對之應下同騶虞側留反○攷證改作壯由云舊作側

留反今從宋本校勘記云側留宋本作壯由按壯由即側留校語錄云側留反盧依宋本改壯由偉案宋本誤箋曰阮説是也側壯雙聲留由疊韻此為用字異詩名南騶虞側留反則此不誤盧依宋本改之法謂宋本為誤俱不審反切規律矣

還鄉許亮反下同　五豝音巴　五豵子工反　説侯吐活反下説屨亞注同　不復扶又反下不復復尊皆同　當監古銜反　相工息亮反　禮殺所界反下皆同　小逡七旬反　遁音旬○攷證云注疏本小作少王校云注作少逡遁張從釋文箋曰本經云賓少退注云少退少逡遁也上經云主人少退注云少退猶少辟也釋文作小辟詳被箋　則長丁丈反注及下皆放此　不與音預下同　授從才用反注及下從者同　亦為于偽反下同○校語錄云于為反誤箋曰法説是也本篇上則為為其皆于偽反是其證則此于為亦當作于偽注疏本正如此

則摳苦侯反　其被皮義反　狗胾壯吏反　設諂徒覽反　迭飲大結反　皆與音預注同

朝服直遥反下皆同　説朝吐活反下同　猶勞力報反下除勞倦一字皆同○攷證云注疏本猶作尤箋曰本經云主人釋服乃息司正注云息猶勞也勞司正謂賓之與之飲酒以其昨日猶勞倦也月令曰勞農以休息之經又云無介

注云勞禮略敗於飲酒也力報在号則讀勞慰之勞禮記月令勞農力報反是也此云下除勞倦一字皆同者謂勞司正勞農勞禮之音無殊而勞倦則讀在豪廣韵魯刀切勞倦也可證盧謂猶注疏本作尤觀鄭此注猶之義為若謂息若勞慰也尤之義為甚謂昨日甚勞倦也力報反之勞上為猶甚明是盧誤勞倦上之尤字為勞也上之猶字實屬桃冠李戴矣

無介音界　不殺如字劉色例反　不與音預注及下大夫與皆同　德行下孟反　見物賢遍反　所好呼報反　亨于普庚反下注同　綌幂去逆反　布純之閏反又諸允反注同　純緣以絹反　五職音職脡也　脡也大頂反　作植常職反　腠七豆反　猶挂苦圭反　之長丁丈反下注州長皆同

一和戶臥反注同○校語錄云一和條上盧依通解補樂賢一條注云音洛箋曰攷證列樂賢音洛在一和條上云舊無此條今據通解補查本經云樂作大夫不入注云後樂賢也經言樂作自讀如字注文樂賢則讀若洛二音迥別按上經云去扑襲升請以樂樂于賓賓許諾彼樂樂連文音易混淆故釋文出以樂樂云下音洛蓋以別於上讀如字音也然則陸此無注音明甚盧依通解補出樂賢二字實為贅疣當非陸書原有

之少詩召反　謂先悉薦反　麋侯亡悲反　二

正音征下正鵠同正鵠戶沃反射熊食亦反下射麋與射之同謂從子容反與跬丘蘖反劉闕彼
反一舉足曰跬○校語錄云跬字二音同箋曰注云笴矢幹也長三尺與跬相應按禮記祭義云故君子頃步而弗敢忘孝也
注云頃當為跬聲之誤也釋文頃讀為跬缺婢反又丘弭反一舉足為跬丘蘖闕彼缺婢丘弭俱為用字異則劉音即為又音法
謂二音同疑其非是實未審陸書此例矣五架音駕曰庋九偽反又九委反糅女又反雜也杠音江仞
音刃七尺曰仞鴻脰音豆頸也韜吐刀反此翿徒刀反杠橦直江反將指子匠反中指也始
射食亦反又食夜反復用扶又反下注不復復自同厚寸戶豆反直心音值而乘繩證反髤
虛求反注同拳之音權○攷證云案朱子云橫而奉之或誤寫作拳釋文遂以權音令人失笑注疏校勘記云拳釋文
唐石經徐本俱作拳通解楊氏敖氏毛本俱作奉朱子曰拳當作奉字之誤也陸氏音權亦非是石經考文提要云拳訓曲言
制楅之法漆而橫曲之其蛇交之處著地龍首尾拳曲向上更設韋當於其背與上蛇交韋當文義相屬非設楅時兩手奉之
也釋文明注拳音權通解但云拳當作奉而注仍作拳不改字校語錄云拳殆非誤詳石經攷文提要案目字疑誤見文集永嘉儀

禮誤字篇又云按朱子曰拳當作奉則未嘗改經也毛本通解經文竟作奉却於疏末綴楅横而拳之五字疑非朱子原文箋曰按汲古閣注疏本經云楅髤横而奉之阮校記注疏本作楅髤横而拳之是宋時儀禮經文已是二字並行依石經改文提要所解則拳字爲是陸所見本作拳故音權以識之朱子所見本作奉遂以拳爲奉誤譏斥陸音令人失笑盧校雖引以爲説仍作拳之不改竊觀下經云釋獲者奉之首先彼釋文云奉芳勇反是陸於拳奉皆各有注音以明其字此既音權足證奉字爲拳之形譌實無所疑則朱所見以誤爲是其説故未可據阮校法説然也 中人 丁仲反下中人侍中並同 不與 音預注同 奉之 芳勇反 教擾 而小反劉音饒〇箋曰尚書臯陶謨擾而小反徐音饒則此劉音與彼徐音同周禮夏官服不氏擾之而小反馴也劉音饒同此詳彼二箋 襦 如朱反〇校勘記云宋本無此條別有一條云薰許云反校語錄引阮説箋曰本經云大夫與士射袒薰襦注疏校勘記云唐石經徐本通解楊氏敖氏同毛本薰作纁按宋本釋文亦作薰前有司請射疏亦引作薰據士冠禮纁裳注云今文纁皆作熏則此薰字當爲熏按纁爲本字薰熏爲聲借字又汲古閣本引釋文亦有此條無薰條而朱本薰許云反段校亦云江臨無許云反三字足證宋本未可爲據 下大 遐嫁反下下鄉同

體比毗志反下同貫之音串下同鄉之許亮反下以鄉同圍中音又一音于救反○校語錄云于救
反即音又也不得為異讀依詩靈臺釋文則救乃目之譌也箋
曰詩大雅靈臺靈囿音又徐于目反徐音讀去為入于救音又
為用字異一音即又音彼為去入相承此為直音與反切並出
本書音例如是慧琳音義五十六本行集經六苑囿于救反則
此一音同琳音可證救非目之譌射與音餘臑奴報反說文讀為儒字林云臂羊矢也人于反○攷證云案說文臑
臂羊矢徐鍇云骨形象羊矢此作羊豕譌校語錄引盧說箋曰
周禮夏官祭僕臂臑奴報反字林人于反臂羊矢也則此作豕
實譌盧校是依正詳彼箋也若膊音純胳音格又音各○箋曰鄉飲酒胳肺劉音格一音各則此首音用劉讀又音
同彼一音詳彼箋觳之苦角反又户角反右个音幹下及注同謂刌寸本反○校語錄云謂刌條下盧依
注疏本補說矢一條注云吐活反又始銳反下同箋曰說矢條
下攷證云舊脫今依注疏本補按上經云大夫進坐說矢束釋
文說矢如字又始銳反後說矢同汲古閣注疏本引作說吐活
反又始銳反則陸已於前說矢條注中申明後同故此不必重
出竊攷注疏本所引釋文每與原書出入此即其所增未可為據尊別彼列反骰胡飽反又下巧反李又苦敎反

○校語錄云下巧與胡飽音同依攷工記輪人音則巧乃教之謪也箋曰攷工記輪人為轂胡飽反又下教反李又苦教反彼下教與胡飽為上去相承此下巧與胡飽為用字異攷工記總目矢幹古旦反或古旱反為上去相承本篇上文矢幹古但反又古旱反亦為用字異是其證則此巧非教謪以本書有是音例故也詳彼箋肱古弘反為衰初危反篠也息了反刌之苦千反稍屬章欲反若飲於鴆反注同則夾古洽反劉古協反○箋曰周禮秋官掌客西夾古洽反劉古協反與此同詳彼箋觚于音孤為縚吐刀反大學音泰岐蹄巨支反一音支○攷證作歧云此歧字依宋本然當作岐為是校勘記云岐宋本作歧按岐歧正俗字校語錄引盧說箋曰巨支為岐本讀左莊九年傳岐流其宜反又巨移反其宜巨移巨支俱為用字異音支蓋讀枝爾雅釋宮岐旁郭如字樊本作技音支是其證按廣韻巨支切岐山名歧歧路則歧為後出專字歧為聲借字阮說誤矣析羽悉歷反於竟音景注同龍旜之然反兕中徐履反山海經云狀如牛蒼黑色可重千斤厭於一涉反

## 燕禮第六

鄭云諸侯無事若卿大夫有勳勞之功與羣臣燕飲以樂之禮也

戒與音預注與者同　相君息亮反　勞力報反下君勞以勞同　使臣所吏反下文使者使臣皆同　樂

之音洛下尚樂宴樂同○攷證改宴作宴云舊宴作宴今從監本此篇注並同宴見字林五經文字以宴為宴之重文校勘

記云張氏曰監本宴作宴盧文弨云云校語錄云宴盧依張氏識誤所引監本改為宴箋曰五經文字上宀部宴宴上說文下

字林注字引林殘缺逸文四字宴盧引之以申監本及依張改之由按士相見禮宴樂音洛周禮地官囿人經文亦作宴樂俱不作宴則陸

所見本為宴舊作是也何必僅據監本一書而遽改從字林歟　告語魚據反　人縣音玄注同　為燕于偽反下

為鄉為拜同　東霤力又反　壘水音雷又力回反○校語錄云力回與音雷同回當為追之譌周禮春官鬯人釋

文音雷或郎追反是其證箋曰說文六壘櫑或從缶鑘音魯回切魯回即力回與音雷俱為用字異郎追則讀若罍與雷灰脂

此讀無別故此云又而彼云或法以回為追誤實未審本書一音而有二反語之例故每為此謬說也　象觚音孤　瓦

大音泰尊名注同下放此　用絡去逆反　若錫悉歷反劉音余章反○攷證云劉本錫作錫故音亦異下為緆

亦同校語錄云劉之余章反誤為錫也箋曰注云冪用絡若錫今文錫為緆下文為緆悉歷反則此首音為本讀今文為本字

古文為聲借字余章即讀作錫詩大雅韓奕鉤膺鏤錫釋文錫音羊當盧也音羊余章為用字異是其證則劉所見本作錫因從易字作音藏校亦作錫陸實不以為正讀故此次之於末也

兩圜音圓 瓦甈亡甫反 卑而如字劉又音婢

為錫悉歷反又余章反又羊豉反○經籍舊音辨證云錫訓細布古文假錫為之字從易聲悉歷羊豉反並是也昌宗因余章反者誤從易聲本無從糸易聲之字故字書韻書俱不收劉音箋曰注云今文錫為緆按說文十三緆細布也鉉音先擊切先擊即此悉歷余章蓋讀作緆少牢饋食主婦被錫注云今文錫為緆釋文作為緆音羊可證此亦誤從易字作音大射儀作緆悉歷反劉余章反又羊豉反此又音正用彼劉讀羊豉蓋讀作易喪服傳云無事其縷有事其布曰錫鄭注云治其布使之滑易也釋文滑易以豉反則羊豉即以彼鄭義釋此經今文也

布純之閏反又章允反後放此 西鄉許亮反本又作鄉下及注同 莞筵音官 加繅音早 師長丁長反下同 大僕音泰下大宰大平大王皆同 由

闑魚列反 之近附近之近 又復扶又反下復盟復言復再拜又復將復而復同○校勘記云宋本盟作與言作云張氏曰鄭注有曰復言之者云字當作言按今本與張說合又云按宋本與字誤復盟指下注主人復盟之盟箋曰阮校是

也按本經主人賓右奠觚答拜降盥注云主人復盥爲拜手坋塵也賈疏云言復盥者前盥爲洗爵此盥爲汙手又經主人降賓洗南坐奠觚注云上既言爵矣復言觚者嫌易之也以此知今本作復盥復言爲是段校及北館本盥作與言作云實據宋本之誤

**敢伉**苦浪反敵也**辟正**音避下辟正主辟君皆同**爲觶**章豉反**坋**步困反劉扶悶反○校語錄云據鄉飲禮釋文則此扶悶乃扶問之譌箋曰鄉飲酒禮坋汙步困反劉扶問反扶問步困爲問慁混用扶問步困則爲用字異故此悶與問形雖相似而實非譌法不審本書音例致有此種謬解也

**塵**如字劉直吝反○箋曰說文十麤鹿行揚土也鉉音直珍切段注云犀行則揚土甚引伸爲凡揚土之偁土部曰埃塵也塵塵也坋塵也直珍即此如字之音直吝則讀塵爲去聲集韵稕韵直刃切有塵云土汙也鄭康成曰拜手坋塵正依本書劉讀

**嚌之**才計反**挩手**始銳反

**坐啐**七內反**酢主**才各反**宰胥**劉思敘反一音如字下胥薦同○箋曰大射儀宰胥相呂反又如字相呂思敘爲用字異此一音同又音按周禮天官序官胥十有二人注云胥讀如諝謂其有才知釋文胥鄭徐劉思敘反戚思餘反思餘即此如字之音此劉音蓋本彼鄭說而作也

**媵觚**上以證反又繩證反送也**酌散**思旦反注及下同○校語

錄云思旦當作思但大射儀可證箋曰注云酌散者酌方壺酒也詩簡兮散素但反酒爵也容五升依簡兮與大射儀則此旦為但之傳寫鈌省而誤法說是也 **禮殺** 所界反下皆同 **壹弛** 尸氏反〇攷證云壹今注作一毛本尸作戶譌箋曰盧校是也胡承珙儀禮古今文疏義士冠禮篇云賈疏雖云一壹得通然鄭於經文必從壹不從一者正以一為奇數二為偶數壹為始初之義再為重複之詞故凡與二對舉者從一為協與再對舉者從壹為宜經文有再讓無二讓有再拜無二拜明乎此可以知鄭意矣陸實從鄭故作壹也說文十二弛弓解也鉉音施氏切尸施同在審紐則作戶音與尸形似而譌汲古閣注疏本亦誤作戶 **類與** 音餘下人與並同 **命長** 丁丈反後不出者同 **為其** 于偽反下為拜猶為為其為恭同〇攷證云舊恭譌祭今依識誤改校語錄云為祭盧依張氏識誤改為恭校勘記引張氏曰按鄭注曰欲以臣禮燕為恭敬也此祭當作恭箋曰王校與阮說同盧依改是也 **相飲** 於鴆反 **文辯** 音遍下同〇攷證云舊夫作文譌今依識誤改箋曰本經云大夫辯受酬注云今文辯皆作徧依本書注音例則此文當作夫盧改是也音遍蓋讀辯為徧下文作徧音遍可證說文二徧帀也鉉音比薦切則辯為聲借字此蓋以今文之音釋古文也 **作徧** 音遍後同 **別尊** 彼列反

兼卷九轉反劉居逺反○校語錄云卷二音獮阮分部箋曰九轉在獮爲卷之本讀居逺在阮劉音獮阮混用莊子讓王善卷卷勉反居阮反卷勉即此九轉居阮即此居逺皆爲用字異也重席直容反注下皆同猶去起呂反下同則先悉薦反下先大夫同牧有牧養之牧劉音目大尊音泰劉徒餓反○校語錄云大讀定紐與士相見及鄉射禮同箋曰士相見大崇音泰劉唐餓反鄉射禮欲大同唐餓徒餓爲用字異法所謂大讀定紐也詳彼二箋近君附近之近下同私昵女乙反之坐才卧反之處昌慮反無脀之承反瞽矇音蒙執技其綺反少牢詩召反左何胡我反又音河相入息亮反注及下相祭並注同則儌戶教反本又作斆同○斆箋云注疏本作斆箋曰注云有孔昭之明德可則斆也按說文三斆象也鉉音胡教切胡教戶教爲用字異則注疏本用正字儌爲斆法字之或體斆葢斆法字之假借士相見則斆戶孝反本又作儌同正爲其比其更音庚賢知音智便其婢面反南陔工才反風切方鳳反重雜直用反惡能音烏考父音甫乃閒閒廁之閒注及下注放此魚麗力知反下賢遐嫁反○校勘記云宋本遐作迴張氏曰下賢注云延嫁反按

監本延作迴作迴是也校語錄引阮說云偉案避延並誤當作遻箋曰王校云忠甫所據本作延嫁反而引監本延作迴以正之按汲古閣注疏本盧本俱作遻嫁反與士相見鄉飲酒鄉射下音同王校法說是也迴遻同在匣紐監本宋本不誤故阮云是也段校北館本並同延在喻避在並俱與下字異紐則此本與張本皆誤當依正之

纍 力追反 蔓 音万 之治 直吏反 之長 如字 關雎 七徐反○攷證云宋本徐作如校勘記同校語錄云偉案鄉飲酒禮音義作七徐與此同箋曰說文四鵙王鵙也鉉音七余切七徐七如俱與七余為用字異段校北館本並改徐作如實拘泥於宋本矣

葛覃 大南反 召南 上照反注同後放此 采蘋 音頻 興王 如字又于況反 之采 七代反 被于 皮寄反

以監 古銜反 俱相 息亮反 為君 于偽反下為位所為同 皆說 吐活反劉詩悅反注同○校語錄云寄謁前已屢見並作劉詩悅反箋曰法校是也按士昏禮說服吐活反劉詩悅反詩說俱在審紐寄則在見紐實為謁字今依正詳彼箋

䐣 士戀反劉才悶反○箋曰本經云羞庶羞注云謂䐣肝膋狗胾醢也士戀為䐣之本讀大射儀謂䐣又才悶反又士戀反此劉音即彼又音才悶蓋讀若鐏集韻恨韻祖悶切有䐣云切肉和血為羞也正用此劉讀

肝膋 音遼 狗

戠壯吏反 南鄉許亮反 賸觚觚依注音觶 欲令力呈反 亦學戶教反教也 大樂音泰

別於彼列反 鑮人本又作鎛音博下同○箋曰周禮春官序官鎛師音博說文鎛下段注云周禮國語字作鎛乃是假鎛鑮字則此本又作之字殆指周禮國語所用者矣 皆辟音避劉房益反 甸人大練反 燋也哉約反劉哉妙反○箋曰哉約為燋之本讀周禮春官燋哉約反是其證哉妙則讀去聲為爝劉音蓋本於師說也莊子逍遙遊釋文字林云爝炬火子名反本亦作燋燋所以然持火者子約反哉約即彼子約哉妙即彼子召彼為爝故以子召列首此為燋故以哉約列首 閽人音昏○攷證云案閽人見經在前燋也見注在後張淳所見本已倒校勘記云張氏曰按經燋也在閽人下又云按張是也王校引張說同箋曰攷本經云閽人為大燭於門外注云燭燋也據此經注則此閽人與燋也倒次盧校是也今依正之 掌共音恭 陔夏戶雅反下同 之使所吏反下使人同 不腆他典反○攷證改他作它云舊本它作他今從宋本注疏本譌作天校語錄云盧依宋本改他為它箋曰段校北館本並與盧同按它他同音天他同紐用作切語上字則為字形異盧以天為譌不審切語條例矣 寡鮮息淺反 重直用反 傳命文專反

朝服直遥反注同 素韠音畢 今辟音壁 而衣於既反 亨于普庚反注同 公食音嗣 饗許兩反或作鄉非○攷證云按張淳引注文主國君鄉時親時進醴其下文闕官校本謂張氏先標饗字於上意欲從釋文改鄉為饗然疏云饗禮亡無以引證食禮又無酒醴所獻之事故不言而云饗時也據此則作鄉是官校如此乃毛本注及疏並作饗字不作鄉豈因張說而誤改與鄉當音許亮反注疏校勘記云按疏亦作鄉然以聘禮記賓為苟敬注考之作饗為是彼注與此注文異義同彼言饗食此專言饗者春秋僖二十五年左氏傳曰晉侯朝王王饗醴命之宥是饗有進醴之事與燕同類故對言之且饗食與燕其事相連若聘後禮賓自為一事何容相較乎又聘禮注云今文饗皆作鄉則鄉饗古通用此注即作鄉亦當讀為饗不當讀為鄉也箋曰汲古閣注疏本作饗時阮校注疏本作鄉時則陸所取者與汲古閣本同所非者與阮校本同按說文食部饗鄉人飲酒也鉉音許兩切段注云亯燕之亯正作亯亯獻也左傳作亯為正字周禮禮記作饗為同音假借字攷陸釋經文饗字下言或本者禮記曲禮食饗不為槩釋文饗本又作享香兩反聘義賄贈饗食燕釋文作享云許兩反本又作饗左莊十七年傳饗齊戍釋文本又作享穀梁莊四年傳饗齊侯于祝丘釋文本又作享香丈反俱作享不作鄉

故此云或作鄉非且本書鄉字有聲借為向背字者如士冠禮相鄉許亮反本又作嚮是也有聲借為鄉時字者如士昏禮鄉
為許亮反本又作鄉是也正盧所謂此鄉當音許亮反阮所謂此鄉不當讀為鄉也陸見別本有作鄉於此申言作鄉非者實
恐人誤混為鄉時之鄉也燕為于偽反公父音甫下同飲南於鴆反下文若飲並注同堵父音者劉音
覩○箋曰左襄十五年傳鄭人奪堵狗之妻注云堵狗堵女父之族釋文堵音者則此首音正本於彼讀蓋從者作音又僖八
年傳鄭有叔詹堵叔師叔釋文堵丁古反又音者丁古即本此劉音而為彼首音矣猶遠于万反樂闋苦穴反
應之應對之應示易以豉反則勺音灼劉又音照○箋曰本經云若舞則勺注云勺頌篇告成大舞之樂歌
也按禮記內則舞勺章略反章略音灼為直音反切之異勺詩閟頌作酌酌序云酌告成大武也鄭箋云周公居攝六年制禮
作樂歸政成王乃後祭於廟而奏之其始成告之而已釋文酌音灼則此首音為本讀音照蓋讀去聲集韵笑韵之笑切勺詩
頌篇名劉昌宗字漏說正依本書於鑠上音烏下舒若反栗蹙子六反酏以皮反劉書支反○攷證云舊支誤
皮今改正校勘記云張氏曰酏注云以支反劉書支反按監本以支字當作皮校語錄云皮盧改支是見張氏識誤箋曰禮記

内則酏羊皮反薄粥也周禮天官膳夫酏以支反劉書支反酏即酏之俗以支以皮羊皮俱為用字異則作皮未誤以其所本不同耳

**糝食**素感反**糗**去久反乾飯屑也劉香久反孟子曰舜飯糗茹草○校勘記云孟子曰舜飯糗茹草宋本糗作殠草誤菓箋曰注云羞籩之實糗餌粉餈賈疏云籩火職鄭注云此二物皆粉稻米黍米所為也糗者擣粉熬大豆為餌餈之粘著以粉之耳按有司徹云入于房取糗與腶脩注云糗糗餌也釋文糗去九反左哀十一年傳進稻醴粱糗腶脯焉注云糗乾飯也釋文粱糗起九反糗乾飯也以粱米為之去久去九起九俱為用字異香久則讀作殠殠腐氣也孟子盡心下云舜之飯糗茹草也趙注云糗飯乾糒也孫奭音義云糗去久切陸引之者所以證糗為乾飯屑之義也宋本作殠段校北館本同殆本劉讀矣

**餌**音二**粉餈**才私反**袒**徒旱反**朱𧝋**如朱反○弦證云此襦字之或體唐人多用之箋曰禮記內則衣不帛襦袴釋文襦字又作𧝋音儒說文八襦短衣也鉉音人朱切人朱如朱即音儒則𧝋為襦之俗

**稍屬**章欲反**辟不**音避**俟復**扶又反**一笱**工但反又工老反**厭於**一涉反下同**公鄉**許亮反

**相者**息亮反

大射儀第七鄭云諸侯將有祭祀之事與其羣臣射以觀其禮也

大射食夜反治官直吏反下之治同視滌大歷反謂溉古代反命量音亮下量人皆同

參七依注音糝素感反後放此○箋曰注云參讀為糝糝雜也雜侯者豹鵠而麋周禮射人注同音糝則讀參為糝糝素感即釋糝之音周禮天官醢人糝素感反可證干五依注音豻五旦反劉音鴈後放此○十三經音畧六云干依注音豻五旦翻翰韻音岸劉音鴈諫韻箋曰注云干讀為豻豻侯者豻鵠豻飾也按周禮射人士以三耦射豻侯注云大射禮豻作干讀如宜豻宜獄之豻豻胡犬也五旦在翰為豻之本讀周音岸是也音鴈在諫則讀作犴犴逐獸犬劉音翰諫混用然俱本鄭說而作故陸云依注也巷涂音徒○攷證云今注作塗注疏校勘記云塗釋文作涂按涂塗古今字箋曰說文涂下段注云按古道塗塗堅字皆作涂則注疏本所作為後出字所射食亦反下射之射麋侯同以為于偽反豹鵠古毒反後同下天戶嫁反巾車如字劉居覲反後皆放此○箋曰周禮春官敘官巾車如字劉居覲反同此詳彼箋見鵠賢遍反又如字注同掌裝音莊所射食亦反下射之所射侯同中此丁仲反下難中中之皆同任

己音壬言較音角鳱鴠音干劉音岸又音鴈○校勘記云于宋本作干按鳱亦當從干校語錄云鳱音于盧本作鳱音干是也箋曰注引淮南子曰鳱鴠知來按淮南氾論訓云乾鴠知来而不知往注云乾鴠鶡也人將有來事憂喜之徵則鳴此知來也乾讀乾燥之乾乾干同音則此首音為本讀音岸在翰音鴈在諫此時翰諫混用周禮天官司裘鳱音干劉音鴈一音岸是其證詳彼箋鳱干原誤作鳱于依阮臧校及北館本改正正者音征下為正同題肩大西反捷黠戶八反參分七南反又音三大半音泰下大蔟同宿縣音玄注同鎛本又作鎛音博大蔟七豆反沽音姑洗西典反皆編必連反又甫千反下同○箋曰必連在仙甫千在先此時先仙無別周禮天官職歲而編又必連反一音方千反方千即此甫千詳彼箋為堵丁古反應鞞應對之應注同下步迷反之跗方于反便其婢面反後皆同頌磬如字一音容○箋曰本經云西階之西頌磬東面注云古文頌為庸按毛詩序釋文曰頌音訟即此如字之音音容則讀作庸周禮眡瞭職云擊頌磬笙磬注云磬在西方曰頌頌或作庸庸功也是二禮注互文以見此以古文之音釋今文故云一音一音者又音也無射音亦為賓于偽反下同省文所景反簜在

大黨反鼗大刀反倚于於綺反西紘音宏有柄彼命反劉本作秉音同○箋曰注云鼗如鼓而小有
柄賓至搖之以奏樂也按左哀十七年傳云國子實執齊柄釋文柄彼命反史記蔡澤傳持國秉政索隱按左傳云國子實執
齊秉服虔曰秉權柄也則服亦以秉為柄本書劉昌宗柄作秉蓋亦本於服說矣以柷尺六反用錫悉歷反劉
相亦反細布也○箋曰本經云冪用錫若絺注云錫細布也今文錫或作緆按緆之義為細布古文假錫為之悉歷在錫為本
讀相亦在昔劉讀昔錫無别若絺敕其反細葛也劉作綌音郤○攷證云舊作若絺今依宋本綌字無攷云音郤必本
是綌之誤校勘記引盧說校語錄引同云偉案盧說是也注云今文絺或作綌是劉音所本箋曰注云絺細葛也其在之絺在
脂此為之脂混讀說文十三綌粗葛也鉉音綺戟切劉本蓋仍取今文作綌蕪禮冪或用綌可證綌為譌從卩之郤為去約切
此當作音從卩之郤為綺戟切法所謂劉音所本盧校是也綴諸陟衛反又丁劣反○箋曰尚書立政綴徐丁衛反又
丁劣反丁衛即此陟衛在祭劣在薛祭薛有知無端丁在端為端知類隔則此首音用彼徐讀也詳彼箋近似附近
之近而卑如字劉音婢箭篠素了反為冪于偽反下注為諒為有為射同卷辟必亦反横之

如字劉古曠反○箋曰說文六横闌木也鋌音户盲切即此如字之音闌爲門遮引伸爲凡遮之稱凡以木闌之皆謂之横也古曠則讀作桄說文桄下段注云桄之字古多假横爲之且部曰從几足有二横横即桄字劉音殆用許書彼横之義以本字之音釋借字然爲此横之別讀故列於末也

作緆悉歷反劉余章反又羊豉反○箋曰注云錫細布也今文錫或作緆按鄭注與許書緆訓同則今文爲本字古文爲其假借字燕禮爲緆悉歷反又余章反又羊豉反則此劉音同於彼又音詳彼箋

兩圜音圓

壺獻素河反出注下汁獻並同○攷證云舊汁譌注今改正校勘記云盧文弨改注爲汁是也校語錄云注改汁是箋曰本經云又尊于大侯之乏東北兩壺獻酒注云獻讀爲沙沙酒濁特泲之必摩沙者也兩壺皆沙酒引郊特牲曰汁獻涚于醆酒按素河爲摩沙之沙本讀下文爲沙素河反是其證此陸本鄭義而作以注易字之音釋經文獻酒之義審禮記郊特牲釋文汁之十反獻依注爲莎素河反可知此本汁爲作注譌北館本作泲泲亦譌盧校是也故阮法俱從之今依正

爲沙素河反下同

泲之子禮反

涚于始銳反

醆酒壯簡反

西鄉許亮反下皆同

當共音恭劉居俸反

羞定多佞反

亨肉普庚反

大史音泰後大平大師大史皆同

在干音岸

從者才用

反正相息亮反之長丁丈反又復扶又反下復再同賓辟婢亦反又音避注同逡七旬反

遁音旬肆夏户雅反凡代名及樂章九夏皆放此巡守手又反敢亢苦浪反劉音剛○箋曰注云以其莫

敢亢禮按周禮夏官服不氏先鄭注云抗讀為亢其讎之亢釋文抗皮注亢同苦浪反劉公郎反則此首音讀亢為抗又亢之

本讀公郎音剛為用字異即讀作綱馬質先鄭注云綱讀為以亢其讎之亢書亦或為亢亢御也釋文以亢苦浪反又音剛則

此劉音即用彼正字之音釋易字也辟正音避下注上辟皆同于篚音匪罕胥相呂反又如字後同○箋曰注

云罕胥罕官之吏也按燕禮罕胥劉思敘反一音如字思敘相呂用字異則此首音正用彼劉讀詳彼箋嚌之才計反

挩手始銳反○十三經音畧六云挩始銳翻音挩五經文字他活翻音闥又徒活翻音奪按張氏從說文他括翻同不從釋文

箋曰說文十二挩解挩也銳音他括切他活他括為用字異蓋讀如脫末韻合口闥為他達切曷韻開口周音開合淆混實用

坊間韵本所致耳始銳蓋讀作稅鄉飲酒禮為稅始銳反是其證此陸與許異義故其音亦異矣坐啐七內反○十三

經音畧六云啐七內翻音近翠翠寘啐隊禮記釋文云啐徐邈倉快翻讀入卦韻箋曰注云不嚌啐亦自貶於君禮記雜記注云嚌

啐皆嘗也嚌至齒嘗啐入口釋文啐七內反徐倉快反入口也七內在隊讀如倅翠則在至韻有一等四等之别而讀音無

殊倉快在夬坊間韵本夬卦不分夬二等無清紐應讀同廣韵楚夬切初紐之嘬徐音一等變作二等矣 樂闋苦穴反

以醋才各反本亦作酢○攷證云注疏本作酢箋曰士相見禮醋主才各反報也劉云與酢同音義則此或本正注疏本

所用之字即彼劉云者也詳彼箋 酌散思但反下皆同 禮殺所界反下禮殺皆同 命長丁丈反注及下皆同

降造七報反 一人與音餘下同 為拜于偽反下大尊為君為猶為為皆同 相飲於鴆反 夫辯

音遍後並注作徧皆同 重席直容反注下皆同 布純之閏反又章允反 猶去起呂反 辟君音避

下辟君同 臑奴到反 則先悉薦反下先大夫同 注大尊音泰 近君附近之近下同 私昵女乙反

之坐才卧反 之處昌慮反下放此 無胥之承反 諷誦方鳳反 少師詩名反下文及注皆同

相大息亮反下及注皆同 視瞭音了 杜蒯苦怪反 分别彼列反 左何胡可反又音河 挎越

口胡反又口侯反箋曰本經云內弦挎越右手相注云內弦挎越以右手相工由便也按口胡為挎之本讀口侯則讀作摳鄉

射禮則摳苦侯反是其證士相見禮挎口孤反一音口侯反持也口孤口胡為用字異彼一音即同此又音詳彼箋西縣
音玄下同則詨户教反亦作傚○攷證云今注作傚箋曰詨為效法之假借傚乃效法之或體釋文用假字今注用或體
士相見禮則詨户孝反本又作傚同户教即此户教詳彼箋於勞力到反陪于劉蒲來反○校語錄云劉音合
古韵箋曰陪在灰來在咍此為灰咍混用周禮天官膳夫陪鼎徐蒲來反則劉音與徐同非合古韵蓋反切始於魏晋其時古
音已不存法用古韵談反語實自生障蔽矣餘長丁丈反下之長同臯陶音遥長六直亮反東坫丁念
反以監古銜反不背音佩下為背同挾音協又子協反下脅同乘矢繩證反注同見賢遍反
鏃子木反又七木反於弣芳甫反或方武反○箋曰注云弣弓把也按鄉射禮弣右芳甫反劉方輔反方輔即此方
武則此或音正與彼劉讀同詳彼箋猶闓音開著右丁略反又直略反下同射韝古侯反劉苦侯反弓
把音霸大擘彼革反劉薄歷反○箋曰注云右巨指右手大擘以鉤弦按鄉射禮釋文大擘補革反劉薄歷反大指也
補革彼革用字異詳彼箋楅音福疏數音朔壹從子容反○攷證云注疏本壹作一下同箋曰燕禮壹弛注疏本

壹亦作一然鄭於經文從壹陸依鄭義故作壹賈疏本作一者葢以其音相通也詳彼箋**公射**食亦反次下三字同**中**
**之**丁仲反下注次中矢中同○攷證云舊於中誤譌次今從宋本改正校勘記云次宋本作於案次中指下次中隱蔽處句宋
本於字誤校語錄云次中盧依宋本改於中引阮校云云箋曰阮說是也攷本經云太史侯于所設中之西東面以聽政經又
云取弓矢于次注云取弓矢不拾者次中隱蔽處經又云毋射獲注云射獲矢中之也則中之為經次中矢中為注與陸說合
段校北館本並同攷證實俱惑於宋本所作而未檢原書矣**遂比**毗志反劉音鼻注同**不拾**其業反劉其輒反下文及
拾發拾取既拾皆同○箋曰注云取弓矢不拾者次中隱蔽處按鄉射禮云取弓矢拾注云拾更也釋文拾其劫反劉其輒反
更也其劫即此其業其業在業輒在葉此為葉業無別詳彼箋**其一个**古賀反下同**捷也**初洽反本又作扱
**射三**食亦反下二字同**取扑**普卜反下同**以撻**土達反**欲令**力呈反**猶閒**間廁之閒**併**
**也**步頂反下皆同**合足**如字劉音閣**命去**起呂反注下同後去扑去侯注去塵皆同**共而**九勇反下共而
侯皆同○校勘記云去宋本作侯按宋本作共而侯亦轉寫之誤當作共而侯共而侯下凡三見故云皆同也校語錄引阮說

箋曰阮校是也侯當侯形近之譌段校北館本去亦作侯俱據宋本之誤今依正之還其劉户串反下注還其同說決土活反又始銳反劉詩悦反下說決拾皆同曰毋音無下同射獲食亦反注同拾更音庚坐乘承證反注下同○校語錄云乘他皆繩證反是也廣韵乘承不同紐陸蓋不分箋曰法說是也乘繩同在神承則在禪此為神禪混用數之所主反不索悉各反一音所伯反○箋曰本經云取矢不索乃復求矢寨左襄八年傳注云索盡也釋文悉各反一音所百反易說卦索色白反王肅云求也色白即此所伯則此首音為本讀所伯義垂故云一音乃復扶又反下注復言復賓復並行為復復釋君復皆同比耦毗志反下同見其賢遍反左還音患注下放此一音環○箋曰本經云且左還毋周反面揖注云左還反其位毋周右還而反東面也音患則讀作擐甲之擐為此字之本讀所謂毋周反面也音環蓋為環繞之環但非此義故云一音南踣步北反將背音佩下同覆手芳伏反注同捆之口本反劉音涃○校語錄云涃字太僻士冠禮闑苦本反劉音困然則此涃亦困之譌也箋曰本經云既拾取矢捆之注云梱齊等之也口本為梱之本讀詩大雅既醉梱苦本反可證作魁苦回反○校語錄云古回當作苦回盧本

亦誤箋曰法說是也書脩征武成魁俱音苦回反此古實為苦之誤今依正 **中離** 丁仲反注矢中中鵠值中猶中不中下所中中三侯若中皆同 **其邪** 似嗟反 **為絹** 劉侯犬反又于貧反一音古縣反又古犬反○攷證云案絹本亦作縜故有此一音習禮家謂絹字是校勘記云按占當作古校語錄云絹校勘記謂當作縜是也然侯犬古縣古犬三音與冥氏同則作絹已久今永懷堂亦作絹箋曰注云或曰維當為絹絹綱耳按說文糸部絹繒如麥稍鋗音吉掾切段注云漢人假為繯字按周禮秋官翨氏注置其所食之物於絹中鳥來則掎其腳是也又网部繯网也一曰綰也鋗音古眩切古縣古眩為用字異則此占為古形似之譌阮校是也依正侯犬則讀絹為繯漢書楊雄傳蕭該音義曰該案通俗文曰所以懸繩楚曰繯繯故犬反師古曰繯系也下犬反即此鄭云維綱之義鄭用借字劉依鄭作音蓋以本字之音釋借字陸從鄭義故列劉音于首古犬即為絹之讀秋官冥氏注曰弧張罿罦之屬所以扃絹禽獸釋文絹古犬反一音古縣反可證法說是也于貧則讀作縜攷工記梓人注先鄭云縜籠綱者縜讀為竹中皮之縜釋文縜于貧反或尤粉反劉侯犬反或古犬反漢讀攷云當作讀如竹青皮筍之筍擬其音也筍于貧反今之筠字籠綱謂綱貫縜中縜籠絡綱使不脫此注云綱耳者校勘記引朱子曰綱耳即籠

綱以布爲之粹人謂之緅按籠綱猶言貫綱緅蓋如環綱貫其中故周禮注謂之籠綱儀禮注謂之綱耳則二鄭所言義實同也從冃從員音隨形作故陸此云又而彼則列爲首互詳彼二箋不著直略反下同傳告直專反一笴工但反劉古老反以笥息嗣反字林先字反劉音司○校語錄云笥二音疊出未詳已見士昏禮箋曰士昏禮無此條士冠禮釋文笥息嗣反字林先字反息嗣先字爲用字異詳彼箋則法所舉士昏爲士冠之誤音司劉蓋讀平聲集韻之韻新茲切有笥云竹器殆依本書萑音丸葦于鬼反以韜土刀反將指子匠反契於苦計反以袂面世反右隈烏回反揉之而九反劉奴丑反又耳了反○箋曰本經云公親揉之注云揉宛之觀其安危也古文揉爲紐儀禮古今文疏義云揉當本作煣說文火部煣屈申木也易揉木爲耒漢書食貨志作煣漢書古今人表公山不狃顏師古曰即公山不擾皆以聲同而通者也按胡說是也而九爲煣之本讀此作揉爲聲借字奴丑蓋讀作紐下文爲紐女九反女在娘奴在泥煣有韵三等無泥此作奴丑則爲泥娘類隔劉音蓋以古文釋今文鄭以揉爲宛之觀其安危宛猶屈也陸從鄭義故列劉音於次耳了則讀如擾此雙聲相通蓋爲別讀故陸云又而列于末也宛紆阮反爲紐女九

反稍屬之玉反注及下稍屬同眡算音視本亦作視○攷證云注疏本作視校勘記云宋本作眡筭按宋本皆
是也眡算竝别一字校語錄引阮說箋曰本經云北面視算貫疏云自此盡共而侯論數算之事按說文目部眡視貌眩音承
旨切段注云眡與眡别眡古文視氏聲攷廣韵旨韵承矢切視眡古文以視為建首字至韵常利切視眡古文以嗜為建首字
則此音視之眡當從氏聲阮所謂宋本是也周禮太宰眡音視本又作視同此陸言或本正注疏本所用字也又按說文竹部
筭長六寸計曆數者算數也讀若筭段注云筭為算之器算為算之用二字音同而義别依許義段說此言論數算之事則本
書作算為是然古書多不别宋本作筭亦通段校同固無是非矣先數所主反注數者校數同則縮所六反
從也子容反下同作蹙子六反易校以豉反自近附近之近下注近其同為奇居宜反下
同當飲於鴆反下文若飲公飲君皆同奉豐芳勇反下同其火詩名反加弛尸氏反辟飲
音避下辟中辟俎皆同為之于僞反下為大侯當為嫌為為復為將皆同兩獻素多反敎擾而小反劉
音饒卒錯劉音厝右个劉音幹注及下同祝侯之又反下同若女音汝下同而射食亦反下

始射同彊飲其丈反下同貽女以之反遺也辟薦婢亦反注同鄉許亮反下同校語錄云注同●二字誤鄉字即注文也案下注云鄉不言司射先反位讓然則此注字當作下箋曰法校是也此處經文無鄉字注云鄉言拾是言序互言耳則注同為下同之誤甚明今依正之言拾其葉反下大夫拾同坐說劉詩悅反又始銳反下同一个古賀反下同○攷證云舊誤在坐說下案當在鄉字上今移正校勘記云盧移在鄉字上校語錄云一个條盧移鄉字條上箋曰盧校是也審鄉字注本經條上經有云遂取引挾一个適階西坐說下經亦云搢三挾一个揖進此云下同當是注鄉字上之一个本書例亦如是故阮法俱從之今依移正用應應對之應下同失正音征無當丁浪反奏貍里之反不朝直遙反有孤音胡弓也疏數音朔所儗音擬○攷證云注疏本作擬箋曰注云志意所擬度也按說文手部擬度也人部儗僭也段注云與手部擬訓度不同鉉音並魚已切則儗為擬之音借注疏本用正字禮記緇衣儗魚起反本亦作擬度也大各反乘之繩證反若長丁丈反下士長同授從才用反注同去藏起呂反皆說土活反下同猶蹴子六反踖子亦反謂䐑音損又才悶反又士戀反

○箋曰注云所進衆羞謂膴肝膋狗胾醢也按廣韻混韻損紐膴云切熟肉更煮也則此首音為本讀才悶則讀若鱒士戀亦為膴之讀燕禮膴士戀反劉才悶反此又音同彼劉音詳彼箋　肝膋力彫反　狗胾壯吏反　有炮薄交反或作炰缹同音缶　鱉本又作鼈必滅反○攷證云注疏本作鼈同說文箋曰說文黽部鼈甲蟲也鉉音並列切易說卦鱉卑列反本又作鼈同必滅並列卑列俱為用字異則此正文與易同或本即指說文詳說卦箋　膾鯉古外反　鶉市春反

鴽音如　洗象觚音觶出注　欲令力呈反　曰復扶又反　中三丁仲反注同　而和戶臥反

懽樂音洛　聯事音連　敎治直吏反　相大息亮反　釋縣音玄　別內彼列反　皆辟劉芳益反一音避○校語云案燕禮公答再拜大夫皆辟與此經同彼辟劉音房芳誤益反則此芳亦房之譌矣箋曰士昏禮几辟劉房益反一音避與燕禮皆作房然芳在敷紐房在奉紐此時入聲敷奉無別故此芳亦非房譌詳彼箋　閒合閒廁之閒

所樂如字又音洛　旬人大見反　閽人音昏　燋也劉哉約反字林子弔反○校語云燋引劉音與燕禮不合箋曰燕禮燋也哉約反劉哉妙反哉約為燋之本讀彼首音即同此劉音莊子逍遙遊釋文引字林云爝炬火子召反

本亦作燋燋所以然持火者子約反子召即此子弔呂音益讀為爝哉妙讀同則此劉音讀燋本義彼劉音讀爝本義故此陸列劉於前彼陸列劉於後益具所見本不同音隨字作非有異耳 掌共音恭 薪蒸章淩反○攷證改淩作淩云舊淩作淩今從宋本正校勘記云蒸宋本作蒸盧改淩為淩云從宋本正箋曰淩淩廣韻同為力膺切何改之有 內霤力又反 入鶩五刀反注同鶩夏樂章

聘禮第八鄭云大問曰聘諸侯相於久無事使卿相問之禮也小聘使大夫

聘禮匹正反問也 因朝直遙反後皆同 命使所吏反下以意求之 上介音界副也下放此 易於以敵反 大宰音泰官名下放此○攷證云案石經及注疏本宰命司馬上無大字集釋所載鄭注有云諸侯謂司徒為大宰下又云大宰之屬也則經亦當有大字今本皆無當依陸氏及集釋本補之注疏校勘記云張氏曰諸侯謂司徒為宰又曰宰夫宰之屬也按釋文云大宰音泰下放此自宰命司馬而下皆不見大字古者天子有大宰諸侯則以司徒兼為之疑注司徒為宰之句合稱大宰又燕禮注曰宰夫大宰之屬大射注曰宰夫冢宰之屬公食大夫注曰甸人冢宰之屬又曰司宮大

宰之屬彼不兼大則兼冢此不應獨稱宰之屬故又疑注宰之屬也之句亦有大字增二大從釋文箋曰盧校阮說是也 先行悉薦反 管人古緩反劉音官管人掌館舍之官後同○箋曰本經云管人布幕于寢門外注云管猶館也館人謂掌次舍帷幕者也古文管作官古緩為管之本讀音官則讀作官劉以古文之音釋今文益為別讀矣 布幕音莫 玄纁許云反 皆乘繩證反 辟使音避 南鄉許亮反下以意求之 賈人音嫁後同掌物價之官 監其古衡反 為當于偽反下同 復展扶又反下不復入復校復請不復皆同 于禰乃禮反○致謚云舊無此條毛注疏本有官本同今據增校語錄云之稱條上盧依注疏本增于禰一條注云乃禮反箋曰前士昏禮於禰乃禮反士冠禮謂禰禮記王制祖禰並音同父廟也本經云厥明賓朝服釋幣于禰注云天子諸侯將出告羣廟大夫告禰而已依本書例則此經禰字亦應注音恐是漏落故注疏本有此條盧據增是也今依補於此 之稱尺證反 之率音律劉音類 四只劉音紙 于笲音煩器名 必盛音成 躐行力涉反 載旜之然反通帛為旜孤卿所建 表識如字又音志○校勘記云志宋本作試校語錄引阮說箋曰段校北館本志亦作試按廣韻音志之義為標識音試

之義為旗幟審此注云旜旌旗屬也載之者所以表識事也此表識即廣韻之標識則作志為長何必依宋本其相近

附近之近櫝大木反函也纅音早圭藉也注璪同藉圭在夜反後皆放此璋音章半圭加琮才宗反劉

又音綜半璧也○箋曰注云君享用璧夫人用琮攷工記玉人璧琮才宗反則此首音為本讀音綜劉蓋讀去聲若綜集韻宋

韻子宋切有琮云半璧也禮君享用璧夫人用琮天地配合之象正依本書繒也似陵反又才陵反○校語錄云繒二

音從邪之分也據此又似陵亦分從邪為二紐此當以才陵為正音箋曰說文十三繒帛也鋥音疾陵切疾陵即此才陵法謂

以才陵為正音是也似陵在邪才陵在從此時從邪無別陸列似陵於首並云才陵為又者正以示其音同非謂其分也法說

分為二紐殊誤妃合音配本亦作配瑑圭大轉反以覜他弔反脫舍音捨于竟音景後同直

徑古定反猶道音導下請道同非為于偽反下為其且為所為來為主凡為明為同餼之許氣反猶遺也

牲腥曰餼謂殺而未熟積唯子賜反或如字用少詩照反下少牢皆同以秣音末執筴音策掠也

音諒師從才用反下同一肆以二反劉常二反習也注同○攷證云注疏本一作壹注疏校勘記云壹釋文集釋

俱作一。校語錄云肆二音喻禪紐變也與塾音孰劉音育同箋曰本經云未入竟壹肆注云肆習也習聘之威儀重失誤按以二為肆之本讀左文四年傳釋文肆業以二反依字作肆是其證常二之二臧校作一周禮春官小宗伯肆儀以志反習也李又似二反以志即以二為志至混用似二邪紐與常二禪紐為位同雙聲則此臧校作一非是一肆之一注疏本作壹蓋以其俗用相混耳**為壝**劉以垂反一音以癸反◎校語錄云壝垂不同部箋曰本經云為壝壇畫階注云壝土象壇也按周禮天官掌舍釋文云壝劉欲鬼反徐羊誰反彼羊誰在脂為壝之本讀以垂在支部雖不同而其時支脂本無別則此劉音與彼徐同故陸列其音為首以癸亦為本讀與欲鬼同以其時旨尾亦無別則此一音與彼劉同蓋即又音也互詳彼箋**壇**大丹反封土曰壇**畫階**音獲注同**外垣**音袁**皆與**音預注同**以幾**音機本亦作譏◎注疏校勘記云譏釋文作幾云本亦作譏集釋亦作幾箋曰注云古者竟上為關以譏異服識異言賈疏引王制云關譏而不征注亦云譏幾異服異言按阮校本作幾幾異服異言今王制注作譏譏異服異言說文四幾從𢆶從戍戍兵守也鉉音居衣切居衣音機為直音反語之異則此言關津幾守幾為本字譏之義為誹其借字矣**問從**才用反下注授從同**幾人**居豈反**當**

共 音恭本或作供同後放此 委積 上於偽反下子賜反後放此 各下 戶嫁反 拭圭 音式 拭清 如字劉才姓反 放而 方往反 私覿 大歷反 有勞 力到反下文及注皆同 便疾 婢面反後放此 者與 音餘○攷證云據張淳所見本注作其有來者者蓋與字傳寫又誤作者監本疑其複遂刪去一者字非是集釋本亦少一者字今注依釋文作與然朱子疑或是介字注疏校勘記云毛本下者字作與徐楊集釋俱無與字與疏合嚴本與作者張氏曰注曰其有來者者巾箱杭本同監本無一者字按釋文云者與音餘蓋傳寫者誤以與字作者爾監本以其重複遂去其一尤非也從釋文朱子曰此非疑詞不當音餘疑本介字箋曰注云其有來者與皆出請入告賈疏云前士請事大夫請行亦當出請入告按依張淳所見本作來者者則下者字為語助非與字傳寫誤作者字也與音餘則讀作歟左僖二十三年傳曰夫有大功而無貴仕其人能靖者與有幾釋文與音餘經傳釋詞一與字條解之云言能靖者有幾也與語助也與有幾三字連讀以彼文句例之則此注正言其有來者皆出請入告也與字與者字皆是語助無意義其所見本不同耳 乘皮 繩證反後乘馬乘禽乘皮皆同 儐勞 必刃反劉云與擯同 簠方 音甫劉音蒲本或作簋外圓內方曰簠內圓外方曰簋○攷證

云張淳所見諸本並作簠方因辨之云釋文明著内外方圓之制蓋辨或本之誤也鄭注云狀如簋而方若易簋以簠字讀之簠義甚明今注疏本作簠方依張淳從釋文也然細審之器雖有内外方圓不同究當以一望可識者為定名簋之方在外故石經與集釋皆作簋注當云狀如簠而方若經作簠又何用以簋相擬張欲以解注之簋為簠此是也但賈疏却是作簠方云凡簠皆用木而圓此語頗不的注疏校勘記云簋唐石經徐本聶氏集釋敖氏俱作簋注同釋文作簠云本或作簋外圓内方曰簠内圓外方曰簋通解楊氏載經注要義載經俱作簠張氏曰釋文明著内外方圓之制蓋辨或本之誤也鄭氏注曰以竹為之狀如簋而方若取鄭注易簋以簠字讀之簠義甚明鄭氏固作簠字解矣今諸本猶從或本惑之甚也從釋文又云按冬官玉人注疏及覲禮疏引此經並作簋地官舍人注云方曰簠圓曰簋疏謂皆據外而言審此則釋文之誤顯然張氏從之非也説文曰簋黍稷方器也簠黍稷圜器也此許君之義與鄭不同校語錄云簠方條詳盧氏攷證箋曰如盧校謂張解注狀如簋而方之簋為簠如阮校謂經文簠方之簠為簋而汲古閣本經注皆作簠方與釋文同阮校本則經注皆作簋方細譯鄭注云竹簠方者器名也以竹為之狀如簋而方如今寒具筥筥者圜此方耳其云狀如簋而方者足證經文作簠鄭故用簋以相擬

蓋謂俱為黍稷之器簋圜而簠方惟形相異也因又比以時人所見之筥申言之曰筥圜此方所以明簠簋方圜不同使人易曉也按說文簋下段注云秦風權輿釋文有內圓外方曰簠內方外圓曰簋之文蓋本孝經注聘禮釋文則又方圓字皆互易之自相乖刺攷圜器之內為之方方器之內為之圜似以木以瓦以竹皆難為之他器少如是者恐孝經注不可信許鄭皆所不言也段說甚是正斥此解簠簋義之非周禮地官舍人云凡祭祀共簠簋注云方曰簠圓曰簋釋文簠音甫或音蒲禮記曾子問簠音甫又音蒲則彼或音又音皆用此劉讀耳是此經文正作簠方陸據所見本為釋非為誤也詳舍人箋而或本則指阮校本所用之字矣

**圜**音圓**不腆**他典反善也厚也**之祧**他條反遠廟為祧謂始祖廟也**既拚**方問反謂灑埽也劉符變反○攷證改灑作洒云舊洒作灑今從宋本注疏本作埽洒倒箋曰本經云既拚以俟矣詩豳風東山箋云埽拚也釋文拚甫問反甫問即此方問則此首音為本讀說文十二拚拊手也鉉音皮變切段注云言拊手者謂兩手相拍也今人謂歡拚是也皮變符變為用字異劉蓋依許義而作故陸列之於末也灑之義為汛洒之義為滌則灑為灑埽之正字洒字其聲借也舊本實用其本字何改之有段校北館本同攷證俱囿於宋本耳**俟閒**如字劉音閑**奄卒**寸忽反

齊戒側皆反本亦作齋○注疏校勘記云毛本齊作齋釋文作齊云本亦作齋徐本集釋亦俱作齊通解楊氏俱作齋按通解曰齋側皆反蓋本齊字故特音之若作齋則不必音矣箋曰阮校是也按齋以從示為本字聲借為齊也莊子天運齊戒側皆反本亦作齋同設飡音孫下及注同熟食曰飡○攷證云舊脫下及二字案飡見下經及注今補○箋曰盧校是也按此注云卿不俟設飡之畢下經云宰夫朝服設飡注云食不備禮曰飡則此注同上漏下及二字甚明今依增之飪一而審反劉而鴆反熟也○箋曰注云飪熟也按士虞禮羹飪注云飪孰也釋文羹飪而甚反而甚而審為用字異則此首音為本讀而鴆則讀廣韵汝鴆切之飪集韵沁韵飪紝有飪云孰也正依本書劉讀六鈃音刑○攷證云張淳云此卷經注鈃字凡六其二作鉶釋文但為鈃作音不及鉶字從釋文官校云說文鉶器也鈃似鐘而頸長儀禮公食大夫篇注云菜和羹之器不當作鈃明矣五經文字云鉶鈃上祭器下樂器禮記或通用下字為祭器明鈃字雖可通用究以作鉶為正張氏欲盡改鉶從鈃跡矣箋曰說文鉶下段注云鉶經典亦作鈃此猶刑罰字本從井作刑非正字也鉶鈃鉉音俱户經切作鈃則為同音假借釋文但為鈃作音不及鉶字者正以明鉶為如字讀因人通曉音刑則讀鈃為從刑之鉶聲隨義轉俾人易識也此卷經

注釿字凡四鈃字凡二陸所見本如此張欲改鈃從釿實爲自擾故盧非之槀實古老反幷刈魚廢反訏

五嫁反迎也俟辨蒲莧反辨具之辨○攷證云古皆以辨爲辨舊作辨誤據前士相見禮改正官注疏本並此小注亦

作辨是也校語錄云辨盧改辨是箋曰廣韻襇韻蒲莧切辨具也辨俗按說文刀部辨判也鉉音蒲莧切楷書刀傍作刂在兩

刑中者作刂俗以辨爲辨事之辨改刀作力遂以辨爲辨別之辨是辨辨皆爲辨之俗易剝辨徐音辨具之辨彼辨具字仍作

辨而傳文專反下同後傳命放此所爲于僞反下爲其皆同直音值闑魚列反閾外音域又況域反

而上時掌反所別彼列反皆裼西歷反相君息亮反下放此賔辟音避劉房益反注同後賔

辟之類並注各放此逡七旬反○校勘記云旬宋本作勻校語錄引阮云云寯疑宋本誤箋曰旬勻俱在諄韻依本書例則

爲用字異作勻未誤故段校亦從宋本遁音旬必後戶豆反又如字下及後同雁行戶郎反下同中棖

直庚反爾雅謂之楔門兩旁木也○校勘記云旁宋本作傍按當作旁箋曰段校北館本並作傍說文上部旁溥也人部傍近

也鉉音俱步光切則作傍爲本字旁其假借字也西塾音孰劉又音育猶近附近之近下同依前於豈反本

又作扆○校勘記云扆宋本作衣按宋本非也釋宮云牖户之間謂之扆是扆為正字禮經多假依字為之箋曰阮説是也注云賓至廟門司宮乃于依前設之神尊不豫事也賈疏云司几筵云大朝覲大饗射王位依前南鄉設筵几爾雅釋宮云牖户之間謂之扆但天子以屏風設於扆諸侯無屏風為異席亦不同也按禮記曲禮當依本又作扆於扆豈反狀如屏風畫為黼文高八尺互文以見可知依為其借字陸所謂本又作者則指爾雅所用之字矣績户内反純劉之閏反一音章允反後放此鄉入許亮反下同又盡津忍反先賓悉薦反立處昌慮反當楣亡悲反言辟音避又扶益反見其賢遍反下皆可以意求之坫之丁念反麛音迷或作麑同青豻五旦反胡地野犬也劉音鴈褏本又作褎詳又反絞衣户交反為温于偽反下及注賓為同凡襢音但劉上戰反○箋曰注云凡襢裼者左降立俟享也按爾雅釋訓襢本或作袒徒坦反徒坦即此音但周禮鬱人襢沈又音但則此首音用沈讀上戰或讀作襢書堯典禪時戰反襢與禪同是其證此蓋以從衣從示傳寫相混音隨字作而然也則攝之涉反下及注皆同幷執必性反一音如字下同告糴大歷反汶陽音問公食音似下親食同○箋曰下公食大夫

釋文公食音嗣與此音相異按易坎之食音嗣飯也禮記曲禮食音同俱讀作飼查廣韵止韵似無食則此音似疑為飲誤

加萑音完几與音餘塵坋蒲悶反劉本亦作坋被也或作被皮義反為梧五故反几辟婢亦反又音避注同加柶音四面枋彼命反以飲於鴆反尚擸劉音擸一音以涉反○攷證云此音經文也注疏本移置以飲前乃音注中面擸字且刪去音擸一音果於改作如此箋曰盧校是也本經云降筵北面以柶兼諸觶尚擸坐啐醴音擸為擸之本讀以涉即讀作擸按禮記少儀云執箕膺擖注云擖舌也釋文擖以涉反舌也士冠禮面葉注云葉柶大端古文葉為擖漢讀攷云擖當作擸字之誤也士冠士昏注皆云古文葉作擖而聘禮以柶兼諸觶尚擸擸即擖字聘禮從古文冠昏禮從今文也所從不一者葉是本字謂平面如木葉然擸是假借字皆可從也少儀執箕膺擖亦從古文作擸而誤然則劉音依手旁而作一音依木旁而作據彼鄭注段說則禮經古木當是從木之擸甚明今觀尚擸面擸經注皆是從手作擸乃是傳寫隸變則劉本字已如此故直音擸以識之陸所見本同遂列之於首注疏本刪去音擸一音既難以證劉擸為從手之字又恐失陸畢書別讀之例故盧氏譏斥之也啐七內反相幣息亮反下相並注同以殺也所界反

右靮丁歷反 從者才用反注及下注可從從者皆同 辟享音避下辟堂辟君又辟皆同 扣馬音口

還牽劉戶串反 纖縟音辱 儷皮音麗兩也 其復扶又反下乃復復特同 重入直用反 道入音導下逆道道賓帥道放此○校勘記云宋本逆道作亦道道賓作賓賓帥作師案張氏曰道入注云下逆道賓道帥道放此

鄭氏注有曰衆介逆道賓而出也又曰亦道賓之義也又曰大夫先廾道賓今諸本誤以道賓為賓道監本又誤以帥為師字

按今本與張說合宋本作亦道賓賓又與張氏所見諸本不同箋曰阮說是也 蘧伯其居反 無恙羊亮反 公

勞力到反注及下同 之行下孟反又如字 足躩駈碧反劉俱碧反○箋曰注云論語說孔子之行曰足躩如也

按論語鄉黨篇躩如駈碧反盤辟貌則此首音為本讀莊子山木躩李驅碧反徐九縛反司馬云疾行也案即論語云足躩如

也九縛在藥俱碧在昔以其時藥昔無別則此劉音與彼徐音同為躩別讀故陸俱列于末也 嫌近附近之近下放此

下見戶嫁反 韎韋音昧又亡拜反劉又武八反○十三經音畧六云韎音妹卽莫佩莫貝兩翻隊韵又武拜翻上武字徵明

輕重交互出切下拜字隊韵讀入卦韵仍音妹也莫拜翻同劉又武八翻音帓亦交互出切箋曰周禮春官序官韎師戚莫拜反劉

李音妹音妹即此音昧莫拜即此亡拜則此首音用彼劉李又音用彼戚讀矣音昧在隊讀如妹則從末聲作音莫拜在怪讀
若盼則從末聲作音周云在卦坊間韵本怪卦不分隊卦音讀無别穌師從本末之末彼故以莫拜為首穌韋從午末之末此
故以音昧為首陸列音次之大較也亙詳彼箋武八在黠薟讀如傜音怽在末末黠不分集韵末韵莫葛切有穌云韋赤亦誤色
殆依本書　魚　腊音昔　扃古螢反　鼏亡狄反　膷音香膗也　牛　臐許云反羊膗也　膮許堯反豕膗也　牲
膗火各反字林火郭反○校語錄云膗字林火郭反薟字從霍聲也箋曰火各為膗之本讀爾雅釋器臛火各反字林肉羹
也可證各開口郭合口此讀開合不分薟隺霍皆合口彼臛字即從霍口則從霍聲隺聲之字俱為火郭之音也　唯燖
劉音尋一本作爓音潛○箋曰注云唯燖者有膚賈疏云君子不食圂腴大豕曰圂若然牛羊有腸胃而無膚豕則有膚而無
腸胃也且豕則有膚豚則無膚故士喪禮豚皆無膚以其皮薄故也按後有司徹云乃爇尸俎注云爇溫也古文爇皆作尋記
或作燖春秋傳曰若可燖也亦可寒也賈疏云云古文爇皆作尋者論語及左傳與此古文皆作尋論語不破至此疊古文不
從彼不破者或古文通用至此見有人作爇有火義故從今文也云記或作燖者案郊特牲云有虞氏之祭也尚用氣血腥爓

祭用氣也注云燭或為焫今此義指彼記或讀之故云記或作焫也釋文爇音尋劉徐鹽反溫也注焫同按說文十爇於湯中爓肉也鉉音徐鹽切段注云爇者正字尋者同音假借字按尋之本義訓繹理爇之古文為尋為繹理引申之義則爇為正字尋為古文禮之假字焫則為尋之後出專字作爓亦假借字也音尋爇為焫字而作彼有司爇首音尋正用此劉讀音潛即讀同徐鹽以其時從邪無別此云一本作爓爇指郊特牲

窆用彼驗反　韭音九　菹莊居反　醓醢他感反又注曰醓醢汁也○孜證云下七字疑誤衍校勘記云張氏曰醓醢他感反按監本惑作感按惑誤字也校語錄云醓醢條注解疑有誤箋曰阮說是也下公食大夫醓他感反是其證按本經云其南醓醢屈注云醓醢汁也則此音為經文作釋又注曰七字既以明注音同又以解醓之義實非誤衍

百甕烏弄反　百筥居呂反　二行戶郎反下同　五籔劉色縷反一音速注不數之數同卷末放此○箋曰本經云車秉有五籔注云秉籔數名也秉有五籔二十四斛也籔讀若不數之數賈疏云鄭君時以籔為數名數名有數有不數故云不數之數此從音讀其字仍竹下為之得為十六斗為數故下記注云今江淮之間量名有為籔者是十六斗量器之名按周禮秋官掌客五籔劉色縷反則此劉音為本讀音速蓋讀若數陸

故於下申言之曰注不數之數同然則劉音讀籔為量名本經義而作一音讀籔為不數本注義而作陸此從經本義故列劉于首也

**為逾**劉音余後同說文大溝反○校語錄云逾余不同音余疑俞箋曰注云今文籔或為逾儀禮古今文疏義云逾疑當作匬說文匬下云甌匬器也從匚俞聲玉篇云余主切器受十六斗此即論語與之庾之庾集解引苞注十六斗為庾與賈逵左傳注唐尚書國語注皆合按胡說是也音余劉從逾作音以其時魚虞讀同大溝即讀作匬鋀音度侯切為用字異陸引之以為證者意以明逾即為匬漢人隸變習用而然也

**三秅**丁故反四百秉為秅字林文加反○校勘記云疾宋本作文字按宋本是也校語錄引阮說箋曰本經云車三秅設于門西西陳注云秅數名也三秅千二百秉賈疏云下記云四秉曰筥十筥曰稯十稯曰秅四百秉為一秅三四十二為千二百秉也按阮校是也段校疾亦作文今依正說文禾部秅五稯為秭二秭為秅鋀音宅加切宅加即此丈加則呂音為本讀丁故蓋讀如妒廣韵暮韵當故切秅禾束即此數名四百秉為秅之音陸本鄭義故列此音於首周禮秋官掌客三秅丁故反或丈加反彼或音即用此呂忱之讀矣詳彼箋王校云朱本無百字蓋漏

**北輈**丁留反車轅

**大祖**音泰

**不下**戶嫁反後下君下朝皆同

**治令**直吏反

**執紖**直軫

反別於彼列反下同于宁直吕反劉直慮反○箋曰注云入者省内事也既而俟于宁也賈疏云宁者門屋宁也按直吕為宁之本讀爾雅釋宫門屏之間謂之宁注云人君視朝所宁立處釋文宁音佇音佇與直吕為直音反切用字之異直慮蓋讀為齊風之著詩云俟我於著乎而孔疏引李巡曰謂正門内兩熟間名著釋文著又直據反直據即此直慮雖音分上去而義實無殊也亦見如字劉胡眄反亦為于偽反下文注為之為大夫為賔皆同相拜息亮反下注如相同醙所九反白酒也黍閒閒厠之閒從拜才用反又如字壹食音嗣注及下皆同亨大普庚反以飲於鴆反俶獻昌叔反始也鴈鶩劉下音木以侑音又易以以豉反琥璜音虎若鄉許亮反賄用呼罪反劉音誨下同○箋曰注云賄予人財之言也說文貝部賄財也鉉音呼罪切則此首音為本讀按下經文云賄在聘于賄注云賄財也言主國禮賔當視賔之聘禮而為之財也古文賄皆作悔則賄正字悔禮古文假借字禮記曲禮貨賄呼罪反字林音悔音悔即讀作悔悔誨字異音同則劉讀與呂忱相合俱以禮古文之音為今文作釋也束紡劉敷罔反○校勘記云罔宋本作网按說文以罔為网之或字箋曰阮說是也段校北館本俱從宋本自生滋

援耳之縳劉音須一本作縳息絹反案說文白鮮色也居椽反聲類以為今正絹字○攷證云縳為繻之或體此處當作縳音絹陸反以繻字作正文甚非是劉亦有絹一音今止載劉音須更不審毛注疏本作縳不依釋文是也官本乃改從釋文舊說文下闕云字今依注疏本補注疏校勘記云戴震曰周禮內司服注素沙者今之白縳也釋文劉音絹聲類以為今作絹字此獨作縳縳乃繻之俗體繻因有須音然與周禮音義剌謬以聲類證之音絹是也須乃絹之訛以周禮證之作縳是也釋文訛而為縳又云按注宜作縳不宜作繻此說是也劉于此注亦作縳而音絹耳釋文誤讀劉音遂誤改注字監本作縳亦誤校語錄云繻當作縳須當作絹說詳校勘記又云色當作卮見內司服箋曰本經云賄用束紡注云紡紡絲為之今之縳也按周禮夏官羅氏蜡則作羅襦注鄭司農云襦細密之羅襦讀如原作為依段校繻有衣袽之繻釋文女俱反或音須彼或音即此劉音則劉音正作縳蓋謂此束紡者細密之絲也故據漢法況之陸所見本如此盧謂縳為繻之或體是也禮記內則釋文襦字又作襦音儒可證戴謂為訛殊未審又天官內司服白縳劉音絹聲類以為今作絹字說文云鮮色也居援反沈升絹反升絹在審息絹在心審心發音之形狀同俱為縳之習讀居援居椽為用字異蓋讀作絹說文糸部絹繒如麥稍色鉉音吉掾切縳白

鮮色也段改色作卮注云卮作色誤卮與支音同縛為鮮支之白者據許則縛與絹各物音近而色義殊二禮之鄭注自謂縛不謂絹也縛以其質堅名之字從專絹以色如麥稍名之字從肙依許義段說則縛絹物別按廣雅釋器云鮮支縠絹也疏證云鮮支一作鮮卮衆經音義卷二十一引纂文云白鮮支絹也然則漢之縛即魏晉以後之絹李登作聲類時以失其傳矣故陸於此著之說文作縛聲類以為今正絹字也彼內司服劉音絹葢讀縛為絹此劉音須即為縛而作盧謂劉亦有絹一音今止載戴謂須與周禮音義刺謬乃絹之訛阮謂釋文誤改注字殆俱昧二禮有殊陸列音即以明其所本之字也法謂色當作卮葢依段說互詳內司服箋

以遺唯季反

車造七到反下同

為拜于偽反下為旦見為為行為君為酢為之為鄭皆同○校勘記云宋本旦作且為注君張氏曰為拜為注云君為酢為之為皆同按鄭注有曰為君之荅已也又曰為酢主人也又曰喪殺禮原作禮殺誤倒為之不備當曰為君為酢為之皆同按今本似亦知舊本之誤而改之但於為君上脫一注字為之下仍衍一為字遂不可解又云按為旦謂下注為旦將發也宋本且字誤為君當在為行之前諸本並誤倒為君乃公使鄉贈節注為行乃襄乃入節注宋本作注君亦誤非脫文也之為為字下當脫鄭字謂下赴者至節注禮為鄭國闕作音非衍

文故陸氏於是注後直至經文主人為之具而殯句始作音也箋曰按經云公使卿贈如覲幣注云今文公為君又經云君其以賜乎注云獻不拜者為君之答已也依注文義則前之為君當如字讀後之為君則與為拜讀同而經文之褱乃入句在公使卿贈如覲幣後君其以賜乎前則其注文為行當在為君前甚明阮謂諸本誤倒實自誤倒也又按此注云賔從者實為拜主君之館已也為旦以下皆為注文故陸僅言下皆同不及注字阮謂為君上脱一注字遂誤為旦見為是經文殊失檢矣而謂之為之字下當脱鄭字是也今據補盧本删去之下為字未審 展軨力丁反劉音領 以好呼報反 見為賢徧反 受勞力到反後同 惡其烏路反 使之將子匠反一本作使之將兵兵則後加字〇攷證云注疏本有兵字舊本兵則後加字譌作將則後加字今改正注疏校勘記引釋文云云按當云兵則後加字據公羊本文無兵字陸說是校語錄云將則盧改兵則是也箋曰盧阮說是也按公羊閔二年傳云鄭伯惡高克使之將逐而不納何休注云使將師救衞隨後逐之則注疏本有兵字依何注陸無即據公羊本經此注引春秋有兵者則為鄭君加之也故阮言陸說是也

褱乃如羊反 衆從才用反 盡言津忍反 猶女音汝 當復扶又反下將復又復復以復記同

尊長丁丈反　于闑魚列反劉魚孑反○攷證云張云於闑按今作于闑與張所見本不同校勘記云張氏聘禮識誤引釋文云於闑校語錄云廣韻孑列同部此葢非二讀箋曰王校云張所據本作於闑按於于經注不分今本與張本僅字異耳魚列爲闑之本讀禮記曲禮注云謂棖闑之中央釋文闑魚列五結二反彼爲薛屑讀同此劉音爲用字之異法所云此葢非二讀則疑爲同音不當有二反語是不識本書音例正如此也　于禰乃禮反　獻從才用反注同　辟國音避　下辯音遍下文辯復明辯同　亦與音預　饗食音嗣凡饗食皆同　喪殺色界反　素純諸允反又之閏反下純同　去衰起呂反下七回反下注皆同　作計音赴　別於彼列反下別處同　括髮古活反　爲之具于僞反又如字下爲之棺同　爲致于僞反下爲大下文爲容同　棺古患反一讀如字○校語錄云患疑誤廣韻古玩切箋曰本經云士介死爲之棺斂之按禮記檀弓云殷人棺槨釋文棺音官即此如字之音曾子問注云則棺載之矣釋文棺古患反下文棺斂衣棺注棺謂皆同此言棺斂故陸列古患爲首左僖二十八年傳云棺而出之棺古患反一音官則此一讀即彼一音矣古患在諫古玩在換此時換諫讀同故患非誤　斂之力豔反下同　俟閒劉音

閒又如字○箋曰注云未將命請俟閒之後也按說文十二閒隟也鉉古閑切即此如字之音音閑則讀若閑暇之閑禮記曲
禮卻閒如字又音閑則此又音為彼首音彼又音正用此劉讀矣不享本又作饗百名名謂文字也以上
時掌反凡以上放此方版音板人稠直由反處嚴昌盧反下常處同必璽音徙幾月居豈反
作齎子兮反釋軷蒲末反道神也注跋涉音同車騎其義反為難乃旦反餞之在淺反送
行飲酒也轢之力狄反作祓芳弗反又音廢○箋曰左僖六年傳注云祓除凶之禮釋文祓芳弗反徐音廢則此
又音正用彼徐讀矣芳汲古閣注疏本引作勞誤盧氏失校與繅音早注藻及璪音同剡上以冉反字林才冉反
云銳○校語錄云剡字林音才冉反是呂氏亦從邪不分也當讀邪紐箋曰易繫辭剡木釋文以冉反字林云銳也因冉反則此
首音為本讀以冉在喻因冉在邪彼為邪喻讀同才冉在從音即因冉此以從邪無別故呂忱於彼讀邪紐於此讀從紐也法
彼校引本書云云古從邪二紐互通此校竟云當讀邪紐何前後鉏齬不合若斯耶蓋不審陸氏條例有以致之也互詳彼箋
厚半户豆反韋衣於既反玄纁許云反劉又音訓繫音計劉胡帝反長尺直亮反又如字絇

呼縣反劉云舊音縣李胥倫反一音巡○箋曰注云采成文曰絢今文絢作約按論語八佾篇素以為絢兮釋文絢呼縣反鄭云文成章曰絢則此首音縣為本讀音縣蓋讀若縣集韵霰韵縣紐有絢注采成文則舊音讀絢以曉為匣矣音巡即讀作約下文作約音巡是其證此蓋以今文之音釋古文故陸列於末而云一音也胥倫蓋讀若荀集韵諄韵荀紐有絢云采成文曰絢則李音讀約轉邪為心矣 組音祖 作約音巡劉音圈聲類以為絢字○攷證云聲類以為約字字疑有譌校勘記引盧云云今按注約疑當作絢校語錄引盧阮云云案阮校是也箋曰惠校云此當云聲類以為絢字本經注云今文絢作約儀禮古今文疏義云古從旬之字每多作勻如詩畇畇原隰釋文畇本作畇周禮均人公旬注云易坤為均今書亦有作旬者然則絢約本一字按胡説是也唐寫本玉篇糸部云絢約聲類亦絢字也説文有絢無約用禮古文聲類以約為絢兼用禮今文則阮惠謂此釋文注之約當作絢甚是今依改陸引之以證其形異而字一耳音巡則為約之本讀音圈蓋讀如員即為別讀集韵仙韵員紐有約云采成文曰約正依本書劉音矣 又賫子兮反注同○攷證云賫乃賫字之俗陸氏上賫已有音此復加音是其所見本如此也注疏本作賫張氏過泥釋文官校正其誤是已箋曰盧説是也周禮春官小宗伯之職釋文之賫子

分反本又作費是其證

為行戶郎反下有行同　為肆以二反　孫而說音遜下音悅注及卷末注同

為砥之氏反○校語錄云砥氏不同部氏疑履之譌箋曰注云今文至為砥儀禮古今文疏義云砥本厎之或字說文厎從厂氏聲或從石作砥詩祈父靡所厎止傳小旻伊于胡厎箋並云厎至也按胡說是也砥在旨之氏在紙此時紙旨讀同則氏非履之譌

為大音泰劉唐餓反下大宣同　飧不素昆反　絜清才性反又如字　訝大五嫁反　其

摯音至○攷證云今注疏本同宋本却作贄張同校勘記云摯宋本作贄張淳所見本亦作贄箋曰本經云又見之以其摯注云大夫訝者執鴈士訝者執雉按周禮春官大宗伯之職六摯音至本或作贄士冠禮奠贄本又作摯音至蓋贄為摯之俗此本書用本字宋本用俗字盧依宋本改作贄段校同俱自擾也

鞠窮劉音弓本亦作躬○攷證云云劉音弓則讀如本字者多也注疏本作鞠躬張淳云鞠窮蓋複語與踧踖相若自論語作鞠躬學者遂不復致思於其間余按張說甚有理鞠窮踧踖皆雙聲廣雅作匑匑云謹敬也曹憲上音邱六反下音邱弓反正讀如鞠窮記下云墊入門鞠躬焉如恐失之魏氏要義云溫本作鞠窮注疏校勘記云按說文匑曲脊也匑即匑之俗體說文無匑古蓋通用窮字左傳宣十二年有山鞠窮手此

借常語爲物名也二字本雙聲今讀左傳者音鞠爲芎則與窮同音史記魯世家匑匑如畏然徐廣訓與廣雅同殆以二字音本相同故祇重言匑躹又按羣經音辨云鞠窮容謹也音弓鄭康成說孔子之執圭鞠窮如也今本作躬此說當即本之釋文其曰今本作躬則賈氏時儀禮經注已俱作躬矣十三經音畧六云鞠窮釋文窮劉音弓本亦作躬此執圭入門鞠躬焉之音釋也可知唐初經文鞠躬本作鞠窮但窮字當作匑廣雅云鞠卭六匑卭弓謹敬也即此匑亦作躬去弓翻溪又居戎翻見廣韻兩收去弓翻音穹居戎翻音弓後人因說文有窮無匑遂改匑作窮不知匑字自音去弓翻非與窮字渠弓翻羣同也史記徐廣音穹誤作音窮論語之鞠居六翻躬居戎翻見母雙聲儀禮之鞠卿六翻匑去弓翻溪母雙聲音義各別不必以論語疑儀禮亦不必以儀禮疑論語也自開成石經儀禮之窮竟改作躬於是與論語之鞠躬混矣張淳識誤誤合爲一妄引爾雅鞠窮複語而詆論語之鞠躬爲非豈不大謬觀鄭注引孔子之執圭鞠躬如也在賓入門皇升堂讓將授志趨下而不在執圭入門鞠躬焉如恐失之下其音義各別昭然矣箋曰按說文段注窮下云窮或假爲躬字如鞠躬古作鞠窮注䆽下云聘禮鞠躬亦作鞠窮史記魯世家作匑匑徐廣音穹窮許無匑匑字者以䆽躬爲正字據此則釋文作鞠窮窮即躬之假借音弓以明其爲躬之義劉所見本如是陸存其舊不改其字云本亦作躬

正指論語用本字也盧以張說引爾雅鞠窮複語證此為有理周氏已斥其謬阮引左傳有山鞠窮之物名爲證當非攷釋文於彼窮下不作音則讀如字彼窮讀作藭此窮假爲躳字同而音義俱别也周云窮字當作匑不知窮匑與躳皆疊韵匑躳皆本字窮則爲其假字也

不勝音升　上如示掌反　蹜蹜所六反　如爭爭鬭之爭　失隊直類反

怡焉以之反　卷去阮反〇校勘記云阮宋本作院箋曰按禮記玉藻卷作圈彼釋文云圈又去阮反則此本是段校北館本並作去院益從宋本誤也

豚他門反〇攷證云舊本作徒門反以豚犬本字讀之大誤注疏本作大本反正與玉藻音同今據改張氏所見注作卷遯今本作豚校勘記云張氏聘禮識誤引釋文云豚大本反引盧文弨云云按盧以他為徒未知何據且張氏所見正作大本反今不據張本而但據注疏本何耶又云按他徒大與豚字並同位同等箋曰禮記玉藻云圈豚行注云圈轉也豚之言若有所循孔疏云此釋言徐趨之形也彼釋文云豚大本反徐徒困反大本徒困俱讀豚為遯張氏所見本作遯故為大本反之音注疏本所引同徒門則為豚之本讀爾雅釋獸豚徒門反可證審此注云至此云舉足則志趨卷豚而行也賈疏云是釋志趨為徐趨此舉足為疾趨也則此卷豚亦言徐趨之形正與玉藻圈豚義同盧謂不當以豚犬

本字讀之是也此音他門既非卷豚之義又非豚犬之音是誤而又誤者也當以張所見本為是故法從盧校見於賢遍

反下不見同蹌焉七羊反俞俞羊朱反劉音庾鵝也五何反相閒閒廁之閒注及下猶閒同畜

獸許又反從廄居又反衣食於既反下音嗣聘于于音為羽危反出注各稱尺證反以緼

於問反瓦大音泰而卑劉音婢五膱音職之脡大頂反再扱初洽反以相息亮反注

及下注相拜同為蹙子六反猶遺唯季反辟正音避若昭式遙反注同○校語錄云式遙反與他處

不合式疑市之譌箋曰法校是也本經云若昭若穆按喪服經釋文序昭市遙反下昭穆皆放此是其比且市昭同在禪紐式

則在審紐當依改之作腍而甚反劉音審祝祝上之六反下之又反朌肉音班賦也及廋所求反下

之户嫁反士中丁仲反注同比放也甫往反有齊才計反和者户卧反請觀古亂

反下注同又如字猶道音導為之于偽反私樂音洛恩殺所介反君復扶又反下同量

名音亮穧名才計反下同萊易音來聚把百馬反曰稯劉窐孔反字林子工反○攷證云舊本凶

字內加嫪四點下繳字亦同皆誤今改正箋曰子工爲𦁊之本讀窂孔蓋讀作總總即繳之借下文繳劉音總是其證音總窂孔乃直音與反切之殊劉以古文之音釋今文陸列之于首者蓋以繳古借總爲之周禮秋官掌客曰總本又作繳子工反李又音揔書禹貢孔傳云禾稾曰總此𦁊正爲總聚禾束故從古文繳之音耳 作繳劉音總

# 公食大夫禮第九

鄭云主國君以禮食小聘大夫之禮也

公食音嗣下注後食饗食食禮同○攷證云舊食字不重今補校勘記引張氏曰食饗當作饗食云按後食指下注先饗後食饗食指下注小臣於小賓客饗食今本不誤惟禮字疑衍文校語錄云禮上盧增食字阮云今本不誤禮字疑衍箋曰盧校是也撿本經後設洗如饗注云必如饗者先饗後食如其近者也又小臣具槃匜在東堂下注云小臣於小賓客饗食掌正君服位又內官之士在宰東北西面南上注云明助君饗食賓自無事又魚腊飪注云食禮宜熟饗有腥者可證此言後食饗食食禮三食字俱讀與公食音同則食饗未倒禮字非衍舊於禮上漏一食字今依盧補 易以以豉反 以爲于偽反下爲既爲從爲公爲賓同 三辭息暫反又如字 拜使所吏反下同 賓朝直遙反下及注同 羹定

多侮反注同若編必緜反劉方緜反○校語錄云必緜音和方緜類隔箋曰說文糸部編次簡也鉉音布玄切布玄即
此必緜以其時先仙讀同也方緜必緜為用字異非所謂音和類隔也法言之者以為同音不得有二反語是用宋元等韻家
之說以批判六朝之反語實倒置其本末矣兼亨普庚反鼎扛音江作鉉胡犬反一音扃劉古禎反又音
玄又音關○校勘記云缺處宋本作一是也校語錄云胡犬反下闕文盧作一是也阮校宋本同箋曰注云今文扃作鉉按士
冠禮為鉉玄犬反范古顏反劉音關又胡畎反彼玄犬胡畎為用字異即此胡犬此古禎音闕讀同陸所見本用字有異遂衺
集之與彼古顏僅開合之殊則彼范音即此劉音詳彼箋音扃則讀作扃此以禮古文之音釋今文音玄蓋讀若玄則本鉉字
之諧聲偏旁而作耳槃匜以支反設湇劉羌立反下及注並同酨漿昨再反別於彼列反賓
辟婢亦反又音避及下同逡七旬反遁音旬賓從才用反道之音導遠下户嫁反東夾
古洽反劉古協反北鄉許亮反後皆放此不拾音涉下同曰辵敕略反去鼏起呂反卷末注去會
同大夫長丁丈反注及下注之長同猶更音庚腊飪而審反進奏千豆反注同七个古賀

作丠華之菁此音讀實無別矣蓂亡丁反不綪側耕反直冢音值並併步頂反下皆同不和戶臥反注和同不于鐙音登瓦豆也○攷證云舊本作鐙今案詩于豆于登不作登據改正然金旁作亦非是箋曰注云瓦豆謂之鐙按大雅生民于豆于登毛傳云木曰豆瓦曰登彼阮校記云唐石經小字本同閩本明監本毛本同相臺本登作登按六經正誤云作登誤登廾之字從癶豆登之字從肉從又云云今考登字此經及爾雅作登儀禮作鐙說文有豋字登即鐙豋之古字也釋文不以登字作音正義中字亦皆作登其明證矣豋字或作登毛鄭詩固未嘗用此字毛居正特臆說耳按阮駁毛說是也說文豆部豋禮器也讀若鐙同鉉音都滕切段注引本經大羹湆不和實于鐙云登鐙皆假借字俗製登字改經非也依此則相臺本登作登乃俗製字而盧氏據之以校本書改鐙作鐙鐙直無其字是變借字為誤字何不審之甚也大古音泰下大宰皆同為風于僞反下為其為將同設鈃音刑而卑劉音婢又如字食有音嗣下為食食禮同以辯音遍下同擩于人悅反劉而玄反又而誰反○校語錄云玄疑宣之誤春官大祝作而泉而玄又見士虞乃特牲禮箋曰注云擩猶染也按士虞禮擩如悅原誤韋悅依悳校正反劉而玄反又而誰反同此人悅則讀如爇為揳之本讀特

反䰇也巨支切○校語錄云䰇之不同部箋曰䰇在脂此時之脂讀同故以之作切也魚近附近之近下宜近相近同腴羊朱反骨鯁古孟反○校語錄云孟疑猛之譌箋曰注云乾魚近腴多骨鯁按禮記內則釋文鯁人本又作哽古猛反字林云鯁魚骨也又工孟反審此則古猛讀鯁為哽咽之哽說文口部哽語為舌所介也鉉音古杏切可證古孟工孟為用字異蓋讀作骨骾之骾此正用字林魚骨之音則孟實非猛之譌法氏所以不能決者殆未遍檢陸書耳滑脆七歲反俎拒劉音巨由便婢面反後放此殺於所界反授醯呼西反處也昌慮反下放此疑立魚乞反又魚力反注同君離力智反醢他感反麋臡奴兮反醢有骨者也字林作腝人兮反○箋曰注云醢有骨謂之臡按禮記郊特牲釋文麋臡乃兮反字林作腝人兮反爾雅釋器臡奴黎反字林作腝音人兮反謂有骨醢也乃兮奴黎與此奴兮俱為用字異則此首音為本讀說文肉部腝有骨醢也臡腝或從難段注云耎難二聲同在元寒桓删山仙部則字林所作之字本於說文矣按兮在齊韵四等人在日紐三等人兮不能成音即讀與奴兮同奴在泥紐此指掌圖所謂日下三為韵一四定歸泥者也菁子丁反劉音精○箋曰注云菁菹也按子丁為菁菹之菁本讀音精則讀

牲饋食㨎醢如悅反劉而玄反又而誰反少牢饋食㨎于如悅原誤悅依盧校反劉而誰反是其證周禮春官大祝擩祭釋文而泉反一音而劣反劉又而誰反校勘記引段玉裁云以音正之當作㨎是耎聲非需聲而劣即此人悅而泉即此而玄以此時先仙讀同依段說則大祝士虞及此作擩俱誤而特牲少牢作㨎則是觀陸俱列此音于首者亦以其為㨎非擩也而玄蓋讀作廣韻二仙而緣切之撋而誰即讀作六脂儒佳切之擩乃為此字本讀陸皆列之於末而並云又者正以其為㨎之別讀也互詳大祝箋

**染也**人漸反又七内反○校語錄云七内反蓋字有作淬者既夕既洗去條云劉本作淬七對反箋曰說文十一染以繒染為色鋈音而琰切人漸而琰為用字異則此首音為本讀七内即讀作淬前士昏禮注云辭易醬者嫌淬汚釋文淬劉七内反本或作染如琰反則此又音正用彼劉讀矣詳彼箋

**少儀**詩名反**刌之**寸本反**捝手**始銳反**扱上**初洽反**拭也**音式**為臠**力轉反**之臙**火奴反○校語錄云臙音多作火吳此奴疑誤箋曰奴吳俱在模韻此為用字之異何誤之有**復出**扶又反下復告復發將復不復復自皆同○攷證云此本先者反之注毛本誤以疏作大字置前而以此段注在下由門入升自西階之下舛錯特甚箋曰盧說毛本舛錯是也阮校本注疏分明即其

明證膷音香臐許云反膮呼堯反牛炙章夜反下同臛火各反又火沃反○校語錄云臛今本作臛箋曰注云膷臐膮今時臛也按火各為臛之本讀聘禮牲臛火各反是其證各在鐸開口沃合口此讀開合不分然從隺從霍皆讀合口也牛鮨巨之反注鰭音同郭璞云鮨鮓屬○校勘記云鮓宋本作鮓按宋本是也校語錄云鮨之不同部鮓盧作鮓依宋本改也箋曰本經云醢牛鮨注云內則謂鮨為膾然則膾用鮨今文鮨作鰭按說文十一鮨魚䏿醬也段注云䏿者豕肉醬也引申為魚肉醬則偁魚䏿可矣鮨者膾之最細者也牛得名鮨猶魚得名䏿也鄭曰今文鮨作鰭鰭是假借字按段說是也鮨鰭在脂與巨之脂之讀同上文鬐也巨之反是其比爾雅釋器魚謂之鮨郭注云鮨鮓屬也釋文鮨巨伊反阮所謂宋本是也段校北館本並同今依正少儀右進鰭注云鰭脊也今文借魚脊之鰭為鮨者則以其音同耳陸從鄭說故特注之衆人騰依注音滕以證反又繩證反○箋曰本經云衆人騰羞者注云騰當作滕滕送也按以證繩證俱為滕之音燕禮滕觚上以證反又繩證反送也是其證依鄭說則騰為滕字之誤故陸以注文之音釋經文而云依注者明其不讀騰之本音也三飯扶晚反注同歠湆昌悅反漱所又反乘皮繩證反下乘皮下文之乘同以侑音又

相幣息亮反　為君于偽反下為其為之致同　從者才用反注同　曰梧五故反　易退以豉反

盡以津忍反　它時土多反本又作他○攷證云注疏本它作他箋曰說文段注佗下云隸變佗為他用為彼之偁注它下云其字或假佗為之又俗作他經典多作它猶言彼也審此則釋文所用為引申義字注疏本用俗作字陸言本又作者殆指注疏本所用者矣　不與音預注同　為施如字又音式豉反○箋曰莊子天地官施始支反又始智反式豉始智用字異則彼始支即此如字蓋為其本音又音雖有平去之分而義實無殊矣　賓朝直遥反除之朝一字皆同　拜

食音嗣下以意求之　蝸醢力禾反　毋過音無　鶉音淳　鴽音如○攷證云注云無毋此二字當音牟無以免人惑他處有之此疑後人不解而妄刪今補官本但有無以牟三字亦不全余因疑上文毋過注云古文毋為無則毋字可不音舊反有音安知非改此以贅於前手校語錄云于甕條上盧補無毋一條注云音牟似無據箋曰毋過音無以與毋字混淆而作釋文為經作音何言可不音耶公食大夫毋下音無即其證　于甕烏送反　辟正音避　亨于普庚反　布

純諸閏反又諸允反下及注同　加萑音丸　純緣以絹反　作莞音官或音丸　敷之如字又普吴反

劉芳蒲反○校語錄云普吳音和芳蒲類隔箋曰說文三敷故也鉉音芳無切芳無即此如字之音普吳則讀作鋪芳蒲與之為用字異無所謂音和類隔也上文若編必緜反劉方緜反是其比法言之者以為同音不得有二三反語殊知音和類隔乃宋元等韵家之說與六朝反語相違亦非本書條例也

**銒茥** 亡報○校勘記云張氏公食大夫禮識誤曰此篇銒字在經有四在注有二釋文釋其前設銒作銒寫其後鉶茥又作鉶其間二經二注之銒必不從鉶悉改作銒按據此則張氏所見之本作鉶茥張氏以意改為銒耳而此本適與之合又云按說文芐字下引作銒毛牛藿箋曰阮說是也此篇經注銒字凡四鉶字凡二鉶為本字銒為音借釋文但為銒作音不及鉶字正以明其鉶讀本音銒則讀為從刑之鉶詳前聘禮六銒箋依陸作音條例此銒無音則本作鉶毛本今注疏本皆是阮所謂張氏以意改為銒耳故盧氏非之於前六銒條阮氏斥之於此條皆謂張氏隨意妄改釋文也今當正之作鉶

**豕薇**（音微）**苦荼**（音徒）**堇荁**（音丸）**為芐**（音戶爾雅云地黃也）劉又云芐一音遐嫁反○箋曰爾雅釋草芐地黃郭注云一名地髓江東呼芐釋文芐音戶本草地黃一名地髓一名芐則此音為本讀陸引爾雅即以明所讀為本義也攷本經云鉶茥羊苦注云今文苦為芐說文芐地黃也引此正從今文陸殆本之

遐嫁則讀若暇此葢依苄字之偏旁下而作音異而義無殊下覲禮禆冕劉音卑是其比古人苄蘘用苄葢取新生苗葉爲之地黄可用陸故並列劉説而云一音一音即作幕音莫凡炙章夜反又音後特牲饋食爲苄音户劉又音下是矣

和也户卧反　加纅音早

經典釋文集説附箋卷十上終